구약인물설교 I

Old Testament preaching

# 차 례

구약인물 설교 (I)

구약인물 설교집

가나안 / 6
가 인 / 12
갈 렙 / 18
갓 / 24
고 라 / 30
골리앗 / 36
기드온 / 42
나 단 / 48
나답과 아비후 / 54
나 발 / 60

나 봇 / 66
나아만 / 72
납달리 / 78
노 아 / 84
느부갓네살 / 90
느헤미야 / 96
다니엘 / 102
다 말 / 108
다 윗 / 116
단 / 122

두발가인 / 128

드보라 / 134

들릴라 / 140

디 나 / 146

라 반 / 152

라 합 / 158

라 헬 / 164

레 아 / 170

레 위 / 176

롯 / 182

룻 / 188

르우벤 / 194

르호보암 / 200

리브가 / 206

멜기세덱 / 212

모르드개 / 218

모 세 / 224

므낫세 / 230

미 갈 / 237

미리암 / 242

바실래 / 248

발 락 / 254

발 람 / 260

밧세바 / 266

베냐민 / 272

보아스 / 279

브나야 / 284

비느하스 / 290

사드락 · 메삭 · 아벳느고 / 296

사 라 / 302

사무엘 / 308

사 울 / 314

삼 손 / 320

솔로몬 / 326

스룹바벨 / 332

스마야 / 338

스불론 / 344

시드기야 / 350

시므온 / 356

시므이 / 362

시 혼 / 368

머릿말

하나님께서는 신, 구약 성경에 나타난 인물들의 믿음과 언행심사를 통해서 우리들에게 신앙적인 교훈을 깨닫게 하셨습니다. 그들이 하나님을 경외하는 자들이든지 아니면 우상숭배를 하는 자들이든지 간에 그들의 삶 자체가 바로 설교말씀입니다. 때문에 우리들은 그들의 삶을 통해서 하나님께서 원하시는 뜻과 금하시는 말씀을 깨닫고 올바른 신앙생활을 하게 되는 것입니다.

또한 하나님께서는 이 성경의 인물들을 통해서 우리 신앙인들이 하나님을 어떻게 믿고 그분의 명령에 어떻게 순종하며 주신 사명에 어떻게 충성해야 하는지에 대해서도 교훈하시고 계십니다.

이 설교는 필자가 당시대의 역사나 문화 등을 심도 있게 연구하여 작성된 것이 아니고 필자가 섬기는 교회에서 성도들에게 교훈중심으로 설교한 내용들을 모은 것입니다. 그러므로 독자들께서 어떤 교리학적 사상이나 고고학적인 면에서 관찰하고 검증하시기보다 한 목회자가 사랑하는 성도들에게 교훈을 주어 올바르게 양육하기 위해 작성된 설교라는 사실을 이해해주시기 바랍니다.

끝으로 부족한 종과 지난 40년간을 한마디의 불평함도 없이 묵묵히 한결같이 동행해주신 당회원들과 성도들께 감사드립니다. 그리고 이 책이 나오기까지 수고해주신 임은옥 권사님과 교정에 힘써주신 박정기 전도사님, 출판해주신 선교횃불의 김수곤 사장님께 감사드립니다.

2016년 12월 25일

선린교회 목양실에서

김 요 셉 목사

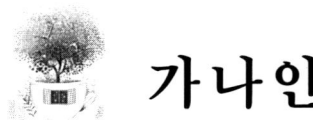 # 가나안

[창 9:18-27]

방주에서 나온 노아의 아들들은 셈과 함과 야벳이며 함은 가나안의 아버지라 노아의 이 세 아들로부터 사람들이 온 땅에 퍼지니라 노아가 농사를 시작하여 포도나무를 심었더니 포도주를 마시고 취하여 그 장막 안에서 벌거벗은지라 가나안의 아버지 함이 그의 아버지의 하체를 보고 밖으로 나가서 그의 두 형제에게 알리매 셈과 야벳이 옷을 가져다가 자기들의 어깨에 메고 뒷걸음쳐 들어가서 그들의 아버지의 하체를 덮었으며 그들이 얼굴을 돌이키고 그들의 아버지의 하체를 보지 아니하였더라 노아가 술이 깨어 그의 1)작은 아들이 자기에게 행한 일을 알고 이에 이르되 가나안은 저주를 받아 그의 형제의 종들의 종이 되기를 원하노라 하고 또 이르되 셈의 하나님 여호와를 찬송하리로다 가나안은 셈의 종이 되고 하나님이 야벳을 창대하게 하사 셈의 장막에 거하게 하시고 가나안은 그의 종이 되게 하시기를 원하노라 하였더라

> 오늘 이 시간부터 앞으로 계속해서 성경 속의 인물들을 가나다 순으로 선택하여 매주 한 인물의 신앙과 인격, 삶들을 살피면서 은혜를 받고자 합니다. 하나님께서는 성경에 등장한 인물들의 신앙과 인격, 삶을 통해서 당신을 계시하시고 우리들을 교훈하십니다. 그러므로 이번 성경인물 설교를 통해 나 자신이 어떤 신앙과 인격을 갖추고 어떻게 살아야 될 것인가를 깊이 생각하고 새롭게 결단하는 기회가 되어야겠습니다. 오늘 본문은 의인이요 당대에 완전한 자로 하나님과 동행하였던 노아의 실수와 함이 아버지의 허물을 누설함으로 말미암아 함의 아들 가나안이 저주를 받아 그의 후손이 불행하게 되는 안타까운 이야기입니다.

1. 노아의 실수

첫째로 노아는 의인이요 완전한 자였습니다.

성경은 "노아는 의인이요, 당대에 완전한 자라 그는 하나님과 동행하였으며"(창 6:9)라고 말씀하셨습니다. 당시의 인간들은 모두가 다 극도로 부패하여 하나님의 형상을 잃어버리고 타락된 삶을 살았습니다. 때문에 하나님께서는 사람으로부터 육축과 기는 것과 공중의 새까지 모두 다 지면에서 쓸어버리시겠다고 하셨습니다(창 6:7). 인간들의 범죄로 인하여 이 세상의 환경과 다른 생물들까지 홍수로 멸망하게 된 것은 바로 이 세상의 모든 사물들이 인간을 위해 창조되었기 때문입니다. 그러므로 만물의 영장으로 지음 받은 우리 인간들의 책임이 너무나 중요하다는 사실을 깊이 깨달아야 합니다. 그러나 하나님께서는 경건한 신앙인인 노아에게 방주를 짓게 하시고 노아의 여덟 식구와 각종 짐승들 그리고 공중의 새들을 방주에 들여 생명을 보존케 하라고 하셨습니다(창 6:18-20). 한마디로 노아는 하나님께서 인정하시고 크게 사용하신 믿음의 사람이었습니다.

둘째로 노아를 통해 인류가 계대 되었습니다.

노아로 하여금 방주를 짓게 하신 하나님께서는 사십 주야를 계속해서 땅에 비를 쏟아 부으셨습니다(창 7:12). 그리하여 산들이 잠기고 땅 위에 있는 사람이나 짐승 등 모든 생물들이 다 물에 잠겨 죽었습니다. 오직 노아 방주 안에 노아의 가족과 생물들만 살아남았습니다. 이것은 바로 하나님께서 이 세상의 인류와 동물들을 계대시켜 새로운 세대를 이루어 가시기 위한 것이었습니다. 또한 하나님께서는 "노아와 그 아들들에게 복을 주시며 그들에게 이르시되 생육하고 번성하여 땅에 충만하라"(창 9:1)고 하셨습니다. 다시 말하면 하나님께서는 홍수 심판 이후에 노아의 가족을 통해 인류가 새롭게 시작되게 하셨습니다(창 9:18-19). 그리고 다시는 이 세상을 물로 심판하지 않으신다고 무지개로 약속해 주셨습니다(창 9:8-16). 노아는 인류 역사에 참으로 귀하게 쓰임 받은 하나님의 사람입니다.

셋째로 노아가 포도주를 마시고 실수했습니다.

홍수를 이겨낸 노아는 방주에서 나와 포도를 재배했습니다(창 9:20). 그리고 그는 재배하여 거둔 포도로 술을 만들어 마시고 취하여 벌거벗고 잠을 잤습니다. 자기 부부만 사는 것도 아니고 세 아들과 세 자부가 한 집에서 같이 살고 있었습니다. 하나님께서는 노아를 "…의인이요 당대에 완전한 자라 그는 하나님과 동행하…"(창 6:9)는 자라고 하셨습니다. 그럼에도 불구하고 대역사 후에 방심하여 술을 이기지 못하는 자기 극기의 부족과 무절제, 방종에 의해 큰 실수를 하게 된 것입니다. 그렇습니다. 아담 이후의 모든 인간들은 머리끝부터 발끝까지 전적으로 부패하고 타락되었기 때문에 선한 것이 하나도 없습니다. 그래서 성경은 "의인은 없나니 하나도 없다"(롬 3:10)고 하셨습니다. 그러므로 이 세상의 모든 인간들은 다 죄 중에서 잉태되어 죄를 지면서 살 수밖에 없는 심히 연약한 존재입니다.

사랑하는 여러분!

우리들도 노아처럼 하나님께서 인정하시고 칭찬하시는 신앙인들이 됩시다. 또한 하나님께서 당신의 선하신 뜻을 이루시는 데에 만에 하나라도 쓰임 받는 사람이 됩시다. 그리고 이유 여하를 막론하고 세속에 취하여 하나님의 영광을 가리는 일이 없도록 해야겠습니다.

2. 함의 범죄

첫째로 함은 아버지의 허물을 누설했습니다.

함은 자기 아버지 노아가 포도주를 마시고 취하여 벌거벗고 자는 것을 보고 밖으로 나가서 셈과 야벳에게 말했습니다. 바로 아버지의 실수를 즐기면서 공개적으로 형제들에게 누설한 것입니다(창 9:22). 함은 노아의 아들로서 아버지의 수치를 다른 사람보다 먼저 목격했다고 하면 다행이라 생각하고 아무도 모르게 속히 가려드려야 했습니다. 그러나 그는 무슨 대단한 것이나 발견한 것처럼 떠벌림으로써 아버지에게 엄청난 누를 끼쳤습니다. 마찬가지로 우리들도 원치 않지만 다른 사람들의 허물을 보거나 들었다고 하면 먼저 그런 부정적인 것을 보거나 듣게 된 것은 바로 나 자신의 경건 생활이 부족했기 때문이라고 생각하고 회개해야 합니다. 또한 그 어떤 이유로도 다른 사람의 허물을 즐기거나 누설하고 확대해서는 안 됩니다.

둘째로 셈과 야벳은 노아의 하체를 덮어드렸습니다.

함을 통해서 노아의 실수를 알게된 셈과 야벳은 함과는 달리 아버지의 수치를 보지 않기 위해 옷을 취하여 어깨에 메고 뒷걸음질하여 덮어드렸습니다(창 9:22-23). 셈과 야벳은 아버지의 수치를 자신들도 보지 않으려고 노력했고 다른 사람들이 아버지의 수치를 더 이상 보지 못하도록 현명하게 조치한 것입니다. 참으로 아름다운 믿음의 행위입니다. 셈과 야벳은 아버지가 만취상태에서 저지른 실수였지만 그와는 상관이 없이 최대한의 존경과 효로서 자식된 도리를 다 했습니다.

셋째로 우리도 덮어주며 삽시다.

모든 인간은 다 죄인입니다. 본문의 노아는 물론 믿음의 조상인 아브라함도 범죄했습니다. 이스라엘 민족의 해방자인 모세도 범죄했습니다. 성군 다윗도 범죄했습니다. 예수님의 수제자인 베드로도 범죄했습니다. 하나님께서 사용하신 믿음의 조상들 모두가 다 완전한 사람은 하나도 없습니다. 모두가 다 허물많은 죄인들이었습니다. 그것은 바로 하나님께서 그들의 모든 허물과 죄를 다 용서해 주시고 새롭게 세우셔서 사용하신 것입니다. 우리 모두는 다 예수 그리스도의 대속의 십자가로 용서받은 사람들입니다. 그러므로 우리들도 다른 사람들의 허물과 죄를 나의 겉옷을 벗어 덮어주는 멋진 삶을 살아야겠습니다.

사랑하는 여러분!
우리 모두는 이유 여하를 막론하고 함과 같이 다른 사람들의 허물에 대해 관심이 있다든지 그것을 누설하는 어리석은 자가 되지 맙시다. 셈과 야벳이 아버지의 수치를 보지 않고 덮어준 것처럼 우리들도 모든 사람들의 허물을 덮어주며 감싸주는 은혜로운 성도들이 되어야겠습니다.

3. 축복과 저주

첫째로 가나안은 저주를 받았습니다.
술에서 깨어난 노아는 작은 아들인 함이 자기에게 한 것을 이미 다 알고 함을 향하여 "가나안은 저주를 받아 그의 형제의 종들의 종이 되기를 원하노라"(창 9:25)고 함의 아들인 가나안을 저주했습니다. 여기에는 여러 가지의 견해들이 있습니다. 그 중에 하나는 가나안이 노아의 수치를 먼저 보고 나서 아버지 함에게 말했을 것이라는 견해이고, 또 하나는 아버지의 죄가 삼사대까지 가는 것처럼 함은 물론 그의 후손까지 저주했다는 것입니다. 이유야 어찌되었든지 간에 함의 범죄가 그 아들 가나안까지 이르게 되었습니다. 함은 애굽말로 '검다'이며, 히브리 말로는 '뜨겁다, 덥다'의 의미입니다. 그들은 아프리카 팔레스틴 근동에 산재해 있습니다. 실로 가나안은 노아의 저주대로 셈 계열의 이스라엘 백성들에게 정복당하여 종의 상태로 전락되었으며(수 9:23), 솔로몬 시대에 완전 정복당했습니다(왕상 9:20, 21). 뿐만 아니라

함 계열의 베니게인과 칼타고인 그리고 애굽인들이 모두가 다 야벳 계열의 페르시아인과 마게도니아인, 로마인들에게 정복당했습니다.

둘째로 셈의 하나님 여호와를 찬송하리로다라고 했습니다.

노아는 여호와를 '셈의 하나님'으로 말함으로써 셈이 받아 누릴 복의 성격을 암시했습니다. 다시 말하면 셈의 후예들이 특별히 종교적이고 영적인 축복의 상속자가 될 것이란 의미입니다. 바로 이러한 사실이 응답되었습니다. 즉 셈 계열의 이스라엘이 성민으로 택함 받았습니다(출 19:5, 6, 신 7:6-11). 혈통상 셈의 후손으로 오신 예수 그리스도께서 인류의 구원주로 오셨습니다.

셋째로 야벳을 창대하게 하셨습니다.

노아는 야벳 족속에게 널리 퍼지고 확장되는 번영의 축복을 주셨습니다. 야벳이란 말은 '확장'이란 의미인데 거기다가 또한 창대케 되는 축복까지 내려졌습니다. 이 야벳 족속은 팔레스틴의 서방과 북방에 거주하여 아리아인 즉 현재 유럽인들의 조상이 되었습니다. 이들은 영토와 인구만이 아니라 지적인 능력도 뛰어났습니다. 특히 인도인들의 형이상학, 희랍의 철학, 로마의 법정신, 구라파의 문화와 과학 등이 모두 다 야벳 후손들에 의해 이루어졌습니다. 뿐만 아니라 그들도 셈의 하나님 여호와를 믿게 되었습니다(창 9:26).

사랑하는 여러분!

우리 모두는 그 어떤 일이 있어도 나 자신의 잘못 때문에 후손이 고통받는 일이 없도록 합시다. 또한 셈처럼 영적인 축복이 넘치게 합시다. 그리고 야벳처럼 우리들의 삶이 심히 번성하고 확장되도록 합시다. 그리하여 하나님께 큰 영광을 돌리는 복된 성도들이 되시기 바랍니다.

# 가 인

[창 4:1-15]

아담이 그의 아내 하와와 동침하매 하와가 임신하여 가인을 낳고 이르되 내가 여호와로 말미암아 득남하였다 하니라 그가 또 가인의 아우 아벨을 낳았는데 아벨은 양 치는 자였고 가인은 농사하는 자였더라 세월이 지난 후에 가인은 땅의 소산으로 제물을 삼아 여호와께 드렸고 아벨은 자기도 양의 첫 새끼와 그 기름으로 드렸더니 여호와께서 아벨과 그의 제물은 받으셨으나 가인과 그의 제물은 받지 아니하신지라 가인이 몹시 분하여 안색이 변하니 여호와께서 가인에게 이르시되 네가 분하여 함은 어찌 됨이며 안색이 변함은 어찌 됨이냐 네가 선을 행하면 어찌 낯을 들지 못하겠느냐 선을 행하지 아니하면 죄가 문에 엎드려 있느니라 죄가 너를 원하나 너는 죄를 다스릴지니라 가인이 그의 아우 아벨에게 말하고 그들이 들에 있을 때에 가인이 그의 아우 아벨을 쳐죽이니라 여호와께서 가인에게 이르시되 네 아우 아벨이 어디 있느냐 그가 이르되 내가 알지 못하나이다 내가 내 아우를 지키는 자니이까 이르시되 네가 무엇을 하였느냐 네 아우의 핏소리가 땅에서부터 내게 호소하느니라 땅이 그 입을 벌려 네 손에서부터 네 아우의 피를 받았은즉 네가 땅에서 저주를 받으리니 네가 밭을 갈아도 땅이 다시는 그 효력을 네게 주지 아니할 것이요 너는 땅에서 피하며 유리하는 자가 되리라 가인이 여호와께 아뢰되 내 죄벌이 지기가 너무 무거우니이다 주께서 오늘 이 지면에서 나를 쫓아내시온즉 내가 주의 낯을 뵈옵지 못하리니 내가 땅에서 피하며 유리하는 자가 될지라 무릇 나를 만나는 자마다 나를 죽이겠나이다 여호와께서 그에게 이르시되 그렇지 아니하다 가인을 죽이는 자는 벌을 칠 배나 받으리라 하시고 가인에게 표를 주사 그를 만나는 모든 사람에게서 죽임을 면하게 하시니라

사탄의 유혹을 받은 아담과 하와가 범죄함으로 인하여 에덴 동산에서 쫓겨난 이 세상은 사탄의 역사가 아주 극심한 곳입니다. 때문에 죄로 인한 저주와 멸망이 있고 가시와 엉겅퀴가 많아 찢기고 상함이 있습니다. 또한 시기와 질투가 있고 원망과 불평, 시비가 있으며 가난과 질병 등 갖가지 문제로 인하여 고통을 당하는 곳입

> 니다. 그래서 가인과 아벨의 제사를 통해서도 시기와 질투가 있었고 결국은 살인사건까지 발생했습니다. 우리 모두는 가인의 삶을 통해서 내 자신을 살피고 반성하여 새로운 신앙과 삶의 전기로 삼아야겠습니다.

1. 예배의 실패자

첫째로 예배에 대하여 생각해 봅시다.

아담과 하와가 범죄하기 전에는 항상 하나님과 함께 했기 때문에 예배(제사)가 필요 없었습니다. 그러나 인간이 범죄함으로 말미암아 하나님과 원수가 된 후부터는 이 예배를 통해서 하나님과 만나고 교통하게 되었습니다. 예배란 말은 '섬기다', '순복하다', '~에 자기 생을 드리다'란 의미를 가지고 있습니다. 그러므로 진정한 예배자는 먼저 몸과 마음, 시간과 물질은 물론 삶 전체를 온전히 드려야 합니다. 또한 죄와 허물로 인하여 더러워진 자신의 죄를 회개하고 자기를 부인하며 하나님이 원하시는 뜻과 말씀대로 드려야 합니다(롬 12:1-2). 그리고 육신을 입고 이 세상에서 살아가는 동안은 끊임없이 계속해서 드려야 합니다.

둘째로 가인은 믿음 없는 제사를 드렸습니다.

가인은 원래 농사짓는 사람이었습니다. 때문에 그는 자신이 농사하여 얻은 '땅의 소산'으로 제물을 삼아 하나님께 제사를 드렸습니다. 하나님께서는 토지 소산의 맏물과 첫 열매는 하나님의 것이라고 하셨으며 그것들을 드리라고 하셨습니다(출 23:19; 레 19:23,24; 민 18:12,13; 신 16:9, 10; 26:2-4). 또한 번제를 드릴 때에 함께 드리는 소제는 곡물의 가루와 기름과 포도주와 유향 등 농산물이었습니다. 그리고 하나님은 농부로 비유되셨습니다(요 15:1). 그러므로 가인이 자신이 지은 농산물로 그 모든 것의 주인이신 하나님께 제사 드린 것은 하나님의 것을 하나님께 드리는 아주 당연하고 마땅한 일이었습니다.

셋째로 가인의 제사는 하나님께서 열납하지 않으셨습니다.

그런데 히브리서 기자는 "가인이 믿음이 없는 제사를 드렸다"(히 11:4)고 했습니다. 다시 말하면 하나님께서 가인의 제사를 열납하시지 않은 것은 제물이 밭의 소산이기 때문이 아니라 믿음으로 드리지 않았기 때문입니다. 제사를 드린다는 것은 제물과 함께 자신이 하나님 앞에 죽는 것을 의미합니다. 그러나 가인은 그러한 믿음과 희생이 없었습니다. 추하고 더러운 인간적인 속성이 그대로 살아있었습니다. 그는 하나님의 뜻과 말씀보다 자기 중심적인 생각으로 제사를 드렸습니다. 그렇습니다. 믿음으로 하지 않는 모든 것은 다 죄입니다. 때문에 하나님께서는 믿음으로 하지 않는 것은 그 어떤 것도 열납하지 않으셨습니다. 그러므로 우리들은 모든 것을 반드시 믿음으로 해야 합니다. 그렇습니다. 하나님께서 받으시는 예배도 있고 받지 않으시는 예배도 있으며, 거부하시는 예배도 있습니다(창 4:5; 사 1:10-17). 그래서 예수님께서는 "예물을 제단에 드리려다가 거기서 네 형제에게 원망들을 만한 일이 생각나거든 예물을 제단 앞에 두고 먼저 가서 형제와 화목하고 그 후에 와서 예물을 드리라"(마 5:23,24)고 하셨습니다.

사랑하는 여러분!
우리는 하나님께서 원하시는 예배가 어떤 예배인지를 분명하게 숙지해야 합니다. 또한 하나님의 뜻과 말씀에 따라 믿음으로 드립시다. 그리고 철저하게 자기를 포기하고 하나님의 뜻에 순종하는 예배를 드림으로 하나님께서 기쁨으로 흠향하시는 예배자들이 되시기를 바랍니다.

2. 최초의 살인자

첫째로 아벨의 제사를 열납하셨습니다.
하나님께서는 사람이나 짐승이나 초태생은 모두 다 하나님의 것임으로 거룩히 구별하여 드리라고 하셨습니다(출 13:2). 때문에 아벨은 양의 첫 새끼를 잡아 제물로 드린 제사를 드렸고 하나님께서는 그의 제사를 열납하셨습니다. 또한 하나님께서는 건강하고 흠이 없는 제물을 원하셨습니다(레 3:6; 말 1:8). 때문에 아벨은 믿음으로 가인보다 더 나은 제사를 드렸습니다(히 11:4). 아벨이 하나님 앞에 믿음으로 제사를 드렸다는 것은 하나님 앞에서 철저하게 자기를 포기하고 순종한 것을 뜻합니다. 하나님 앞에 드리는 제물은 그것이 어떤 것이든지 간에 모두 다 자기를 대신하여 드리는 대속적 의미를 갖고 있기 때문에 짐승을 잡을 때에 자기도 함께 죽고, 드릴 때에도 같이 드려지는 것입니다. 그리고 아벨의 삶 자체가 하나님께 인정받았다는 것을 의미합니다. 그러므로 우리들도 철저하게 자기를 포기하고 하나님의 뜻과 말씀에 순종해야 합니다.

둘째로 시기와 분노가 가득했습니다.

가인은 하나님께서 장자인 자기의 제사는 받지 않으시고 동생 아벨의 제사만 받으시자 "...몹시 분하여 안색이 변"(창 4:5)했습니다. 이것은 바로 하나님에 대한 불만과 분노를 직선적으로 표현한 것입니다. 가인은 하나님께서 자기의 제사를 받으시지 않으셨다고 하면 마땅히 통회자복하고 회개했어야 함에도 불구하고 하나님께 분노한 것입니다. 또한 그는 아벨에 대한 시기심과 분노가 극도에 달했습니다. 이에 하나님께서는 자신의 잘못을 뉘우치지 않고 도리어 분노하고 있는 가인에게 "...네가 분하여 함은 어찌 됨이며 안색이 변함을 어찌 됨이냐 네가 선을 행하면 어찌 낯을 들지 못하겠느냐 선을 행하지 아니하면 죄가 문에 엎드려 있느니라 죄가 너를 원하나 너는 죄를 다스릴지니라"(창 4:6,7)고 책망하셨습니다.

셋째로 들에서 아벨을 쳐죽였습니다.

이미 마음이 악해진 가인은 하나님의 책망을 받고도 자기 자신의 잘못과 죄악을 전혀 회개하지 않았습니다. 그는 오히려 끓어오르는 분노를 숨긴 채 아벨을 아무도 보지 않는 들로 데리고 가서 은밀하게 쳐죽였습니다(창 4:8).

그는 자신의 잘못으로 인해 하나님께서 제사를 열납하시지 않으셨음에도 불구하고 무죄한 동생 아벨을 죽였습니다. 때문에 하나님께서는 가인에게 "...네 아우 아벨이 어디 있느냐..."(창 4:9上)고 물으셨습니다. 그러자 가인은 "...내가 알지 못하나이다 내가 아우를 지키는 자니이까"(창 4:9下)라고 오히려 신경질을 부렸습니다. 이것은 바로 인류 역사상 최초의 살인자로서 양심이 마비된 언행이었습니다. 그러자 하나님께서는 "...네가 무엇을 하였느냐 네 아우의 핏소리가 땅에서부터 내게 호소하느니라"(창 4:10)고 가인이 아벨을 죽였음을 분명하게 지적하셨습니다.

사랑하는 여러분!
우리 모두는 이유 여하를 막론하고 하나님께서 열납하시는 예배를 드립시다. 또한 그 어떤 이유로도 남을 시기하고 질투하여 힘들게 하는 어리석은 삶을 살지 맙시다. 그리고 우리의 일평생 동안 남을 미워하거나 상처를 주고 희생시키는 일이 없도록 해야겠습니다.

3. 인생의 실패자

첫째로 하나님께서 저주하셨습니다.
하나님께는 무죄한 동생 아벨을 살해한 가인에게 "땅이 그 입을 벌려 네 손에서부터 네 아우의 피를 받았은즉 네가 땅에서 저주를 받으리니 네가 밭을 갈아도 땅이 다시는 그 효력을 네게 주지 아니할 것이요..."(창 4:11,12)라고 저주하셨습니다. 이것은 바로 농사를 짓는 가인에게 있어서는 그 어떠한 저주보다도 훨씬 더 가혹한 저주였습니다. 왜냐하면 그렇게 될 경우 생존의 기본적인 의식주 문제가 어렵게 되기 때문입니다. 이 세상에서 가장 안타까운 것은 의식주 문제가 해결되지 않는 것이라고 합니다. 그런데 그의 삶의 기반이 저주를 받았으니 얼마나 불행한 일입니까? 그렇습니다. 이 세상에서 가장 불쌍한 사람은 하나님으로부터 버림받은 사람입니다.

둘째로 유리방황 하는 자가 되었습니다.

가인은 삶의 터전만 저주받은 것이 아니라 하나님과 사람들로부터도 완전히 버림을 받았습니다. 때문에 사람들의 눈을 피하여 이리저리 유리방황하면서 살아야 하는 불쌍한 사람으로 전락해 버렸습니다. 하나님께서는 범죄한 아담과 하와는 에덴동산에서 추방하셨고 아벨을 죽인 가인은 삶의 터전에서 추방하셨습니다. 그는 자기가 받은 형벌이 너무나 크기 때문에 견딜 수가 없다고 하나님께 하소연했습니다(창 4:13). 그는 참으로 불행한 인간이었습니다.

셋째로 사람들에 대한 공포심을 갖게 되었습니다.

하나님과 환경에서 버림받은 가인은 이제 인간들로부터도 적대를 받았습니다(창 4:13-14). 그는 혹시 자기가 만나는 사람으로부터 자기가 흘린 피의 보복을 받게 되지는 않을까 하여 대단히 두려워하고 있었습니다. 우리 인간은 이웃과 함께 더불어 살아야 하는 사회적인 존재입니다. 그런데 만나는 사람이 두렵다는 것은 참으로 불행한 일입니다. 그러나 가인은 자신이 아벨을 죽였기 때문에 다른 사람도 혹시나 자기를 죽이지 않을까라고 생각하여 두려워한 것입니다. 그러므로 가인은 이 세상에서 가장 불행한 인생의 실패자로 전락했습니다.

사랑하는 여러분!

우리 모두는 그 어떤 일이 있어도 범죄함으로 인하여 하나님으로부터 저주받는 일이 없어야겠습니다. 또한 그 무엇보다도 우리들의 삶의 현장이 풍부한 복으로 넘치게 합시다. 그리고 우리들의 삶의 현장에서 만나는 모든 사람들을 사랑하고 반기며 축복하는 복된 삶을 사시기 바랍니다.

갈 렙

[수 14:6-15]

　그 때에 유다 자손이 길갈에 있는 여호수아에게 나아오고 그니스 사람 여분네의 아들 갈렙이 여호수아에게 말하되 여호와께서 가데스 바네아에서 나와 당신에게 대하여 하나님의 사람 모세에게 이르신 일을 당신이 아시는 바라 내 나이 사십 세에 여호와의 종 모세가 가데스 바네아에서 나를 보내어 이 땅을 정탐하게 하였으므로 내가 성실한 마음으로 그에게 보고하였고 나와 함께 올라갔던 내 형제들은 백성의 간담을 녹게 하였으나 나는 내 하나님 여호와께 충성하였으므로 그 날에 모세가 맹세하여 이르되 네가 내 하나님 여호와께 충성하였은즉 네 발로 밟는 땅은 영원히 너와 네 자손의 기업이 되리라 하였나이다 이제 보소서 여호와께서 이 말씀을 모세에게 이르신 때로부터 이스라엘이 광야에서 방황한 이 사십오년 동안을 여호와께서 말씀하신 대로 나를 생존하게 하셨나이다 오늘 내가 팔십오 세로되 모세가 나를 보내던 날과 같이 오늘도 내가 여전히 강건하니 내 힘이 그 때나 지금이나 같아서 싸움에나 출입에 감당할 수 있으니 그 날에 여호와께서 말씀하신 이 산지를 지금 내게 주소서 당신도 그 날에 들으셨거니와 그 곳에는 아낙 사람이 있고 그 성읍들은 크고 견고할지라도 여호와께서 나와 함께 하시면 내가 여호와께서 말씀하신 대로 그들을 쫓아내리이다 하니 여호수아가 여분네의 아들 갈렙을 위하여 축복하고 헤브론을 그에게 주어 기업을 삼게 하매 헤브론이 그니스 사람 여분네의 아들 갈렙의 기업이 되어 오늘까지 이르렀으니 이는 그가 이스라엘의 하나님 여호와를 온전히 좇았음이라 헤브론의 옛 이름은 기럇 아르바라 아르바는 아낙 사람 가운데에서 가장 큰 사람이었더라 그리고 그 땅에 전쟁이 그쳤더라

　갈렙은 원래 그니(나)스 사람 여분네의 아들이었습니다. 그는 출애굽 이전에 유다 지파로 합류했다는 설이 있습니다. 만약에 그것이 사실이라면 갈렙은 혈통적 유다 지파가 아니라 귀화에 의한 유다인 입니다. 그러나 그는 하나님에 대한 믿음과 신뢰가 확고했고 정신력 또한 아주 건전했으며, 유다 민족을 위한 사명감도 투철했습니다. 때문에 그는 여호수아와 함께 가나안을 정복했으나 자

기의 기득권을 주장하지 않고 험악한 헤브론을 자원하여 분배받아 개척하는 생산적인 사람이었습니다. 우리들도 갈렙의 신앙과 삶의 자세를 본받아야겠습니다.

1. 성실한 믿음의 사람이었습니다.

첫째로 정탐꾼으로 선발되었습니다.

모세는 가데스 바네아에서 여호와께서 분부하신 대로 가나안 땅을 정탐하기 위하여 각 지파의 두령 한 명씩 선발하여 정탐꾼을 뽑았습니다(민 13:2-6). 정탐이란 어떤 일을 실행에 옮기기 전에 그 일의 성공가능성을 판단하는 동시에 그 일을 효과적으로 수행하기 위해 필요한 정보를 사전에 수집하는 행동입니다. 때문에 정탐의 임무를 수행하려는 자는 먼저 하나님에 대한 믿음이 있어야 했으며 또한 상황 판단에 기민한 통찰력이 있어야 했습니다. 그러므로 갈렙은 인정받는 신실한 믿음의 사람이었음을 알 수 있습니다.

둘째로 성실하게 사명을 감당했습니다.

열두 명의 정탐꾼들은 사십일 동안 가나안 땅의 각지를 정탐하고 돌아와 보고회를 가졌습니다. 그 때에 여호수아와 갈렙은 가나안 땅의 실과를 보이면서 과연 그 땅은 젖과 꿀이 흐르는 땅이라고 했습니다(민 13:25-27). 또한 그들은 "그 땅 거주민은 강하고 성읍은 견고하고 심히 클 뿐 아니라 거기서 아낙 자손을 보았으며 아말렉인은 남방 땅에 거주하고 헷인과 여부스인과 아모리인은 산지에 거주하고 가나안인은 해변과 요단가에 거주하더이다" (민 13:28-29)라고 가나안 땅의 인구분포까지 구체적으로 보고했습니다. 그리고 그는 모세 앞에서 백성들을 안돈시키고 말하기를 "…우리가 곧 올라가서 그 땅을 취하자 능히 이기리라"(민 13:30)고 했습니다. 참으로 성실한 사명자였습니다.

셋째로 담대한 신앙의 소유자였습니다.

갈렙의 보고를 들은 열 명의 정탐꾼들은 "…우리는 능히 올라가서 그 백성을 치지 못하리라 그들은 우리보다 강하니라 하고 이스라엘 자손 앞에서 그 정탐한 땅을 악평하여 이르되 우리가 두루 다니며 정탐한 땅은 그 거주민을 삼키는 땅이요 거기서 본 모든 백성은 신장이 장대한 자들이며 거기서 네피림 후손인 아낙 자손의 거인들을 보았나니 우리는 스스로 보기에도 메뚜기 같으니 그들이 보기에도 그와 같았을 것이니라"(민 13:31-33)고 불신앙적으로 부정적인 보고를 했습니다. 문제는 부정적인 보고를 한 열 명의 말을 들은 모든 이스라엘 백성들이 소리 높여 부르짖으며 밤새도록 통곡하고 모세와 아론을 원망하면서 차라리 애굽 땅에서 죽었으면 좋았을 것이라고 하면서 다시 애굽으로 돌아가자고 했습니다(민 14:1-4). 이에 여호수아와 갈렙이 그 땅은 여호와께서 우리에게 주신 땅이라고 하면서 여호와를 거역하지 말라고 했습니다(민 14:5-9).

사랑하는 여러분!
우리들도 갈렙과 같이 하나님께서 일꾼으로 선택하신 은혜를 감사하면서 성실하게 사명을 잘 감당해야겠습니다. 또한 언제나 담대한 신앙을 가지고 뭇 사람들을 구원하는 삶을 살아야겠습니다. 그리고 끝까지 하나님을 따르는 성실한 신앙인들이 되어 승리하는 삶을 살아야겠습니다. 갈렙은 참으로 담대한 믿음의 지도자였습니다.

2. 참으로 큰 인물이었습니다.

첫째로 기득권을 주장하지 않았습니다.
여호수아와 갈렙의 긍정적인 보고를 듣지 않고 열 명의 부정적인 보고를 들은 이스라엘 백성들은 자기들이 믿고 말한 대로 여호와께서 심판하심으로 모두 다 전염병으로 광야에서 죽었습니다(민 14:11-32). 하나님께서 "…너희

말이 내 귀에 들린 대로 내가 너희에게 행하리니"(민 14:28)라고 분명히 말씀하셨습니다. 그러므로 우리들은 언제나 언행심사에 주의해야 합니다. 이유 여하를 막론하고 아름답고 복된 언행심사가 이루어지도록 해야 합니다. 부정적인 보고를 듣고 부정적인 인간이 되어 모세와 아론을 원망하고 여호수아와 갈렙을 치려했던 이스라엘 사람들이 다 죽은 다음, 이십 세 이하된 그들의 후손들은 부모의 죄로 인하여 광야에서 사십 년 동안 유리방황해야 했습니다. 그것은 바로 그들이 부모들로부터 들은 불평불만들을 다 잊어버리기까지 기다리고 훈련시키신 것입니다. 때문에 기성세대 중에는 오직 여호수아와 갈렙만 가나안 땅에 들어갔습니다. 그리고 여호수아와 갈렙은 정복한 가나안 땅을 각 지파에게 분배했습니다. 그러므로 유다 지파를 대표한 정탐꾼인 갈렙에게는 이미 큰 기득권을 가지고 있었습니다. 그러나 그는 자신의 기득권을 전혀 주장하지 않고 다른 지파들에게 우선적으로 다 분배하고 난 다음 마지막 나머지인 헤브론을 요구했습니다. 오늘의 이 사회는 모두가 다 기득권을 가진 자들의 횡포 때문에 어렵습니다. 우리들도 갈렙과 같은 빈 마음의 소유자들이 되어야겠습니다.

둘째로 끊임없이 개척자의 삶을 원했습니다.
갈렙이 요구한 당시의 헤브론은 해발 4천 피트의 험악한 산지로서 전혀 쓸모 없는 땅이었습니다. 또한 그곳은 부정적인 보고를 한 열 정탐꾼들이 보고 겁을 먹었던 거인들이면서 싸움을 잘하는 아낙 사람들의 견고한 성읍이 있는 산간지역이었습니다. 때문에 다른 지파들이 다 기피한 아주 버린 땅과 같은 곳이었습니다. 그럼에도 불구하고 갈렙은 여호수아에게 "…오늘날 내가 팔십 오세로되 모세가 나를 보내던 날과 같이 오늘도 내가 여전히 강건하니 내 힘이 그 때나 지금이나 같아서 싸움에나 출입에 감당할 수 있으니 그 날에 여호와께서 말씀하신 이 산지를 지금 내게 주소서"(수 14:10-12上). 참으로 위대한 개척정신을 가진 인물입니다.

셋째로 불굴의 용장이었습니다.

갈렙은 "당신도 그 날에 들으셨거니와 그 곳에는 아낙 사람이 있고 그 성읍들은 크고 견고할지라도 여호와께서 나와 함께 하시면 내가 여호와께서 말씀하신 대로 그들을 쫓아내리이다"(수 14:12下)라고 했습니다. 갈렙이 분배받기를 원한 헤브론은 아직도 아낙 사람들의 크고 견고한 성읍들이 있어 이스라엘 사람들이 아직도 정복하지 못한 곳이었습니다. 한마디로 모두 다 기피한 곳입니다. 85세의 노인인 갈렙은 그 동안의 광야 생활과 전쟁에 심신이 지치고 피곤했을 것입니다. 그러므로 이제 좀 편안히 쉬고 싶은 생각도 있었을 것입니다. 그러나 45년 전이나 지금이나 용기가 충천해 있었습니다. 때문에 자신감을 가지고 계속 싸우겠다는 것입니다. 뿐만 아니라 승리에 대한 자신도 있었습니다. 참으로 은퇴가 없는 영원한 청년이요 불굴의 용장이었습니다.

사랑하는 여러분!

우리들도 갈렙과 같이 하나님의 영광을 위해서라면 이에 기득권을 포기할 줄 아는 삶을 삽시다. 또한 갈렙처럼 끊임없는 개척자의 정신을 가지고 삽시다. 그리고 무서울 것이 없이 계속 전진하는 믿음의 용장들이 되시기 바랍니다.

3. 철저한 순종의 사람이었습니다.

첫째로 하나님만 따랐습니다.

하나님께서 친히 "그러나 내 종 갈렙은 그 마음이 그들과 달라서 나를 온전히 따랐은즉 그가 갔던 땅으로 내가 그를 인도하여 들이리니 그의 자손이 그 땅을 차지하리라"(민 14:24)고 말씀하셨습니다. 하나님께서는 이 세상의 삼라만상과 우리 인간을 창조하셨으며, 지금 이 시간에도 우리들의 생사화복을 친히 주관하시는 분이십니다. 때문에 우리가 사는 길은 바로 그분만 믿고 따르는 것입니다. 그러므로 피조물인 우리 모두는 이유 여하를 막론하고 온전히 하나님만 믿고 따라가야 합니다.

둘째로 약속의 말씀을 믿었습니다.
갈렙도 가나안 땅을 정탐했을 때에 거대한 아낙자손들을 보았습니다. 헤브론의 크고 견고한 성읍도 보았습니다. 그러나 그는 자신의 인간적인 눈으로 본 가나안 땅의 상황과 환경보다는 전능하신 하나님의 말씀을 더 믿었습니다. 때문에 그는 이스라엘 민족 전체가 반대하고 자기를 돌로 쳐죽이려고 했으나 흔들림이 없이 담대한 믿음으로 가나안 땅을 정복한 것입니다. 그렇습니다. 하나님의 말씀은 우리의 생명입니다. 우리의 힘이요, 능력입니다. 그러므로 우리 모두는 사나 죽으나 하나님의 말씀만 믿고 따라야 합니다.

셋째로 변함없는 헌신의 사람이었습니다.
갈렙은 부름 받을 때부터 가나안 정복의 사명을 완수하고 땅을 분배한 후에도 절대로 자기 자신의 개인적인 이익을 위한 적이 전혀 없었습니다. 오직 하나님의 뜻과 말씀을 이루기 위해 최선을 다해 헌신했습니다. 때문에 하나님께서 내 종이라고 칭찬하셨습니다. 그렇습니다. 하나님께서는 시종이 여일하게 헌신하는 자를 사랑하시고 함께 하시며 당신의 일을 맡기십니다. 정탐꾼으로 뽑힌 후 45년이 지나 이제 85세의 노인이 됐음에도 불구하고 그의 헌신의 자세는 전혀 변하지 않았습니다(민 14:9). 때문에 우리들도 이 세상 끝나는 그 시간까지 변함없이 헌신하는 멋진 삶을 살아야겠습니다.

사랑하는 여러분!
우리 모두는 이유 여하를 막론하고 하나님만 따릅시다. 또한 사나 죽으나 하나님의 말씀만 믿고 따릅시다. 그리고 인간적인 자기 자신을 철저히 포기하고 오직 하나님의 말씀을 이루기 위해 최선을 다해 헌신하는 성도들이 되시기 바랍니다.

 # 갓

[삼하 24:10-17]

다윗이 백성을 조사한 후에 그의 마음에 자책하고 다윗이 여호와께 아뢰되 내가 이 일을 행함으로 큰 죄를 범하였나이다 여호와여 이제 간구하옵나니 종의 죄를 사하여 주옵소서 내가 심히 미련하게 행하였나이다 하니라. 다윗이 아침에 일어날 때에 여호와의 말씀이 다윗의 선견자 된 선지자 갓에게 임하여 이르시되 가서 다윗에게 말하기를 여호와께서 이와 같이 말씀하시기를 내가 네게 세 가지를 보이노니 너를 위하여 너는 그 중에서 하나를 택하라 내가 그것을 네게 행하리라 하셨다 하라 하시니 갓이 다윗에게 이르러 아뢰어 이르되 왕의 땅에 칠 년 기근이 있을 것이니이까 혹은 왕이 왕의 원수에게 쫓겨 석 달 동안 그들 앞에서 도망하실 것이니이까 혹은 왕의 땅에 사흘 동안 전염병이 있을 것이니이까 왕은 생각하여 보고 나를 보내신 이에게 무엇을 대답하게 하소서 하는지라 다윗이 갓에게 이르되 내가 고통 중에 있도다 청하건대 여호와께서는 긍휼이 크시니 우리가 여호와의 손에 빠지고 내가 사람의 손에 빠지지 아니하기를 원하노라 하는지라 이에 여호와께서 그 아침부터 정하신 때까지 전염병을 이스라엘에 내리시니 단에서부터 브엘세바까지 백성의 죽은 자가 칠만 명이라 천사가 예루살렘을 향하여 그의 손을 들어 멸하려 하더니 여호와께서 이 재앙 내리심을 뉘우치사 백성을 멸하는 천사에게 이르시되 족하다 이제는 네 손을 거두라 하시니 여호와의 사자가 여부스 사람 아라우나의 타작마당 곁에 있는지라 다윗이 백성을 치는 천사를 보고 곧 여호와께 아뢰어 이르되 나는 범죄하였고 악을 행하였거니와 이 양 무리는 무엇을 행하였나이까 청하건대 주의 손으로 나와 내 아버지의 집을 치소서 하니라

사탄의 격동을 받은 다윗이 요압과 백성의 두목에게 브엘세바에서부터 단까지 다시 말하면 전국의 인구를 조사하여 보고토록 했습니다. 그것은 바로 자신과 백성들의 수를 과시하고 만약에 전쟁을 하게 되면 징집할 수 있는 용사의 수가 얼마나 되는지를 알아보기 위해서였습니다. 다시 말하면 그의 관심이 하나님에 대한 믿음에서 벗어나 인간적이고 세상적이었다는 것입니다. 다윗의 지

> 금까지의 생애와 그를 통해 이루어진 모든 전쟁의 승리는 이 군사의 수와 상관없이 모두 다 하나님께서 함께 하셨기 때문에 승리했습니다. 그런데 그가 이렇게 인구 조사를 지시한 것은 지금까지의 하나님의 도우심에 대한 은혜를 잊어버리고 부인하는 불신앙적이 되는 것입니다. 때문에 하나님께서는 당신의 종인 갓을 통해 다윗에게 진노의 말씀을 내리셨습니다.

1. 갓의 신분

첫째로 야곱의 아들이었습니다.

야곱의 부인들인 레아와 라헬은 서로 아들을 많이 낳으려고 하는 경쟁관계에 있었습니다. 그런데 야곱의 첫 번째 부인인 레아가 자신이 아이를 낳지 못하게 되자 자기의 시녀인 실바를 야곱에게 주어 첩으로 삼게하고 그녀로 하여금 아들을 낳게 했는데 그가 바로 야곱의 일곱 번째 아들인 갓이었습니다. 때문에 레아는 실바가 낳은 아들을 보고 너무 기뻐서 "...복되도다..."라고 말하고 그의 이름을 '갓'이라고 지어 주었습니다(창 30:9-11). 왜냐하면 당시의 근동지방에서는 다산을 하나님의 축복으로 여겼기 때문입니다. 그래서 당시에는 부인들이 자신들의 몸종을 남편에게 주어서라도 자기편의 아이들을 많이 낳으려고 애썼습니다. 지금 우리나라는 인구 감소가 생존의 문제로까지 심각하게 대두되고 있습니다. 그러므로 이제 결혼하는 사람들은 자식을 많이 낳아야겠습니다.

둘째로 갓 지파의 조상이었습니다.

갓은 갓 족속이 영웅시하는 시조였습니다. 갓 지파는 참으로 훌륭했습니다. 먼저 그들은 용맹스러운 지파였습니다. 그래서 야곱은 갓 지파에 대해 "갓은 군대의 추격을 받으나 도리어 그 뒤를 추격하리로다"(창 49:19)라고 했고, 모세는 "갓을 광대하게 하시는 이에게 찬송을 부를지어다"(신 33:20)라고 예언했습니다. 갓 지파는 그들의 예언과 같이 이스라엘이 이방인들의 공격을 받을 때에도 두려워하지 않고 용기를 가지고 과감하게 물리치고 나라를 지키는 용맹을 펼쳤습니다(대상 5:18-22). 그들은 많은 용사들을 배출했고(대상 12:8), 모든 전쟁에서 승리하는 영광을 누렸습니다(대상 12:8-15). 또한 신의를 잘 지키는 지파였습니다(수 1:12-16). 그리고 하나님으로부터 신실하다고 인정받은 지파로서 많은 축복을 받았습니다(수 22:1-3). 그렇습니다. 우리의 출생과 성공은 전혀 상관이 없습니다. 내가 어떠한 가정에서 출생했든지 내 부모의 출신이 어떻든지 간에 전혀 상관이 없습니다. 그러므로 우리들도 하나님을 잘 믿고 말씀대로 살아간다고 하면 갓처럼 반드시 아름다운 삶으로 승리할 수 있습니다.

셋째로 선견자였습니다.
선견자란 말은 '예언자' 란 말과 같은 뜻으로서 하나님께서 그에게 선포하시는 메시지를 먼저 깨닫고 전파하는 자를 말합니다. 다시 말하면 그들은 영적인 환상을 통해서 받은 하나님의 뜻을 우리 인간들이 깨달을 수 있도록 하나님의 말씀을 선포하는 자들입니다. 그러므로 갓은 참으로 훌륭한 하나님의 종이었습니다. 때문에 하나님의 은혜를 망각하고 범죄한 다윗에게 하나님의 징벌에 대해 과감하게 선포한 것입니다. 그러므로 우리들도 모든 사람들에게 하나님의 말씀을 때를 얻든지 못 얻든지 자신있게 전해야겠습니다.

사랑하는 여러분!
우리 모두 하나님의 자녀요 천국의 백성이며 교회의 청지기로서의 사명을 잘 감당해야겠습니다. 또한 예수 그리스도를 구주로 믿는 성도로서 모든 사람들에게 모범이 되어야겠습니다. 그리고 인류를 구원하는 생명의 말씀을 열심히 전하는 충성된 자들이 되어야겠습니다.

2. 갓의 신앙

첫째로 새벽의 사람이었습니다.

하나님께서는 갓에게 아침에 다윗에게 가서 그에 대한 징계를 말하라고 하셨습니다. 이것을 볼 때에 갓은 새벽에 일어나서 기도하고 하나님의 말씀을 받는 일꾼이었다는 사실을 알 수 있습니다. 다윗 또한 자신이 사울에게 쫓기면서도 하나님께서 자신의 생명을 반드시 지켜주실 것을 확신하고 조금도 두려움이 없이 "…내가 새벽을 깨우리로다"(시 57:8)라고 찬송했습니다. 하나님께서는 새벽에 우리를 도우십니다(시 46:5). 때문에 기독교의 역사는 새벽에 이루어졌습니다. 먼저 하나님께서 새벽에 만나주십니다(민 16:5). 그래서 하나님께서는 "나를 사랑하는 자들이 나의 사랑을 입으며 나를 새벽에 (간절히) 찾는 자가 나를 만날 것이니라"(잠 8:17)고 하셨습니다. 이 본문에서의 '간절히'는 히브리 원문에는 '새벽'이란 말입니다. 또한 하나님께서는 새벽에 기도를 들어주십니다(시 5:3, 88:13). 그리고 새벽에 역사가 일어납니다. 홍해도 새벽에 갈라졌습니다(출 14:21-27). 만나도 새벽에 내렸습니다(출 16:13, 14). 여리고 성도 새벽에 무너졌습니다(수 6:15-20). 새벽별 되신 예수님께서 새벽에 이 세상에 오셨고 새벽에 부활하셨습니다(요 20:1-8). 그러므로 우리들도 반드시 새벽을 깨우는 신앙인들이 되어야 합니다.

둘째로 순종의 사람이었습니다.

하나님께서는 갓에게 "다윗이 아침에 일어날 때에… 가서 다윗에게 말하기를 여호와께서 이와 같이 말씀하시기를 내가 네게 세 가지를 보이노니 너를 위하여 너는 그 중에서 하나를 택하라 내가 그것을 네게 행하리라 하셨다 하라"(삼하 24:11-12)고 명령하셨습니다. 갓은 여호와의 명령을 받자마자 조금도 지체하지 않고 즉시로 가서 전했습니다(삼하 24:11-13). 당시 다윗은 어느 누가 무엇이라고 말할 수 없는 절대권력을 가진 왕이었습니다. 그러나 갓은 그 어떤 인간적인 생각을 하지 않았습니다. 그렇습니다. 하나님의 말씀에는 그 어떤 이유가 있을 수 없습니다. 순종하면 나아만처럼 질병을 물리치고 건강을 되찾습니다. 순종하면 베드로처럼 물질의 복을 받습니다. 순종하면 가나 혼인잔치처럼 딱한 문제를 해결 받습니다. 순종하면 기생 라합처럼 생명을 보존 받습니다. 때문에 신앙의 생명은 바로 순종입니다. 우리 모두 이유 여하를 막론하고 무조건 순종하는 삶을 삽시다.

셋째로 담대한 사명자였습니다.
당시 다윗의 지위와 명예, 권세는 대단했습니다. 때문에 자기의 왕위를 견고히 하고 전쟁을 하기 위해 인구조사를 한 것입니다. 그럼에도 불구하고 갓은 조금도 두려워하지 않고 자신있게 나아가 다윗 왕에 대한 하나님의 징계 말씀을 담대하게 전했습니다(삼하 24:13).

사랑하는 여러분!
우리 모두는 언제나 새벽을 깨우는 부지런한 신앙인들이 되어야겠습니다. 또한 이유 여하를 막론하고 여호와의 말씀에 철저하게 순종합시다. 그리고 갓과 같이 담대하게 복음을 전하는 일꾼이 되어야겠습니다.

3. 갓의 사역

첫째로 다윗을 깨우쳤습니다.
사탄의 충동을 받은 다윗은 자신의 왕위를 견고히 하고 권세를 과시하여 전쟁을 일으키기 위해 인구조사를 시작했습니다(대상 21:1-6). 때문에 하나님께서는 그것을 괘씸하게 여기셨습니다(대상 21:7). 그는 그 동안 말할 수 없는 환난과 고통으로 인하여 생명의 위협을 수없이 당했지만 하나님의 보호하심으로 무사히 잘 넘기고 왕이 된 사람입니다. 그럼에도 불구하고 이제 자신의 위치가 견고해지자 하나님의 은혜를 망각하고 자기 자신의 왕위와 백성들의 수와 군사력을 가지고 자신의 힘이 대단한 것처럼 과시하려고 했습니다. 때문에 하나님께서는 다윗의 행위를 괘씸히 여기시고 이스라엘에 전염병을 내려 치심으로 죽은 자가 칠만이나 되었습니다(삼하 24:15). 하나님께서 전염병으로 칠만 인을 죽이셨습니다. 이것은 바로 다윗의 잘못을 깨우치시기 위한 것이었습니다.

둘째로 다윗을 회개케 했습니다.
다윗은 하나님께 "… 내가 이 일을 행함으로 큰 죄를 범하였나이다 이제 간구하옵나니 종의 죄를 용서하여 주옵소서 내가 심히 미련하게 행하였나이다"(대상 21:8)라고 즉시 하나님께 회개했습니다. 그리고 그는 "…나와 내 아버지의 집을 치소서"(삼하 24:17)라고 했습니다. 이것은 인구조사에 대한 자신의 행위가 잘못되었다는 것을 깨달았기 때문입니다(삼하 24:10). 바로 여기에서 우리는 다윗의 위대함을 발견하게 됩니다. 그렇습니다. 하나님께서는 믿음이 없는 제사보다는 상한 심령을 구하시며 그의 통회하는 마음을 기뻐 받으십니다(시 51:17).

셋째로 여호와를 위해 제단을 쌓게 했습니다.
갓은 다윗에게 "…여호와를 위하여 제단을 쌓으소서…"(삼하 24:18,19)라고 제안했습니다. 그것은 바로 다윗이 하나님과 화목하도록 하기 위한 것이었습니다. 갓 선지자의 제안을 받아들인 다윗은 은 오십 세겔로 타작마당과 소를 사서 제단을 쌓고 번제를 드렸습니다. 그러자 여호와께서는 다윗의 기도를 들으시고 이스라엘에게 내리는 재앙을 그치게 하셨습니다(삼하 24:23-25).

사랑하는 여러분!
우리 모두는 언제나 범사를 통해서 하나님의 뜻을 깨닫는 사람들이 됩시다. 또한 하나님을 서운케 하는 그 어떠한 죄악도 용납하지 말고 철저하게 회개합시다. 그리고 예배에 성공자들이 되어서 우리 하나님을 기쁘시게 하는 멋진 삶을 살아야겠습니다.

고 라

[민 16:1-11]

레위의 증손 고핫의 손자 이스할의 아들 고라와 르우벤 자손 엘리압의 아들 다단과 아비람과 벨렛의 아들 온이 당을 짓고 이스라엘 자손 총회에서 택함을 받은 자 곧 회중 가운데에서 이름 있는 지휘관 이백오십 명과 함께 일어나서 모세를 거스르니라 그들이 모여서 모세와 아론을 거슬러 그들에게 이르되 너희가 분수에 지나도다 회중이 다 각각 거룩하고 여호와께서도 그들 중에 계시거늘 너희가 어찌하여 여호와의 총회 위에 스스로 높이느냐 모세가 듣고 엎드렸다가 고라와 그의 모든 무리에게 말하여 이르되 아침에 여호와께서 자기에게 속한 자가 누구인지, 거룩한 자가 누구인지 보이시고 그 사람을 자기에게 가까이 나아오게 하시되 곧 그가 택하신 자를 자기에게 가까이 나아오게 하시리니 이렇게 하라 너 고라와 네 모든 무리는 향로를 가져다가 내일 여호와 앞에서 그 향로에 불을 담고 그 위에 향을 두라 그 때에 여호와께서 택하신 자는 거룩하게 되리라 레위 자손들아 너희가 너무 분수에 지나치느니라 모세가 또 고라에게 이르되 너희 레위 자손들아 들으라 이스라엘의 하나님이 이스라엘 회중에서 너희를 구별하여 자기에게 가까이 하게 하사 여호와의 성막에서 봉사하게 하시며 회중 앞에 서서 그들을 대신하여 섬기게 하심이 너희에게 작은 일이겠느냐 하나님이 너와 네 모든 형제 레위 자손으로 너와 함께 가까이 오게 하셨거늘 너희가 오히려 제사장의 직분을 구하느냐 이를 위하여 너와 너의 무리가 다 모여서 여호와를 거스르는도다 아론이 어떠한 사람이기에 너희가 그를 원망하느냐

범죄한 아담 이후의 모든 인간에게는 원죄로 인한 악성이 잠재해 있기 때문에 언제나 반역의 가능성을 가지고 있습니다. 특히 사탄은 이것을 이용하여 사람들로 하여금 반역의 길에 서도록 끊임없이 유혹하고 있습니다. 때문에 제 아무리 훌륭한 지도자라고 할지라도 반역을 당할 수 있습니다. 루시퍼도 하나님을 반역하고 사탄이 되었고 이 사탄의 유혹을 받은 아담과 하와도 하나님을 배신했으며 고라도 이스라엘의 지도자 모세를 반역했습니다. 가롯 유다도 예수 그리스도를 배신했습니다.

1. 고라의 신분과 반역 동기

첫째로 모세와 사촌지간이었습니다.

성경에는 몇 사람의 고라가 있었는데 하나는 에서의 아들로서 에돔 족속의 족장인 고라가 있고(창 36:5-18), 또한 갈렙의 후손인 고라도 있습니다(대상 2:42,43). 그리고 오늘 본문의 레위의 증손자요, 고핫의 손자이며, 이스할의 아들인 고라가 있습니다. 그런데 모세와 아론은 이스할의 형제인 아므람의 아들입니다. 그러므로 고라와 모세는 사촌지간이었습니다(출 6:21; 민 16:1).

둘째로 성막에서 봉사하는 일을 맡은 자였습니다.

이스라엘 백성들이 광야 생활을 할 때에 이동할 수 있도록 만든 예배소가 있었는데 그것을 여러 가지로 불렀습니다. 회막(출 33:7, 39:32), 성막(출 26:9, 39:33), 장막(대상 6:48), 법막이라고 했습니다. 그런데 이 회막에서는 주로 백성들의 죄를 대속하는 제사업무에 종사하는 제사장 직분과 회막 관리와 각종 봉사사역과 백성들에게 율법을 가르치는 일 등으로 나뉘어져 있었습니다. 하나님께 제사 드리는 회막에서의 사역은 모두가 다 아주 중요했습니다. 그러므로 레위 지파인 고라가 맡은 직무는 중요한 일들이었습니다. 그렇습니다. 하나님의 성전에서 각자가 맡은 일들은 그 일이 어떤 일이든지 간에 모두가 다 생명을 바쳐야 하는 중요한 일들입니다.

셋째로 반역을 일으킨 동기가 있습니다.

모세와 아론이 자신과 같은 레위 지파의 후손임에도 불구하고 당시 모세는 이스라엘 민족의 최고 지도자요, 또한 아론의 후손들만이 제사장이 되는 특권을 가지고 이스라엘 민족의 절대적인 존경을 받고 있었습니다. 한마디로 모세와 아론이 이스라엘 민족을 다 관할하고 있었습니다. 그런데 자신들은 제사장 직분에서 완전히 배제되고 모세와 아론의 통치를 받고 있다고 생각한 것입니다. 그는 자신이 레위의 후손으로서 이스라엘을 대표하여 회막에서 봉사하는 일이 중요한 일임에도 불구하고 자신이 하는 일들을 하찮게 여기고 민족의 지도자인 모세의 지위와 아론의 제사장직을 탐했습니다. 더욱 야비한 것은 오랜 광야 생활에 지친 백성들의 불편한 감정을 이용하여 노쇠한 지도자인 모세에게 도전함으로써 정권을 잡으려는 불손한 의도를 가졌습니다. 그렇습니다. 언제나 자신에 대한 주제파악이나 분수를 모르는 자들이 불만을 가지고 반역을 일으킵니다.

사랑하는 여러분!
우리 모두는 서로를 위로하고 격려하며 세워주는 삶을 삽니다. 또한 내가 맡은 일이 어떤 일이든지 간에 사명감을 가지고 최선을 다해 기쁨으로 감당합시다. 그리고 이유 여하를 막론하고 의리를 저버리고 사람을 배신하며 반역하는 일이 없도록 합시다.

2. 고라의 반역과 파당조성

첫째로 파당을 조성하고 반역했습니다.
고라는 평소에 모세와 아론에 대하여 불만을 가지고 있던 다단과 아비람, 온 등과 함께 연합하여 이스라엘 지파들의 대표자 250명을 유혹하여 파당을 조성하고 모세를 반역했습니다(민 16:1-3). 이 고라의 파당 조성과 반역은 이스라엘 백성들의 40년 간의 광야 생활 중에서 가장 힘든 반역이었습니다. 그 동안에도 여러 가지 어려움들이 있었지만 대부분이 미리암과 아론의 경우처럼 극히 일부분이든지 아주 단순한 것들이었습니다. 그러나 고라당의 파당과 반역은 고라를 중심하여 당을 짓고 조직적으로 계획된 반역이었습니다. 그는 자신이 이스라엘 백성들에 대한 지도권을 갖고 싶은 야심이 있었습니다. 그런데 자기보다 더 위대한 지도자인 모세와 아론이 있는 것이 늘 못마땅

했습니다. 그래서 파당을 조성하고 모세와 아론을 반역한 것입니다. 그렇습니다. 사탄도 조직을 가지고 믿는 자들을 괴롭힙니다(계 12:1-9).

둘째로 모세와 아론을 비방했습니다.

고라는 모세와 아론에게 "…너희가 분수에 지나도다 회중이 다 각각 거룩하고 여호와께서도 그들 중에 계시거늘 너희가 어찌하여 여호와의 총회 위에 스스로 높이느냐"(민 16:3)라고 비방했습니다. 그는 모세와 아론이 자기들을 지배하며 다스리고 있다고 착각한 것입니다. 한마디로 모세와 아론이 백성들 위에 너무 군림하면서 독재한다는 것입니다(민 16:13). 그러나 모세와 아론은 이스라엘을 위해 사심없이 희생한 지도자들입니다. 특히 그들은 하나님께서 친히 세우신 지도자들이었습니다. 그러므로 고라의 반역과 비방은 이스라엘 민족의 유익과는 전혀 상관이 없는 개인적인 사욕을 위한 부당한 행위였습니다.

셋째로 모세에게 불순종했습니다.

모세는 고라가 파당을 조성하고 자신을 비방하는 소리를 듣고 하나님께 기도한 후 고라에게 하나님이 이스라엘 회중에서 너희를 구별하여 여호와의 전에서 봉사하게 하신 것이 중요한 일임에도 불구하고 왜 제사장의 직분을 구하느냐고 책망했습니다(민 16:8-11). 그리고 다단과 아비람을 부르러 보냈습니다(민 16:12). 그러나 그들은 모세가 자신들의 눈을 빼내는 자요 교묘히 속이는 악한 자라고 터무니없는 말로 원망하고 가지 않겠다고 하면서 불순종했습니다(민 16:13,14). 그러나 하나님께서는 하나님의 일을 위해 수고하는 지도자들을 존중하고 따라야 한다(살전 5:12)고 말씀하셨습니다.

사랑하는 여러분!

우리 모두는 이유 여하를 막론하고 일생 동안 하나님의 교회 안에서 파당을 조성하고 반역하는 불행한 일이 없어야 합니다. 또한 그 어떤 일이 있어도 지도자나 다른 사람을 비방하는 악을 행하지 맙시다. 그리고 언제나 하나님의 말씀과 가르침에 겸손히 순종하는 아름다운 신앙 생활을 하시기 바랍니다.

3. 모세와 고라 당의 대결

첫째로 모세는 고라 당에게 여호와 앞에 나오라고 했습니다.

고라 당으로부터 반역을 당한 모세는 자신의 결백을 하나님께 기도하고(민 16:14, 15), 고라에게 너와 너의 온 무리는 아론과 함께 향로에 불을 피워 가지고 여호와 앞으로 나아오라고 했습니다(민 16:16, 17). 그러면 여호와께서 택하신 자가 누구인지 보이실 것이라고 했습니다(민 16:5). 그리하여 그들 모두는 다 각기 향로에 불을 피워 회막문에 섰습니다(민 16:18). 여기서 우리가 알아야 할 것은 향로에 불을 피워서 하나님 앞에 나올 수 있는 사람은 제사장 밖에 없다는 점입니다. 그것은 바로 제사장의 고유권한이었습니다. 때문에 고라 당이 아론의 제사장직을 문제삼았기 때문에 모세와 아론이 구별된 하나님의 종들임을 보여주기 위해서 하나님께서 모세를 통해 모으신 것입니다. 그런데 고라와 그의 추종자들은 향로가 갖는 의미와 그 위험성을 모르고 모두 다 향로에 불을 피워 가지고 회막문에 모인 것입니다.

둘째로 악한 자와의 분리를 명하셨습니다.

고라는 자기를 추종하는 유명한 족장 250인을 동원해서 향로를 들고 회막문 앞에 모이게 한 다음 모세와 아론의 부당성을 주장하면서 대적하려고 했습니다. 바로 그 때에 하나님의 영광이 온 회중 앞에 나타났습니다(민 16:19). 그리고 모세와 아론에게 "너희는 이 회중에게서 떠나라 내가 순식간에 그들을 멸하려 하노라"(민 16:21)고 하셨습니다. 이것은 모세와 아론에 대한 특별하신 하나님의 배려와 사랑이셨습니다. 그러나 모세와 아론은 "...모든 육체의 생명의 하나님이여 한 사람이 범죄하였거늘 온 회중에게 진노하시나이까"(민 16:22)라고 기도했습니다. 이에 하나님께서는 "회중에게 명령하여 이르기를 너희는 고라와 다단과 아비람의 장막 사방에서 떠나라 하라"(민 16:24), 그리고 악인들의 물건은 아무 것도 만지지 말라 그들의 모든 죄중에서 너희도 멸망할까 두려워하노라(민 16:26)고 했습니다. 이것은 바로 하나님께서 두 사람의 기도를 들으시고 회중들을 악한 자들과 분리시키신 것입니다.

셋째로 고라의 일당이 모두 다 땅밥이 되었습니다.

모세의 명령을 들은 무리가 고라와 다단과 아비람의 장막 사면을 떠나고 그들의 가족만이 자기 장막문에 섰을 때에 모세는 "곧 이 사람들의 죽음이 모든 사람과 같고 그들이 당하는 벌이 모든 사람의 당하는 벌과 같으면 여호와께서 나를 보내심이 아니거니와 만일 여호와께서 새 일을 행하사 땅이 입을 열어 이 사람들과 그들의 모든 소유물을 삼켜 산 채로 스올에 빠지게 하시면 이 사람들이 과연 여호와를 멸시한 것인 줄을 너희가 알리라"(민 16:29-30)고 했습니다. 모세가 이 모든 말을 마치는 동시에 땅이 갈라져 고라에게 속한 모든 사람들과 가족 그들의 물건들까지도 다 삼킴으로 회중 가운데서 완전히 멸망했습니다(민 16:31-33).

사랑하는 여러분!

우리 모두는 나 자신의 분수를 알고 자신이 맡은 사명에 충성합시다. 다른 사람의 지위나 권세, 명예를 보고 질투하거나 시비하는 일이 없도록 합시다. 또한 그 어떤 이유로도 이 세상의 악한 자들과 명예를 같이하는 일이 없도록 합시다. 그리고 언제나 하나님의 자녀답게 늠름하게 살아가는 멋진 성도들이 되시기 바랍니다.

 # 골리앗

[삼상 17:1-11]

블레셋 사람들이 그들의 군대를 모으고 싸우고자 하여 유다에 속한 소고에 모여 소고와 아세가 사이의 에베스담밈에 진 치매 사울과 이스라엘 사람들이 모여서 1)엘라 골짜기에 진 치고 블레셋 사람들을 대하여 전열을 벌였으니 블레셋 사람들은 이쪽 산에 섰고 이스라엘은 저쪽 산에 섰고 그 사이에는 골짜기가 있었더라 블레셋 사람들의 진영에서 싸움을 돋우는 자가 왔는데 그의 이름은 골리앗이요 가드 사람이라 그의 키는 여섯 2)규빗 한 뼘이요 머리에는 놋 투구를 썼고 몸에는 비늘 갑옷을 입었으니 그 갑옷의 무게가 놋 오천 세겔이며 그의 다리에는 놋 각반을 쳤고 어깨 사이에는 놋 단창을 메었으니 그 창 자루는 베틀 채 같고 창 날은 철 육백 세겔이며 방패 든 자가 앞서 행하더라 그가 서서 이스라엘 군대를 향하여 외쳐 이르되 너희가 어찌하여 나와서 전열을 벌였느냐 나는 블레셋 사람이 아니며 너희는 사울의 신복이 아니냐 너희는 한 사람을 택하여 내게로 내려보내라 그가 나와 싸워서 나를 죽이면 우리가 너희의 종이 되겠고 만일 내가 이겨 그를 죽이면 너희가 우리의 종이 되어 우리를 섬길 것이니라 그 블레셋 사람이 또 이르되 내가 오늘 이스라엘의 군대를 모욕하였으니 사람을 보내어 나와 더불어 싸우게 하라 한지라 사울과 온 이스라엘이 블레셋 사람의 이 말을 듣고 놀라 크게 두려워하니라

오늘 본문의 골리앗은 남달리 건장한 신체구조와 풍채를 가지고 이 세상에 태어났습니다. 그러나 그렇게 좋은 풍채를 허락하신 창조주 하나님을 몰랐기 때문에 하나님께 감사하지도 않았습니다. 오히려 그러한 건장한 신체구조를 믿고 하나님을 모욕하고 이스라엘 백성들을 업신여겼으며, 자만심을 가지고 이스라엘을 침공하여 전쟁을 걸어왔습니다. 그러나 그는 자신의 교만한 착각과는 달리 소년 다윗의 물매돌에 의해 비참하게 쓰러지고 말았습니다. 그러므로 오늘의 말씀을 통해서 내가 인생을 어떻게 살아야 할 것인가를 구체적으로 깨닫고 교훈을 받아야겠습니다.

1. 블레셋과 골리앗

첫째로 블레셋은 이스라엘의 적국이었습니다.

블레셋은 수로가 좋은 비옥한 땅과 많은 철의 생산으로 주전 1,200년경부터 철기구를 쓴 나라로서 경제적으로 여유가 있는 아주 작은 나라였습니다. 그들은 이스라엘 사람들이 가나안을 점령하던 때에도 이미 살고 있던 자들로서 그 지역에서 영향력이 있는 종족이었습니다. 때문에 이스라엘이 가나안의 여러 부족들은 쉽게 점령했지만 블레셋 5대도시인 가사, 아스돗, 아스글론, 가드, 에글론은 정복하지 못했습니다. 그 후부터 블레셋은 이스라엘을 정치, 경제, 군사적으로 끊임없이 위협하고 괴롭혔습니다. 참으로 이스라엘과는 원수와 같은 나라였습니다.

둘째로 골리앗은 대단한 거인이었습니다.

골리앗은 블레셋의 군대 장군으로서 그의 키는 여섯 규빗(한 규빗은 약 45㎝), 한뼘(약 23㎝)으로서 약 293㎝나 되는 거인이었습니다(삼상 17:4). 이 세상의 보통 사람과는 전혀 다른 아주 큰 거인이었습니다. 또한 그의 힘은 5천 세겔의 갑옷과 6백 세겔이나 되는 창날로 무장할 정도로 힘이 센 장수였습니다(삼상 17:5-7). 한마디로 그의 풍채는 우리들의 상상을 초월할 정도로 아주 대단했습니다. 아마도 어떤 특별한 돌연변이가 아니었나 생각됩니다. 때문에 그는 이 세상에서 어느 누구도 자신을 이길 수 없다고 자만하고 그 기세가 아주 당당했습니다.

셋째로 이스라엘을 모욕하면서 싸움을 걸어왔습니다.

이스라엘을 침공한 골리앗은 이스라엘의 영토인 소고에 진을 치고 서로 대치하고 있는 이스라엘 군대를 향하여 "…너희가 어찌하여 나와서 전열을 벌였느냐 나는 블레셋 사람이 아니며 너희는 사울의 신복이 아니냐 너희는 한 사람을 택하여 내게로 내려보내라 그가 나와 싸워서 나를 죽이면 우리가 너희의 종이 되겠고 만일 내가 이겨 그를 죽이면 너희가 우리의 종이 되어 우리를 섬길 것이니라... 내가 오늘 이스라엘의 군대를 모욕하였으니 사람을 보내어 나로 더불어 싸우게 하라"(삼상 17:8-10)고 이스라엘을 모욕하면서 싸움을 걸어왔습니다. 아마도 자신이 보기에 초라해 보이는 이스라엘을 우습게 여기고 전쟁에서 승리할 수 있다고 자신했습니다.

사랑하는 여러분!

우리 모두는 그 어떤 이유로도 블레셋과 같이 우리들의 언행심사로 남을 위협하고 괴롭히는 악한 일을 행하지 맙시다. 또한 골리앗의 풍채가 남달리 건장한 것처럼 나 자신에게도 남달리 더 뛰어난 은혜를 주셨다고 생각된다면 그것 때문에 절대로 교만하지 말고 허락하신 하나님께 감사해야 합니다. 그리고 그것으로 최선을 다해 하나님께 충성하시기 바랍니다.

2. 이스라엘과 다윗

첫째로 당시 이스라엘의 상황은 심히 어려웠습니다.

이스라엘이 하나님을 잘 믿고 의지하며 순종할 때에는 블레셋의 섬김을 받으면서 강국으로 살아왔습니다(삼상 15:30,31). 그러나 이스라엘이 하나님께 불순종했을 때에는 언제나 초라한 약소국으로 변하여 주변국의 침략을 받았습니다. 당시에도 마찬가지였습니다. 사울이 타락하여 하나님께 불순종했기 때문에 영적 지도자인 사무엘이 사울을 등지고 있었습니다. 때문에 백성들을 하나님의 말씀대로 다스릴 수 없었습니다. 거기다가 설상가상으로 사울 왕에게는 하나님의 영이 떠나고 악령이 들려 매일밤 고통을 당하고 있었습니다(삼상 16:14,23). 반면에 블레셋 사람들은 강성하여 이미 이스라엘을 억압하고 있었으며 이스라엘 영토인 소고와 에베스담밈을 점령하고 있었습니다. 때문에 이스라엘은 블레셋으로 인해 고통을 받고 있었습니다. 그렇습니다. 지도자가 타락하면 그가 소속한 조직이 고통을 받습니다.

둘째로 이스라엘이 두려워하며 떨었습니다.
그렇지 않아도 힘든 상황에 처해 있는 이스라엘에게 골리앗의 등장은 설상가상으로 더욱 어려운 상황에 직면하게 된 것이었습니다. 때문에 이스라엘은 사울 왕으로부터 병사들에 이르기까지 모두가 다 심히 두려워하며 떨면서 도망갔습니다(삼상 17:11, 24). 이러한 아픔이 하루 이틀도 아닌 40일 동안이나 계속되었습니다(삼상 17:16). 참으로 안타까운 일입니다. 이에 사울 왕은 골리앗과 싸워서 죽이는 자에게는 자기 딸을 주고 재물로 부하게 하겠다고 포상까지 내걸었습니다. 그러나 한 사람도 나서지 않았습니다(삼상 17:25). 하나님께서는 그 동안 출애굽에서부터 가나안에 정착할 때까지 이스라엘 백성들을 눈동자같이 지키시고 보호해 주셨습니다. 때문에 기사와 이적으로 홍해를 건너게 하시고 불기둥과 구름 기둥, 만나와 메추라기, 반석의 물로 광야를 통과하게 하시고, 넘실거리는 요단강을 건너 젖과 꿀이 흐르는 가나안 땅을 정복케 하셨습니다. 그럼에도 불구하고 그러한 전지 전능하신 하나님을 잊어버리고 아무 것도 아닌 블레셋의 골리앗을 두려워하고 있는 것입니다. 그렇습니다. 신앙이 떨어지면 이렇게 불쌍하게 됩니다. 그러므로 우리 모두는 이유 여하를 막론하고 날마다 믿음을 더욱 견고히 해야 합니다.

셋째로 다윗이 자원하여 싸움에 나섰습니다.
당시 나이가 많은 이새에게는 아들이 여덟 명 있었는데 장성한 장자 엘리압과 아비나답, 삼마 등 세 아들들이 사울 왕을 따라 전쟁에 나갔습니다. 때에 이새가 전쟁터에 나간 세 아들의 안부가 궁금하여 막내인 다윗에게 "네 형들을 위하여 이 볶은 곡식 한 에바와 이 떡 열 덩이를 가지고 진영으로 속히 가서 네 형들에게 주고 이 치즈 열 덩이를 가져다가 그들의 천부장에게 주고 네 형들의 안부를 살피고 증표를 가져오라"(삼상 17:17, 18)고 전쟁터에 심부름을 보냈습니다. 때마침 이스라엘과 블레셋 군대가 전열을 벌이고 서로 대치하고 있는 상황에서 블레셋의 골리앗이 이스라엘을 모독하면서 싸움을 요구하는 소리를 들었습니다(삼상 17:23). 그러자 다윗은 곧바로 음식 보따리를 다른 사람에게 맡기고 골리앗에게 다가가 "... 이 할례 받지 않은 블레셋 사람이 누구이기에 살아 계시는 하나님의 군대를 모욕하겠느냐"(삼상 17:26)고 의분을 품고 싸우려고 했습니다. 이러한 사실이 사울에게 알려졌고 다윗은 사울에게 불려갔습니다. 사울의 부름을 받은 다윗은 사울 왕에게 골리앗 때문에 낙담하지 말라고 위로하고 그와 싸우겠다고 했습니다(삼상 17:32). 그러나 너무나도 어린 다윗을 본 사울은 불가능하다고 말했으나 다윗은 자신이 양을 지킬 때에 사자와 곰도 쳤다고 말하고 이 할례 없는 블레셋 사람을 칠 수 있다고 자신있게 말했습니다(삼상 17:34-36). 그러자 사울이 허락하고 자기의 군복을 다윗에게 입히고 놋투구를 그 머리 위에 씌우고 또 그에게 갑옷을 입혔습니다. 그러나 다윗은 그 모든 것들이 자기에게 익숙지 못하자 벗어버리고 손에 막대기와 물매돌 다섯을 주머니에 넣고 골리앗에게 나아갔습니다(삼상17:38-40).

사랑하는 여러분!
우리 모두는 그 어떤 일이 있어도 믿음의 길에서 조금도 이탈하지 말아야 합니다. 또한 우리들이 이 세상을 살아가면서 당하는 그 어떠한 어려움도 두려워하지 맙시다. 그리고 범사에서 나의 힘이 되신 전능하신 하나님을 믿고 언제나 자신있게 살아가시기 바랍니다.

3. 골리앗의 실패

첫째로 하나님을 대적했습니다.

골리앗은 만군의 여호와이신 하나님과 택한 백성인 이스라엘의 군대를 모욕하고 자신 만만하게 도전해 왔지만 전능하신 하나님을 믿고 출전한 어린 소년 다윗에게 싸움의 상대가 되지 못했습니다. 그렇습니다. 역사 이래로 하나님을 대적하여 살아남은 자는 없습니다.

둘째로 자신을 과신한 교만이었습니다.

골리앗은 자신의 큰 체구와 당시 최고의 철무기로 완전무장을 하고 있었기 때문에 승리를 확신하고 어린 소년 다윗을 죽여 새의 밥이 되게 하겠다고 장담했습니다(삼상 17:44). 참으로 자신을 너무나 과신한 교만한 자였습니다. 그러나 그는 자신의 큰소리와는 달리 비참하게 쓰러졌습니다(삼상 17:49). 그렇습니다. 우상을 섬기고 자신을 과신한 자는 이렇게 패할 수밖에 없습니다.

셋째로 비참한 종말을 고했습니다.

당시 강국 블레셋의 장수요, 인간 기중기처럼 거대한 체구를 가졌으며, 최고의 무기로 무장한 골리앗, 하나님을 모독하고 이스라엘을 조롱한 골리앗은 양을 치던 어린 소년 다윗이 던진 물매돌을 이마에 맞고 쓰러져 비참하게 죽었습니다(삼상 17:48-51).

사랑하는 여러분!

우리 모두는 그 어떤 일이 있어도 우리들의 언행심사를 통해 하나님을 대적하는 일이 없어야 합니다. 또한 한순간이라도 자신을 과신하고 교만하여 하나님을 서운케 하거나 남을 업신여기는 악한 일을 하지 맙시다. 그리고 이 세상에서도 행복하고 천국에서도 영생복락을 누리는 복된 자들이 되시기 바랍니다.

 # 기드온

[삿 6:11-18]

여호와의 사자가 아비에셀 사람 요아스에게 속한 오브라에 이르러 상수리나무 아래에 앉으니라 마침 요아스의 아들 기드온이 미디안 사람에게 알리지 아니하려 하여 밀을 포도주 틀에서 타작하더니 여호와의 사자가 기드온에게 나타나 이르되 큰 용사여 여호와께서 너와 함께 계시도다 하매 기드온이 그에게 대답하되 오 나의 주여 여호와께서 우리와 함께 계시면 어찌하여 이 모든 일이 우리에게 일어났나이까 또 우리 조상들이 일찍이 우리에게 이르기를 여호와께서 우리를 애굽에서 올라오게 하신 것이 아니냐 한 그 모든 이적이 어디 있나이까 이제 여호와께서 우리를 버리사 미디안의 손에 우리를 넘겨 주셨나이다 하니 여호와께서 그를 향하여 이르시되 너는 가서 이 너의 힘으로 이스라엘을 미디안의 손에서 구원하라 내가 너를 보낸 것이 아니냐 하시니라 그러나 기드온이 그에게 대답하되 오 주여 내가 무엇으로 이스라엘을 구원하리이까 보소서 나의 집은 므낫세 중에 극히 약하고 나는 내 아버지 집에서 가장 작은 자니이다 하니 여호와께서 그에게 이르시되 내가 반드시 너와 함께 하리니 네가 미디안 사람 치기를 한 사람을 치듯 하리라 하시니라 기드온이 그에게 대답하되 만일 내가 주께 은혜를 얻었사오면 나와 말씀하신 이가 주 되시는 표징을 내게 보이소서 내가 예물을 가지고 다시 주께로 와서 그것을 주 앞에 드리기까지 이 곳을 떠나지 마시기를 원하나이다 하니 그가 이르되 내가 너 돌아올 때까지 머무르리라 하니라

기드온은 므낫세 지파 요아스의 아들로서 이름의 뜻은 '나무 베는 사람'이란 의미를 가지고 있습니다. 그는 이스라엘이 7년 동안이나 미디안과 아말렉의 압제 하에 있던 시기에 이스라엘의 다섯 번째 사사가 되어 미디안을 격퇴한 이후에 40년간 통치하면서 바알 신상들을 모두다 훼파 했습니다. 그리고 이스라엘의 신앙을 회복하는 일대전환을 이루었습니다. 때문에 그에게는 후에 '여룹바알'('바알과 다투다'란 의미)이라는 별명을 얻게 되었습니다. 그러므로 그가 이스라엘을 다스리는 동안은 태평성대의 안정을 누리게 되었습니다.

1. 겸손한 사람이었습니다.

첫째로 자신이 제일 작은 자라고 했습니다.

여호와의 사자가 기드온에게 나타나서 "...큰 용사여 여호와께서 너와 함께 계시도다"(삿 6:12)라고 하시면서 "...이스라엘을 미디안의 손에서 구원하라"(삿 6:14)고 명령하셨습니다. 이에 기드온은 "...주여 내가 무엇으로 이스라엘을 구원하리이까 보소서 나의 집은 므낫세 중에 극히 약하고 나는 내 아버지 집에서 가장 작은 자니이다"(삿 6:15)라고 했습니다. 이 말은 바로 기드온이 아직도 하나님의 능력을 믿지 못하고 인간적인 방편만을 생각한 것입니다. 사실 기드온의 가정은 당시의 상황에서 볼 때에 그의 고백처럼 이스라엘 가운데 지도자적인 위치에 있지 못했습니다. 오늘의 사람들은 기드온과 같이 자기 자신에 대한 주제파악을 제대로 하지 못하고 자기가 제일 잘났다고 착각합니다. 그러나 어떤 면으로 보면 기드온이 겸손했음을 알 수 있습니다.

둘째로 자신이 한 일이 보다 작다고 했습니다.

기드온이 하나님의 부르심을 받고 사사가 되어 미디안 군대와 싸울 때에 우선적으로 피해를 크게 받았던 므낫세, 납달리, 스불론, 아셀 지파의 사람들을 소집하여 미디안을 기습 공격하여 성공을 거두었고, 도주하는 미디안 군사들을 섬멸하기 위해 보다 남부에 위치해 있던 에브라임 지파에게 지원군을 요청하여 미디안 군의 퇴로를 차단하고 완전히 격멸하는데 성공했습니다(삿 7:24,25). 그런데 기드온에 의해 미디안과의 전쟁이 완전히 끝나게 되자 에브라임 지파가 기드온에게 시비를 걸었습니다. 그것은 바로 기드온과 므낫세 지파를 시기하여 왜 처음부터 미디안과의 전쟁에 자신들을 참여시키지 않았느냐는 것이었습니다. 그러자 기드온은 "...내가 이제 행한 일이 너희가 한 것에 비교되겠느냐"(삿 8:2,3)고 자신이 한 일들이 에브라임 지파의 한 일들보다 더 작다고 겸손하게 말했습니다. 사실은 기드온의 업적은 에브라임 지파의 업적과는 비교할 수가 없었습니다. 그러나 겸손히 자신을 낮추고 에브라임 지파를 치켜세우고 높여주었습니다.

셋째로 담대하게 개혁을 단행했습니다.

하나님께 선택받은 기드온은 하나님께서 함께 해주신다는 확실한 보장을 받은 다음 곧바로 제단을 쌓고 그 곳 지명을 '여호와 샬롬'이라고 했습니다(삿 6:12-24). 그리고 그는 하나님께서 명령하신대로 종교개혁을 단행했습니다. 자기 아버지 집에 있는 바알의 제단을 헐고 아세라 상을 찍으며 하나님께 예배함으로 자기 집안부터 종교개혁을 단행했습니다(삿 6:25-27). 그는 이러한 자신의 종교개혁으로 인하여 성읍 사람들에게 죽음의 위협을 당했습니다(삿 6:28-30). 그러나 하나님께서는 기드온의 종교개혁에 가장 걸림돌이라고 생각되었던 그의 아버지 요아스의 마음을 변화시켜 기드온을 보호하셨습니다(삿 6:31). 그렇습니다. 하나님께서 우리들에게 명령하시는 모든 일들은 즉시 순종해야 합니다. 어떤 이유로든지 인간적인 생각으로 이것저것 따져서는 절대로 안 됩니다.

사랑하는 여러분!

우리들도 기드온과 같이 늘 나 자신의 부족함을 깨닫고 하나님의 능력을 구하는 신앙 생활을 해야겠습니다. 또한 언제나 남을 나보다 더 낫게 여기고 내가 한 일들이 보다 더 부족하다고 생각하는 겸손한 마음을 가져야 합니다. 그러나 하나님으로부터 부여받은 사명을 감당할 때는 기드온처럼 담대하게 수행하는 적극적인 삶을 살아야겠습니다.

2. 순종의 사람이었습니다

첫째로 사사의 사명에 순종했습니다.

하나님께서 기드온을 사사로 부르시고 이스라엘을 미디안으로부터 구원하라는 명령을 주셨을 때에는 "...나의 집은 므낫세 중에 극히 약하고 나는 내 아버지 집에서 가장 작은 자니이다"(삿 6:15)라고 소극적인 태도를 보였으나, 하나님께서 자신과 분명히 함께 하신다는 말씀을 듣고는 자신감을 가지고 하나님께서 명령하신 사사로서의 사명에 순종했습니다(삿 6:25,26). 그렇습니다. 하나님께서는 언제나 순종하는 자를 선택하시고 그를 통해 하시고자 하는 큰 일을 행하십니다.

둘째로 소수의 군대만 선발했습니다.
그토록 나약하고 자신 없어하던 기드온은 하나님께서 자기와 함께 하신다는 사실을 확인하고는 분연히 일어나 나팔을 불면서 군사를 모집했는데 삼만 이천 명이나 모였습니다. 그러자 하나님께서는 병사의 수가 많으면 전쟁에서 자신들의 힘으로 이긴 줄 알고 하나님의 은혜를 깨닫지 못하기 때문에 군대의 수를 줄이라고 하셨습니다. 이에 기드온은 전쟁을 두려워하는 자들을 다 집으로 돌려보내고 만 명만 남겼습니다(삿 7:3). 그러나 하나님께서는 그것도 많다고 하셨습니다(삿 7:4). 그래서 기드온은 하나님의 말씀대로 정예군사를 선별하기 위해 목마른 만 명의 병사들을 이끌고 물가로 가서 물을 마시게 했습니다. 그런데 그 중에 구천 칠백 명은 무릎을 꿇고 정신 없이 물을 마셨으며, 삼백 명만 사방을 경계하면서 손으로 물을 떠서 목을 축였습니다. 그리하여 구천 칠백 명은 다 돌려보내고 미디안 군과 전쟁하기 위해 정예군사인 삼백 명을 선발하여 징집했습니다(삿 7:7).

셋째로 말씀대로 전술을 폈습니다.
하나님께서는 삼백 명의 정예병사들을 선발한 기드온에게 치밀한 작전을 위해 야간정찰을 지시하시고 용기를 북돋아주시고 동역자까지 주셨습니다(삿 7:9-14). 기드온이 하나님의 지시를 받고 수립한 작전계획은 일반적인 전투상식과는 전혀 다른 것이었습니다. 하나님께서는 기드온에게 선발된 병사 "삼백 명을 세 대로 나누어 각 손에 나팔과 빈 항아리를 들리고 항아리 안에는 횃불을 감추게 하고"(삿 7:16) 나팔을 불거든 "여호와를 위하라, 기드온을 위하라"(삿 7:18)고 외치라고 했습니다. 그리하여 기드온의 용사들이 나팔을 불 때에 그렇게도 무수히 많던(삿 7:12) 미디안 군들이 우왕좌왕하며 서로를 적으로 오인하여 자기네끼리 서로 치고 받아 자멸했습니다. 때문에 기드온 군대는 완전 승리를 이루었습니다.

사랑하는 여러분!
우리들도 기드온처럼 하나님께서 주신 사명에 최선을 다해 충성합시다. 또한 우리 모두는 예수 그리스도의 정예부대가 되어 이 세상과 싸워 승리하는 성도들이 됩시다. 그리고 인간적인 수단과 방법을 의지하지 말고 말씀대로 살아갑시다.

3. 큰 용사였습니다.

첫째로 승리의 영광을 하나님께 돌렸습니다.
기드온의 정예부대원 삼백 명을 가지고 미디안 군대와 싸워 완전한 승리를 이루게 되자 이스라엘 사람들이 기드온에게 "...당신이 우리를 미디안의 손에서 구원하셨으니 당신과 당신의 아들과 당신의 손자가 우리를 다스리소서"(삿 8:22)라고 왕이 되어줄 것을 요구했습니다. 그러나 기드온은 조금도 교만하지 않고 "내가 너희를 다스리지 아니하겠고 나의 아들도 너희를 다스리지 아니할 것이요 여호와께서 너희를 다스리시리라"(삿 8:23)라고 오직 모든 영광을 하나님께 돌렸습니다. 그는 믿음에서도 큰 용사요, 전쟁에서도 큰 용사였으며, 삶의 현장에서도 큰 용사였습니다.

둘째로 시비하는 자들에게 관용했습니다.

에브라임 지파가 기드온에게 "네가 미디안과 싸우러 갈 때에 우리를 부르지 아니 하였으니 우리를 이같이 대접함은 어찌 됨이냐(삿 8:1)"하고 크게 다투었습니다. 사실 에브라임 지파의 시비와 다툼은 말이 되지 않는 것이었습니다. 그러나 기드온은 그들에게 "내가 이제 행한 일이 너희가 한 것에 비교되겠느냐 에브라임의 끝물 포도가 아비에셀의 맏물 포도보다 낫지 아니하냐"(삿 8:2)고 에브라임 사람들의 공훈에 대해 치하하면서 아주 부드럽게 대했습니다. 때문에 에브라임 지파의 노가 풀렸습니다(삿 8:3). 때문에 기드온이 미디안을 정복한 후에는 40년 동안 이스라엘은 태평성대의 시대가 되었습니다. 그렇습니다. 언제나 자신은 잘했는데 상대방이 잘못했다는 데서 다툼이 나타납니다.

4. 가정적으로는 실패했습니다.

그는 많은 아내와 첩을 두었으며 그녀들을 통해 칠십 명의 아들을 낳았습니다(삿 8:30). 때문에 그들은 서로 시기하고 질투하며 불화가 심했습니다. 결국에 가서는 세겜에 있는 첩의 아들 아비멜렉이 서자로서의 많은 불만을 품고 있다가 기드온의 아들 70명 중 요담을 제외한 모든 형제들을 바위 위에서 몰살하는 비극이(삿 9:5) 일어났습니다.

사랑하는 여러분!
우리들도 하나님께서 우리들을 사용해 주심에 감사하고 모든 영광은 하나님께 돌립시다. 또한 기드온과 같이 언제나 모든 사람들에 대하여 관용하는 자세를 가집시다. 그리고 그 어떤 이유로도 변함이 없이 시종이 여일하게 하나님을 기쁘시게 하는 신앙인들이 되시기 바랍니다.

나 단

[삼하 7:1-17]

여호와께서 주위의 모든 원수를 무찌르사 왕으로 궁에 평안히 살게 하신 때에 왕이 선지자 나단에게 이르되 볼지어다 나는 백향목 궁에 살거늘 하나님의 궤는 휘장 가운데에 있도다 나단이 왕께 아뢰되 여호와께서 왕과 함께 계시니 마음에 있는 모든 것을 행하소서 하니라 그 밤에 여호와의 말씀이 나단에게 임하여 이르시되 가서 내 종 다윗에게 말하기를 여호와께서 이와 같이 말씀하시되 네가 나를 위하여 내가 살 집을 건축하겠느냐 내가 이스라엘 자손을 애굽에서 인도하여 내던 날부터 오늘까지 집에 살지 아니하고 장막과 성막 안에서 다녔나니 이스라엘 자손과 더불어 다니는 모든 곳에서 내가 내 백성 이스라엘을 먹이라고 명령한 이스라엘 1)어느 지파들 가운데 하나에게 내가 말하기를 너희가 어찌하여 나를 위하여 백향목 집을 건축하지 아니하였느냐고 말하였느냐 그러므로 이제 내 종 다윗에게 이와 같이 말하라 만군의 여호와께서 이와 같이 말씀하시기를 내가 너를 목장 곧 양을 따르는 데에서 데려다가 내 백성 이스라엘의 주권자로 삼고 네가 가는 모든 곳에서 내가 너와 함께 있어 네 모든 원수를 네 앞에서 멸하였은즉 땅에서 위대한 자들의 이름 같이 네 이름을 위대하게 만들어 주리라 내가 또 내 백성 이스라엘을 위하여 한 곳을 정하여 그를 심고 그를 거주하게 하고 다시 옮기지 못하게 하며 악한 종류로 전과 같이 그들을 해하지 못하게 하여 전에 내가 사사에게 명령하여 내 백성 이스라엘을 다스리던 때와 같지 아니하게 하고 너를 모든 원수에게서 벗어나 편히 쉬게 하리라 여호와가 또 네게 이르노니 여호와가 너를 위하여 집을 짓고 네 수한이 차서 네 조상들과 함께 누울 때에 내가 네 몸에서 날 네 씨를 네 뒤에 세워 그의 나라를 견고하게 하리라 그는 내 이름을 위하여 집을 건축할 것이요 나는 그의 나라 왕위를 영원히 견고하게 하리라 나는 그에게 아버지가 되고 그는 내게 아들이 되리니 그가 만일 죄를 범하면 내가 사람의 매와 인생의 채찍으로 징계하려니와 내가 네 앞에서 물러나게 한 사울에게서 내 은총을 빼앗은 것처럼 그에게서 빼앗지는 아니하리라 네 집과 네 나라가 내 앞에서 영원히 보전되고 네 왕위가 영원히 견고하리라 하셨다 하라 나단이 이 모든 말씀들과 이 모든 계시대로 다윗에게 말하니라 성경에는 나단이란 이름을 가진 사람들이 여섯 명 있습니다. 그러나 오늘 본문의 나단은 선지자 나단에 대한 말씀입니다. 이 나단(선물 또는 하나님이 주시다를 의미)은 다윗 시대와 솔로몬 시대에 왕궁에서 활동하던 선지자로서 다윗이 하나님을 잘 섬기고 백성들을 잘 다스리도록 교훈 했습니다. 그는 왕으로서 당시 최고의 주권자요, 재판관인 다윗을 하나님의 사자로서의 권위를 가지고 그의 죄악을 지적하고 책망하며 회개를 촉구했으며 하나님의 언약을 다윗에게 전했습니다. 또한 솔로몬으로 하여금 다윗의 뒤를 이어 왕이 되는 데에 지대한 공로를 세웠습니다.

1. 다윗의 성전건축 금지

첫째로 다윗이 성전을 건축하려고 했습니다.

다윗은 선지자 나단에게 "볼지어다 나는 백향목 궁에 살거늘 하나님의 궤는 휘장 가운데에 있도다"(삼하 7:2)라고 매우 안타까워했습니다. 다윗은 왕으로 기름 부음을 받은 다음 수도를 예루살렘으로 정했으며 정치나 종교적으로도 안정을 누리게 되었습니다. 그래서 이제 하나님의 궤도 예루살렘 성으로 옮겨온 차제에 영원히 모실 수 있는 하나님의 성전을 건축하고자 했습니다. 그의 성전 건축은 하나님의 영광을 위할 뿐만 아니라 자신의 통치행위에 있어서도 매우 중요한 일이었습니다. 때문에 그는 선지자 나단의 동의까지 얻었습니다(삼하 7:3). 그러나 문제는 다윗이 성전을 건축하겠다는 것이나 나단 선지자가 그의 뜻에 동의한 것은 모두 다 하나님의 뜻이 아니었습니다.

둘째로 하나님의 말씀이 나단에게 임했습니다.

하나님께서는 다윗이 나단에게 성전 건축의 뜻을 비춘 그 날밤에 당신의 뜻을 나단에게 계시해 주셨습니다. 그것은 바로 "...내가 말하기를 너희가 어찌하여 나를 위하여 백향목 집을 건축하지 아니하였느냐고 말하였느냐"(삼하 7:7)고 말씀하시고 다윗을 통해 성전을 건축하는 것을 거절하셨습니다. 이것은 바로 나단이나 다윗이 하나님의 뜻과는 전혀 다른 실현 불가능한 꿈을 더 이상 꾸지 않도록 하기 위해서였습니다. 하나님께서 직접 다윗에게 말씀하실 수 있었으나 나단에게 하신 것은 하나님의 종인 나단 선지자의 권위를 높여주고 다윗으로 하여금 나단 선지자를 귀하게 여겨야 함을 가르치시기 위함이셨습니다. 왜냐하면 왕이라고 해서 하나님의 선지자를 무시해서는 결코 안 되며 그들의 권위를 인정하고 존중해야 하기 때문이었습니다.

셋째로 다윗에게 하나님의 언약을 전했습니다.
하나님께서는 나단 선지자를 통해 다윗의 성전건축 의사를 거절하셨지만 다윗에게 직접 성전을 건축한 자와 다름없는 큰복을 약속하셨습니다. 그것은 바로 먼저 다윗을 존귀한 자로 삼으시겠다고 하셨습니다. 성전 건축에 대한 다윗의 진실한 마음을 보신 하나님께서는 "네가 가는 모든 곳에서 내가 너와 함께 있어 네 모든 원수를 네 앞에서 멸하였은즉 땅에서 위대한 자들의 이름 같이 네 이름을 위대하게 만들어 주리라"(삼하 7:9)고 하셨습니다. 또한 이스라엘을 든든하게 하시겠다고 하셨습니다. 이스라엘 나라가 다윗의 통치 아래서 평온을 누리도록 하신다는 것입니다(삼하 7:11). 그리고 다윗이 죽은 후에도 나라를 영원히 견고케 하시겠다고 하셨습니다(삼하 7:12). 더 나아가 다윗의 아들을 통해 하나님의 성전을 건축하도록 하겠다(삼하 7:13)고 하셨습니다. 이에 대해 다윗은 하나님께 진심으로 감사 드렸습니다(삼하 7:18-21).

사랑하는 여러분!
우리들도 하나님의 집이요 주님의 몸된 교회를 위해 정성을 다하여 섬깁시다. 또한 언제나 하나님의 말씀에 마음 문을 열고 귀를 기울입시다. 그리고 최선을 다해 신앙 생활합시다. 그리하여 다윗과 같은 풍성한 복을 받으시기 바랍니다.

2. 다윗의 범죄 지적

첫째로 다윗이 밧세바를 취했습니다.

당시에는 나라가 전쟁을 할 때에는 왕이 전장에 출전하여 직접 진두지휘했습니다. 그런데 다윗은 암몬과의 전투에서 출전하지 않고 예루살렘의 왕궁에서 한가로이 지내고 있었습니다. 바로 이것이 다윗으로 하여금 사탄의 유혹에 빠지게 하는 결정적인 원인이 되었습니다. 국가의 운명이 달려 있는 전쟁의 와중에도 안일하게 대처하고 있는 다윗에게 사탄의 유혹이 찾아왔습니다. 그가 침상에서 일어나 왕궁 지붕을 거닐며 산책하다가 목욕하는 여인을 보았습니다(삼하 11:1,2). 이에 유혹을 받은 다윗은 그 여인이 누구인지 알아보게 했는데 그녀는 바로 다윗의 군대 군인으로서 암몬과의 전쟁에 나가 싸우고 있는 우리아의 아내 밧세바였습니다(삼하 11:3). 밧세바의 신분을 확인한 다윗은 결국 그녀를 불러다가 취하고 그녀가 잉태하자 흉계를 꾸몄습니다. 그것은 바로 죄를 은폐하기 위해 전쟁터에 있는 우리아를 소환하여 자신의 집에 들어가 아내와 동침하게 하라고 했습니다. 그러나 우리아는 동료들이 전쟁 중에 있는데 어떻게 집에 가서 안일하게 잘 수 있느냐고 거부하고 끝까지 집에 들어가지 않았습니다. 때문에 술에 취하게 하여 집에 들여보내려고 했으나 실패했습니다(삼하 11:9-13). 그러자 다윗은 요압에게 우리아를 전위대로 배치시켜 전투 중에 죽게 하라고 지시하여 전사케 했습니다(삼하 11:14-17). 그리고 다윗은 밧세바를 자기의 아내로 삼았습니다(삼하 11:22-27).

둘째로 하나님께서 나단을 다윗에게 보내셨습니다.

다윗의 일거수 일투족을 다 감찰하신 하나님께서는 나단을 다윗에게 보내어 "...한 성읍에 두 사람이 있는데 한 사람은 부하고 한 사람은 가난하니 그 부한 사람은 양과 소가 심히 많으나 가난한 사람은 아무것도 없고 자기가 사서 기르는 작은 암양 새끼 한 마리뿐이라 그 암양 새끼는 그와 그의 자식과 함께 자라며 그가 먹는 것을 먹으며 그의 잔으로 마시며 그의 품에 누우므로 그에게는 딸처럼 되었거늘 어떤 행인이 그 부자에게 오매 부자가 자기에게 온 행인을 위하여 자기의 양과 소를 아껴 잡지 아니하고 가난한 사람의 양 새끼를 빼앗아다가 자기에게 온 사람을 위하여 잡았나이다"(삼하 12:1-4)라고 비유를 들어 다윗의 죄를 지적했습니다. 이에 다윗은 대노하면서 "...여호와의 살아계심을 두고 맹세하노니 이 일을 행한 그 사람은 마땅히 죽을 자라 그가 불쌍히 여기지 아니하고 이런 일을 행하였으니 그 양 새끼를 네 배나 갚아 주어야 하리라"(삼하 12: 5, 6)고 말했습니다.

셋째로 나단이 다윗을 질책했습니다.
다윗은 나단이 비유로 말한 악한 사람이 바로 자신인지 모르고 대노한 다윗에게 나단은 "...당신이 그 사람이라..."(삼하 12:7)고 담대하게 말하고 여호와께서 기름 부어 왕을 삼아주시고 사울의 손에서 구원해주셨으며 나라를 맡겨 주셨는데 우리아를 죽이고 아내까지 네 처로 삼았느냐고 책망했습니다(삼하 12:7-11). 그러자 다윗은 그제서야 비로소 자신의 죄를 회개했습니다(삼하 12:13).

사랑하는 여러분!
우리 모두는 마땅히 감당해야 할 사명을 외면하고 게으름을 피움으로 인하여 사탄에게 유혹 받는 일이 없어야겠습니다. 또한 하나님의 말씀에 늘 귀를 기울임으로 인하여 하나님이 원하시는 것이 무엇인지 깨닫고 따르는 자들이 되어야겠습니다. 그리고 다윗처럼 지은 죄를 회개하고 용서받아 참된 자유를 누리시기 바랍니다.

3. 솔로몬의 왕위 계승을 도움

첫째로 아도니야의 음모를 발견했습니다.
이스라엘 역사상 가장 존경을 받았던 다윗 왕도 늙어서 기력이 쇠해졌습니다(왕상 1:1). 때문에 이제 더 이상 국정을 감당하기가 어려웠습니다. 그러자 아도니야가 왕이 되려고 음모를 꾸몄습니다(왕상 1:1-7).

둘째로 밧세바에게 충언했습니다.

나단이 아도니야의 음모 사실을 솔로몬의 어머니인 밧세바에게 말하고 대책을 강구하도록 충언했습니다. 그것은 바로 밧세바가 다윗 왕에게 말하면 자기가 들어가서 밧세바의 말을 거들겠다는 것이었습니다(왕상 1:11-14). 그리하여 밧세바가 다윗 왕에게 들어가 "…내 주여 왕이 전에 왕의 하나님 여호와를 가리켜 여종에게 맹세하시기를 네 아들 솔로몬이 반드시 나를 이어 왕이 되어 내 왕위에 앉으리라 하셨거늘 이제 아도니야가 왕이 되었어도 내 주 왕은 알지 못하시나이다"(왕상 1:17,18)라고 말하고 만약에 왕이 죽게 되면 자기 아들 솔로몬은 죄인이 될 것이라고 했습니다(왕상 1:21).

셋째로 다윗으로 하여금 결단케 했습니다.

나단 선지자는 밧세바가 다윗과 함께 이야기하고 있을 때에 다윗의 방에 들어가 왕께서 정말로 아도니야를 후계자로 삼았느냐고 묻고 아도니야의 반역 사실을 구체적으로 알렸습니다(왕상 1:22-27). 그러자 다윗 왕은 밧세바에게 "…내 생명을 모든 환난에서 구하신 여호와께서 살아 계심을 두고 맹세하노라 내가 이전에 이스라엘의 하나님 여호와를 가리켜 네게 맹세하여 이르기를 네 아들 솔로몬이 반드시 나를 이어 왕이 되고 나를 대신하여 내 왕위에 앉으리라 하였으니 내가 오늘 그대로 행하리라"(왕상 1:28-30)고 맹세했습니다. 그리하여 결국은 솔로몬이 왕으로 기름 부음받고 즉위했습니다(왕상 1:38-48).

사랑하는 여러분!

우리들은 그 어떤 일이 있어도 하나님을 거역하고 사람을 배신하는 반역을 행하는 우를 범치 말아야겠습니다. 또한 우리들 모두는 어떻게 해서라도 남이 잘 되게 하고 일이 성취되도록 하는 생산적인 삶을 살아야겠습니다. 그리고 많은 사람들에게 아름다운 결단을 하도록 좋은 영향력을 끼치는 삶을 살아야겠습니다.

 # 나답과 아비후

[레 10:1-7]

아론의 아들 나답과 아비후가 각기 향로를 가져다가 여호와께서 명령하시지 아니하신 다른 불을 담아 여호와 앞에 분향하였더니 불이 여호와 앞에서 나와 그들을 삼키매 그들이 여호와 앞에서 죽은지라 모세가 아론에게 이르되 이는 여호와의 말씀이라 이르시기를 나는 나를 가까이 하는 자 중에서 내 거룩함을 나타내겠고 온 백성 앞에서 내 영광을 나타내리라 하셨느니라 아론이 잠잠하니 모세가 아론의 삼촌 웃시엘의 아들 미사엘과 엘사반을 불러 그들에게 이르되 나아와 너희 형제들을 성소 앞에서 진영 밖으로 메고 나가라 하매 그들이 나와 모세가 말한 대로 그들을 옷 입은 채 진영 밖으로 메어 내니 모세가 아론과 그의 아들 엘르아살과 이다말에게 이르되 너희는 머리를 풀거나 옷을 찢지 말라 그리하여 너희가 죽음을 면하고 여호와의 진노가 온 회중에게 미침을 면하게 하라 오직 너희 형제 이스라엘 온 족속은 여호와께서 치신 불로 말미암아 슬퍼할 것이니라 여호와의 관유가 너희에게 있은즉 너희는 회막 문에 나가지 말라 그리하면 죽음을 면하리라 그들이 모세의 말대로 하니라

> 예배는 우리 인간이 하나님께 드릴 수 있는 최고의 가치입니다. 그러므로 예배는 이유 여하를 막론하고 하나님께서 요구하시는 양식대로 정한 장소와 정한 시간에 우리의 몸과 마음, 시간과 물질을 정성스럽게 준비하여 영과 진리로 드려야 합니다. 본문은 우리 성도들이 하나님 앞에 나와 어떠한 자세로 어떻게 예배하며, 어떠한 자세로 순종하고 충성해야 하는지를 구체적으로 말씀해 주시고 있습니다. 그러므로 우리들은 본문 말씀을 통해서 새로운 경각심을 가지고 우리 하나님께서 원하시는 양식대로 철저하게 예배드리고 헌신, 봉사, 충성하는 신앙인들이 되어야겠습니다.

1. 나답과 아비후의 신상

첫째로 대제사장 아론의 아들들이었습니다.

아론에게는 네 명의 아들이 있었습니다(출 6:23; 레 10:1). 그 중에서 나답과 아비후는 각각 장남과 차남이었습니다. 그들은 당시 이스라엘 최고의 지도자였던 모세의 조카들이었고 대제사장인 아론의 아들들이었습니다. 또한 하나님께서는 아론의 네 아들들은 제사장으로 세우시고 종교분야를 책임지게 하셨습니다(출 40:12-16). 뿐만 아니라 그들의 후손들을 통해서 이 귀한 일들이 계속되도록 하셨습니다. 그러므로 나답과 아비후는 당대에 있어서 그 어떤 사람들보다도 최고의 가문과 배경을 가진 자들이었습니다.

둘째로 하나님의 특별한 사랑을 받은 자들이었습니다.

하나님께서는 모세를 시내산으로 부르시고 언약을 주실 때에 아론을 비롯하여 나답과 아비후 그리고 이스라엘 장로 70인도 함께 부르셨습니다(출 24:1). 그러나 모세 혼자만 하나님께 가까이 나오게 하시고 아론과 두 아들 그리고 이스라엘의 장로들을 멀리 떨어져서 경배케 했습니다(출 24:2). 그러면 왜 모세만 가까이 오게 하셨습니까? 모세는 하나님께서 임명하신 중보자이기 때문이었습니다. 그러므로 모세는 하나님과 우리 인간 사이의 중보자가 되시는 예수 그리스도의 예표가 됩니다. 이러한 여러 가지 정황을 볼 때에 나답과 아비후는 그 어떤 사람들보다도 하나님의 특별하신 사랑과 은혜를 많이 받은 사람들입니다.

셋째로 제사장 직분을 받은 자들이었습니다.

제사장직은 하나님께서 시내산에서 레위 자손인 아론과 그의 아들들을 선별하여 세우신 데서 비롯되었습니다. 이 제사장은 하나님의 일꾼으로서 하나님과 사람 사이의 중보자들이었습니다. 때문에 신체적으로나 가정적으로 결함이 없이 무흠한 자여야 했습니다(레 21:1-9). 그들은 항상 불결한 것을 멀리해야 했습니다(레 21:1-4). 몸가짐을 단정하게 잘 해야 했습니다(레

21:5,6). 결혼도 정결한 여자와 해야 했습니다(레 21:7,8,13). 자식들도 잘 관리해야 했습니다(레 21:9). 한마디로 성별된 자들이었습니다. 그러므로 제사장직은 하나님께서 맡기신 직분으로서 이 세상에서는 최고의 직분이었습니다. 때문에 하나님께서는 제사장에 대해서는 직접 관리하셨습니다. 다시 말하면 나답과 아비후는 특별한 사람들이었습니다.

사랑하는 여러분!
우리 모두는 하나님의 자녀다운 아름다운 삶을 삽시다. 또한 하나님의 특별하신 사랑과 은혜를 받은 사람답게 항상 감사 만만한 삶을 삽시다. 그리고 이 세상 사람을 하나님께로 인도하는 복음 전파의 사명을 철저하게 감당하는 충성된 사명자들이 되시기 바랍니다.

2. 나답과 아비후의 범죄

첫째로 다른 불로 제사 드렸습니다.
나답과 아비후가 7일 간의 제사장 위임식이 끝나고 처음으로 제사 드릴 때에 각기 자기들의 향로에 여호와께서 명하시지 않은 다른 불을 담아다가 분향했습니다(레 10:1). 그런데 불이 여호와 앞에서 나와 그들을 삼켰습니다(레 10:2). 왜냐하면 원래 향단에 분향할 때는 반드시 번제단의 불을 향로에 옮겨 담아다가 분향해야 했습니다. 그런데 나답과 아비후는 하나님께서 규정하신 법대로 하지 않고 자기들의 임의대로 다른 불을 가져다가 분향했기 때문이었습니다. 이것은 바로 하나님에 대한 거역이요 말씀에 대한 불순종으로서 용납할 수 없는 무서운 범죄행위였습니다. 그렇습니다. 하나님 앞에 드리는 모든 예배는 자기 자신의 인간적인 생각이나 기분, 감정에 따라 적당히 드리는 것이 아닙니다. 나 자신을 죽이고 철저하게 하나님이 원하시는 대로 드려야 합니다. 그런데 자기 자신의 편리한 대로 드렸기 때문에 제사장인 그들도 죽었습니다. 제사 드릴 수 없는 사울 왕도 자기 마음대로 제사하고 망했습니다(삼하 13:8-14). 웃시야 왕도 분향하다가 나병환자가 되어 왕궁에서 쫓겨났습니다(대하 26:16). 그러므로 예배는 반드시 하나님이 원하시는 대로 철저하게 드려야 합니다.

둘째로 규례를 어기고 함께 분향했습니다.

제사장의 직무의 유래를 보면 제사장이 성소에서 분향할 때는 반드시 반열의 차례대로 제비를 뽑아서 선택된 제사장이 성소에 들어가 아침저녁으로 분향하게 되어 있었습니다(눅 1:8-10; 출 30:7-9). 다시 말하면 제사장 한 사람만이 성소에 들어가 분향했습니다. 그런데 나답과 아비후는 그러한 절차도 거치지 않고 둘이 함께 각기 향로를 가지고 성소에 들어가 분향했습니다(레 10:1). 이것은 바로 하나님의 법도를 완전히 무시한 어리석은 인간의 무모한 범죄행위였습니다. 그러므로 우리 모두는 하나님의 일을 할 때에 내 기분이나 감정, 형편이나 사정에 따라서 적당히 때워갈 수 없음을 명심해야 합니다. 이유 여하를 막론하고 반드시 하나님께서 요구하신 양식대로 해야 합니다(창 26:5; 신 30:8; 삼상 15:22).

셋째로 제사의 거룩성을 훼손했습니다.

하나님은 거룩하신 분이십니다. 이 거룩하심이 바로 창조주 하나님과 피조물인 우리 인간들을 구별하는 기준이요 한계입니다. 그러므로 우리 인간들이 하나님 앞에 나아올 때는 반드시 거룩하신 하나님께서 보실 때에 합당한 자세를 가져야 합니다. 그런데 나답과 아비후는 모든 것이 다 부족했습니다. 인간적으로 문제가 있는 것 같습니다. 또한 취중에 분향했을 가능성이 있습니다. 왜냐하면 나답과 아비후가 죽은 후에 하나님께서 곧바로 아론에게 "너나 네 자손들이 회막에 들어 갈 때에는 포도주나 독주를 마시지 말아서 너희 사망을 면하라 이는 너희 대대로 영원한 규례라"(렘 10:9)고 하셨습니다. 이 말씀을 보면 아마도 나답과 아비후가 제사장이 되었다는 특권의식을 가지고 교만하여 술을 마시고 취한 상태로 번제단이 아닌 아무데서나 불을 붙여서 분향하지 않았나 생각됩니다.

사랑하는 여러분!
우리 모두는 철저하게 성경말씀에 따라 하나님이 원하시는 예배를 드려야 겠습니다. 또한 내 생각과 기분, 감정을 버리고 성령님의 인도하심을 따라 예배해야겠습니다. 그리고 우리들의 몸과 마음가짐을 깨끗하게 단장하고 올바른 예배를 드림으로 하나님께 영광을 돌려야겠습니다.

3. 사건 처리를 통한 교훈

첫째로 모세는 자기 일을 계속했습니다.
모세는 제사장인 사랑하는 조카들이 두 명이나 즉사하는 끔찍한 일을 당했음에도 불구하고 하나님의 사람이요, 국가의 지도자로서의 자세가 조금도 흐트러짐이 없이 냉철하게 어려운 상황을 아주 잘 대처했습니다. 그는 미사엘과 엘사반을 불러 시체를 처리하게 하고 아론과 그의 두 아들을 불러서 제사장직을 수행하는 데에 있어서 필요한 정신자세와 임무에 대해서 일깨워주었습니다. 그렇습니다. 하나님의 사람은 이 세상의 그 어떠한 소용돌이 속에서도 천국에 대한 굳건한 소망을 가지고 흔들림이 없이 믿음을 지키고 맡은 바 사명을 충성되게 잘 감당합니다.

둘째로 아론은 여호와 앞에서 잠잠했습니다.
우리 인간들은 자신이 어떤 어려움에 직면하게 되고 고난을 당하게 되면 당황하고 자신과 세상을 원망하는 경향이 있습니다. 그러나 대제사장인 아론은 자신의 비극에 대해 자학하거나 어느 누구를 원망하지 않고 그대로 묵묵히 받아들였습니다. 그것은 바로 아론이 하나님의 주권과 공의, 심판을 믿고 그대로 받아들였기 때문입니다. 그렇습니다. 아론이 자기 자신의 인간적인 기분이나 감정, 생각을 하나님의 말씀으로 쳐서 복종시키고 범사에서 하나님의 역사하심을 인정하는 것은 우리들이 본받아야 할 귀한 믿음과 투철한 사명자의 자세인 것입니다. 그렇습니다. 진정한 믿음의 사람은 그 어떠한 시련 속에서도 자신의 기분이나 감정, 상황에 치우치지 않고 묵묵히 인내하면서 하나님의 뜻을 찾습니다.

셋째로 슬픔의 표현을 금지시켰습니다.

모세는 아론과 살아 있는 두 조카들을 불러놓고 "...너희는 머리를 풀거나 옷을 찢지 말라 그리하여 너희가 죽음을 면하고 여호와의 진노가 온 회중에게 미침을 면하게 하라 오직 너희 형제 이스라엘 온 족속은 여호와께서 치신 불로 말미암아 슬퍼할 것이니라"(레 10:6)고 했습니다. 왜냐하면 고대 근동 지역에서는 극도의 슬픔을 나타낼 때에는 머리를 풀어 헤치거나 옷의 가슴 부분을 갈기갈기 찢는 풍습이 있었기 때문입니다. 그러나 우리들이 여기에서 생각해야 될 것은 여호와를 섬기기 위해 특별히 선별된 자들이 이 세상 사람들과 똑같아서는 안 된다는 것입니다.

사랑하는 여러분!

우리 모두는 그 어떠한 소용돌이 속에서도 흔들림이 없이 믿음을 지키고 맡은 바 사명을 잘 감당합시다. 또한 힘들고 어려울 때일수록 묵묵히 인내하면서 하나님의 인도하심을 기다릴 줄 아는 사람이 됩시다. 그리고 언제나 하나님의 자녀로서 품위를 지킬 줄 아는 멋진 성도들이 되시기 바랍니다.

 나 발

[삼상 25:9-13]

다윗의 소년들이 가서 다윗의 이름으로 이 모든 말을 나발에게 말하기를 마치매 나발이 다윗의 사환들에게 대답하여 이르되 다윗은 누구며 이새의 아들은 누구냐 요즈음에 각기 주인에게서 억지로 떠나는 종이 많도다 내가 어찌 내 떡과 물과 내 양 털 깎는 자를 위하여 잡은 고기를 가져다가 어디서 왔는지도 알지 못하는 자들에게 주겠느냐 한지라 이에 다윗의 소년들이 돌아서 자기 길로 행하여 돌아와 이 모든 말을 그에게 전하매 다윗이 자기 사람들에게 이르되 너희는 각기 칼을 차라 하니 각기 칼을 차매 다윗도 자기 칼을 차고 사백 명 가량은 데리고 올라가고 이백 명은 소유물 곁에 있게 하니라

> 스코틀랜드의 가난한 수직공의 아들이 사업을 하다가 너무 어려워서 모든 것을 정리하고 미국으로 이민을 가려고 했습니다. 그러나 교통비가 한푼도 없었습니다. 그런데 그의 어머니 친구인 헨더슨 부인이 선뜻 이십 파운드를 빌려주었습니다. 그는 그녀에게 반드시 갚겠다고 약속하고 미국에 도착하여 빚을 갚기 위해 열심히 일하여 날마다 50센트씩 저축하여 20파운드가 되자 온 가족이 너무나 기뻐했습니다. 그때에 그는 "우리가 빚은 갚을 수 있습니다. 그러나 받은 은혜는 영원히 갚지 못합니다. 평생 고마움을 간직하고 삽시다"라고 했습니다. 그가 바로 미국 최대의 철강회사 U. S. 스틸을 탄생시킨 카네기입니다. 그러나 나발은 그와는 전혀 다른 배은망덕한 사람이었습니다.

1. 성품이 완악한 사람이었습니다.

첫째로 탐욕이 가득한 부자였습니다.

나발(어리석은 자란 의미)은 갈렙 족속의 후손으로서 아비가일이라는 총명하고 용모가 아름다운 아내와 함께 갈멜 근처의 넓은 들판에서 양 삼천 마리와 염소 일천 마리 등을 방목하면서 사는 대단한 부자였습니다(삼상 25:1,2). 그러나 그는 물질에 대한 탐욕이 너무 지나쳐 인간미가 전혀 없는 사람이었습니다(삼상 25:3). 그런데 이 세상은 언제나 이 탐욕이 문제입니다. 세상적인 지위와 권세, 명예와 물질, 향락에 대한 과도한 탐욕이 서로 간의 신뢰를 무너지게 하고 손상시키며 고통스럽게 합니다. 그러므로 우리 성도들은 이유 여하를 막론하고 이 세상 사람들과 같은 육신적인 탐욕에서 벗어나야 합니다. 그래야 아름답고 행복한 인생을 살아갈 수 있습니다.

둘째로 성품이 완고했습니다.

본문에서의 완고하다는 말의 원어 '카쉐' 는 성질이 아주 거칠고 완악하며 난폭하다는 것입니다. 다시 말하면 융통성이 전혀 없고 아주 꽉 막힌 고집불통이라는 것입니다. 이 사람의 특징은 언제나 자기 자신만 옳고 최고입니다. 때문에 매사에 항상 다른 사람이 다 잘못이라고 불평합니다. 한마디로 아주 야비한 성격의 사람으로서 상대하기가 아주 힘든 사람입니다. 때문에 그 사람의 주변에는 가까이 하는 사람이 없습니다. 그런데 만약에 그러한 사람과 사귀고 같이 산다고 하면 그 얼마나 불행하겠습니까? 식구들의 얼굴에 웃음이 없고 언제나 수심만 가득할 것입니다. 오늘 이 시간에 나 자신의 잘못된 성격과 삶의 자세 때문에 자타를 괴롭히며 가정과 이웃을 힘들게 하고 있지는 않는지 반성해 봐야겠습니다.

셋째로 행사가 악했습니다.

여기에서 행사가 악하다는 말의 원어 '마아랄' 은 그 사람이 행하는 매사가 언제나 경우에 어긋나고 다른 사람에게 혐오감을 준다는 것입니다. 때문에 그런 사람들은 언제, 어디서나 분위기를 망치고 평화를 깨뜨리기 때문에 환영받지 못합니다. 그러면서도 어디든지 끼어 들려고 합니다. 그래서 언제나 다른 사람들로 하여금 거부감을 갖게 하고 주는 것 없이 미운 사람으로 전락합니다. 차제에 우리 모두는 혹시 나 자신이 그러한 사람은 아닌지 철저하게 반성해 봐야겠습니다. 그리하여 나 때문에 내 가정과 이웃을 힘들게 하는 일이 없도록 해야겠습니다.

사랑하는 여러분!
우리 모두는 자신을 더럽히고 자타를 힘들게 하는 탐욕을 버립시다. 또한 인간미도 없고 융통성도 없는 고집불통으로서 서로를 고통스럽게 하는 완고함도 버립시다. 그리고 이유 여하를 막론하고 경우에 어긋나고 남에게 혐오감을 주는 일이 없도록 합시다. 그리하여 우리 하나님께 영광 돌리는 성도들이 되시기 바랍니다.

2. 배은망덕한 사람이었습니다.

첫째로 다윗의 은혜를 입었습니다.
다윗이 블레셋과의 전쟁에서 승리하게 되자 이스라엘 사람들은 다윗을 존경했습니다. 그러자 사울 왕이 다윗을 시기하여 죽이려고 했습니다. 때문에 다윗은 사울을 피해 육백 명의 일행과 함께 예루살렘을 떠나 바란 광야로 도망하여 유랑 생활을 했습니다. 그러는 중에 그들은 나발의 목장이 있는 갈멜 근처에 머물게 되었습니다(삼상 25:1, 2). 때에 다윗은 나발과 그의 소유에게 평강을 전했습니다. 그리고 절대로 해치지 않겠다고 했습니다(삼상 25:6-8). 약속대로 다윗의 군대는 절대로 나발의 목장에 손해를 끼치지 않았습니다. 오히려 다윗의 일행 때문에 당시에 계속적으로 약탈을 일삼던 베두인족으로부터도 안전하게 지낼 수 있었습니다(삼상 25:7). 한마디로 그는 다윗의 은혜를 많이 받은 사람이었습니다.

둘째로 다윗이 도움을 청했습니다.
많은 일행을 이끌고 망명 중에 바란 광야에 진치고 있던 다윗에게는 먹을 양식이 다 떨어졌습니다. 때에 다윗은 자신들의 은혜를 입고 안전하게 목장을 운영해 온 나발이 잔치를 벌이고 양털을 깎는다는 소식을 듣고는 열 명의 소년들에게 "...너희는 갈멜로 올라가 나발에게 이르러 내 이름으로 그에게 문안하고... 너는 평강하라 네 집도 평강하라 네 소유의 모든 것도 평강하라 내게 양털 깎는 자들이 있다 함을 이제 내가 들었노라 네 목자들이 우리와 함께 있었으나 우리가 그들을 해하지 아니하였고 그들이 갈멜에 있는 동안에 그들의 것을 하나도 잃지 아니하였나니 네 소년들에게 물으면 그들이 네게 말하리라 그런즉 내 소년들이 네게 은혜를 얻게 하라 우리가 좋은 날에 왔은즉 네 손에 있는 대로 네 종들과 네 아들 다윗에게 주기를 원하노라 하더라 하라"(삼상 25:5-8)고 명령했고 그들은 그렇게 했습니다.

셋째로 나발이 냉정하게 거절했습니다.
다윗의 정중한 자세로 열 소년들을 나발에게 보내어 도움을 요청했을 때에 나발은 다윗이 보낸 소년들에게 "...다윗은 누구며 이새의 아들은 누구냐 요즈음 각기 주인에게서 억지로 떠나는 종이 많도다 내가 어찌 내 떡과 물과 내 양털 깎는 자를 위하여 잡은 고기를 가져다가 어디서 왔는지도 알지 못하는 자들에게 주겠느냐"(삼상 25:10,11)고 아주 냉정하게 거절했습니다. 그는 그동안 다윗의 일행을 통해서 많은 은혜를 입었음에도 불구하고 다윗을 우습게 여기고 거절했던 것입니다. 참으로 배은망덕한 사람이었습니다.

사랑하는 여러분!

우리 모두는 다 하나님과 가족, 이웃과 사회의 은혜를 입고 사는 사람들입니다. 때문에 오늘 이 시간까지 우리가 이렇게 살고 있는 것입니다. 이 세상에 독불장군은 있을 수 없습니다. 또한 우리들도 할 수 있는 대로 최선을 다해 다른 사람들을 도와야 합니다. 그리고 그 어떤 이유로도 은혜를 잊어버리는 배은망덕한 자들이 되어서는 안 되겠습니다.

3. 비참한 종말의 사람이었습니다.

첫째로 다윗이 공격했습니다.

다윗은 자신의 정중한 요청에도 불구하고 냉정하게 거절했다는 소년들의 보고를 듣고 자신도 칼을 차고 일행 사백 명으로 하여금 칼을 차게 하고 이백 명은 진지의 소유물을 지키게 한 다음 나발을 공격하러 올라갔습니다(삼상 25:13,14). 다윗은 "내가 이 자의 소유물을 광야에서 지켜 그 모든 것을 하나도 손실이 없게 한 것이 진실로 허사라 그가 악으로 나의 선을 갚는도다 내가 그에게 속한 모든 남자 가운데 한 사람이라도 아침까지 남겨 두면 하나님은 다윗에게 벌을 내리시고 또 내리시기를 원하노라"(삼상 25:21, 22)고 나발의 가족은 물론 그에게 속한 모든 자들을 다 완전히 몰살시켜 버릴 것을 각오하고 공격을 시작했습니다.

둘째로 아비가일이 잘 대처했습니다.

다윗의 은혜를 입고도 자신의 요청을 냉정하게 거절한 나발의 가정에 큰 재앙이 임하게 될 것을 예상한 한 소년이 나발의 아내 아비가일에게 다윗과 나발 사이에서 그 동안에 생긴 일에 대해 자초지경을 설명하고 사태의 심각성을 알렸습니다(삼상 25:14-17). 아비가일은 일의 심각성을 깨닫고 남편에게 알리지 않고 분노한 다윗의 마음을 달래기 위해 급히 많은 음식들을 만들어 가지고 나귀에 싣고 공격해 오는 다윗에게로 나아갔습니다(삼상 25:18-20). 아비가일은 산 호젓한 곳에서 공격해 오는 다윗을 만나자 급히 나귀에서 내려 다윗의 발 앞에 엎드려 "...내 주여 원하건대 이 죄악을 나 곧 내게로 돌리시고 여종에게 주의 귀에 말하게 하시고 이 여종의 말을 들으소서 원하옵나니 내 주는 이 불량한 사람 나발을 개의치 마옵소서 그의 이름이 그에게 적당하니 그의 이름이 나발이라 그는 미련한 자니이다 여종은 내 주께서 보내신 소년들을 보지 못하였나이다"(삼상 25:23-25)라고 하소연했습니다. 그리고 다윗에게 준비해 온 예물을 바치고 한없이 칭송했습니다(삼상 25:26-31). 그러자 다윗은 아비가일을 자신에게 보내신 하나님을 찬양하고 그녀의 지혜를 칭찬하면서 요청을 받아들였습니다.

셋째로 충격을 받아 죽었습니다.

아비가일이 다윗의 은혜를 입고 집으로 돌아왔을 때 나발은 왕의 잔치 같은 큰 잔치를 차리고 만취가 되어서 기뻐하고 있었습니다. 기가 막힌 아비가일은 아무 말도 하지 않고 아침까지 있다가 나발이 술에서 깬 다음 그 동안의 사실을 말하자 그는 충격을 받아 몸져 누워 있다가 열흘만에 죽고 아비가일은 다윗의 아내가 되었습니다(삼상 25:36-42). 그토록 과도한 탐욕을 부린 그였지만 모든 것을 다 잃었습니다.

사랑하는 여러분!

우리 모두는 그 어떤 일이 있어도 다른 사람을 서운케 하거나 배은망덕한 일을 하지 맙시다. 또한 우리들이 제 아무리 어려운 상황에 처했다고 할지라도 아비가일처럼 믿음으로 지혜롭게 대처할 줄 아는 삶을 삽시다. 그리고 절대로 나발과 같은 불행한 삶을 살지 말아야겠습니다.

나 봇

[열상 21:1-10]

그 후에 이 일이 있으니라 이스르엘 사람 나봇에게 이스르엘에 포도원이 있어 사마리아의 왕 아합의 왕궁에서 가깝더니 아합이 나봇에게 말하여 이르되 네 포도원이 내 왕궁 곁에 가까이 있으니 내게 주어 채소 밭을 삼게 하라 내가 그 대신에 그보다 더 아름다운 포도원을 네게 줄 것이요 만일 네가 좋게 여기면 그 값을 돈으로 네게 주리라 나봇이 아합에게 말하되 내 조상의 유산을 왕에게 주기를 여호와께서 금하실지로다 하니 이스르엘 사람 나봇이 아합에게 대답하여 이르기를 내 조상의 유산을 왕께 줄 수 없다 하므로 아합이 근심하고 답답하여 왕궁으로 돌아와 침상에 누워 얼굴을 돌리고 식사를 아니하니 그의 아내 이세벨이 그에게 나아와 이르되 왕의 마음에 무엇을 근심하여 식사를 아니하나이까 왕이 그에게 이르되 내가 이스르엘 사람 나봇에게 말하여 이르기를 네 포도원을 내게 주되 돈으로 바꾸거나 만일 네가 좋아하면 내가 그 대신에 포도원을 네게 주리라 한즉 그가 대답하기를 내가 내 포도원을 네게 주지 아니하겠노라 하기 때문이로다 그의 아내 이세벨이 그에게 이르되 왕이 지금 이스라엘 나라를 다스리시나이까 일어나 식사를 하시고 마음을 즐겁게 하소서 내가 이스르엘 사람 나봇의 포도원을 왕께 드리리이다 하고 아합의 이름으로 편지들을 쓰고 그 인을 치고 봉하여 그의 성읍에서 나봇과 함께 사는 장로와 귀족들에게 보내니 그 편지 사연에 이르기를 금식을 선포하고 나봇을 백성 가운데에 높이 앉힌 후에 불량자 두 사람을 그의 앞에 마주 앉히고 그에게 대하여 증거하기를 네가 하나님과 왕을 저주하였다 하게 하고 곧 그를 끌고 나가서 돌로 쳐죽이라 하였더라

아합 왕은 아람과의 두 차례 전쟁에서 승리하자 왕궁을 확장하여 사치와 연락을 누리고자 하는 욕망을 가졌습니다. 그래서 자신의 왕궁 곁에 있는 나봇의 포도원을 자신의 것으로 만들었습니다. 그런데 문제는 그러한 과정에서 그의 부인 이세벨이 죄 없는 나봇에게 억울한 누명을 씌워 죽이고 강제로 차지했다는 것입니다. 여기에서 우리는 세 종류의 인간을 접하게 됩니다. 바로 탐욕의 사람 아합과 하나님의 말씀대로 유업을 지키려는 믿음의 사람 나봇, 그

리고 선한 사람에게 누명을 씌워 죽이는 간교한 여인 이세벨입니다. 오늘 이 시간을 통해서 나 자신을 돌아보는 시간이 되어야겠습니다.

1. 아합이 나봇의 포도원을 탐했습니다.

첫째로 나봇의 포도원을 갖고자 했습니다.

나봇은 사마리아에 살고 있는 이스라엘 사람으로서 이스르엘 골짜기에 있는 아합 왕의 궁전 옆에 포도원을 소유하고 있었습니다. 그런데 아합 왕이 이 포도원을 탐하여 갖고자 했습니다(왕상 21:2). 당시 아합 왕은 최고의 지위와 권세, 명예와 부를 소유하고 있는 자로서 무엇 하나 아쉬울 것이 없는 사람이었습니다. 그런데 그가 나봇의 포도원을 탐한 것을 보면 그가 탐욕의 인간이었음을 알 수 있습니다. 그렇습니다. 욕심이 잉태한즉 죄를 낳고 죄가 장성한즉 사망을 낳습니다(약 1:15).

둘째로 후한 교환 조건을 제시했습니다.

아합 왕은 나봇의 포도원을 자신이 소유하기 위해 나봇에게 "...네 포도원이 내 왕궁 곁에 가까이 있으니 내게 주어 채소 밭을 삼게 하라 내가 그 대신에 그보다 더 아름다운 포도원을 네게 줄 것이요 만일 네가 좋게 여기면 그 값을 돈으로 네게 주리라"(왕상 21:2)고 아주 후한 조건을 제시했습니다. 아합 왕은 인간의 욕심을 이용하여 포도원을 뺏으려고 했습니다. 그것은 바로 지금 가지고 있는 것보다 '더 아름다운 포도원을 준다' 는 것이요, '만일 네가 좋게 여기면 그 값을 돈으로 준다' 는 것입니다. 한마디로 나봇을 돈으로 매수하려고 했습니다. 그러나 나봇은 아합의 유혹에 매수 당하지 않았습니다. 이 세상에는 돈에 매수 당하여 믿음과 사명을 버리고 사랑과 의리는 물론 양심까지도 버린 자들이 있습니다. 그러나 이 세상에서 가장 귀한 것은 돈으로 살 수 없습니다. 돈으로 참사랑과 행복을 살 수 없습니다. 돈으로 참 평안과 기쁨을 살 수 없습니다. 돈으로 구원과 영생을 살 수 없으며 돈으로 천국에도 갈 수 없습니다.

셋째로 권력을 남용했습니다.
아합은 자신이 왕이라고 해서 일방적으로 나봇에게 포도원을 자기에게 넘길 것을 요구했습니다. 그는 왕의 권력을 가지면 무엇이든지 다 할 수 있다고 착각한 것입니다. 사악한 인간이 가진 이 세상의 권력은 그 사람을 교만하게 하고 부패하게 합니다. 때문에 믿음이 없는 악인이 권력을 소유하게 되면 안하무인이 되어 사람들을 괴롭히고 결국에는 자기 자신도 파멸에 빠집니다. 그러므로 우리 모두는 범사에서 하나님께 영광을 돌리고 겸손히 기도하는 삶을 살아야 합니다.

사랑하는 여러분!
우리 모두는 그 어떠한 일이 있어도 남의 것을 탐하지 맙시다. 또한 절대로 정함이 없는 세상 것에 매수 당하여 믿음과 사명, 양심과 의리를 저버리는 일이 없도록 합시다. 그리고 언제나 모든 영광을 하나님께 돌리고 늘 기도하며 겸손히 섬기는 삶을 살아야 합니다.

2. 나봇이 아합의 요청을 거절했습니다.

첫째로 하나님의 말씀을 지켰습니다.
나봇은 당시 최고의 권력자인 아합 왕의 후한 교환조건과 보상제의에도 불구하고 아주 단호하게 거절했습니다(왕상 21:3). 왜냐하면 그것은 바로 하나님과의 약속이행 때문이었습니다. 하나님께서는 "...토지를 영구히 팔지 말 것은 토지는 다 내 것임이니라..." (레 25:23)고 하셨기 때문입니다. 또한 토지를 물려준 조상에 대한 후손으로서의 책임이었습니다. 율법은 "...이스라엘 자손이 다 각기 조상 지파의 기업을 지킬 것이니라" (민 36:7-9)고 하셨습니다. 때문에 당시 이스라엘에서는 혹시 어떤 사람의 기업이 팔렸다고 할지라도 될 수 있으면 빠른 시일 내에 원래대로 회복해야 했습니다. 그래서 나봇이 아합의 제의를 거절한 것입니다. 참으로 나봇은 말씀에 충실한 신앙인이었음을 알 수 있습니다. 우리들도 하나님의 말씀에 변함없이 충실한 삶을 살아야겠습니다.

둘째로 아합 왕의 권세에 굴하지 않았습니다.
농부인 나봇에게 포도원을 바꾸든지 팔든지 하라고 요구한 아합은 당시 최고의 권력을 가진 왕이었습니다. 때문에 나봇이 절대적인 권력을 가진 아합 왕의 포도원 양도요구를 거절한다는 것은 당시의 정황으로 볼 때에 참으로 무모한 짓이었습니다. 그러나 그러한 것에 조금도 개의치 않고 담대하게 거절했습니다. 그것은 바로 당시의 절대 권력자인 아합 왕의 권세나 위협보다 만군의 하나님 여호와를 사랑하고 의식했기 때문입니다. 또한 아합 왕이 자신의 포도원 양도 요청은 분명히 하나님의 뜻에 어긋난 것이라는 것을 확신했기 때문입니다. 그는 창조주 하나님 외에 이 세상의 그 어떤 세력도 두려워하지 않는 참으로 귀한 신앙의 용장이었습니다.

셋째로 죽는 것도 두려워하지 않았습니다.
당시 왕들은 재판권도 가지고 있었기 때문에 그들의 권세는 신적인 존재와 같았습니다. 그래서 사람을 죽이고 살리는 것을 자기 마음대로 했습니다. 그러나 어느 누구도 항거할 수 없었습니다. 때문에 나봇이 아합 왕의 불의한 요구를 거절한 것은 죽음도 불사하는 담대한 믿음에서 비롯된 것입니다. 그러므로 우리들도 이유 여하를 막론하고 핍박과 고난, 죽음이 두려워서 신앙을 버리고 불의와 타협하며 무릎을 꿇는 비겁한 자들이 되지 말아야 합니다. 또한 우리 모두는 지금 이 시간에도 불꽃같은 눈으로 우리들을 감찰하시고 지키시는 주님을 믿고 의지하며 하루 하루를 자신있게 살아가는 멋진 성도들이 되어야겠습니다.

사랑하는 여러분!

우리 모두는 그 어떠한 일이 있어도 나봇처럼 하나님의 말씀대로만 삽시다. 또한 전능하신 하나님을 믿는 성도로서 이 세상의 그 어떠한 위협에도 굴하지 말고 자신있게 살아갑시다. 그리고 죽고 사는 것은 하나님의 권세에 달려있습니다. 모든 것을 하나님께 맡기고 나날을 행복하게 살아가는 복된 성도들이 되시기 바랍니다.

3. 이세벨이 나봇을 죽였습니다.

첫째로 아합이 몸져 누워버렸습니다.

아합 왕은 나봇의 거절로 말미암아 자신이 탐하던 포도원을 소유하지 못하게 되자 근심하고 답답하여 궁으로 돌아가서 침상에 누워 얼굴을 돌이키고 식사를 하지 않았습니다(왕상 21:4). 이에 그의 아내 이세벨이 아합 왕에게 "...왕의 마음에 무엇을 근심하여 식사를 아니하나이까"(왕상 21:5)라고 물었습니다. 그러자 아합 왕은 "이스르엘 사람 나봇에게 말하여 이르기를 네 포도원을 내게 주되 돈으로 바꾸거나 만일 네가 좋아하면 내가 그 대신에 포도원을 네게 주리라 한즉 그가 대답하기를 내가 내 포도원을 네게 주지 아니하겠노라 하기 때문이로다"(왕상 21:6)라고 했습니다. 참 왕답지 못한 안타까운 인간입니다. 자신과 백성들이 하나님을 잘 섬기고 나라를 튼튼하게 하며 백성들의 평안과 행복을 위해 노심초사해야 될 터인데 한 농민의 포도원 하나 뺏지 못해서 몸져 누웠다고 하면 참으로 불쌍한 인간이 아닐 수 없습니다.

둘째로 이세벨이 거짓 죄목을 씌웠습니다.

이세벨은 남편인 아합 왕이 몸져 누워있는 것을 보고 아합에게 "...왕이 지금 이스라엘 나라를 다스리시나이까 일어나 식사를 하시고 마음을 즐겁게 하소서 내가 이스르엘 사람 나봇의 포도원을 왕께 드리리이다"(왕상 21:7)라고 말하고 아합의 이름으로 편지들을 쓰고 그 인을 쳐서 그 성에서 나봇과 함께 사는 장로와 귀족들에게 보냈습니다(왕상 21:8). 그 편지의 내용은 "금식을 선포하고 나봇을 백성 가운데에 앉힌 후에 불량자 두 사람을 그의 앞에 마주 앉히고 그에 대하여 증거하기를 네가 하나님과 왕을 저주하였다 하게 하고 곧 그를 끌고 나가서 돌로 쳐 죽이라"(왕상 21:9,10)는 것이었습니다. 참으로 상상할 수 없는 이세벨의 악한 음모였습니다. 그러므로 우리는 이 악한 세대를 정복하기 위해 철저하게 진리로 무장해야 합니다.

셋째로 나봇을 죽이고 포도원을 차지했습니다.
이세벨의 편지를 받은 장로와 귀족들은 이세벨의 편지대로 금식을 선포했으며, 나봇을 백성 가운데 앉히고 불량자 두 사람을 시켜 나봇이 하나님과 왕을 저주하였다고 거짓 증언하게 한 후에 무리가 나봇을 성밖으로 끌고 나가 돌로 쳐죽이고 이세벨에게 통보했습니다(왕상 21:11-14). 통보를 받은 이세벨은 아합에게 "...일어나 그 이스르엘 사람 나봇이 돈으로 바꾸어 주기를 싫어하던 나봇의 포도원을 차지하소서 나봇이 살아 있지 않고 죽었나이다..."(왕상 21:15,16)라고 하자 아합이 나봇의 포도원을 차지했습니다. 여기에서 우리는 사악한 이세벨의 간교한 요청을 받고 자기의 직무를 남용하고 양심을 버리고 거짓 증언하여 죄 없는 사람을 억울하게 죽이는 악한 인간들을 봅니다. 우리 모두는 언제나 하나님을 두려워하고 나 자신이 올바르게 쓰임 받을 수 있도록 최선을 다해 노력해야겠습니다.

사랑하는 여러분!
우리 모두는 언제나 하나님께서 원하시는 가치관을 가지고 멋있게 삽시다. 또한 그 어떤 이유로도 다른 사람을 억울하게 희생시키는 악을 행하지 맙시다. 그리고 악에게 이용되지 말고 언제나 선하게 사용되는 가치 있는 삶을 사시기 바랍니다.

나아만

[왕하 5:1-14]

　아람 왕의 군대 장관 나아만은 그의 주인 앞에서 크고 존귀한 자니 이는 여호와께서 전에 그에게 아람을 구원하게 하셨음이라 그는 큰 용사이나 나병환자더라 전에 아람 사람이 떼를 지어 나가서 이스라엘 땅에서 어린 소녀 하나를 사로잡으매 그가 나아만의 아내에게 수종들더니 그의 여주인에게 이르되 우리 주인이 사마리아에 계신 선지자 앞에 계셨으면 좋겠나이다 그가 그 나병을 고치리이다 하는지라 나아만이 들어가서 그의 주인께 아뢰어 이르되 이스라엘 땅에서 온 소녀의 말이 이러이러하더이다 하니 아람 왕이 이르되 갈지어다 이제 내가 이스라엘 왕에게 글을 보내리라 하더라 나아만이 곧 떠날새 은 십 달란트와 금 육천 개와 의복 열 벌을 가지고 가서 이스라엘 왕에게 그 글을 전하니 일렀으되 내가 내 신하 나아만을 당신에게 보내오니 이 글이 당신에게 이르거든 당신은 그의 나병을 고쳐 주소서 하였더라 이스라엘 왕이 그 글을 읽고 자기 옷을 찢으며 이르되 내가 사람을 죽이고 살리는 하나님이냐 그가 어찌하여 사람을 내게로 보내 그의 나병을 고치라 하느냐 너희는 깊이 생각하고 저 왕이 틈을 타서 나와 더불어 시비하려 함인 줄 알라 하니라 하나님의 사람 엘리사가 이스라엘 왕이 자기의 옷을 찢었다 함을 듣고 왕에게 보내 이르되 왕이 어찌하여 옷을 찢었나이까 그 사람을 내게로 오게 하소서 그가 이스라엘 중에 선지자가 있는 줄을 알리이다 하니라 나아만이 이에 말들과 병거들을 거느리고 이르러 엘리사의 집 문에 서니 엘리사가 사자를 그에게 보내 이르되 너는 가서 요단 강에 몸을 일곱 번 씻으라 네 살이 회복되어 깨끗하리라 하는지라 나아만이 노하여 물러가며 이르되 내 생각에는 그가 내게로 나와 서서 그의 하나님 여호와의 이름을 부르고 그의 손을 그 부위 위에 흔들어 나병을 고칠까 하였도다 다메섹 강 아바나와 바르발은 이스라엘 모든 강물보다 낫지 아니하냐 내가 거기서 몸을 씻으면 깨끗하게 되지 아니하랴 하고 몸을 돌려 분노하여 떠나니 그의 종들이 나아와서 말하여 이르되 내 아버지여 선지자가 당신에게 큰 일을 행하라 말하였더면 행하지 아니하였으리이까 하물며 당신에게 이르기를 씻어 깨끗하게 하라 함이리이까 하니 나아만이 이에 내려가서 하나님의 사람의 말대로 요단 강에 일곱 번 몸을 잠그니 그의 살이 어린 아이의 살 같이 회복되어 깨끗하게 되었더라 최초로 범죄한 아담의 후손으로 태어난 모든 인간은 모두 문제를 안고 있습니다. 나아만도 아람나라의 군대장관으로서 지위와 명예, 부를 가지고 있었음에도 불구하고 세상의 의술로는 완전 치료가 불가능한 나병이라는 불치의 병에 걸려 시달리고 있었습니다. 그렇습니다. 이 세상에서 완전한 사람은 하나도 없습니다. 모두가 다 불완전하고 자기 나름대로 고민하는 문제들과 아픔이 있습니다.

1. 나병환자 나아만

첫째로 아람의 군대 장관이었습니다.

아람은 셈족의 후예로서 '수리아'라고도 합니다. 그런데 나아만은 이 아람 군대를 총지휘하는 군대장관이었습니다. 바로 우리나라의 국방장관에 해당되는 사람입니다. 전설에 의하면 나아만이 북왕국 이스라엘과의 전투에서 활을 쏘아 아합 왕에게 명중시켜 죽였다고 합니다. 때문에 남왕국 유다와 북왕국 이스라엘은 아람의 침략에 대한 위협을 느끼고 있었습니다.

둘째로 왕의 신임을 받은 사람이었습니다.

나아만은 군대장관으로서 왕과 나라를 위해 최선을 다해 충성하는 용장이었습니다. 때문에 그는 왕의 신임과 백성들의 존경을 한 몸에 지닌 명실상부한 아람의 제2인자였습니다. 그러므로 그는 이 세상의 지위와 권세, 명예와 부를 한 몸에 지니고 남부럽지 않은 영화를 누린 자였습니다.

셋째로 나병에 걸렸습니다.

나병이란 말의 '나가'는 '손을 대다, 타격하다, 처벌하다'라는 뜻을 가지고 있습니다. 다시 말하면 하나님의 저주로 인해서 발생하는 병이라는 것입니다(삼하 3:29). 이 나병은 대부분이 하나님의 종들과의 관계에서 문제가 생겼을 때에 하나님의 징계에 의해 발생했습니다. 그래서 미리암이 모세를 비방하다가 나병이 들었습니다(민 12:1-10). 게하시가 엘리사를 속이다가 나병이 들었습니다(왕하 5:25,27). 웃시야가 제사장의 고유한 권한을 무시하고 향단에 분향하다가 나병이 걸렸습니다(대하 26:16-21). 때문에 하나님께서는 이 나병에 대한 발병이나 치유에 대한 진찰과 판단을 일반 의사에게 맡기지 않으시고 제사장들에게 맡기셨습니다(레 13:1-59, 14:1-9; 마 8:4; 눅 17:14). 또한 하나님의 저주로 인해 발병한 부정한 병이기 때문에 진 밖에 내보내어 격리시켜야 했습니다(레 13:46; 민 5:1-4). 그리고 부정한 자로 취급되어 제사장이 될 수도 없었고(레 22:2-4), 예배에 참석할 수도 없었으며(대하 26:21), 죽은 시체까지도 격리해서 매장했습니다. 그러므로 이 나병은 이 세상에서 제일 더럽고 추한 병이며, 아주 저주스러운 병이었습니다. 그런데 나아만이 이 나병에 걸렸습니다. 그러니 자신이 제 아무리 나라를 구원했고 왕의 총애를 받고 있었으며 세상적인 지위와 권세, 명예와 부를 가졌다고 해도 그것이 어찌 행복할 수 있었겠습니까? 마찬가지로 오늘날 현대인들도 제 아무리 높은 지위와 권세, 명예와 물질 등을 소유하고 여유있는 삶을 사는 것 같습니다만 무엇인가 중병에 걸려 있는 것 같습니다. 때문에 진정한 기쁨과 행복이 없는 것입니다.

사랑하는 여러분!
우리 모두는 그 어떠한 일이 있어도 하나님께서 징계하실 수밖에 없는 어리석은 삶을 살지 맙시다. 또한 언제나 하나님과 교회를 유익케 하는 헌신적인 삶을 삽시다. 그리고 가정과 교회, 사회로부터 격리될 수밖에 없는 안타까운 자가 되는 불행한 일이 없어야겠습니다.

2. 복음을 들은 나아만

첫째로 여종을 통해 복음을 들었습니다.
나아만은 자신이 이스라엘과의 전투에서 사로잡아온 여종으로 하여금 자기 부인을 시중 들도록 했습니다. 때문에 이 여종은 사랑하는 부모 형제와 고국을 떠나, 적국의 군대장관으로 자신과는 원수인 나아만의 집에서 종노릇하고 있는 것입니다. 그런데 이 여종이 나아만의 부인에게 "... 우리 주인이 사마리아에 계신 선지자 앞에 계셨으면 좋겠나이다 그가 그 나병을 고치리이다"(왕하 5:3)라고 말했습니다. 나아만에게 있어서의 이 여종은 구원의 소식을 전해준 천사와 같은 존재였습니다. 나아만은 곧바로 이 사실을 왕에게 알리고 허락을 받아 왕의 친서와 함께 많은 선물을 가지고 이스라엘 왕을 찾아갔습니다. 그러나 이스라엘 왕은 아람 왕이 또 침략하려고 시비를 걸어온 줄 알고 옷을 찢으며 괴로워했습니다(왕하 5:7). 이러한 소식을 들은 엘리사가 왕에게 사람을 보내어 "...왕이 어찌하여 옷을 찢었나이까 그 사람을 내게로 오게 하소서..."(왕하 5:8)라고 청하여 자기에게 보내도록 했습니다.

둘째로 엘리사의 지시를 받았습니다.
나아만은 이스라엘 왕의 지시를 받고 말들과 병거를 거느리고 엘리사의 집으로 갔습니다(왕하 5:9). 그런데 엘리사는 사자를 문밖에 보내어 나아만에게 "...너는 가서 요단 강에 몸을 일곱 번 씻으라 네 살이 회복되어 깨끗하리라"(왕하 5:10)고 지시했습니다. 이에 "나아만이 노하여 물러가며 이르되 내 생각에는 그가 내게로 나와 서서 그의 하나님 여호와의 이름을 부르고 그의 손을 그 부위 위에 흔들어 나병을 고칠까 하였도다 다메섹강 아바나와 바르발은 이스라엘 모든 강물보다 낫지 아니하냐 내가 거기서 몸을 씻으면 깨끗하게 되지 아니하랴 ..."(왕하 5:11,12)고 분을 내며 떠났습니다. 왜냐하면 우선 엘리사가 자신을 홀대했다고 생각하여 서운한 감정을 가졌으며 또한 엘리사의 지시를 하찮게 여겼기 때문입니다.

셋째로 순종하여 나음을 받았습니다.
나아만이 엘리사의 처방을 분히 여기고 불순종하여 떠나는 것을 보고 안타깝게 여긴 종들이 나아만에게 "...내 아버지여 선지자가 당신에게 큰 일을 행하라 말하였다면 행하지 아니하였으리이까 하물며 당신에게 이르기를 씻어 깨끗하게 하라 함이리이까"(왕하 5:13)라고 선지자의 말에 순종할 것을 강권

했습니다. 이에 나아만이 자기의 생각을 바꾸고 "...하나님의 사람의 말대로 요단강에 일곱 번 몸을 잠그니 그의 살이 어린아이의 살이 회복되어 깨끗하게 되었..."(왕하 5:14)습니다. 그렇습니다. 자기 자신의 인간적인 생각을 버리고 하나님의 말씀에는 무조건 순종해야 합니다. 그러면 우리 인간들이 상상할 수 없는 놀라운 역사가 일어나고 큰 축복을 받습니다.

사랑하는 여러분!
우리 모두는 이유 여하를 막론하고 범사에 서운한 생각을 갖지 말고 감사하는 마음을 가집시다. 또한 내 생각을 버리고 하나님께서 가르치고 지시한 대로 무조건 순종하는 삶을 삽시다. 그리하여 언제, 어디서나 항상 하나님께 영광을 돌리고 모든 사람들에게 신앙적으로 모범을 보이는 성도들이 되시기 바랍니다.

3. 치유받은 나아만

첫째로 하나님의 능력을 고백했습니다.
엘리사가 지시한대로 순종하여 깨끗이 치유함을 받은 나아만은 다시 엘리사 앞에 와서 "...내가 이제 이스라엘 외에는 온 천하에 신이 없는 줄을 아나이다..."(왕하 5:15)라고 이스라엘의 하나님만이 유일하신 참 신이심을 고백했습니다. 그렇습니다. 이 세상에 하나님 한 분밖에는 참 신이 없습니다. 이것이 바로 기독교의 유일신관입니다. 그러므로 우리들은 하나님 한 분만 굳게 믿고 끝까지 따르면서 순종해야 합니다.

둘째로 하나님의 은혜에 보답코자 했습니다.
나아만은 치유 받은 다음에 엘리사에게 다시 와서 이스라엘의 하나님만이 참 신이라고 고백하면서 말하기를 "...청하건대 당신의 종에게서 예물을 받으소서"(왕하 5:15下)라고 자신이 엘리사의 지시를 받고 치유 받음에 대한 감사의 예물을 드렸습니다. 그러나 엘리사는 "내가 섬기는 여호와께서 살아

계심을 두고 맹세하노니 내가 그 앞에서 받지 아니하리라…"(왕하 5:16)고 나아만의 강권에도 불구하고 끝까지 고사했습니다. 이것은 바로 엘리사가 나아만의 나병을 치료하신 분은 자신이 아니라 하나님이라는 사실을 나아만으로 하여금 믿게 하고 하나님께만 영광을 돌리게 하기 위함이었습니다. 그렇습니다. 모든 영광은 하나님께만 돌려야 합니다.

셋째로 하나님만 섬기기로 작정했습니다.

나아만은 자신의 감사예물을 거절한 엘리사에게 "그러면 청하건대 노새 두 마리에 실을 흙을 당신의 종에게 주소서 이제부터는 종이 번제물과 다른 희생제사를 여호와 외 다른 신에게는 드리지 아니하고 다만 여호와께 드리겠나이다"(왕하 5:17)라고 했습니다. 다시 말하면 하나님이 이스라엘의 하나님이시기 때문에 하나님을 섬기는데 필요한 이스라엘 땅의 흙을 가지고 가겠다는 것입니다. 다시 말하면 그가 하나님만 섬기겠다는 의지를 보인 것입니다. 그러나 그것은 그가 전지전능하시고 무소부재하신 하나님을 잘못 알고 있는 것입니다. 우리 하나님은 상천하지 그 어디에나 언제나 충만하신 분이십니다. 또한 그는 엘리사에게 오직 한가지 용서해 달라고 했는데, 그것은 자신이 원해서가 아니라 왕이 림몬의 신당에 들어가 거기서 숭배하며 자기 손을 의지하여 절할 때에 자기도 어쩔 수 없이 몸을 굽히게 되는데 하나님께서 이 일에 대해 용서하시기를 원한다고 했습니다(왕하 5:18). 이것은 바로 그가 우상숭배에 대한 두려움이 있었기 때문입니다. 그러나 아직도 거듭나지 못한 사람이라 이 세상에서 겪는 갈등을 그대로 보여주고 있습니다.

사랑하는 여러분!
우리 모두는 이 세상 우주삼라만상을 창조하시고 주관하시는 하나님만을 믿고 끝까지 섬깁시다. 또한 범사에 모든 영광을 하나님께만 돌립시다. 그리고 이유 여하를 막론하고 이 세상의 그 어떤 것과도 타협함이 없이 주님만 따라 사시기 바랍니다.

 # 납달리

[창 49:21]

납달리는 놓인 암사슴이라 아름다운 소리를 발하는도다

> 야곱의 아내 라헬은 레아가 네 명의 아들을 낳을 때까지 자녀를 낳지 못하자 언니에게 지는 것이 싫어서 자신의 몸종인 빌하를 남편에게 주어 '단'과 '납달리'라는 두 아들을 낳게 했습니다. 그리고 자신이 레아를 이겼다고 생각하고 친어머니인 빌하보다도 더 기뻐했습니다. 때문에 그녀는 빌하가 낳은 두 번째 아들의 이름을 '투쟁하다', '경쟁하여 이기었다'라는 의미를 가진 '납달리'라고 했습니다. 다시 말하면 납달리는 언니, 동생인 한 자매가 야곱이라는 한 남편을 두고 서로 경쟁하는 관계에서 출생하게 된 자였습니다.

1. 야곱의 축복을 받았습니다.

첫째로 놓인 암사슴이라고 했습니다.

야곱이 자신의 임종을 앞두고 열두 아들들을 모두 불러놓고 그들의 장래에 대해서 예언했습니다. 이 예언은 흔히 야곱의 축복기도로 불리고 있는데 그 내용을 보면 실제로 축복만을 담고 있지는 않습니다. 이 예언은 오히려 축복과 저주를 포함한 그들의 장래에 관한 것이었습니다. 이 예언은 하나님께서 야곱에게 보여주신 계시에 따른 것이기 때문에 그들의 분량에 따라 축복하고 저주했습니다. 이는 단순히 야곱의 편견이나 편애에 의한 것이 아니라 하나님의 예정하심과 미래에 대한 예지로 이루어진 것이었습니다. 특별히 본문의 납달리에게는 "놓인 암사슴이라…"(창 49:21)라고 했습니다. 이것은 바로 그들이 다산으로 번성할 것과 민첩한 전사가 될 것임을 예언한 것입니다. 실로 그들은 야곱이 축복한대로 심히 번성했습니다. 또한 드보라 사사시대에 납달리 사람 바락이 이스라엘 군대를 이끌고 가나안 왕 야빈의 군대장관 시스라가 이끄는 군대를 격퇴시켰습니다(삿 4:6-21). 그리고 기드온을 도와 미디안 사람과 싸워 이겼으며(대상 12:34), 납달리 용사들이 다윗을 돕기도 했습니다(대상 12:34). 그러므로 우리들도 반드시 납달리와 같이 늘 번성하고 날마다 승리하는 삶을 살아야겠습니다.

둘째로 아름다운 소리를 발한다고 했습니다.
이 말씀에 대해 어떤 주석가들은 사사기 5장 1절의 말씀을 인용하여 납달리 지파가 웅변을 잘하고 노래를 잘하는 특별한 재능이 있음을 암시하고 있다고 했습니다. 그러나 앞뒤의 문맥상으로 볼 때에 그렇지 않습니다. 이 말씀은 그들의 삶의 현장에서의 번성과 승리로 인하여 기쁘고 즐겁게 노래하는 축복이 임할 것이라는 것입니다. 그렇습니다. 우리 모두의 삶의 현장에서도 이와 같이 때마다 일마다 항상 승리함으로 인하여 기쁨과 즐거움의 찬송을 부를 수 있기를 바랍니다.

셋째로 비옥한 땅을 차지했습니다.
야곱으로부터 축복기도를 받은 납달리 지파는 이스라엘 내에서도 요단강과 갈릴리 호수 서쪽의 땅을 얻게 되었습니다. 이곳은 물이 풍부하여 농사하고 목축하기에 아주 좋은 참으로 비옥한 땅이었습니다. 때문에 그들은 어느 지파보다도 더욱 풍요로운 삶을 누리게 되었습니다(수 19:32-39). 그러므로 우리 모두는 언제나 하나님께서 주신 복을 귀하게 여기고 잘 관리하는 믿음의 삶을 살아야 합니다. 그리하여 언제나 풍성한 삶을 누리시기 바랍니다.

사랑하는 여러분!

우리들도 어느 누구에게나 축복 받을 수 있는 사람들이 됩시다. 또한 우리들의 평생에 예수 그리스도의 이름으로 늘 이기고 승리하는 삶을 살아야겠습니다. 그리고 하나님께서 허락하신 풍성한 복으로 늘 충만하시기 바랍니다.

2. 하나님의 명령에 불순종했습니다.

첫째로 가나안을 정복하라고 하셨습니다.

하나님께서는 당신의 백성들을 가나안으로 인도하시고 "...그들을 네게 넘겨 네게 치게 하시리니 그 때에 너는 그들을 진멸할 것이라 그들과 어떤 언약도 하지 말 것이요 그들을 불쌍히 여기지도 말 것이며 또 그들과 혼인하지도 말지니 네 딸을 그들의 아들에게 주지 말 것이요 그들의 딸도 네 며느리를 삼지 말 것은 그가 네 아들을 유혹하여 그가 여호와를 떠나고 다른 신들을 섬기게 하므로 여호와께서 너희에게 진노하사 갑자기 너희를 멸하실 것임이니라 오직 너희가 그들에게 행할 것은 이러하니 그들의 제단을 헐며 주상을 깨뜨리며 아세라 목상을 찍으며 조각한 우상들을 불사를 것이니라"(신 7:2-5)고 명령하셨습니다. 다시 말하면 가나안의 족속을 그 땅에서 완전히 진멸하라는 것이요, 그들이 섬기는 우상들을 다 타파하고 제거하여 그들의 우상을 섬기는 일이 없도록 하라는 명령이었습니다. 또한 그들과 그 어떤 언약을 맺거나 결혼하지 말라는 것입니다. 왜냐하면 그들로 인해 하나님의 백성들이 하나님을 떠나 그들이 섬기는 우상을 섬기며 범죄할 가능성이 있었기 때문입니다.

둘째로 하나님의 명령에 불순종했습니다.

성경은 "납달리는 벧세메스 주민과 벧아낫 주민을 쫓아내지 못하고 그 땅의 주민 가나안 족속 가운데 거주하였으나 벧세메스와 벧아낫 주민들이 그들에게 노역을 하였더라"(삿 1:33)고 말씀하셨습니다. 한마디로 납달리 지파는 가나안의 원주민들을 완전히 진멸하지 못하고 실패했습니다. 또한 하나님의 명령을 어기고 그들과 언약을 맺었으며(삿 2:2), 그들을 종으로 삼기도 하고 그들과 결혼하는 일도 있었습니다(삿 1:33). 그리고 여호와를 버리고 이방의 우상인 바알과 아스다롯을 섬겼습니다(삿 2:13). 다시 말하면 납달리 지파는 가나안 땅에 진입하여 거기 거하는 주민들을 완전히 진멸하라는 하나님의 명령을 어기고 그들과 함께 동화되어 살아가는 불순종의 죄를 지었습니다.

셋째로 불순종으로 많은 고난을 당했습니다.
하나님께서는 제 아무리 사랑하시는 당신의 백성들이라고 할지라도 하나님을 거역하고 불순종하며 범죄할 때에는 반드시 심판하십니다(겔 7:1-9). 때문에 납달리 지파는 하나님이 내리시는 진노의 채찍을 당할 수밖에 없었습니다. 또한 하나님께서 그들에게 허락하신 땅은 물이 풍부하고 농사하고 목축하기에 좋은 기름진 곳이었습니다. 때문에 주변 국가들로부터의 침략이 끊이지 않았습니다. 그로 인해 수많은 사람들이 죽어야 했으며, 말할 수 없는 고통을 수없이 당해야 했습니다(수 23:13). 다시 말하면 납달리 지파는 하나님께서 허락하신 귀한 토지의 축복을 잘 관리하지 못함으로 인해 그것 때문에 도리어 주변국들로부터 괴롭힘을 당하는 안타까운 존재로 전락했습니다. 그러므로 우리들은 그 어떤 이유로도 하나님의 명령에 불순종하는 일이 없어야 합니다.

사랑하는 여러분!

우리 모두는 하나님의 명령을 철저히 이행하기 위해 최선을 다합시다. 또한 이 세상과 환경을 주님의 이름으로 자신있게 다스립시다. 그 어떤 이유로도 세상과 타협하지 맙시다. 그리고 하나님께서 이미 허락하신 복을 잘 지켜가는 성도들이 되시기 바랍니다.

3. 하나님께서 영화롭게 하셨습니다.

첫째로 납달리 땅을 영화롭게 하셨습니다.

납달리 지파는 그토록 아름답고 기름진 옥토를 분배받았음에도 불구하고 하나님의 명령을 거역하고 불순종했습니다. 그들은 오히려 가나안의 주민들과 동화되어 그들과 언약을 맺고 그들의 우상을 섬겼으며 그들과 통혼함으로 납달리 땅을 무서운 죄악의 도성으로 만들었습니다. 때문에 그들은 하나님의 징계를 받아 비참한 고난을 당했으며, 결국은 앗수르에 의해 정복당하여 수많은 백성들이 앗수르로 사로잡혀 갔습니다. 한마디로 납달리 지파의 운명은 암흑 그 자체였습니다. 그런데 하나님께서는 그들의 고통과 아픔을 외면하지 않으시고 "전에 고통받던 자들에게는 흑암이 없으리로다 옛적에는 여호와께서 스불론 땅과 납달리 땅이 멸시를 당하게 하셨더니 후에는 해변길과 요단 저쪽 이방의 갈릴리를 영화롭게…"(사 9:1) 하셨습니다. 이것은 바로 당신의 자녀들이 잘못했을 때에는 징계하지만 다시 회복시키시는 하나님의 사랑과 은혜인 것입니다.

둘째로 메시야의 사역이 시작되었습니다.

이사야 선지자를 통해서 예언된 대로 갈릴리 곧 납달리 땅에서 메시야의 영광의 빛이 비쳤습니다. "예수께서 요한이 잡혔음을 들으시고 갈릴리로 물러가셨다가"(마 4:12), 나사렛을 떠나 스불론과 납달리 지경 해변에 있는 가

버나움에 가서 사셨습니다(마 4:13). 바로 이 때부터 예수님께서 비로소 "회개하라 천국이 가까이 왔느니라"(마 4:17)고 복음을 전파하시고, 회당에서 가르치셨으며 백성들의 모든 병과 악한 것을 고치셨습니다(마 4:23). 참으로 메시야의 영광의 빛이 납달리 땅에 비친 것입니다.

셋째로 메시야의 역사는 인류의 구원입니다.
납달리 땅에서 시작된 예수님의 사역은 아담과 하와의 범죄로 인하여 죄와 저주, 멸망에 처한 자연인들에게 회개하고 돌아와 하나님을 믿고 구원받게 하는 생명의 역사입니다. 또한 놀라우신 하나님의 사랑을 온 인류에게 전하는 축복의 시작입니다. 그리고 자꾸만 어두워져 가는 세상을 밝히고 소망을 갖게 하는 사랑의 역사입니다. 이러한 놀라운 역사가 납달리 땅에서 이루어졌으니 그 얼마나 영화로운 일입니까? 이러한 모든 영광은 우리 하나님께서 그 어떠한 조건도 없이 거저 주시는 은혜인 것입니다.

사랑하는 여러분!
범죄하고 두렵습니까? 삶의 현장이 고달픕니까? 사랑으로 용서하시는 하나님께로 나오십시오. 또한 우리 예수님께서 납달리에서 복음 전파 사역을 시작하신 것처럼 우리들의 삶을 통해서 복음이 전파되도록 합시다. 그리고 우리 모두 다 인류의 구원을 위해서 최선을 다하는 삶을 살아야겠습니다.

 # 노아

[창 6:5-13]

여호와께서 사람의 죄악이 세상에 가득함과 그의 마음으로 생각하는 모든 계획이 항상 악할 뿐임을 보시고 땅 위에 사람 지으셨음을 한탄하사 마음에 근심하시고 이르시되 내가 창조한 사람을 내가 지면에서 쓸어버리되 사람으로부터 가축과 기는 것과 공중의 새까지 그리하리니 이는 내가 그것들을 지었음을 한탄함이니라 하시니라 그러나 노아는 여호와께 은혜를 입었더라 이것이 노아의 족보니라 노아는 의인이요 당대에 완전한 자라 그는 하나님과 동행하였으며 세 아들을 낳았으니 셈과 함과 야벳이라 그 때에 온 땅이 하나님 앞에 부패하여 포악함이 땅에 가득한지라 하나님이 보신즉 땅이 부패하였으니 이는 땅에서 모든 혈육 있는 자의 행위가 부패함이었더라 하나님이 노아에게 이르시되 모든 혈육 있는 자의 포악함이 땅에 가득하므로 그 끝 날이 내 앞에 이르렀으니 내가 그들을 땅과 함께 멸하리라

> 라멕이 182세에 낳은 노아의 히브리어 이름은 '안식', '위로하다', '구원을 가져오다'라는 의미를 가지고 있습니다. 그는 자신의 이름이 의미하는 바와 같이 죄악이 가득한 시대에 살았으나 하나님의 은혜로 타락된 시대에 물들지 않고 하나님의 말씀대로 거룩한 삶을 살았습니다. 그래서 성경은 그를 "의인이요 완전한 자로서 하나님과 동행했다"고 말씀하셨습니다. 때문에 하나님께서는 홍수로 죄악이 가득한 이 세상을 심판하시고 그를 통해서 새로운 인류역사의 계대를 이루셨습니다.

1. 당시대의 타락상

첫째로 하나님의 아들들이 타락했습니다.
인류 역사의 초기에는 사람들이 장수하고 많은 자녀들을 낳았기 때문에 인

류의 증가가 급속히 이루어졌습니다(창 5:3-32). 이것은 바로 "...생육하고 번성하여 땅에 충만하라..."(창 1:28)는 하나님의 말씀이 그대로 성취된 것이었습니다. 그런데 문제는 거룩하게 살아가야 할 하나님의 아들들이 타락하여 사람의 딸들이 불경건한 삶을 살고 있음에도 불구하고 용모가 예쁘고 아름답다는 이유로 그들을 좋아하여 문란한 삶을 살았습니다. 다시 말하면 여인들의 하나님에 대한 신앙의 유무나 경건성은 전혀 고려치 않고 그들의 육체적 미모에 빠져 아내를 삼았습니다(창 6:2). 한마디로 하나님과의 관계는 전혀 고려치 않고 자신들의 정욕을 채우는 데에만 혈안이 되어 있었습니다. 때문에 영적으로나 도덕적으로 구별된 삶은 사라지고 심히 타락하고 부패된 어두운 사회로 전락해 버렸습니다.

둘째로 죄악이 가득했습니다.
하나님의 아들들과 사람의 딸들이 결혼하여 자녀들을 낳게 되자 신앙적인 경건한 모습은 완전히 사라지고 사회는 더러운 죄악의 소굴로 변해버렸습니다. 때문에 그 어디에서도 하나님에 대한 신앙의 모습이나 선한 양심을 찾아볼 수 없었습니다. 또한 인간들의 생각과 계획이 모두 다 악하고 더러웠습니다. 한마디로 아주 철저하게 타락되고 부패되었기 때문에 그 어디서부터 손을 써야할지 도무지 묘안을 찾을 수 없는 암흑의 세상이었습니다.

셋째로 하나님께서 한탄하셨습니다.
여기에서 하나님께서 한탄하시고 근심하셨다는 것은 하나님께서 자신이 하신 일들에 대해 잘못되었다고 후회하시거나 수정하신다는 것이 아니라, 인간들의 비극적인 타락과 부패에 대해 하나님의 심정을 사람의 심리현상을 들어서 그대로 표현한 것입니다. 다시 말하면 하나님께서 인간들의 타락과 범죄를 보시고 심히 안타까워 하셨다는 것입니다. 이것은 바로 하나님께서는 그토록 추하고 더러운 인간들이지만 쉽게 포기하지 않으시고 집 나간 탕자의 아버지처럼 구원의 계획을 가지고 계신다는 사실을 입증하고 있는 것입니다(눅 15:11-24). 그러므로 우리 모두는 이유 여하를 막론하고 우리 하나님의 마음을 서운케 하거나 아프게 하는 일이 없어야 할 것입니다.

사랑하는 여러분!
우리 모두 하나님의 백성답게 이 세상 사람들과는 전혀 다른 구별된 삶을 삽시다. 또한 그 어떤 일이 있어도 죄악이 가득한 이 세상과 타협하거나 짝하는 어리석은 자들이 되지 맙시다. 그리고 우리들의 언행심사와 삶을 통해 하나님을 기쁘시게 하는 복된 삶을 사는 성도들이 되시기 바랍니다.

2. 노아의 신앙생활

첫째로 하나님의 은혜를 받은 자였습니다.
먼저 노아는 하나님의 사랑을 받은 아주 경건한 가정에서 태어났습니다. 경건한 믿음의 생활로 하나님을 기쁘시게 하고 육신의 죽음을 보지 않고 그대로 승천한 에녹의 증손자이며, 969세라는 성경 역사상 가장 장수한 므두셀라의 손자였습니다. 또한 믿음의 조상인 아브라함은 노아의 10대 후손이었습니다. 다시 말하면 그는 신앙이 신실하고 경건한 삶을 산 조상들의 후손이었습니다. 또한 그는 하나님의 부르심의 은혜를 받았습니다. 하나님께서는 당신의 구속사역을 이루시기 위해 마음에 합당한 사람을 선택하시고 지명하여 불러서 일꾼으로 사용하십니다. 그런데 이 노아가 하나님의 부르심을 받았습니다. 이것은 바로 이 세상의 그 어떠한 지위나 명예, 권세보다도 훨씬 더 큰 은혜인 것입니다. 한마디로 이 세상의 그 무엇도 비교할 수 없는 큰 은혜를 받은 자입니다.

둘째로 의인이요 완전한 자였습니다.

노아가 살던 시대는 하나님께서 "땅 위에 사람을 지으셨음을 한탄..."(창 6:6)하실 만큼 타락한 시대였습니다. "온 땅이 하나님 앞에 부패하여 포악함이가 땅에 가득"(창 6:11)했습니다. 여기에서 '부패'하다는 말은 사람들이 부끄러움이나 일말의 양심도 없이 서슴치 않고 범죄하는 것을 말합니다. 또한 '포악하다'는 것은 마음속에 품은 악을 여과없이 그대로 표현하고 행동하는 것을 말합니다. 다시 말하면 당대는 방종과 타락은 물론 부패하고 포악한 악이 난무하는 참으로 안타까운 시대였습니다. 그러나 "...노아는 의인이요 당대에 완전한 자..."(창 6:9)라는 칭송을 받았습니다. 여기에서 노아가 '완전하다'는 것은 그가 전혀 흠이 없는 완전한 자라는 것이 아니라, 하나님 앞에서 완전하게 살려고 최선을 다한 자라는 것입니다. 즉 그가 하나님께 대한 경건한 신앙을 가지고 산 자라는 사실을 강조하고 있는 것입니다.

셋째로 하나님과 동행하는 자였습니다.

이 세상에 태어난 인간이 누릴 수 있는 최고의 복은 이 세상 만물을 창조하시고 우리 인간들의 생사화복을 주관하시는 전지전능하신 하나님과 동행하는 것입니다. 노아가 하나님과 동행했다는 것은 그가 하나님께 대한 견고한 믿음을 가지고 있었다는 것입니다. 왜냐하면 믿음이 없이는 하나님을 기쁘게 할 수 없기 때문입니다(히 11:6). 또한 그가 하나님의 뜻대로 순종의 삶을 살았다는 것입니다. 하나님의 뜻을 따라 순종하는 자만이 하나님과 동행할 수 있습니다. 그리고 하나님과 교통하는 삶을 살았음을 알 수 있습니다. 만약에 그가 당시의 타락된 인간들과 관계하고 화려한 세속문화에 관심이 있었다고 하면 하나님과 동행하는 삶을 살 수 없었을 것입니다. 그러므로 우리 모두는 그 어떤 이유로도 타락된 이 세상과 관계하거나 부패한 세속문화에 휩쓸리는 일이 없어야겠습니다. 왜냐하면 그러한 삶으로 하나님과 동행할 수 없기 때문입니다.

사랑하는 여러분!

우리 모두 예수 그리스도의 십자가의 은혜로 구원받은 자답게 자부심을 가지고 삽시다. 또한 그토록 부패하고 타락된 환경에서도 의롭고 완전하게 살려고 노력한 노아처럼 우리들도 그렇게 삽시다. 그리고 언제, 어디서나, 늘 하나님과 동행하는 믿음의 삶을 살아야겠습니다.

3. 홍수 심판과 노아

첫째로 하나님께서 방주를 건축하라고 하셨습니다.

인간들의 번성으로 인하여 죄악이 가득함을 보시고 한탄하신 하나님께서는, 당대에 의인이요 완전한 자로서 하나님과 동행한 노아에게 "모든 혈육 있는 자의 포악함이 땅에 가득하므로 그 끝날이 내 앞에 이르렀으니 내가 그들을 땅과 함께 멸하리라 너는 고페르 나무로 너를 위하여 방주를 만들되 그 안에 칸들을 막고 역청을 그 안팎에 칠하라 네가 만들 방주는 이러하니 그 길이는 삼백 규빗, 너비는 오십 규빗, 높이는 삼십 규빗이라 거기에 창을 내되 위에서부터 한 규빗에 내고 그 문은 옆으로 내고 상 중 하 삼 층으로 할지니라"(창 6:13-16)고 방주를 짓도록 하시고 그 안에 혈육 있는 모든 생물을 각기 암수 한 쌍씩 방주로 이끌어들여 생명을 보존케 하라고 하셨습니다(창 6:18-20). 그리고 이 세상에 의를 전파하라고 하셨습니다(벧전 2:5).

둘째로 믿음으로 순종했습니다.

노아는 그의 나이가 480세가 되던 때에 하나님께로부터 홍수로 이 세상의 모든 호흡 있는 자들을 쓸어버리시겠다는 계획과, 방주를 지으라는 명령을 받았습니다. 하나님의 명령을 받은 노아는 즉시로 하나님께서 말씀하신 양식대로 방주를 지으면서 다른 한편으로는 장차 임할 홍수를 대비하여 회개하라고 외쳤습니다. 그러나 사람들은 노아의 경고를 우습게 여기고 무시해 버렸습니다. 그렇지만 노아는 조금도 위축되지 않고 열심히 방주를 지었으며 하나님의 의를 전파했습니다.

셋째로 자신과 가족을 구원했습니다.

노아의 나이가 600세가 되던 해 2월 17일에 "...큰 깊음의 샘들이 터지며 하늘의 창문들이 열려 사십 주야를 비가 땅에 쏟아졌..."(창 7:11,12)습니다. 때에 노아의 식구들은 방주로 들어갔고(창 7:13), 그들을 제외한 이 세상의 모든 인간들은 지구를 덮은 대홍수로 말미암아 완전히 멸절되었습니다(창 7:21). 여기에서 홍수는 심판을 의미하고, 방주는 예수 그리스도를 의미하며, 노아의 가족은 성도들을 의미합니다. 그러므로 누구든지 예수 그리스도 안에 있으면 심판의 때에 멸망하지 않고 구원을 얻게 된다는 사실을 말씀하고 있는 것입니다. 이윽고 홍수의 기간은 끝나고 노아와 그의 가족, 방주 안에 있던 모든 생명들은 자유를 얻었고(창 8:6-19), 번성하여 오늘에 이르고 있습니다. 그는 장수의 복을 받아 950세에 이 세상을 떠났습니다(창 9:28,29). 그렇습니다. 예수 그리스도 안에 있는 자만이 구원을 받습니다.

사랑하는 여러분!

하나님께서는 여러분들에게 어떤 명령을 주셨습니까? 하나님께서 나같은 죄인에게 사명 주셨음을 깨닫고 감사하시기 바랍니다. 또한 이유여하를 막론하고 지체함이 없이 속히 순종합시다. 그리고 주 안에서 맡은 바 사명을 열심히 감당함으로 하나님의 사랑 안에서 늘 승리하시기 바랍니다.

느부갓네살

[단 2:1-13]

　느부갓네살이 다스린 지 이 년이 되는 해에 느부갓네살이 꿈을 꾸고 그로 말미암아 마음이 번민하여 잠을 이루지 못한지라 왕이 그의 꿈을 자기에게 알려 주도록 박수와 술객과 점쟁이와 갈대아 술사를 부르라 말하매 그들이 들어가서 왕의 앞에 선지라 왕이 그들에게 이르되 내가 꿈을 꾸고 그 꿈을 알고자 하여 마음이 번민하도다 하니 갈대아 술사들이 아람 말로 왕에게 말하되 1)왕이여 만수무강 하옵소서 왕께서 그 꿈을 종들에게 이르시면 우리가 해석하여 드리겠나이다 하는지라 왕이 갈대아인들에게 대답하여 이르되 2)내가 명령을 내렸나니 너희가 만일 꿈과 그 해석을 내게 알게 하지 아니하면 너희 몸을 쪼갤 것이며 너희의 집을 거름더미로 만들 것이요 너희가 만일 꿈과 그 해석을 보이면 너희가 선물과 상과 큰 영광을 내게서 얻으리라 그런즉 꿈과 그 해석을 내게 보이라 하니 그들이 다시 대답하여 이르되 원하건대 왕은 꿈을 종들에게 이르소서 그리하시면 우리가 해석하여 드리겠나이다 하니 왕이 대답하여 이르되 내가 분명히 아노라 너희가 나의 3)명령이 내렸음을 보았으므로 시간을 지연하려 함이로다 너희가 만일 이 꿈을 내게 알게 하지 아니하면 너희를 처치할 법이 오직 하나이니 이는 너희가 거짓말과 망령된 말을 내 앞에서 꾸며 말하여 때가 변하기를 기다리려 함이라 이제 그 꿈을 내게 알게 하라 그리하면 너희가 그 해석도 보일 줄을 내가 알리라 하더라 갈대아인들이 왕 앞에 대답하여 이르되 세상에는 왕의 그 일을 보일 자가 한 사람도 없으므로 어떤 크고 권력 있는 왕이라도 이런 것으로 박수에게나 술객에게나 갈대아인들에게 물은 자가 없었나이다 왕께서 물으신 것은 어려운 일이라 육체와 함께 살지 아니하는 신들 외에는 왕 앞에 그것을 보일 자가 없나이다 한지라 왕이 이로 말미암아 진노하고 통분하여 바벨론의 모든 지혜자들을 다 죽이라 명령하니라 왕의 명령이 내리매 지혜자들은 죽게 되었고 다니엘과 그의 친구들도 죽이려고 찾았더라 느부갓네살은 바벨론 왕조의 두 번째 왕으로서 유다를 침략하여 예루살렘을 정복하고 유다 백성들을 세 번씩이나 바벨론의 포로로 잡아갔습니다. 그는 성경에 기록된 이방 왕들 중에서도 애굽의 바로 왕과 함께 하나님 나라의 대적자로 기록되고 있습니다. 그는 오만의 극치를 이루고 권세를 부렸으나 자신의 꾼 꿈을 두려워했으며 두라 평지에 자신의 금 신상을 세우고 다니엘의 세 친구들과 백성들에게 절하도록 강요하기도 했습니다.

1. 바벨론 왕 느부갓네살

첫째로 대제국 바벨론을 세웠습니다.

느부갓네살은 아버지 나보폴라살이 병들어 있을 때에 군대를 이끌고 갈그미스 전투에 참전하여 앗수르와 애굽동맹군을 무찌르고 대승을 거두었습니다. 그리고 아버지 나보폴라살이 죽자 제2대 바벨론 왕으로 즉위했습니다. 느부갓네살이 왕으로 즉위하기 전에는 바벨론이 그렇게 강하지 않았지만 그가 즉위하고 나서부터 나라가 갑자기 강성해졌습니다. 그는 왕으로 즉위한 다음 계속해서 앗수르와 팔레스타인은 물론 애굽과 두로까지 정복하여 대제국 바벨론을 이루었습니다(단 4:30).

둘째로 열방의 왕이 되었습니다.

느부갓네살의 바벨론을 강성케 하신 하나님께서는 열방의 모든 왕들이 바벨론 왕인 느부갓네살을 섬기게 하리라고 말씀하셨습니다(렘 27:6,7, 28:14). 이 느부갓네살은 그의 아버지 나보폴라살보다 더 용맹스럽고 지혜로웠으며 또한 군사전략가요, 행정가로서 아버지 때보다도 영토를 훨씬 더 넓게 확장했습니다. 그것은 바로 하나님의 절대주권으로서 하나님께서 느부갓네살을 들어서 불순종하는 나라들을 심판하시는 도구로 삼으셨기 때문입니다. 그러므로 그 누구도 이러한 하나님의 섭리에 대해 왈가왈부하거나 그 어떠한 이의도 제기할 수 없습니다. 오직 하나님의 계획하심에 대한 철저한 순종만 있어야 합니다. 그러므로 신앙 생활은 내 생각대로 하는 것이 아니라 하나님이 원하시는 대로하는 것입니다(렘 27:8-15). 그래서 하나님께서는 예레미야를 통해서 열방의 왕들에게 느부갓네살에게 순종할 것을 요구하신 것입니다.

셋째로 다니엘을 귀히 여겼습니다.

느부갓네살이 왕위에 올라 대제국 바벨론을 세우고 부귀영화를 누리고 있을 때에 꿈을 꾸고 그로 인하여 잠을 이루지 못하고 번민했습니다. 왜냐하면 자신이 꾼 꿈을 기억할 수 없었으나 무엇인가 불길한 징조로 생각되었기 때문이었습니다(단 2:1). 이에 느부갓네살은 바벨론에 있는 모든 박수와 술객과 점쟁이들을 부르고 "...내가 꿈을 꾸고 그 꿈을 알고자 하여 마음이 번민하도다"(단 2:3)라고 말했습니다. 느부갓네살의 말을 들은 술사들은 왕이 꾼 꿈의 내용을 이야기 해주면 해석해드리겠다고 했습니다(단 2:4). 그러나 느부갓네살은 꿈의 내용을 말하지 않고, 만일 그 꿈과 해석을 말하지 않으면 몸을 쪼갤 것이요, 만약에 그 꿈과 해석을 보이면 선물은 물론 상과 영광도 내리겠다고 했습니다(단 2:5,6). 이에 술객들은 "왕께서 물으신 것은 어려운 일이라... 신들 외에는 왕 앞에 그것을 보일 자가 없나이다"(단 2:11)라고 대답했고 느부갓네살은 즉시 그들을 모두 다 죽이라고 명령했습니다(단 2:13). 그러나 다니엘은 느부갓네살에게 얼마 동안의 기간을 주면 해석해 드리겠다고 건의하여 허락을 받고 세 친구들에게 사실을 알리고 하나님께 기도했습니다. 하나님께서 그의 기도를 들으시고 그 꿈의 내용과 해석을 알게 하심으로 느부갓네살에게 나아가 꿈을 해석해 주었습니다(단 2:14-45). 때문에 느부갓네살은 다니엘을 귀하게 여기고 바벨론의 총리로 삼았습니다.

사랑하는 여러분!

우리들도 하나님의 은혜를 받아 때마다 일마다 승리하는 삶을 삽시다. 또한 전능하신 하나님의 권세로 이 세상과 사탄을 정복하는 능력있는 삶을 삽시다. 그리고 하나님의 사랑과 은혜로 귀하게 쓰임받는 성도들이 되시기 바랍니다.

2. 침략자인 느부갓네살

첫째로 유다를 침략했습니다.

율법책을 발견하고 종교개혁을 단행했던 요시야 왕이 죽자 그의 아들인 여호아하스가 왕위에 올랐습니다. 그러나 즉위한지 3개월만에 애굽 왕이 그를 폐위시키고 여호야김을 왕으로 세웠습니다. 그런데 여호야김은 하나님을 섬기지 않고 우상을 섬겼으며 온갖 패역과 불의를 자행했습니다. 때에 바벨론 왕에 즉위한 느부갓네살이 앗수르와 애굽의 연합군을 물리친 후에 그 여세를 몰아 유다에 진군하여 예루살렘까지 정복했습니다(단 1:1, 2). 그리고 유다의 왕족과 귀족 출신의 젊은이들을 포로로 잡아갔습니다(단 1:4). 이것은 바로 유다의 죄악에 대한 하나님의 징계 때문이었습니다(합 1:4-6).

둘째로 성전기물을 탈취해갔습니다.

느부갓네살은 여호야김을 왕으로 그대로 두고 조공을 바치게 했습니다. 이제 유다는 완전히 바벨론의 속국이 되었습니다. 그럼에도 불구하고 여호야김이 예레미야의 권고를 듣지 않고 애굽을 의지했습니다. 때문에 느부갓네살은 유다를 침략하여 여호야김을 죽이고 여호야긴을 왕으로 세웠습니다. 그리고 느부갓네살은 성전의 기물들을 전리품으로 탈취해 갔습니다(왕하 24:10-13). 뿐만 아니라 싸움에 능한 용사와 기술자들까지도 다 사로잡아갔습니다(왕하 24:15, 16).

셋째로 예루살렘을 함락시켰습니다.

느부갓네살은 유다를 침략하여 여호야긴을 포로로 잡아가고 대신 연약하고 무능한 시드기야를 유다의 왕으로 세웠습니다. 바로 꼭두각시로 그를 내세운 것이었습니다. 때문에 유다는 더욱 혼란에 빠지게 되었습니다. 그러자 유다의 관원들과 백성들 사이에서는 바벨론에 대한 반대 정서가 팽배해졌습니다. 바로 그 때에 에돔과 모압, 암몬, 베니게 등이 반 바벨론 동맹을 맺고 유다도 함께 참여하라고 사신들을 보내 계속 재촉했습니다. 거기다가 또 많은 거짓 선지자들까지 가세하여 승리하게 될 것이라고 거짓 예언을 했습니다(렘 28:4). 이에 국제정세를 잘못 판단한 시드기야는 바벨론의 느부갓네살에게 항복하라는 예레미야의 권고를 무시하고 애굽의 원병만 기다리다가 결국은 바벨론의 침략을 받아 두 눈이 뽑혔고 예루살렘이 함락되는 비극을 당했습니다.

사랑하는 여러분!
우리 모두는 그 어떤 일이 있어도 하나님을 서운케 하는 일을 하지 맙시다. 또한 하나님께서 허락하신 사랑과 은혜, 복을 절대로 뺏기는 일이 없도록 합시다. 그리고 언제나 하나님의 말씀대로 철저하게 순종합시다. 그리하여 평안과 축복이 넘치는 삶을 사시기 바랍니다.

3. 징벌받은 느부갓네살

첫째로 교만의 극치 때문이었습니다.
느부갓네살은 또 다시 꿈을 꾸고 고뇌했습니다. 이번에도 바벨론의 모든 지혜자들을 불러다가 그 꿈을 해석케 했으나 한 사람도 해석하지 못했습니다(단 4:4-7). 그런데 다니엘이 느부갓네살의 꿈 내용을 듣고 그 꿈이 왕에 대한 불길한 꿈이었기 때문에 한참 동안 고민하다가 조심스럽게 해석해 주었습니다(단 4:19-26). 그것은 바로 "왕이 사람에게서 쫓겨나서 들짐승과 함께 살며 소처럼 풀을 먹으며 하늘 이슬에 젖을 것이요 이와 같이 일곱 때를 지낼 것이라 그 때에 지극히 높으신 이가 사람의 나라를 다스리시며 자기의 뜻대로 그것을 누구에게든지 주시는 줄을 아시리이다 또 그들이 그 나무뿌리의 그루터기를 남겨 두라 하였은즉 하나님이 다스리시는 줄을 왕이 깨달은 후에야 왕의 나라가 견고하리이다 그런즉 왕이여 내가 아뢰는 것을 받으시고 공의를 행함으로 죄를 사하고 가난한 자를 긍휼히 여김으로 죄악을 사하소서 그리하시면 왕의 평안함이 혹시 장구하리이다 하니라"(단 4:25-27)고 간절하게 권고했습니다. 그러나 느부갓네살은 "...이 큰 바벨론은 내가 능력과 권세로 건설하여 나의 도성으로 삼고 이것으로 내 위엄의 영광을 나타낸 것이 아니냐"(단 4:30)고 교만을 떨었습니다.

둘째로 하나님의 징벌을 받았습니다.
하나님께서는 느부갓네살 왕의 교만한 말을 들으시고 즉시 말씀하신 그대로 심판을 행하셨습니다. 때문에 느부갓네살은 곧바로 왕궁에서 쫓겨나 소처럼 풀을 먹으며 몸이 이슬에 젖고 머리털이 독수리털과 같고 손톱은 새 발톱과 같은 비참한 존재로 전락하게 되었습니다.

셋째로 하나님께서 회복시키셨습니다.
하나님께서는 교만한 느부갓네살을 징계하시고 일곱 때를 기다리셨습니다. 이제 느부갓네살의 교만은 완전히 꺾였습니다. 또한 하나님을 두려워하게 되었습니다. 때문에 하나님께서는 느부갓네살의 총명을 회복시켜 주시고 정상적인 사람이 되게 하셨습니다. 그리고 왕위도 다시 회복시키셨습니다. 이에 그는 하나님께 감사와 찬양을 돌렸습니다(단 4:34). 그렇습니다. 우리들이 그 어떠한 소용돌이 속에서도 전능하신 하나님의 구원하심을 바라고 잠잠히 참아 기다리면 하나님께서는 반드시 구원해 주십니다. 뿐만 아니라 이전보다 더 풍성한 것으로 채우시고 귀하게 사용하십니다. 그러므로 주 안에 있는 자에게는 그 어떠한 근심도 있을 수 없습니다.

사랑하는 여러분!
우리 모두는 오늘의 내가 나 된 것은 모두가 다 하나님의 은혜임을 믿고 감사하며 삽시다. 또한 그 어떠한 고난과 역경 속에서도 낙심하지 말고 하나님의 긍휼하심을 기다릴 줄 아는 끈기 있는 신앙인이 됩시다. 그리고 이 세상 다하는 그 날까지 하나님의 은혜가 넘치는 복된 삶을 누리시기 바랍니다.

 # 느헤미야

[느 1:1-11]

하가랴의 아들 느헤미야의 말이라 아닥사스다 왕 제이십년 기슬르월에 내가 수산 궁에 있는데 내 형제들 가운데 하나인 하나니가 두어 사람과 함께 유다에서 내게 이르렀기로 내가 그 사로잡힘을 면하고 남아 있는 유다와 예루살렘 사람들의 형편을 물은즉 그들이 내게 이르되 사로잡힘을 면하고 남아 있는 자들이 그 지방 거기에서 큰 환난을 당하고 능욕을 받으며 예루살렘 성은 허물어지고 성문들은 불탔다 하는지라 내가 이 말을 듣고 앉아서 울고 수일 동안 슬퍼하며 하늘의 하나님 앞에 금식하며 기도하여 이르되 하늘의 하나님 여호와 크고 두려우신 하나님이여 주를 사랑하고 주의 계명을 지키는 자에게 언약을 지키시며 긍휼을 베푸시는 주여 간구하나이다 이제 종이 주의 종들인 이스라엘 자손을 위하여 주야로 기도하오며 우리 이스라엘 자손이 주께 범죄한 죄들을 자복하오니 주는 귀를 기울이시며 눈을 여시사 종의 기도를 들으시옵소서 나와 내 아버지의 집이 범죄하여 주를 향하여 크게 악을 행하여 주께서 주의 종 모세에게 명령하신 계명과 율례와 규례를 지키지 아니하였나이다 옛적에 주께서 주의 종 모세에게 명령하여 이르시되 만일 너희가 범죄하면 내가 너희를 여러 나라 가운데에 흩을 것이요 만일 내게로 돌아와 내 계명을 지켜 행하면 너희 쫓긴 자가 하늘 끝에 있을지라도 내가 거기서부터 그들을 모아 내 이름을 두려고 택한 곳에 돌아오게 하리라 하신 말씀을 이제 청하건대 기억하옵소서 이들은 주께서 일찍이 큰 권능과 강한 손으로 구속하신 주의 종들이요 주의 백성이니이다 주여 구하오니 귀를 기울이사 종의 기도와 주의 이름을 경외하기를 기뻐하는 종들의 기도를 들으시고 오늘 종이 형통하여 이 사람 앞에서 은혜를 입게 하옵소서 하였나니 그 때에 내가 왕의 술 관원이 되었느니라

느헤미야는 유다지파 하가랴의 아들로서 바사 왕 아닥사스다 1세의 신임을 받아 수산궁에서 왕의 술을 맡은 관원이었습니다. 그런데 그는 자기의 고국 예루살렘이 큰 환난을 만나고 능욕을 받으며 성이 허물어지고 소멸되었다는 소식을 듣고, 아닥사스다 왕께

청원하여 예루살렘의 총독으로 파송되어 여러 가지 악조건 하에서도 예루살렘 성벽을 중건하고 이스라엘 사회를 정화했으며 종교개혁까지 이룬 훌륭한 신앙인이었습니다.

1. 느헤미야의 신앙

첫째로 믿음의 사람이었습니다.

느헤미야는 고국인 예루살렘의 상황을 알고 싶어서 동생 하나니를 유다에 보내어 예루살렘의 근황에 대해 알아보도록 했습니다. 그런데 하나니와 유다의 몇 사람이 함께 수산궁으로 돌아와서 예루살렘의 처참한 상황을 보고했습니다(느 1:1-3). 사실 당시의 유다는 바벨론 제국에 멸망당한 후(왕하 25:8-12) 다시 패권을 잡은 바사제국의 1개 도로 편입되어 강력한 신탁통치를 받고 있었습니다. 게다가 주변의 이방인들이 유다를 점령하고 있어서 유대인들은 능욕을 당하고 있었으며 성벽은 완전히 허물어진 상태였습니다. 이에 하나니의 보고를 들은 느헤미야는 "...하늘의 하나님..."(느 1:4,5)께 기도하고 그 하나님께서 형통케 하실 것을 확신했습니다(느 2:20). 참으로 믿음이 좋은 사람이었습니다. 지금 이 시대에도 이러한 믿음의 사람이 필요합니다.

둘째로 기도하는 사람이었습니다.

느헤미야는 고국의 딱한 사정을 듣고 곧바로 금식하며 울면서 기도했습니다(느 1:1-4). 그는 하나님의 언약을 근거하여 하나님께서 긍휼을 베풀어주실 것을 믿고 기도했습니다(느 1:5). 민족의 죄를 회개하면서 주야로 기도했습니다(느 1:6). "...만일 너희가 범죄하면 내가 너희를 여러 나라 가운데 흩을 것이요 만일 내게로 돌아와서 내 계명을 지켜 행하면 너희 쫓긴 자가 하늘 끝에 있을지라도 내가 거기서부터 그들을 모아 내 이름을 두려고 택한 곳에 돌아오게 하리라"(느 1:8,9)고 약속하신 말씀을 들어가면서 기도했습니다. 그는 얼굴에 수색이 가득할 정도로 애통하며 기도했습니다(느 2:1-3). 그렇습니다. 기도만이 문제 해결의 열쇠입니다.

셋째로 행함이 있는 사람이었습니다.
느헤미야는 바사의 수산궁에서 왕의 신임을 받는 자로서 지위와 명예, 권세를 한 몸에 지니고 아무런 걱정 없이 호화스럽게 살 수 있었습니다. 그러나 그는 자기 조국의 안타까운 소식을 듣고 곧바로 아닥사스다 왕께 간청하여 유다의 총독으로 파송받았습니다(느 2:5). 그는 아닥사스다 왕께 자신이 유다에 가서 무너진 예루살렘 성벽을 재건할 수 있게 해달라고 간청하고 예루살렘 성벽 재건에 필요한 재료들까지 부탁했습니다(느 2:8). 또한 그는 예루살렘에 도착하여 밤에 허물어진 예루살렘의 상황을 직접 살펴보았습니다(느 2:13, 15). 그리고 예루살렘 성벽을 중건하자고 백성들을 독려했습니다(느 2:17,18). 느헤미야는 전능하신 하나님에 대한 믿음이 있었기 때문에 예루살렘 성벽 중건에 대해 비웃고 방해하던 모든 자들과 내부의 반발자들에 이르기까지 모두 다 믿음과 용기로 지혜롭게 대처했습니다(느 2:19, 20; 4:1-23). 그렇습니다. 행함이 있는 사람이 큰일을 할 수 있습니다.

사랑하는 여러분!
우리들도 견고한 믿음의 사람이 됩시다. 또한 느헤미야처럼 기도하여 무서울 것이 없는 삶을 삽시다. 그리고 말만 하는 자가 아니라 언제나 행함이 있는 믿음의 사람으로서 모든 일을 앞서서 행하는 능력있는 성도들이 되시기 바랍니다.

2. 느헤미야의 신분

첫째로 왕의 술 관원이었습니다.
느헤미야는 바사 왕 아닥사스다 1세의 신임을 받아 바사 왕궁에서 술을 맡은 관원이었습니다(느 1:11). 이 술 맡은 관원은 왕이 마실 술이나 음료수를 왕 앞에 올리기 전에 먼저 시음함으로써 왕에게 혹시나 있을 줄 모르는 불상사를 사전에 방지하는 아주 중요한 직책이었습니다. 때문에 왕의 술 맡은 관원은 왕비와 함께 왕과 가장 가까이 있기 때문에 왕에게 가장 큰 영향력을 끼칠 수 있는 자로서 당 시대에는 상당한 지위와 명예, 권력을 누린 자들이었습니다. 그러므로 속국의 민족인 느헤미야가 바사국의 아닥사스다 1세의 술관원이 되었다는 것은 바로 그가 왕의 신임을 받았다는 것입니다.

둘째로 겸손한 총독이었습니다.
느헤미야는 아닥사스다 왕에 의해 유다의 총독으로 임명을 받아 부임해 한번도 자기를 드러내거나 군림하지 않고 마치 유다인들 중의 하나와 같이 조용히 일하는 겸손한 지도자였습니다(느 2:9-12, 5:14). 그가 유다의 총독으로 부임하게 된 것은 바사 왕국의 정책을 유다에 실현하거나 감독하기 위해서가 아니라 자신의 조국인 유다, 그 중에서도 무너져버린 예루살렘 성벽을 재건함으로써 자신의 동족 유다 백성들이 언약의 백성답게 살 수 있도록 하기 위한 애국심의 발로였습니다(느 1:1-10). 때문에 그는 유다의 총독으로 부임하면서부터 다시 바사 왕국으로 돌아가는 날까지 12년 동안을 총독으로 재임했지만 한번도 백성들 위에 군림한 적이 없었습니다.

셋째로 깨끗한 지도자였습니다.
당시 바사 제국의 통치 하에 있던 유다의 총독들은 모두 다 백성들을 압제하고 물질을 탈취해 가는 악한 자들이었습니다. 때문에 백성들의 삶은 말이 아니었습니다. 토지가 없는 자들은 심각한 식량난을 당해야 했고 토지가 있는 자들은 식량을 얻기 위해 토지를 저당 잡혀야 했습니다. 또한 어떤 자들은 바사 제국에 바칠 세금을 마련하기 위해 고리의 이자 돈까지 얻어야 했습니다. 거기다가 성벽의 재건을 위해 심혈을 기울이다 보니 경제적인 위기는 더욱 심각하게 되었습니다(느 5:1-5). 때문에 이제는 외부의 방해만이 아니라 내부에서도 불평이 일어났습니다. 이에 느헤미야는 심각한 경제적 위기 상황을 자신들의 치부의 기회로 이용하려는 귀족들과 민장들을 책망했습니다(느 5:6-11). 또한 그는 자신이 유다 총독으로 있는 12년 동안 총독의 녹도 먹지 않았고 다른 총독들과 같이 백성들의 것도 빼앗은 적이 없다고 했습니다(느 5:14-16). 그리고 자신은 오직 성을 재건하는데 최선을 다하고 많은 사람들과 함께 식탁도 같이 했다고 했습니다(느 5:17,18). 참으로 멋진 지도자였습니다.

사랑하는 여러분!
우리들도 언제, 어디서나, 항상 사랑 받고 존경받으며 신임 받는 사람이 됩시다. 또한 맡은 바 사명에 최선을 다해 충성합시다. 그리고 단 한번 잠깐 살다가 가는 인생, 더럽게 욕심부리지 말고 깨끗하고 멋있게 사시기 바랍니다.

3. 느헤미야의 업적

첫째로 예루살렘 성을 재건했습니다.
느헤미야가 하나니의 보고를 듣고 유다에 돌아왔을 때는 참으로 어려운 상황들이 너무나 많았습니다. 그러나 무너진 성벽은 반드시 재건해야 했습니다. 왜냐하면 이 성벽은 대외적으로는 외침을 막고 대내적으로는 성 안에 거주하는 사람들의 단결력을 높이기 때문이었습니다. 그러나 성벽 재건의 사업이 순탄하지 않았습니다. 우선 주변 거주자들의 조롱과 방해가 있었습니다(느 2:19, 4:1-6:14). 또한 성벽재건 사업의 주체들인 예루살렘 주민들의 실의와 좌절, 원망도 있었습니다(느 4:10-5:13). 뿐만 아니라 방해하는 자들과 변절된 백성들의 무서운 음모가 계속되었습니다(느 6:1-14). 그러나 그는 그 모든 고난과 역경을 물리치고 성벽을 재건했습니다(느 6:15-18). 참으로 위대한 승리였습니다.

둘째로 이스라엘 사회를 정화했습니다.
예루살렘 성벽을 재건한 느헤미야는 아닥사스다 왕과의 약속대로 1차 임기를 마치고 바사로 돌아갔다가 왕의 허락을 받아 2차 임기를 수행하고자 다시 예루살렘으로 돌아왔습니다(느 13:6). 그런데 느헤미야가 자리를 비운 사이에 큰 사건들이 발생했습니다. 그것은 바로 예루살렘 사회가 선민다운 생활을 살지 않고 부패와 죄악에 물들기 시작했습니다. 출애굽 당시에 많은 이방인들이 이스라엘 공동체에 들어올 수 있었지만 모압과 암몬은 이스라엘의 행로를 가로막고 저주했기 때문에 들어올 수가 없었습니다. 그런데 잡혼으로 들어오게 되었으므로 율법이 금한 그들을 축출하고 이방인과의 잡혼을 철저하게 금지시켰습니다(느 13:1-3, 23-27).

셋째로 종교를 정화했습니다.

느헤미야가 잠깐 비운 사이에 대제사장 엘리아십이 암몬 사람 도비야에게 성전의 골방 하나를 마련해주고 사용하도록 했습니다. 그런데 그 방은 제물들과 기명들을 넣어두는 곳이었습니다(느 13:4-7). 다시 말하면 거룩해야 할 성전을 더럽힌 것이었습니다. 이에 느헤미야는 도비야의 세간을 다 밖으로 던지고 정결케 한 다음 다시 신령한 것들로 채웠습니다(느 13:8,9). 또한 성전을 떠났던 레위인들을 복귀시켰습니다. 당시 백성들의 대표자인 민장들이 예배를 무시했으며 성전에 마땅히 드려야 할 예물을 드리지 않으므로 성전의 기능이 마비되었고 예배를 드릴 수 없었습니다(느 13:10). 때문에 느헤미야가 민장들을 꾸짖어 다시 예배를 드릴 수 있게 했습니다(느 13:11-14). 그리고 안식일을 준수토록 했습니다(느 13:15-22).

사랑하는 여러분!

우리 모두는 언제나 무너진 것을 세우는 사람들이 됩시다. 또한 이 세상을 정화하는 소금과 빛, 거룩한 향기가 됩시다. 그리고 이유 여하를 막론하고 신앙 생활을 성실하게 영위해 가는 성도들이 되시기 바랍니다.

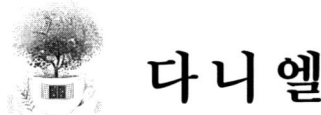 # 다니엘

[단 1:8-16]

　　다니엘은 뜻을 정하여 왕의 음식과 그가 마시는 포도주로 자기를 더럽히지 아니하리라 하고 자기를 더럽히지 아니하도록 환관장에게 구하니 하나님이 다니엘로 하여금 환관장에게 은혜와 긍휼을 얻게 하신지라 환관장이 다니엘에게 이르되 내가 내 주 왕을 두려워하노라 그가 너희 먹을 것과 너희 마실 것을 지정하셨거늘 너희의 얼굴이 초췌하여 같은 또래의 소년들만 못한 것을 그가 보게 할 것이 무엇이냐 그렇게 되면 너희 때문에 내 머리가 왕 앞에서 위태롭게 되리라 하니라 환관장이 다니엘과 하나냐와 미사엘과 아사랴를 감독하게 한 자에게 다니엘이 말하되 청하오니 당신의 종들을 열흘 동안 시험하여 채식을 주어 먹게 하고 물을 주어 마시게 한 후에 당신 앞에서 우리의 얼굴과 왕의 음식을 먹는 소년들의 얼굴을 비교하여 보아서 당신이 보는 대로 종들에게 행하소서 하매 그가 그들의 말을 따라 열흘 동안 시험하더니 열흘 후에 그들의 얼굴이 더욱 아름답고 살이 더욱 윤택하여 왕의 음식을 먹는 다른 소년들보다 더 좋아 보인지라 그리하여 감독하는 자가 그들에게 지정된 음식과 마실 포도주를 제하고 채식을 주니라

　　대부분의 사람들은 자신들이 살아가는 삶의 현장에서 견디기 어렵고 힘든 고난에 직면하게 되면 우선 그 자리에서 멈추거나 한 걸음 물러나기도 하고 때로는 소극적인 자세를 취하기도 하며 더 나아가 아주 낙심하고 좌절하는 경우도 있습니다. 그러나 오늘 본문의 다니엘은 그토록 어려운 고난과 역경들이 자신의 삶의 현장에서 계속되었지만 하나님에 대한 신앙심이나 삶의 자세가 나약해지지 않고 더욱 강하고 견고해 졌습니다. 이 시간에 모인 우리들도 이러한 다니엘의 담대한 신앙과 삶의 자세를 본받아야겠습니다.

1. 불굴의 신앙인이었습니다.

첫째로 포로의 신분이었습니다.

바벨론의 절대군주였던 느부갓네살 왕은 예루살렘을 침략하여 정복하고 유다의 인재들을 모두 다 포로로 잡아갔습니다. 그는 환관장 아스부나스에게 명하여 이스라엘 왕족과 귀족 중에서 몸에 흠이 없고 용모가 잘 생기고 모든 일을 지혜롭게 처리할 수 있으며 지식과 통찰력이 있어서 바벨론 왕궁에서 왕을 잘 모실 수 있는 소년들을 데려다가 자국의 학문을 가르쳐 왕궁에서 일하도록 하는 정책을 펴나갔습니다(단 1:3,4). 그것은 바로 유다 왕족과 귀족의 자녀들을 볼모로 잡아둠으로써 유다의 반역과 독립을 사전에 방지하려는 의도에서 비롯된 것이었습니다. 다시 말하면 유다 내에서 바벨론에 대항해서 유다 왕국을 다시 재건할 만한 지도자들을 한 명도 남겨두지 않겠다는 것이었습니다. 유다에 있어서는 참으로 안타까운 일이었습니다.

둘째로 뜻을 정한 사람이었습니다.

바벨론의 느부갓네살 왕은 유다에서 잡아 온 인재들에게 바벨론의 역사와 학문, 문화를 교육시킴으로써 그들을 바벨론 사람화 시키려고 했습니다. 다시 말하면 그들 속에 있는 유다의 민족 정신과 생활습관, 문화까지도 완전히 다 말살시키고 모든 것을 다 바벨론화 시키겠다는 것이었습니다. 한마디로 유다의 민족성을 완전히 없애버리겠다는 의도입니다. 때문에 느부갓네살 왕은 유다에서 잡아 온 소년들에게 자신이 먹는 음식과 마시는 포도주를 그들에게 제공하여 삼년 동안 잘 키운 다음에 그들을 자기에게 데려오도록 했습니다(단 1:4,5). 그들이 바로 다니엘을 비롯하여 하나냐와 미사엘과 아사랴였습니다. 때문에 환관장은 먼저 그들의 이름을 벨드사살, 사드락, 메삭, 아벳느고라고 이름까지 바벨론식으로 고쳐주었습니다. 그러나 다니엘은 벨드사살이란 바벨론식 이름을 인정하지 않았습니다. 때문에 그는 자신을 지칭할 때 언제나 '나 다니엘'이라고 강조했습니다. 또한 다니엘은 왕의 진미와 포도주로 자신을 더럽히지 않기로 했습니다(단 1:8). 왜냐하면 왕의 진미와 포도주가 우상의 제물로 드려진 것이었기 때문입니다. 다니엘의 결단은 바로 죽음도 불사한 각오였습니다.

셋째로 하나님의 은혜를 입었습니다.
다니엘과 세 친구들은 환관장에게 왕의 진미와 포도주 대신 채소와 물만 주어 열흘 동안 먹게 한 다음 그 결과에 따라 계속 먹게 해달라고 선처를 부탁하여 그대로 한 결과 다니엘과 세 친구들이 왕의 진미와 포도주를 먹은 자들보다 얼굴이 훨씬 아름다웠습니다(단 1:10-15). 뿐만 아니라 하나님께서는 그들에게 지혜와 총명을 주시어 느부갓네살 왕 앞에 서게 하시어 왕으로부터 인정받게 하셨습니다(단 1:17-20). 참으로 크신 하나님의 사랑과 은혜였습니다.

사랑하는 여러분!
그 어떠한 고난과 역경이 나를 엄습한다고 할지라도 절대로 겁내지 맙시다. 또한 다니엘처럼 뜻을 정하고 하나님의 백성답게 삽시다. 그리하여 하나님의 사랑과 은혜가 넘치는 삶을 사시기 바랍니다.

2. 왕의 금령에 굴하지 않았습니다.

첫째로 대적들이 음모를 꾸몄습니다.
느부갓네살이 왕이 된지 이년에 꿈을 꾸고 번민하고 있을 때에 바벨론의 술사들이 해석하지 못한 난해한 꿈을 다니엘이 해석하자(단 2:1-45) 왕은 다니엘을 총리로 세우고 그의 세 친구들과 함께 바벨론 지방을 다스리게 했습니다(단 2:46-49). 그런데 느부갓네살 왕이 교만함으로 하나님의 징계를 받았고(단 4:28-33) 그의 뒤를 이어 벨사살이 왕위를 계승했으나 그도 역시 교만함으로 하나님의 징계를 받아 죽고 강대국 바벨론도 메대 바사의 다리오 왕에게 완전히 정복을 당했습니다. 다리오 왕은 총리 셋을 세워 메대 바사를 다스리게 했는데 그 중에서도 다니엘로 하여금 전국을 통치하게 했습니다(단 6:1-3). 이에 다른 총리들과 방백들이 다니엘의 허물을 찾고자 했으나 국사에서는 틈을 찾지 못하자(단 6:4) 다리오 왕께 "...이제부터 삼십 일 동안에 누구든지 왕 외의 어떤 신에게나 사람에게 무엇을 구하면 사자굴에 던져 넣기로..."(단 6:7)하자고 간청하여 허락받아 어인을 찍어 전국에 금령을 내렸습니다(단 6:8,9). 이 모두는 다 다니엘을 제거하기 위한 음모였습니다.

둘째로 조금도 두려워하지 않았습니다.
왕의 금령이 선포된 후에 메대 바사의 총리들과 고관들은 고발할 틈을 얻고자 다니엘의 집 주위에서 감시했습니다. 그런데 다니엘은 대적들의 이러한 음모와 왕이 그들의 음모를 허락하여 어인을 찍어서 전국에 반포한 사실도 잘 알고 있었습니다. 그럼에도 불구하고 그는 조금도 두려워하지 않았습니다. 때문에 자신의 집 주위를 살피는 사람들의 시선을 의식하여 문단속을 하거나 행동을 조심하는 소극적인 자세를 취하지도 않았습니다. 이것은 바로 그가 이 세상의 그 어떤 것도 두려워하지 않고 오직 살아 계신 하나님만 믿고 의식하는 담대한 신앙인이라는 사실을 증언하고 있는 것입니다.

셋째로 전에 행하던 대로 기도했습니다.
다니엘은 자기가 하나님께 기도하면 사자굴에 들어가게 된다는 사실을 익히 알고 있었음에도 불구하고 하나님에 대한 그의 신앙과 태도는 조금도 변하지 않았습니다. 그는 "...자기 집에 돌아가서는 윗 방에 올라가 예루살렘으로 향한 창문을 열고 전에 하던 대로 하루에 세 번씩 무릎을 꿇고 기도하며 그의 하나님께 감사..."(단 6:10)했습니다. 또한 그는 대적들의 음모를 왕에게

고하거나 음모에 넘어간 다리오 왕을 원망하지도 않았습니다. 그리고 그 모든 상황에 대해 하나님께 감사했습니다. 참으로 위대한 신앙인이었습니다.

사랑하는 여러분!
여러분이 만약에 다니엘과 같은 음모를 당하고 있다고 하면 어떻게 하시겠습니까? 우리들도 다니엘처럼 이 세상의 그 어떤 것도 두려워 하지 말고 범사에 합력하여 유익을 주시는 하나님께 감사합시다. 그리고 흔들림이 없이 맡은 바 사명을 충성되이 감당하는 멋진 성도들이 되시기 바랍니다.

3. 하나님의 은혜로 승리했습니다.

첫째로 왕께 쓰임을 받았습니다.
하나님께서는 우상 앞에 제물로 드려진 왕의 진미와 포도주로 자신들을 더럽히지 않기로 결심하고 채식만 한 다니엘과 세 친구들에게 얼굴이 더욱 아름답고 윤택하게 했으며 지식과 학문은 물론 명철까지 주셨습니다(단 1:15-17). 또한 다니엘은 특별히 모든 이상과 몽조를 깨달아 알게 하셨습니다. 때문에 그들은 느부갓네살 왕 앞에 서게 되었고 왕은 그들이 바벨론의 그 어떠한 소년들보다도 10배나 더 낫다는 사실을 알았습니다. 그렇습니다. 하나님의 뜻대로 사는 자는 언제나 범사에 합력하여 큰 유익을 얻게 됩니다.

둘째로 사자굴을 이겼습니다.
다니엘이 대적들의 음모와 다리오 왕의 어인이 찍힌 것을 알고도 그가 전에 행하던 대로 예루살렘으로 향한 문을 열어놓고 하루에 세 번씩 기도하며 하나님께 감사하는 것을 본 자들이 다리오 왕께 적극적으로 간청함으로 다리오 왕은 다니엘을 사자굴에 던져 넣고 돌로 굴의 아구를 막고 어인과 귀족들의 인을 쳐서 봉했습니다(단 6:11-17). 그러나 다리오 왕은 왕궁에 돌아가서는 밤이 새도록 금식하고 오락을 그치고 잠자기를 마다했습니다(단 6:18). 그것은 바로 다리오 왕이 다니엘에게 자신이 행한 일들이 하나님의 뜻과 인류의 법에 어긋나며 지혜롭지 못한 행동이었음을 후회한 것이었습니다. 그렇습니다. 하나님 앞에 떳떳하지 못한 모든 죄악은 이렇게 사람들로 하여금 힘들게 하고 뼈가 마르게 하는 아픔을 줍니다.

셋째로 하나님께 영광을 돌렸습니다.
다니엘의 사건으로 인하여 한숨도 자지 못하고 밤새도록 고뇌하던 다리오 왕은 새벽에 일찍 일어나 사자굴에 가서 "...슬피 소리질러 다니엘에게 묻되 살아 계시는 하나님의 종 다니엘아 네가 항상 섬기는 네 하나님이 사자들에게서 능히 너를 구원하셨느냐"(단 6:20)고 했습니다. 이에 다니엘은 다리오 왕에게 "...왕이여 원하건대 왕은 만수무강 하옵소서 나의 하나님이 이미 그의 천사를 보내어 사자들의 입을 봉하셨으므로 사자들이 나를 상해하지 못하였사오니 이는 나의 무죄함이 그 앞에 명백함이오며 또 왕이여 나는 왕에게도 해를 끼치지 아니하였나이다"(단 6:21,22)라고 담대하게 말했습니다. 다니엘의 소리를 들은 다리오 왕은 기뻐서 다니엘을 굴에서 끌어올리게 하고 대신 다니엘을 참소한 자들은 사자굴에 넣게 했습니다. 그리고 다리오 왕이 하나님을 찬양하고 온 나라가 다 하나님을 경배하게 했으며 다니엘을 형통케 하셨습니다.(단 6:26-28).

사랑하는 여러분!
우리들도 범사에서 하나님만 기쁘시게 하는 삶을 삽시다. 또한 죽는 것도 겁내지 않는 담대한 믿음으로 이 세상을 이깁시다. 그리고 모든 영광을 하나님께만 돌립시다. 그리하여 언제나 승리하는 복된 삶을 사시기 바랍니다.

 # 다 말

[창38:12-19]

　얼마 후에 유다의 아내 수아의 딸이 죽은지라 유다가 위로를 받은 후에 그의 친구 아둘람 사람 히라와 함께 딤나로 올라가서 자기의 양털 깎는 자에게 이르렀더니 어떤 사람이 다말에게 말하되 네 시아버지가 자기의 양털을 깎으려고 딤나에 올라왔다 한지라 그가 그 과부의 의복을 벗고 너울로 얼굴을 가리고 몸을 휩싸고 딤나 길 곁 에나임 문에 앉으니 이는 셀라가 장성함을 보았어도 자기를 그의 아내로 주지 않음으로 말미암음이라 그가 얼굴을 가리었으므로 유다가 그를 보고 창녀로 여겨 길 곁으로 그에게 나아가 이르되 청하건대 나로 네게 들어가게 하라 하니 그의 며느리인 줄을 알지 못하였음이라 그가 이르되 당신이 무엇을 주고 내게 들어오려느냐 유다가 이르되 내가 내 떼에서 염소 새끼를 주리라 그가 이르되 당신이 그것을 줄 때까지 담보물을 주겠느냐 유다가 이르되 무슨 담보물을 네게 주랴 그가 이르되 당신의 도장과 그 끈과 당신의 손에 있는 지팡이로 하라 유다가 그것들을 그에게 주고 그에게로 들어갔더니 그가 유다로 말미암아 임신하였더라 그가 일어나 떠나가서 그 너울을 벗고 과부의 의복을 도로 입으니라

　야곱의 열두 아들들 중에서 넷째인 유다는 배다른 이복 동생 요셉을 죽이려고 하던 형제들에게 요셉도 우리의 혈육이기 때문에 죽이지 말고 팔자고 권하여 애굽의 상고에게 판 다음에 형제들을 떠났습니다. 그것은 아마도 형제들이 요셉이 짐승에게 잡아 먹혀 죽었다고 아버지께 거짓말한 것과 요셉 때문에 야곱이 늘 슬픔에 잠겨 있는 것을 보고 죄책감으로 피로웠기 때문이었을 것입니다. 그래서 더 이상 형제들과 함께 있고 싶지 않았을 것입니다. 그러나 그는 결국 두 아들을 잃는 크나큰 낭패를 당하게 되고 심히 타락된 삶을 살게 됩니다. 그렇지만 우리 하나님께서는 그러한 가운데서도 그들을 통해서 당신의 뜻을 이루어 가십니다.

1. 형제들을 떠나간 유다

첫째로 가나안 여인과 결혼했습니다.

아브라함의 계보를 잇는 이스라엘의 가문은 야곱 때까지만 해도 이방인과의 통혼을 엄격하게 금지함으로써 가문의 순수성을 보존해왔습니다. 그러나 유다는 형제들이 이복 동생인 요셉을 죽이려고 하자 죽이지 못하도록 만류하고 애굽의 상고에게 팔게 한 후에(창 37:26, 27) 양심의 가책을 느꼈는지 아니면 요셉을 죽이려고 한 형제들에 대한 회의를 느꼈는지 모르지만 형제들을 떠나 멀리 아둘람으로 가서 가나안 사람의 딸과 결혼하여 세 아들을 낳았습니다(창 38:1-5). 다시 말하면 그 동안 잘 지켜왔던 이스라엘의 순수한 혈통을 유다로 인해 상실하게 된 것입니다. 또한 그로 인하여 더 큰 문제가 발생하게 된 것은 가나안의 타락된 문화가 유다 가문에 유입되었다는 것입니다. 한마디로 선민의 도덕성이 크게 훼손되었습니다.

둘째로 두 아들이 죽었습니다.

유다가 가나안 여인에게서 난 세 아들의 이름은 엘과 오난과 셀라였습니다. 그 중에서 장자인 엘이 다말이라는 여자와 결혼했습니다. 그런데 그가 "...여호와가 보시기에 악하므로 여호와께서 그를 죽이..."(창 38:7)셨습니다. 여기에서 우리는 그가 얼마나 악했으면 대를 이을 만한 후손도 없이 곧바로 죽이셨을까라고 생각하게 됩니다. 그러나 성경에서는 그의 악에 대해서는 구체적으로 말씀하고 있지는 않습니다. 때문에 유다는 차남인 오난에게 형수에게 들어가서 "...네 형을 위하여 씨가 있게 하라"(창 38:8)고 했습니다. 다시 말하면 형수와 결혼하여 죽은 형의 대를 이을 아들을 낳으라는 것이었습니다. 고대에는 형이 자식이 없는 상태에서 죽으면 동생이 형수와 결혼하여 아들을 낳고 그 아들은 형의 아들로 입적하여 그에게 상속시켰습니다. 이와 같은 관습이 당시에는 공인된 계대법이었습니다. 당시의 이러한 관습은 자식 없이 죽은 자에 대한 최고의 배려로 인식되었기 때문입니다. 때문에 이 관습은 근동지방은 물론 아프리카와 아시아 등지에서 시행되고 있었습니다. 이 법은 바로 모세 때에 성문화되었습니다(신 25:5,6). 그런데 오난은 자신이 낳은 아들이 죽은 형의 아들이 되고 그의 기업을 잇게 될 것을 알고 있었기 때문에 형수와 같이 동침하면서도 교묘히 잉태하지 않게 했습니다(창 38:9). 그러나 그것은 아버지의 명령에 대한 불순종이요 신성한 결혼제도와 목적을 거스르는 범죄행위였습니다. 때문에 하나님께서 그를 악하게 여기시고 곧바로 죽이셨습니다(창 38:10).

셋째로 다말을 셀라에게 주기를 거절했습니다.
유다는 두 아들을 갑자기 잃게 되자 마지막 셋째 아들 셀라도 죽게 될까봐 염려되어 다말에게 "…수절하고 네 아버지 집에 있어 내 아들 셀라가 장성하기를 기다리라…"(창 38:11)고 친정으로 보냈습니다. 그러나 이것은 바로 부당한 일이었습니다. 왜냐하면 당시에는 자식이 없는 과부를 친정에 돌려보내는 것은 합당하지 않았기 때문입니다. 그럼에도 불구하고 유다는 두 아들이 죽게 된 원인을 다말에게 둔 것이었습니다.

사랑하는 여러분!
우리 모두는 이유 여하를 막론하고 성도로서 이 세상들과는 전혀 다른 구별된 삶을 살아야겠습니다. 또한 전적으로 부패하고 타락된 육신의 욕구대로 살지 말고 말씀 따라 삽시다. 그리고 언제나 인간적인 생각을 버리고 믿음으로 살아가는 멋진 성도들이 되시기 바랍니다.

2. 유다를 속인 다말

첫째로 유다의 속마음을 파악했습니다.

다말은 처음에는 시아버지인 유다의 말을 그대로 믿고 셀라가 장성하기까지 기다리기 위해 친정에서 수절하며 오랜 시간을 지냈습니다. 그런데 셀라가 결혼할 수 있을 만큼 성장했음에도 불구하고 유다에게서 전혀 연락이 없었습니다. 그래서 여러 가지로 수소문한 끝에 유다가 세 아들 중에서 유일하게 남은 막내아들 셀라가 다말과 결혼하게 된다고 하면 혹시 그마저도 죽게 될까봐 두려워서 의도적으로 결혼시키는 것을 피하고 있다는 사실을 알게 되었습니다.

둘째로 창녀로 변장했습니다.

다말은 유다 가문의 며느리로서 자신이 어떻게 하든지 반드시 가문의 대를 이어야 한다는 투철한 사명감을 가지고 있었습니다. 그런데 시아버지인 유다가 쓸데없는 염려와 두려움을 가지고 자신을 친정으로 돌려보냈다는 사실에 서운함은 물론 심한 배신감까지 느꼈을 것입니다. 때문에 그녀는 이제 유다를 통해서라도 반드시 남편인 엘의 가문을 잇겠다는 비상수단을 강구했습니다. 그런데 때마침 어떤 사람에게서 유다가 자기 아내의 초상을 다 치른 후에 딤나로 올라가서 자기 양털을 깎는 자에게 이르렀다는 말을 들었습니다(창 38:12,13). 다말은 이 때가 바로 유다를 유혹할 수 있는 좋은 기회라고 생각하고 그 동안 입고 있던 과부의 옷을 벗어버리고 창녀로 변장한 다음 유다가 지나는 길목에서 기다리다가 그가 지나가자 유혹했습니다(창 38:14). 그런데 유다는 그것도 모르고 길 곁의 창녀와 관계를 맺기를 원했습니다(창 38:15, 16).

셋째로 지혜롭게 대처했습니다.

다말이 자신과 관계를 맺자고 요구하는 유다에게 "…당신이 무엇을 주고 내게 들어오려느냐"(창 38:16下)고 대가를 요구했습니다. 그러자 유다는 자신의 염소새끼를 주겠다고 했습니다(창 38:17). 이에 다말은 염소새끼를 줄 때까지 약조물로 "...당신의 도장과 그 끈과 당신의 손에 있는 지팡이..."(창 38:18)를 달라고 했습니다. 유다는 그것들을 다말에게 주고 그녀와 동침함으로 다말이 잉태하게 되었습니다. 다말은 곧바로 다시 창녀의 옷을 벗고 과부의 옷으로 갈아입은 다음 친정으로 돌아갔습니다.

사랑하는 여러분!
우리들이 이 세상을 살아가면서 믿음으로 하지 않는 모든 것이 다 죄입니다. 우리 모두는 이유 여하를 막론하고 모든 것을 믿음으로 행합시다. 또한 믿음 안에서 분명한 의지를 가지고 삽시다. 그리고 언제나 순간적인 내 기분과 감정대로 살지 말고 하나님이 주시는 지혜로 사시기 바랍니다.

3. 당당해진 다말

첫째로 유다가 약조물을 찾으려고 했습니다.
유다가 그의 친구 아둘람 사람의 손을 통해 딤나 길 곁의 창녀에게 염소새끼를 전달해 주고 맡긴 약조물을 찾아오도록 했습니다. 그런데 아둘람 사람은 길가의 창녀를 찾지 못했습니다(창 38:20). 그래서 그 주위 사람들에게 수소문해 보았지만 거기는 창녀가 없다고 했습니다(창 38:21). 때문에 아둘람 사람은 유다에게 "...내가 그를 찾지 못하였고 그 곳 사람도 이르기를 거기에는 창녀가 없다 하더이다"(창 38:22)고 보고했습니다. 이에 유다는 "...그로 그것을 가지게 두라 우리가 부끄러움을 당할까 하노라..."(창 38:23)고 했습니다. 늙은 노인 유다가 길가의 창녀를 보았을 때는 넋이 나갔었는데 이제야 바로 제 정신이 돌아온 것 같습니다.

둘째로 약조물을 증거물로 내어놓았습니다.

다말이 유다와 동침한 후 석 달쯤 되어 어떤 사람이 유다에게 "...네 며느리 다말이 행음하였고 그 행음함으로 말미암아 임신하였느니라..."(창 38:24上)고 말했습니다. 이 말을 들은 유다는 "그를 끌어내어 불사르라"(창 38:24下)고 분노했습니다. 이에 끌려나간 다말은 자신에게 내려진 화형이라는 무서운 형벌을 두려워하지 않고 유다에게 "...이 물건 임자로 말미암아 임신하였나이다 청하건대 보소서 이 도장과 그 끈과 지팡이가 누구의 것이니이까"(창 38:25)라고 당당하게 약조물을 제시했습니다. 이에 유다는 꼼짝 못하고 "...그는 나보다 옳도다 내가 그를 내 아들 셀라에게 주지 아니하였음이로다..."(창 38:26)라고 다말의 행위를 옳게 여기고 다시는 그에게 가까이 하지 않았습니다.

셋째로 메시야의 족보에 올랐습니다.

남편의 동생인 셀라가 안 되면 시아버지인 유다를 통해서라도 반드시 남편인 엘의 대를 이어 가겠다는 다말의 집요한 열정이 결국은 뜻을 이루어 쌍둥이인 베레스와 세라를 낳았습니다. 그런데 장자인 이 베레스를 통해서 다윗 왕이 나왔고 메시야도 다윗 왕의 후손으로 오셨습니다. 때문에 다말은 예수 그리스도의 족보에 있는 여자 조상 중 한 사람으로서의 위치를 분명하게 차지하게 되었습니다. 그렇습니다. 참으로 놀라운 역사입니다. 이러한 모든 역사는 우둔한 우리 인간의 사고로는 추측이 불가능하며 도저히 이해할 수 없는 신비한 영역에 속합니다. 그러므로 신앙은 따지고 해부하여 이해하는 것이 아니라 성경이 말씀하시는 대로 무조건 믿고 그대로 따르는 것입니다.

사랑하는 여러분!

우리 모두는 유다와 같이 어리석은 자가 되지 맙시다. 또한 언제나 당당하게 삽시다. 그리고 부족하지만 우리 모두는 하나님이 기뻐하시는 일에 최선을 다하는 아름다운 삶을 사시기 바랍니다.

다 윗

[삼상 17:45-49]

다윗이 블레셋 사람에게 이르되 너는 칼과 창과 단창으로 내게 나아 오거니와 나는 만군의 여호와의 이름 곧 네가 모욕하는 이스라엘 군대의 하나님의 이름으로 네게 나아가노라 오늘 여호와께서 너를 내 손에 넘기시리니 내가 너를 쳐서 네 목을 베고 블레셋 군대의 시체를 오늘 공중의 새와 땅의 들짐승에게 주어 온 땅으로 이스라엘에 하나님이 계신 줄 알게 하겠고 또 여호와의 구원하심이 칼과 창에 있지 아니함을 이 무리에게 알게 하리라 전쟁은 여호와께 속한 것인즉 그가 너희를 우리 손에 넘기시리라 블레셋 사람이 일어나 다윗에게로 마주 가까이 올 때에 다윗이 블레셋 사람을 향하여 빨리 달리며 손을 주머니에 넣어 돌을 가지고 물매로 던져 블레셋 사람의 이마를 치매 돌이 그의 이마에 박히니 땅에 엎드러지니라

> 성경은 이 세상의 왕들 중에서 다윗을 가장 위대한 왕으로 기록하고 있습니다. 또한 이스라엘 민족도 그들의 역사를 통해서 다윗을 가장 영광스러운 왕으로 자랑하고 있습니다. 그리고 언제나 예수 그리스도를 말할 때에는 다윗의 후손으로 표현하고 있습니다. 그것은 바로 무엇보다도 하나님을 향한 그의 믿음의 자세가 견고했기 때문에 하나님의 마음에 맞는 사람으로 기록되었을 것입니다.

1. 선택받은 다윗

첫째로 양을 치는 목자였습니다.

다윗은 이새의 여덟 아들 중 막내로 아버지의 양을 치는 목자였습니다(삼상 16:10, 11, 17:12-15; 대상 2:13-15에서는 일곱째 아들로 기록됨). 그는 아버지의 양들을 칠 때에 맹수들이 양떼를 공격하면 생명을 걸고 지킨 충성된 목자였습니다(삼상 17:34-36). 또한 그는 아버지 이새가 이스라엘과 블레셋의 전쟁에 참전한 세 아들의 안부가 궁금하여 다윗에게 형들의 안부를 살피고 증표를 가져오라(삼상 17:17, 18)고 심부름을 시켰을 때에도 아침 일찍이 일어나서 양을 지키는 자에게 맡기고 전쟁터에 갈 정도로 철저하게 순종하는 아들이었습니다(삼상 17:17-22).

둘째로 하나님이 사울을 버리셨습니다.
하나님께서 사울을 버리시게 된 데는 몇 가지 이유가 있었습니다. 먼저 주의 종의 권한을 월권했습니다. 사울은 블레셋이 이스라엘을 침략했을 때에 주의 종인 사무엘이 약속한 시간에 도착하지 않고 백성들이 두려워서 자꾸만 흩어지자 인간적인 생각으로 어쩔 수 없다고 생각하여 자신이 제사를 드렸습니다(삼상 13:8-10). 이것은 바로 제사장의 권한을 월권한 것입니다. 사무엘은 사울에게 왕이 망령되이 행했다고 책망하고 왕 대신에 여호와께서 마음에 맞는 사람을 구하여 백성의 지도자로 삼으실 것이라고 책망했습니다(삼상 13:13, 14). 또한 하나님의 말씀에 불순종했습니다. 하나님께서는 주의 종인 사무엘을 통해서 사울에게 말씀하시기를 이스라엘이 애굽에서 나올 때에 길에서 대적한 아말렉을 치고 그들의 모든 소유를 하나도 남기지 말고 진멸하되 남녀와 아이들은 물론 짐승들까지도 다 죽이라(삼상 15:1-3)고 하셨습니다. 그런데 사울은 아각과 그 양과 소 중에 가장 좋은 것 또는 기름진 것과 어린 양과 모든 좋은 것을 남기고 가치 없고 낮은 것만 진멸하고, 좋은 것으로는 하나님께 제사하려고 살려두었다고 거짓말까지 했습니다(삼상 15:9-13). 그리고 하나님의 영광을 가로챘습니다. 사울은 아말렉과 전쟁에서 승리하게 된 것은 오직 하나님의 은혜임에도 불구하고 교만하여 자신을 위한 기념비까지 세웠습니다(삼상 15:12).

셋째로 하나님께서 선택하셨습니다.

범죄한 사울을 버리시기로 작정하신 하나님께서는 사무엘에게 이새의 아들 중에서 왕을 뽑아 이스라엘의 지도자로 삼으라고 명령하시고 구체적인 방법까지 제시해 주셨습니다(삼상 16:1-5). 이에 사무엘이 이새의 장남 엘리압에게 여호와의 기름을 부으려고 했습니다. 그러나 하나님께서는 사무엘에게 사람의 외모를 보지 말라고 하시고 그를 택하지 않으셨다고 거절하셨습니다. 또한 둘째, 셋째는 물론 일곱 째까지도 마찬가지였습니다. 그런데 들에서 양을 치고 있던 막내아들 다윗을 데려왔을 때에 여호와께서 말씀하시기를 "...이가 그니 일어나 기름을 부으라"(삼상 16:12)고 하셨습니다.

사랑하는 여러분!
내가 하고 있는 일이 어떤 일이든지 간에 사명감을 가지고 최선을 다 합시다. 또한 그 어떤 이유로도 주의 종들의 권한을 월권하는 행위나 불순종하는 일이 없도록 합시다. 그리고 언제나 하나님 앞에 귀하게 쓰임 받는 성도들이 되시기 바랍니다.

2. 군인으로서의 다윗

첫째로 골리앗을 죽였습니다.
블레셋 사람들이 전쟁을 걸어왔을 때에 이스라엘 군대가 소집은 되었지만 사기는 한없이 저하되어 있었습니다. 왜냐하면 믿음이 없는 지도자인 사울의 지배 아래 있는 이스라엘 군사들은 모두가 다 오합지졸이었기 때문입니다. 때문에 블레셋의 골리앗은 이스라엘 군대를 조롱하면서 자신과 싸울 상대를 보내라고 큰소리쳤습니다(삼상 17:1-9). 이에 사울과 이스라엘 백성들은 크게 두려워하고 있었습니다(삼상 17:10-11). 그런데 전쟁터에 나간 형들의 안부를 알아보기 위해 아버지의 심부름을 갔던 다윗이 골리앗이 이스라엘을 모욕하는 소리를 듣고 "…이 할례 받지 않은 블레셋 사람이 누구이기에 살아 계시는 하나님의 군대를 모욕하겠느냐"(삼상 17:26)고 의분을 품고 골리앗을 죽이려고 했습니다. 이러한 사실이 왕에게 알려져서 우여곡절 끝에 출전을 허락 받아(삼상 17:28-40) 전쟁터에 나간 다윗은 자신을 보고 조롱하는 골리앗에게 "…너는 칼과 창과 단창으로 내게 나아 오거니와 나는 만군의 여호와의 이름 곧 네가 모욕하는 이스라엘 군대의 하나님의 이름으로 네게 나아가노라"(삼상 17:45)하고 나아가 물매 돌로 골리앗을 쳐죽였습니다.

둘째로 백성들의 칭송을 받았습니다.
사울은 다윗이 모든 것을 지혜롭게 행하자 군대 장관으로 삼았습니다(삼상 18:5). 때문에 이스라엘의 모든 백성들은 물론 사울의 신하들까지도 다윗을 존경했습니다.

셋째로 사울을 선대했습니다.
나라를 위기에서 건진 다윗은 온 백성들의 존경과 사랑을 한 몸에 지니고 있었습니다. 때문에 백성들이 블레셋과의 전쟁에서 승리하고 돌아올 때에 사울 왕을 환영하는 자리에서 "…사울이 죽인 자는 천천이요 다윗은 만만이로다"(삼상 18:7)라고 다윗을 높였습니다. 이에 사울이 불쾌히 여기고 심히 노하여 "…다윗에게는 만만을 돌리고 내게는 천천만 돌리니 그가 더 얻을 것이 나라 말고 무엇이냐"(삼상 18:8)고 그를 주목하고 그 때부터 계속해서 다윗을 죽이려고 했습니다(삼하 18:10,29). 그러나 사울의 아들 요나단과 딸인 미갈의 도움을 받아 간신히 고비를 넘길 수 있었습니다(삼상 19:1-7). 그러나 그 후로도 수없이 죽음의 고비를 넘겼습니다(삼상 23:24-29). 그럼에도 불구하고 다윗은 사울을 죽일 수 있는 기회가 두 번씩이나 주어졌음에도 하나님께서 기름 부으신 자란 이유로 끝까지 선대했습니다(삼상 24:1-15, 26:1-12). 뿐만 아니라 사울 왕을 죽인 자를 죽이고 애가를 부르며 애도했습니다(삼하 1:1-27).

사랑하는 여러분!
우리들도 다윗과 같은 믿음으로 이 세상과 사탄을 물리치는 능력 있는 성도들이 됩시다. 또한 언제나 하나님의 사랑을 받고 뭇 사람들의 존경을 받는 신앙인들이 됩시다. 그리고 모든 사람들을 선대하는 가슴이 큰 삶을 사시기 바랍니다.

3. 왕으로서의 다윗

첫째로 통합 이스라엘의 왕이 되었습니다.
다윗은 사울의 사후에도 이스라엘로 곧바로 돌아오지 않고 두 번씩이나 하나님의 뜻을 물어서 결정했습니다(삼하 2:1-2). 그는 망명생활에 함께 했던 6백 명의 부하들과 그들에게 딸린 가족들과 함께 망명지였던 블레셋의 성읍 시글락을 떠나 유다 성읍인 헤브론으로 옮겼습니다. 그는 그 동안 희로애락을 함께 했던 자들의 거처지를 마련해 주고 생업을 꾸려갈 수 있도록 해주었습니다(삼하 2:3). 그 때에 유다 사람들이 다윗에게 기름을 부어 유다의 왕으로 삼았습니다(삼하 2:4). 이것은 그가 사무엘로부터 1차로 기름을 부음 받은 지 15년이 지난 일이었습니다. 1차의 기름부음이 계시적이라면, 2차에서의 기름부음은 그 계시가 공식적으로 성취된 것이었습니다. 그리하여 다윗은 약관 30세에 유다의 왕이 되어 7년 반 동안 통치했으며 또 다시 세 번째로 기름 부음을 받고 이스라엘 왕이 되었습니다. 이제 유다와 이스라엘의 통일 왕이 되어 예루살렘에서 33년을 통치했습니다. 그 때가 이스라엘 역사상 최고의 태평성대한 기간이었습니다.

둘째로 범죄로 인해 환난을 겪었습니다.

다윗은 이스라엘과 암몬 간에 전쟁이 벌어졌을 때에 출전하지 않고 요압과 군사들만 보냈습니다(삼하 11:1). 바로 암몬의 군대를 우습게 본 것이었습니다. 그는 저녁때에 침상에서 일어나 왕궁 옥상에서 거닐다가 목욕하는 여인을 보고 그녀를 데려다가 동침하여 잉태하게 하고 나라를 위해 싸우고 있는 그녀의 남편까지 죽게 했으며 그녀를 자기의 아내로 삼는 끔찍한 죄를 지었습니다(삼하 11:1-24). 때문에 그는 죄의 결과로 인해 밧세바에게서 난 아이가 죽고(삼하 12:18) 자녀들 간에 간통사건이 발생했으며(삼하 13:14-29) 아들 압살롬이 반역하고 후궁을 범하는 가슴아픈 고통을 당했습니다(삼하 15:7~12).

셋째로 뜻을 이루지 못하고 죽었습니다.

다윗은 자신은 왕궁에서 편안히 안식을 누리는데 블레셋에서 옮겨 온 법궤가 회막 가운데 거하는 것이 마음에 걸려 법궤를 모실 하나님의 성전을 건축하기를 소원했습니다(대상 17:1). 그러나 하나님께서는 다윗의 성전건축 하는 것을 거절하시고 그의 아들인 솔로몬을 통해 성전을 짓게 하시겠다고 하셨습니다(대상 17:2-15). 다윗은 자신이 연로함을 깨닫고 제사장을 불러 자기의 아들 솔로몬에게 기름을 부어 왕위를 계승토록 했습니다(왕상 1:1, 32-48). 그리고 그는 70세의 나이로 이 세상을 떠났습니다. 그러나 그는 예수 그리스도의 조상이 되는 영광을 누렸습니다(마 1:1).

사랑하는 여러분!

우리들도 다윗처럼 언제나 하나되게 하고 발전시키는 사람이 됩시다. 또한 제 아무리 사사로운 일이라고 할지라도 방심하지 말고 정성을 다 합시다. 그리고 더 늙기 전에 주님의 일에 최선을 다하는 멋진 사명자들이 되시기 바랍니다.

 # 단

[창 30:1-8]

라헬이 자기가 야곱에게서 아들을 낳지 못함을 보고 그의 언니를 시기하여 야곱에게 이르되 내게 자식을 낳게 하라 그렇지 아니하면 내가 죽겠노라 야곱이 라헬에게 성을 내어 이르되 그대를 임신하지 못하게 하시는 이는 하나님이시니 내가 하나님을 대신하겠느냐 라헬이 이르되 내 여종 빌하에게로 들어가라 그가 아들을 낳아 내 무릎에 두리니 그러면 나도 그로 말미암아 자식을 얻겠노라 하고 그의 시녀 빌하를 남편에게 아내로 주매 야곱이 그에게로 들어갔더니 빌하가 임신하여 야곱에게 아들을 낳은지라 라헬이 이르되 하나님이 내 억울함을 푸시려고 내 호소를 들으사 내게 아들을 주셨다 하고 이로 말미암아 그의 이름을 1)단이라 하였으며 라헬의 시녀 빌하가 다시 임신하여 둘째 아들을 야곱에게 낳으매 라헬이 이르되 내가 언니와 크게 경쟁하여 이겼다 하고 그의 이름을 2)납달리라 하였더라

이 세상에는 지금 약 70억의 인간이 살고 있습니다만 그들의 삶의 자세와 모습은 갖가지입니다. 그 중에서도 어떤 사람은 어려운 처지에서도 환경과 조건, 상황을 만들어가면서 성공적인 삶을 살아가는 사람이 있는가 하면, 어떤 사람은 좋은 환경에서도 받은 복을 잘 지키지 못하고 잃어버리는 안타까운 삶을 사는 사람도 있습니다. 오늘 본문은 이스라엘의 열두 지파로서 주거 환경이 가장 좋은 기름진 옥토를 분배 받았음에도 불구하고 그 기업을 잘 지키지 못하여 빼앗겨 버리고 유리 방황하다가 타락하여 우상을 섬기고 하나님 앞에 범죄함으로 지구촌에서 완전히 사라져버린 단 지파에 대한 말씀입니다.

1. 단의 출생 배경

첫째로 복잡한 가정 환경에서 태어났습니다.

야곱은 팥죽 한 그릇으로 에서의 장자권을 빼앗았고, 이삭의 노년에는 별미로 이삭을 속이고 축복을 받았습니다. 그 일로 인하여 형 에서가 죽이려하자 그의 칼을 피해 하란에 있는 외삼촌인 라반의 집에서 양을 치는 일을 했습니다. 그는 라반의 둘째 딸인 라헬을 사랑했기 때문에 그녀와 결혼하는 조건으로 7년을 하루같이 기쁜 마음으로 일을 했습니다. 그러나 라반의 약속 위반으로 라헬의 언니인 레아와 먼저 결혼하고 7년을 더 일한 다음 라헬과 결혼함으로써 언니와 동생을 아내로 삼게 되었습니다(창 29:15-30). 자매지간인 레아와 라헬은 야곱의 사랑을 서로 독차지하기 위해 자신들은 물론 시녀들까지 야곱에게 주어 아들 낳기 경쟁을 벌였습니다. 여기에서 그의 가정 환경을 생각할 수 있습니다.

둘째로 라헬의 몸종 빌하를 통해 출생했습니다.

야곱이 외삼촌 라반에게 속아서 어쩔 수 없이 레아와 결혼했지만 하나님께서는 레아를 야곱의 정식부인으로 인정하셨습니다. 그러나 야곱은 레아는 미워하고 라헬만 사랑했습니다. 때문에 하나님께서 간섭하셔서 레아로 하여금 먼저 아들을 낳도록 그녀의 태를 열어 네 명의 아들을 연달아 낳게 해주셨습니다(창 29:32-35). 이에 라헬은 언니인 레아를 투기하여 야곱에게 "...내게 자식을 낳게 하라 그렇지 않으면 내가 죽겠노라"(창 30:1)고 떼를 썼습니다. 이에 야곱은 라헬에게 하나님께서 그대에게 임신하지 못하게 하신 것인데 내가 하나님을 대신하겠느냐고 화를 냈습니다(창 30:2). 그러자 라헬은 야곱에게 "...내 여종 빌하에게로 들어가라 그가 아들을 낳아 내 무릎에 두리니 그러면 나도 그로 말미암아 자식을 얻겠노라"(창 30:3)고 자기의 시녀인 빌하를 야곱에게 첩으로 주어 아들을 낳게 했는데 그가 바로 단이었습니다. 여기에서 우리는 두 가지의 교훈을 얻습니다. 남편의 사랑을 받은 라헬은 자식을 낳지 못했지만 하나님의 사랑을 받은 레아는 자식을 낳을 수 있었다는 것과 인간적인 사랑을 받은 자는 문제를 해결받지 못하고 투기를 일으켰지만 하나님의 사랑을 받은 자는 문제를 해결하고 경쟁에서 승리할 수 있었다는 것입니다.

셋째로 라헬이 이름을 지어주었습니다.
이스라엘에서는 통상적으로 자식들의 이름은 아버지가 지어주었습니다. 그런데 야곱의 자녀들은 모두가 다 자식들을 낳은 어머니들이 직접 이름을 지어주었습니다(창 29:31-35). 그래서 라헬도 자신의 계획대로 빌하를 통해서 아들을 얻게 되자 '하나님께서 자신의 원통함을 아시고 모든 상황을 판단해 주셨다'고 생각하고 아들의 이름을 '판단'이란 뜻을 가진 '단'이라고 지어주었습니다(창 30:6). 우리는 바로 여기에서 모든 것을 자기 중심으로 해서 생각하는 편협된 한 인간의 모습을 볼 수 있습니다.

사랑하는 여러분!
그 어떤 일이 있어도 우리들은 가정을 복잡하게 만들지 맙시다. 또한 인간적인 수단과 방법으로 살지 말고 오직 하나님의 뜻대로 삽시다. 그리고 모든 일에서 나 자신을 중심으로 해서 생각하는 편협된 삶을 살지 맙시다.

2. 단에 관한 예언

첫째로 야곱의 예언입니다.
야곱은 열두 아들들을 차례대로 불러놓고 그들의 장래에 대해 예언을 해주었습니다(창 49:1,2). 그런데 단에게는 그의 교만함을 들어 "단은 이스라엘의 한 지파 같이 그의 백성을 심판하리로다 단은 길섶의 뱀이요 샛길의 독사로다 발굽을 물어서 그 탄 자를 뒤로 떨어지게 하리로다"(창 49:16,17)라고 심판자와 뱀과 독사에 비유했습니다. 여기에서 단이 백성들을 심판한다는 것은 그렇게 좋은 의미가 아닙니다. 왜냐하면 이 말은 자기의 백성들을 닥치는 대로 심판한다는 의미를 가지고 있기 때문입니다. 또한 길섶의 뱀과 샛길의 독사처럼 말을 타고 가는 사람이 있는데 그 말의 발굽을 물어서 죽게 하고 그 탄 자를 떨어지게 하는 자라고 했으니 참으로 안타까운 예언입니다. 지금 우리들의 삶은 무엇으로 비유되고 있으며 다른 사람들에게 어떠한 영향을 주고 있는지 길이 반성해 봐야겠습니다.

둘째로 모세의 예언입니다.
모세는 단의 용맹성을 들어서 "...단은 바산에서 뛰어나오는 사자의 새끼로다"(신 33:22)라고 했습니다. 이것은 바로 단 지파가 전쟁에서 뛰어난 계략과 용맹을 떨칠 것이라는 예언이었습니다. 사실 이 예언대로 사자같이 힘세고 용감했던 장수 삼손이 바로 이 단 지파에서 나왔습니다. 그들은 원래 가나안 남부의 해안지역을 기업으로 받아 살았는데(수 19:40-46) 아모리 인들에 의해 쫓겨나 유리 방황하다가(삿 1:30) 맹수들이 들끓고 있는 이 바산 지역을 침략하여 그곳에서 정착했습니다(삿 18:7-31).

셋째로 인간은 양면성을 가지고 있습니다.
우리 인간은 모두 다 흙으로 빚은 육체에 하나님께서 생기를 불어 넣으심으로 생령 즉 인간이 되었습니다(창 2:7). 그러므로 우리 인간의 구성요소는 영과 육으로 되어있습니다. 때문에 사도 바울은 "내가 행하는 것을 내가 알지 못하노니 곧 내가 원하는 것은 행하지 아니하고 도리어 미워하는 것을 행함이라 만일 내가 원하지 아니하는 그것을 행하면 내가 이로써 율법이 선한 것을 시인하노니 이제는 그것을 행하는 자가 내가 아니요 내 속에 거하는 죄니라 내 속 곧 내 육신에 선한 것이 거하지 아니하는 줄을 아노니 원함은 내게 있으나 선을 행하는 것은 없노라 내가 원하는 바 선은 행하지 아니하고 도리어 원하지 아니하는 바 악은 행하는도다... 그러므로 내가 한 법을 깨달았노니 곧 선을 행하기 원하는 나에게 악이 함께 있는 것이로다 내 속사람으로는 하나님의 법을 즐거워하되 내 지체 속에서 한 다른 법이 내 마음의 법과 싸워 내 지체 속에 있는 죄의 법으로 나를 사로잡는 것을 보는도다"(롬 7:15-23)라고 했습니다. 그렇습니다. 하나님의 말씀에 순종한 모세도 이방 여인을 취하는 약한 면이 있었습니다(민 12:1). 성군 다윗도 사나 죽으나 하나님만 믿고 의지하는 선한 면이 있었지만 밧세바를 범하는 약한 면이 있었습니다(삼하 11:4). 전무후무한 영화를 누린 솔로몬 왕도 일천 번제를 드린 열성도 있었지만 이방 여인의 꾐에 넘어가는 약한 면도 있었습니다.

사랑하는 여러분!
우리 모두는 그 어떤 일이 있어도 남을 해치고 넘어지게 하는 악을 행치 맙시다. 또한 언제나 개척자의 정신으로 환경과 상황을 만들어 가는 적극적인 삶을 삽시다. 그리고 변함 없이 하나님의 뜻을 구하는 영적인 삶을 살아야겠습니다.

3. 단 지파의 결국

첫째로 우상숭배를 주도한 지파가 되었습니다.
단 지파는 그들이 거할 땅을 얻기 위해서 라이스를 정복하고 그곳을 중건한 다음 그곳 이름을 단이라고 고쳤습니다(삿 18:28-30). 그리고 그들은 그곳에 자신들을 위해 미가의 집에서 빼앗아온 신상을 세우고 숭배했습니다. 그들은 결국 이스라엘 민족 전체에게 우상 숭배의 죄를 짓게 하는 불행한 지파가 되었습니다(왕상 12:25-29).

둘째로 가장 불행한 지파였습니다.

라헬의 인간적인 생각과 투기로 이루어진 단 지파였으나 하나님과 민족, 이 사회와 자신들에게 전혀 유익을 주지 못한 불행한 지파였습니다. 때문에 그들은 다른 지파들처럼 번성하지 못했습니다. 그들은 역사가 흐를수록 계속 숫자가 줄어들었고 결국은 이 세상에서 완전히 자취를 감추어 버렸습니다. 그래서 이스라엘의 계보에서 단 지파 출신들을 거의 찾아보기 힘듭니다. 이스라엘의 열두 지파 중에서 가장 불행한 지파는 단 지파요, 예수님의 열두 제자들 중에서 가장 불행한 제자는 가룟 유다입니다. 이유 여하를 막론하고 나 자신이 신앙 생활하는 사람들 중에서 단지파처럼 가장 불행한 사람이 되는 일이 결코 없어야겠습니다.

셋째로 인 맞은 지파에서 빠졌습니다.
요한계시록 7장에 보면 마지막 때에 인 맞은 지파 중에 빠져있습니다. 이스라엘의 열두 지파가 다 인 맞음을 받아 십사만 사천의 무리에 들어갔지만 단 지파에 대해서는 전혀 언급되어 있지 않습니다. 때문에 이 단 지파가 어디로 갔는지에 대해서는 많은 이야기들만 있을 뿐입니다. 그들 중에서도 특별히 몰몬교도들은 단 지파가 미국으로 건너갔다고 생각합니다. 그래서 단 지파의 영광을 회복한 것이 바로 자신들이라고 합니다. 그러나 몰몬교도들의 주장은 전혀 상상할 수조차 없는 거짓 주장입니다.

사랑하는 여러분!
우리 모두는 하나님만 사랑하고 섬김으로 가정과 교회, 이 사회에 좋은 영향력을 끼칩시다. 또한 심히 부족하고 연약하지만 하나님의 사랑을 받아 이 세상에서 가장 행복한 성도들이 됩시다. 그리고 성령의 인침을 받은 천국백성으로서의 영화를 누리시기 바랍니다.

 # 두발가인

[창 4:19-24]

> 라멕이 두 아내를 맞이하였으니 하나의 이름은 아다요 하나의 이름은 씰라였더라 아다는 야발을 낳았으니 그는 장막에 거주하며 가축을 치는 자의 조상이 되었고 그의 아우의 이름은 유발이니 그는 수금과 퉁소를 잡는 모든 자의 조상이 되었으며 씰라는 두발가인을 낳았으니 그는 구리와 쇠로 여러 가지 기구를 만드는 자요 두발가인의 누이는 나아마였더라 라멕이 아내들에게 이르되 아다와 씰라여 내 목소리를 들으라 라멕의 아내들이여 내 말을 들으라 나의 상처로 말미암아 내가 사람을 죽였고 나의 상함으로 말미암아 소년을 죽였도다 가인을 위하여는 벌이 칠 배일진대 라멕을 위하여는 벌이 칠십칠 배이리로다 하였더라

아담으로 인해 타락한 인간의 심성에는 시기와 질투, 미움과 원망이 자리하게 되었습니다. 이는 결국 가인으로 하여금 동생 아벨을 살해하게 했습니다. 또한 양심이 마비된 가인은 이어서 하나님께 거짓말하는 죄까지 지었습니다. 그리고 그로 하여금 생명의 위협을 느끼는 두려움을 가져오게 했습니다. 때문에 그는 자기 스스로를 방어하기 위해 담을 쌓았고 무기를 만들기까지 했습니다. 다시 말하면 우리 인간들의 죄가 계속적으로 진전하는 발전적인 경향을 보이고 있습니다. 그럼에도 불구하고 하나님께서는 지금 이 시간까지도 인내하심으로 모든 인류가 구원받기를 원하고 계십니다.

1. 혈통적인 배경

첫째로 예배 실패자의 후손이었습니다.

가인은 원래 농사짓는 사람이었습니다. 때문에 그는 자신이 농사하여 얻은

땅의 소산으로 하나님께 제사를 드렸습니다. 그런데 하나님께서는 가인의 제사를 열납하지 않으셨습니다(창 4:5). 이에 대해 히브리서 기자는 가인이 믿음이 없는 제사를 드렸다(히 11:4)고 했습니다. 다시 말하면 하나님께서 가인의 제사를 받지 않으신 것은 피흘림이 없는 농산물로 제사를 드렸기 때문이 아니라 믿음과 희생이 없이 건성으로 드렸기 때문입니다. 하나님께서는 분명히 토지 소산의 맏물과 첫 열매를 하나님께 드리라고 하셨기 때문에 가인이 믿음으로 정성껏 드렸다고 하면 하나님께서 그의 제사를 열납하셨을 것입니다(출 23:19; 레 19:23,24; 민 18:12,13; 신 16:9,10). 그런데 두발가인은 이 예배의 실패자인 가인의 후손이었습니다.

둘째로 일부다처제 원조의 아들이었습니다.
하나님께서는 먼저 아담을 만드시고 그의 갈비뼈를 취하여 하와를 만들어 배필로 만들어 주셨습니다. 때문에 아담은 하와를 "…이는 내 뼈 중의 뼈요 살 중의 살이라"(창 2:23上)고 했습니다. 또한 하나님께서는 "이것을 남자에게서 취하였은즉 여자라 부르리라 하니라 이러므로 남자가 부모를 떠나 그의 아내와 합하여 둘이 한 몸을 이룰지로다"(창 2:23,24)라고 하셨습니다. 이 말씀에 보면 "둘이 한 몸을 이룰지로다"라고 하셨습니다. 셋이 아니고 넷이 아닙니다. 단 둘입니다. 라멕은 이러한 하나님의 뜻을 저버리고 인류 역사상 처음으로 '아다'라는 여자와 '씰라'라는 두 여자를 아내로 삼았습니다(창 4:19). 여기에서 한가지 재미있는 것은 라멕이 얻은 두 아내의 이름의 뜻이 모두가 다 원색이고 감각적이라는 것입니다. '아다'의 이름은 '꾸민 자, 장식한 자'이고 '씰라'의 이름은 '그늘짐, 덜렁거림'입니다. 그런데 이 라멕이 바로 두발가인의 아버지입니다. 한 마디로 혈통이 좋지 않습니다.

셋째로 잔인한 살인자의 아들이었습니다.

두발가인이 만든 무기를 가지고 교만해진 라멕은 "아다와 씰라여 내 목소리를 들으라 라멕의 아내들이여 내 말을 들으라 나의 상처로 말미암아 내가 사람을 죽였고 나의 상함으로 말미암아 소년을 죽였도다"(창 4:23)라고 했습니다. 두발가인의 조상인 가인은 인류역사상 최초의 살인자였고 그의 아버지 또한 잔인한 살인자였습니다. 한마디로 두발가인은 잔인한 혈통적인 배경을 가지고 있습니다. 그러므로 두발가인이 하나님을 대적하고 사람들을 무시하는 악한 마음을 품고 불의한 생활을 했을 것이라는 것을 가히 짐작할 수 있습니다. 우리 모두는 이 시간을 통해서 나 자신이 어떠한 혈통의 부모가 되느냐가 대단히 중요하다는 사실을 깊이 깨달아야 하겠습니다.

사랑하는 여러분!
우리 모두는 이유 여하를 막론하고 반드시 예배에 성공하는 삶을 삽시다. 또한 언제나 하나님이 제정하시고 원하시는 가정을 이루어 갑시다. 그리고 한 순간이라도 남을 힘들게 하고 괴롭히는 악한 삶을 사는 일이 없도록 합시다.

2. 세속적인 배경

첫째로 처음으로 성을 쌓은 자의 후손입니다.
하나님께서 자신의 제사는 열납하시지 않고 동생인 아벨의 제사만 열납하셨다고 분한 마음을 가지고 동생 아벨을 죽인 가인은 불안과 두려운 마음을 가지고 자기를 방어하기 위해 인류역사상 처음으로 성을 쌓았습니다(창 4:3-17). 만약에 그가 아벨을 죽이지 않았다고 하면 하나님께서 자신을 이 지면에서 쫓아내심으로 하나님의 낯을 피해 유리방황하게 된다거나 자신이 만난 사람들이 자기를 죽일 것이라는 불안한 마음을 갖지 않았을 것입니다. 이제 가인은 하나님의 간섭을 배제하고 자기 중심의 성을 쌓았습니다. 뿐만 아니라 이제 다른 사람을 불신하는 풍조까지 생겼습니다. 한마디로 가인으로 하여금 이 세상에 잘못된 불신 풍조가 조성됐습니다. 그런데 두발가인이 이 가인의 후손입니다.

둘째로 최초로 살상무기를 만든 자였습니다.
두발가인은 인류 최초로 "...구리와 쇠로 여러 가지 기구를 만드는 자..."(창 4:22)였습니다. 그는 금속기술의 선구자로서 각종 생활 도구와 무기를 만드는 철기문명의 발명가였습니다. 때문에 이러한 모든 철기술은 그들의 후손을 통해서 계속 번창해왔습니다. 그런데 문제는 그 모든 기술들이 하나님을 두려워하는 마음이 없이 계속 번창해왔다는 것입니다. 때문에 그 모두가 다 살상무기로 변했습니다. 그렇습니다. 하나님이 없는 문명의 발달은 지금 인류의 생존권을 위협하고 있습니다. 지금 이 시간에도 세계 방방곡곡에서 이 무기개발의 경쟁이 치열하게 벌어지고 있으며 이 무기들로 인하여 수많은 생명들이 죽어가고 있습니다. 그렇습니다. 하나님이 없는 이 세상의 과학문명은 이렇게 인류에게 고통만 더할 뿐입니다.

셋째로 최초로 악기를 만든 가정이었습니다.
두발가인의 배다른 형제인 유발은 수금과 퉁소를 처음 만들었습니다. 때문에 복수심이 가득한 라멕은 두발가인이 만든 무기로 인하여 교만을 떨면서 유발이 만든 악기로 복수의 노래를 불렀습니다(창 4:23,24). 지금 이 세상에는 하나님이 없는 음악이 문제입니다. 타락한 인간들은 이 음악으로 하나님을 부인하며 대적합니다. 이 음악으로 사람을 유혹하여 범죄하게 합니다. 때문에 타락의 현장마다 하나님이 없는 사탄의 음악이 넘쳐나고 있습니다. 라멕의 가정은 타락된 문화의 조상입니다. 그들의 삶의 현장에는 하나님에 대한 믿음의 흔적이 전혀 없었습니다. 오늘 이 사회는 모두가 다 이 타락된 문화 때문에 심각하게 병들어 가고 있습니다. 그러므로 우리 모두는 그 어떠한 이유로도 이 세상의 타락된 문화에 감염되는 일이 없도록 특별히 주의해야 겠습니다.

사랑하는 여러분!
우리 모두는 그 어떤 이유로도 불안해하거나 두려워 하지 맙시다. 우리 하나님께서 평강으로 늘 지켜주실 것입니다. 또한 이 세상의 모든 문명의 이기를 가지고 하나님께 영광 돌리는 데만 사용합시다. 그리고 우리의 평생동안 하나님만 찬양하는 아름다운 삶을 사시기 바랍니다.

3. 주신 교훈

첫째로 반드시 예배에 성공자가 됩시다.
성경에 보면 우리가 하나님께 드리는 예배를 어떻게 드리냐에 따라서 인생이 성공하기도 하고 실패하기도 했습니다. 아벨은 믿음으로 희생의 제사를 드려 하나님께서 열납하시는 제사를 드렸습니다(창 4:4; 히 11:4). 아브라함은 가는 데마다 하나님께 제단을 쌓고 믿음의 조상이요 열국의 아버지로 승리했습니다(창 17:5). 엘리야는 갈멜 산상에서 하나님께 제단을 쌓고 부르짖고 기도하여 불의 응답을 받고 바알 선지자들과 경쟁하여 이겼습니다(왕상 18:17-38). 그러나 가인은 믿음이 없이 제사 드리고 살인자가 되었습니다(창 4:5-14). 사울은 인간적인 생각으로 제사 드리고 폐위 당했습니다(삼상 13:5-14). 웃시야 왕도 자신이 강성해지자 교만하여 제사장의 권위를 무시하고 여호와의 전에 들어가 분향하다가 하나님의 저주를 받아 나병에 걸려 폐위 당하고 죽었습니다(대하 26:16-23). 그렇습니다. 이렇게 예배를 잘 드리고 은혜 받아 복 받는 사람이 있고 예배를 잘못 드림으로 살인자가 되고 망하고 병들어 죽는 사람도 있습니다. 그러므로 우리 모두는 반드시 예배에 성공하는 자가 되어야겠습니다.

둘째로 세속과 구별된 삶을 살아야겠습니다.
가인의 후손들을 통해서 이 세상의 철공업이 발달했습니다. 국경선과 담장문화가 발달해왔습니다. 세속적인 음악이 발달해왔습니다. 그러나 그 모두는 다 하나님이 없는 불신앙적이요 현세적이며 육신적인 이기적 욕망만을 위한 것들이었습니다. 때문에 세속적인 이 세상의 과학과 문화의 발달은 물질적 풍요를 가져왔음에도 불구하고 우리 인간들의 삶을 더욱 메마르게 하고 힘들게 합니다. 그래서 과학문명이 발달하고 물질적인 풍요가 있는 나라일수록 자살자들이 더 많습니다. 그것은 하나님이 없는 이 세상 것으로 우리 인간들의 영혼을 만족시킬 수 없기 때문입니다. 그러므로 우리 성도들은 이 세상의 세속문화와는 상관없는 구별된 삶을 살아야 합니다.

셋째로 언제나 천국을 소망하면서 살아야 됩니다.
물질적인 이 세상에는 그 어디에도 소망이 없습니다. 그러므로 육신적이고 현세적인 욕망을 버리고 삼가 근신하는 삶으로 천국을 소망하면서 나날을 가치 있게 살아야 합니다. 바로 거기에 감사가 있고 기쁨이 있으며 선행이 있습니다.

사랑하는 여러분!
우리 모두 예배드리고 복 받는 사람이 됩시다. 또한 우리들을 범죄케 하는 이 세상과 구별된 삶을 삽시다. 그리고 언제나 천국의 소망을 가지고 나날이 승리하시기 바랍니다.

 # 드보라

[삿 4:4-7]

> 그 때에 랍비돗의 아내 여선지자 드보라가 이스라엘의 사사가 되었는데 그는 에브라임 산지 라마와 벧엘 사이 드보라의 종려나무 아래에 거주하였고 이스라엘 자손은 그에게 나아가 재판을 받더라 드보라가 사람을 보내어 아비노암의 아들 바락을 납달리 게데스에서 불러다가 그에게 이르되 이스라엘의 하나님 여호와께서 이같이 명령하지 아니하셨느냐 너는 납달리 자손과 스불론 자손 만 명을 거느리고 다볼 산으로 가라 내가 야빈의 군대 장관 시스라와 그의 병거들과 그의 무리를 기손 강으로 이끌어 네게 이르게 하고 그를 네 손에 넘겨 주리라 하셨느니라

> 이 세상에 보면 높은 아이큐와 탁월한 신체구조, 좋은 가정에서 태어났음에도 불구하고 자기관리와 처신을 잘못하여 실패의 삶을 살고 있는 사람이 있는가 하면 머리도 그렇게 좋지 않고 연약한 신체구조와 어려운 가정환경에서 태어났음에도 불구하고 피눈물나는 노력과 결단으로 남보다 앞서는 성공적인 삶을 사는 사람이 있습니다. 오늘 본문의 드보라도 남성을 중시하는 사회에서 여자라는 핸디캡을 가지고 있었음에도 불구하고 민족을 살리고 나라를 태평케 하는 위대한 지도자가 되었습니다.

1. 여장부였습니다.

첫째로 한 남편의 아내였습니다.

드보라(꿀벌이란 뜻)는 에브라임 산지의 사람 랍비돗의 아내로 성전에서 쓰는 등잔불의 심지를 만드는 여인으로서 노래에 대한 특별한 재능을 가지고 있었습니다. 다시 말하면 한 남편의 아내로서 가정과 교회에서 성실하게

헌신하는 여인이었습니다. 그녀는 꿀벌이란 뜻을 가진 자신의 이름처럼 가정과 교회, 민족을 위해 열심히 일한 사람이었습니다. 여기에서 우리가 얻을 수 있는 교훈은 드보라는 이스라엘의 한 시대를 아주 훌륭하게 통치한 지도자로서 가정과 교회에서도 충성된 자였다는 것입니다. 우리 한국 여성 정치인 제1인자로서 1950년부터 5선의 국회의원과 야당총재로서 명성을 떨쳤던 박순천 여사도 남편 변희용 성균관대 총장의 밥상 물은 가정부에게 맡기지 않고 자신이 직접 챙겼다고 합니다. 그렇습니다. 진정한 충성은 작은 것부터 최선을 다하는 것입니다.

둘째로 남자보다 나은 지도자였습니다.

이스라엘은 에훗 사사의 통치로 인하여 80년 동안 태평성대를 누렸습니다. 그러나 그가 세상을 떠나자 이스라엘은 또 다시 우상숭배의 죄를 범했습니다(삿 4:1). 때문에 하나님께서는 하솔에 도읍한 가나안 왕 야빈을 통하여 이스라엘을 통치케 하는 무거운 징계를 내리셨습니다. 야빈왕은 철병거 구백 승을 보유한 막강한 군사력을 가지고 이스라엘을 20년간이나 혹독하게 압박하며 통치했습니다. 그러나 상대적으로 너무나도 연약한 이스라엘은 그들을 대항할 엄두조차 내지 못했습니다. 그러나 사람으로서는 도저히 감당할 수 없는 혹독한 학대로 인해 신음하던 이스라엘 백성들은 그제야 비로소 자신들의 잘못을 깨닫고 하나님 앞에 부르짖으며 회개했습니다(삿 4:3). 이에 하나님께서는 그들의 기도를 들으시고 드보라를 이스라엘의 구원자로 세워주셨습니다(삿 4:4). 당시 이스라엘의 장군은 아비노암의 아들 바락이었습니다. 때문에 드보라는 바락을 불러 하나님께서 지시하신 대로 "...너는 납달리 자손과 스불론 자손 만 명을 거느리고 다볼산으로 가라 내가 야빈의 군대장관 시스라와 그의 병거들과 그의 무리를 기손강으로 이끌어 네게 이르게 하고 그를 네 손에 넘겨주리라..."(삿 4:6,7)고 했습니다. 그러나 바락은 이스라엘의 장군답지 않게 "...당신이 나와 함께 가면 내가 가려니와 만일 당신이 나와 함께 가지 아니하면 나는 가지 아니하겠노라"(삿 4:8)고 연약함을 보였습니다. 이에 드보라는 "내가 반드시 너와 함께 가리라..."(삿 4:9)고 즉시 결단하고 바락의 일만 군대와 함께 전쟁터로 나아갔습니다(삿 4:9-14). 한마디로 드보라는 이스라엘의 바락 장군보다 더 용기 있는 전쟁용사였습니다.

셋째로 적극적인 지도자였습니다.
바락의 요청을 받은 드보라는 조금도 머뭇거림이 없이 즉시 출전했습니다. 그것을 보면 그녀는 아주 적극적인 여장부였다는 사실을 알 수 있습니다.

사랑하는 여러분!
우리들도 작은 것부터 충성하는 삶을 삽시다. 또한 나의 힘이 되신 하나님을 믿고 담대하게 삽시다. 그리고 맡은 바 사명을 적극적으로 감당하는 책임감 있는 삶을 사시기 바랍니다.

2. 여 사사였습니다.

첫째로 역사상 유일한 여 사사였습니다.
드보라는 이스라엘 역사상 유일한 여 사사였습니다. 당시 이스라엘 사회에서는 여자는 인원수를 셀 때에 숫자에 계산하지도 않았으며 성전 뜰 안에도 들어갈 수 없는 아주 심하게 차별 받는 존재였습니다. 사실 이스라엘에서의 여자들의 지위는 노예를 방불케 했습니다. 그래서 예수님 당시만 해도 남자 유대인들은 세 가지를 감사했다고 합니다. 먼저는 이방인으로 태어나지 않은 것을 감사하고, 또한 종으로 태어나지 않은 것을 감사했으며, 그리고 여자로 태어나지 않은 것을 감사했다고 합니다. 다시 말하면 여자들은 역사적으로 심각한 성차별을 받아왔던 시대였습니다. 그럼에도 불구하고 그녀는 이스라엘 역사상 처음이자 마지막인 유일한 여사사가 되었습니다(삿 4:4). 그렇습니다. 우리 자신들이 제 아무리 부족하고 연약하다고 할지라도 전능하신 하나님께서 함께 하시기만 하면 세상적인 그 어떠한 통념과는 상관없이 귀하게 쓰임 받을 수 있습니다.

둘째로 사사의 직무가 무엇입니까?

이 사사란 말은 재판장을 의미합니다. 이 사사들은 여호수아와 다윗 시대 사이에 하나님께서 당신의 백성을 구원하시기 위해 권위를 일시적으로 부여해 주신 자들이었습니다. 그들은 법률에 적용되는 소송을 심리함으로써 공정을 베푸는 권위를 가지고 있었습니다. 또한 하나님의 뜻과 명령을 사람들에게 전해주는 일을 했습니다. 그리고 당 시대 이스라엘의 전쟁 지도자들이었습니다. 때문에 사사들은 언제나 전쟁터에서 전쟁을 진두지휘했습니다. 다시 말하면 사사는 외적 침입이나 억압에서 나라를 지키고 백성들을 구원하기 위해 특별히 세움 받은 정치, 군사적인 지도자들이었습니다. 당시 이 사사들의 권위는 왕들과 대등했습니다. 성경의 역사에 의하면 모세가 이스라엘의 첫 사사였고 사무엘이 마지막 사사였습니다.

셋째로 전쟁에서 승리했습니다.

바락이 거느린 이스라엘 군대가 다볼산에 집결했다는 정보가 하로셋까지 알려지자 가나안 야빈왕의 군대장관 시스라는 곧 철병거 구백 승과 군사들을 이끌고 기손강으로 출전하여 서로가 대치하게 되었습니다. 그 때에 "드보라가 바락에게 이르되 일어나라 이는 여호와께서 시스라를 네 손에 넘겨 주신 날이라 여호와께서 너에 앞서 나가지 아니하시느냐..."(삿 4:14)고 격려하자 바락이 일만 명을 거느리고 다볼산에서 내려갔습니다. 이에 하나님께서는 바락 앞에서 시스라의 군대는 물론 가나안왕 야빈까지 완전히 멸절시키시고 이스라엘로 하여금 40년간이나 태평성대를 누리게 하셨습니다(삿 4:15-24). 그렇습니다. 인생의 생사화복이나 전쟁의 승패는 하나님께 달려있습니다. 그러므로 우리 모두는 오직 하나님만 믿고 의지하는 삶을 살아야 합니다.

사랑하는 여러분!
고정관념을 버리고 믿음 안에서 새롭게 도전하는 삶을 삽시다. 놀라운 역사가 일어날 것입니다. 또한 하나님의 자녀답게 자신 있게 삽시다. 그리고 전능하신 하나님의 능력으로 이 세상과 사탄을 정복하고 완전히 승리하는 삶을 이루시기 바랍니다.

3. 여 선지자였습니다

첫째로 여 선지자 중의 하나였습니다.
성경에 보면 선지자나 예언자란 이름으로 미리암, 드보라, 훌다, 이사야의 아내, 노야다, 안나 등 여섯 명의 여선지(예언자)가 나옵니다. 드보라도 그 중의 하나였습니다. 남성중심의 가부장적인 사회에서 여성인 드보라가 선지자로 쓰임 받았다는 것은 참으로 아주 특별한 일이었습니다. 그렇습니다. 남녀노소, 빈부귀천, 지위고하를 막론하고 하나님께서 함께 하시고 은혜를 주시기만 하면 하나님의 일에 귀하게 쓰임 받을 수 있습니다. 그러므로 우리들은 그 어떤 경우에도 낙심하지 말고 늘 깨어 기도하면서 맡은 바 사명을 철저하게 감당하는 성실한 삶을 살아야 합니다. 다시 말하면 언제든지 때가 되어 하나님께서 부르시면 즉시로 아멘하고 순종해야 합니다. 그리하여 우리의 평생동안 헌신된 삶을 살아야 합니다.

둘째로 선지자의 직무가 무엇입니까?

이 선지자들은 먼저 어떤 사람이나 국가가 당면한 일이나 사정에 대해 하나님의 뜻을 알리는 일을 했습니다. 또한 사람들의 죄악이나 사회의 악을 경고하고 깨닫게 하여 종교적으로 인도하는 지도자들이었습니다. 그리고 하나님의 거룩하심을 선포하고 하나님이 원하시는 대로 그분의 뜻을 따라 올바르게 살 것을 요구했습니다. 사사와 선지자의 차이를 보면 사사가 정치, 군사적인 지도자라고 하면 선지자는 종교적인 지도자였습니다. 그러므로 드보라는 여성으로서는 유일하게 이스라엘의 정치, 군사, 종교를 다 책임진 아주 훌륭한 지도자였습니다. 때문에 그녀는 이스라엘의 어머니로 부름 받게 된 것입니다(삿 5:7).

셋째로 신령한 예언자였습니다.

드보라는 평범한 주부였지만 경건한 신앙생활로 하나님과 늘 교통하는 자였습니다. 때문에 시스라 군대와의 전쟁에 대해 이스라엘의 장군 바락에게 전한 것입니다. 우리 모두는 다 하나님의 사람들입니다. 그러므로 언제나 하나님과 교통하는 경건한 삶을 살아야 합니다. 또한 하나님의 말씀을 늘 상고하고 깨달아서 그 말씀대로 살면서 이 세상에 널리 전파해야 합니다. 그리하여 우리의 이웃과 민족, 세계민을 구원시키는 위대한 전도자들이 되시기 바랍니다.

사랑하는 여러분!

우리들도 하나님의 일에 귀하게 쓰임 받을 수 있습니다. 언제나 기도와 말씀으로 깨어있는 삶을 삽시다. 또한 이 사회나 민족, 인류에 대한 하나님의 뜻과 말씀을 열심히 전합시다. 그리고 언제나 늘 주님과 함께 하는 멋진 삶을 사시기 바랍니다.

 # 들릴라

[삿 16:18-21]

들릴라가 삼손이 진심을 다 알려 주므로 사람을 보내어 블레셋 사람들의 방백들을 불러 이르되 삼손이 내게 진심을 알려 주었으니 이제 한 번만 올라오라 하니 블레셋 방백들이 손에 은을 가지고 그 여인에게로 올라오니라 들릴라가 삼손에게 자기 무릎을 베고 자게 하고 사람을 불러 그의 머리털 일곱 가닥을 밀고 괴롭게 하여 본즉 그의 힘이 없어졌더라 들릴라가 이르되 삼손이여 블레셋 사람이 당신에게 들이닥쳤느니라 하니 삼손이 잠을 깨며 이르기를 내가 전과 같이 나가서 몸을 떨치리라 하였으나 여호와께서 이미 자기를 떠나신 줄을 깨닫지 못하였더라 블레셋 사람들이 그를 붙잡아 그의 눈을 빼고 끌고 가사에 내려가 놋 줄로 매고 그에게 옥에서 맷돌을 돌리게 하였더라

> 똑같은 하나님의 창조물인 인간임에도 불구하고 어떤 사람은 하나님께 붙잡혀서 하나님의 영광을 위해 값지게 살아가는 사람이 있고, 어떤 사람은 사탄에게 붙잡혀서 하나님의 일을 방해하고 성도들을 유혹하여 하나님을 믿는 신실한 믿음에서 떨어지게 하고 범죄케 하여 망하게 하는 아주 악하게 사는 자들도 있습니다. 오늘 본문의 들릴라가 바로 부정적으로 아주 악하게 산 여인이었습니다.

1. 그녀의 실상

첫째로 요염한 여인이었습니다.

들릴라(요염하다, 생각나게 하다, 번민하는 자란 의미)는 소렉 골짜기에 사는 이방 여인이었습니다. 그녀의 이름이 뜻하는 것과 같이 그녀는 아주 요염한 여인으로서 이스라엘의 명장 삼손을 집요하게 유혹하여 넘어지게 한 블레

셋 방백들의 첩자였습니다. 삼손은 할례 받지 않은 블레셋의 여인과 결혼할 수 없다는 하나님의 율법과 부모의 반대에도 불구하고 당시 이스라엘을 압제하고 있는 블레셋의 들릴라와 결혼했습니다(삿 14:1-18). 삼손이 들릴라와 결혼한 것은 자신의 조국이 블레셋에 의해 압제를 당하고 있었기 때문에 기회를 보아 블레셋을 공격하려는 인간적인 생각에서였습니다. 그러나 하나님의 율법을 어기고 인간적인 생각으로 한 정략적인 결혼은 삼손으로 하여금 걷잡을 수 없는 불행의 소용돌이로 빠져들게 했습니다. 수수께끼 까닭에 속이 상한 삼손은 아버지의 집으로 갔고 그의 아내는 그의 동무에게 준 바 되었습니다(삿 14:20; 15:2). 또한 삼손은 가사의 한 기생에게 들어가 자다가 가사 사람들이 매복하여 새벽에 그를 죽이려하는 것을 알고 밤중에 일어나 성 문짝과 두 설주와 빗장을 빼어 그것을 모두 어깨에 메고 헤브론앞 산꼭대기로 갔습니다. 그리고 그 후에 삼손이 이 들릴라를 사랑하게 되었습니다(삿 16:1-4).

둘째로 악에 이용된 여인이었습니다.

삼손은 얼마 후 밀 거둘 때에 염소새끼를 가지고 그 아내에게로 찾아가서 "…내가 방에 들어가 내 아내를 보고자 하노라…"(삿 15:1)라고 했습니다. 그러나 장인이 삼손을 들어오지 못하게 하고 삼손이 자기 딸을 미워하는 줄 알고 삼손의 동무에게 주었다고 했습니다(삿 15:2). 때문에 그는 복수의 한 방법으로 여우들의 꼬리에 횃불을 붙여서 블레셋의 감람원을 불살라버렸습니다(삿 15:4-5). 그러나 블레셋 사람들은 무서운 힘을 가진 삼손에게는 응징하지 못하고 그 대신 삼손의 아내와 장인을 죽였습니다. 이에 삼손은 원수갚기를 다짐하고 블레셋 사람들을 크게 도륙했습니다(삿 15:6-7). 때문에 블레셋 사람들이 삼손에 대한 적개심을 가지고 유다를 침공했습니다. 이것을 본 유다 사람들은 위기감을 느끼고 삼손을 결박하여 블레셋 사람들에게 넘겼습니다(삿 15:11-13). 그러나 삼손은 나귀 턱뼈로 블레셋 사람들을 일천 명이나 죽여버렸습니다(삿 15:14-17). 수모를 당한 블레셋 방백들은 들릴라를 꾀어 삼손의 힘의 비밀을 알아내도록 했습니다(삿 16:5). 한마디로 그녀는 악의 세력에 이용된 것이었습니다.

셋째로 물질에 매수된 여인이었습니다.
블레셋의 방백들은 들릴라에게 삼손이 힘의 비결을 알아내는 조건으로 은 천백 개의 거금을 주기로 약속했습니다(삿 16:5). 당시 은 한 개는 장정의 4일 임금에 해당되었기 때문에 엄청난 거금이었습니다. 옛날이나 지금이나 이 돈의 위력은 대단합니다. 때문에 이 세상에는 이 돈 때문에 일어나는 안타까운 일들이 너무나도 많습니다.

사랑하는 여러분!
우리는 언제나 하나님께서 원하시는 결혼을 해야 합니다. 또한 그 어떠한 경우에도 악의 세력에 이용되는 일은 없어야겠습니다. 그리고 이 돈 때문에 매수되어 악에 빠지게 되는 불행한 일이 없어야겠습니다.

2. 그녀의 악행

첫째로 여자의 본분을 저버렸습니다.
하나님께서는 남자 혼자 사는 것이 좋지 않기 때문에 남자를 돕는 배필로 여자를 창조해 주셨습니다(창 2:18). 그러므로 여자는 남자와 둘이 한 몸이 되어 가정을 이루는 동반자요, 동역자인 것입니다. 그것이 바로 하나님의 뜻이요, 여자의 본분인 것입니다. 그런데 들릴라는 그러한 하나님의 뜻과 여자의 본분을 저버렸습니다. 또한 그녀는 삼손을 유혹하여 나실인이 지켜야 할 도리를 저버리게 했습니다. 그리고 삼손으로 하여금 무능하게 하고 눈을 빼앗기게 했으며 비참한 인간으로 전락하게 했습니다(삿 16:21). 한마디로 자신의 본분을 버리고 삼손의 대적자요, 원수로 전락했습니다.

둘째로 사랑을 빙자해 유혹했습니다.

엄청난 돈을 약속 받은 들릴라는 삼손을 유혹하여 그가 지닌 힘의 비밀을 밝히는 일에 최선을 다했습니다. 그녀는 삼손에게 "청하건대 당신의 큰 힘이 무엇으로 말미암아 생기며 어떻게 하면 능히 당신을 결박하여 굴복하게 할 수 있을는지 내게 말하라"(삿 16:6)고 했습니다. 그러나 삼손은 "마르지 아니한 새 활줄 일곱으로 나를 결박하면 내가 약해져서 다른 사람과 같으리라" (삿 16:7)고 했습니다. 들릴라는 바로 이 사실을 블레셋 방백들에게 전달했고 그들은 마르지 아니한 새 활줄 일곱을 여인에게로 가져와서 삼손을 묶게 했습니다. 그러나 삼손은 그 줄 끊기를 불탄 삼실을 끊음같이 했고 그의 힘은 여전했습니다(삿 16: 8,9). 들릴라는 또 다시 유혹했습니다(삿 16:10). 이에 삼손은 "...만일 쓰지 아니한 새 밧줄들로 나를 결박하면 내가 약해져서 다른 사람과 같으리라"(삿 16:11)고 했습니다. 들릴라는 또 삼손을 새 밧줄로 결박했습니다. 그런데 삼손은 이번에도 실을 끊음같이 하였습니다(삿 16:12). 이에 들릴라는 삼손에게 당신이 내게 거짓말했다고 하면서 계속해서 끈질기게 유혹했습니다. 그러자 삼손은 자기 머리털 일곱 가락을 베틀의 날실에 섞어 짜면 되리라고 대답하여 화를 면했습니다(삿 16:13,14). 들릴라는 "당신의 마음이 내게 있지 아니하면서 당신이 어찌 나를 사랑한다 하느냐 당신이 이로써 세 번이나 나를 희롱하고 당신의 큰 힘이 무엇으로 말미암아 생기는지를 내게 말하지 아니하였도다"(삿 16:15)라고 간교한 방법으로 집요하게 유혹하여 삼손의 고백으로 힘의 비결을 알아냈습니다.

셋째로 지도자를 망쳤습니다.

삼손은 여호와의 사자를 통해 출생이 예고된 사람이었습니다(삿 13:2-4). 또한 그는 여호와의 영에 감동된 사사였습니다(삿 13:24-25). 그리고 그는 하나님께 바쳐진 나실인이었습니다(삿 13:5-7). 때문에 성경이 믿음의 인물로 증언하는 훌륭한 영적 지도자였습니다(히 11:32). 다시 말하면 하나님께서 직접 세우신 하나님의 사람이요, 영적 지도자였습니다. 그런데 그러한 삼손을 유혹하여 그의 일생을 망쳐버린 악한 여인이었습니다.

사랑하는 여러분!
이유 여하를 막론하고 하나님께서 창조하신 뜻을 따라 맡은 바 사명을 다합시다. 또한 그 어떤 이유로도 악을 행하는 일이 없도록 합시다. 그리고 나 자신을 통해서 다른 사람이 해를 당함이 없이 언제나 유익하게 되는 아름다운 삶을 사시기 바랍니다.

3. 그녀를 통한 교훈

첫째로 죄악은 육체의 정욕을 통해 접근합니다.
삼손이 처음 결혼한 아내를 빼앗긴 것은 하나님의 율법이 금하고 부모가 반대한 할례 받지 않은 블레셋의 이방 여인을 택했기 때문이었습니다(삿 14:1-17). 삼손은 그것 때문에 동족의 미움을 받아야 했고 감람원을 불태우고 많은 사람을 죽이는 죄를 범하게 되었습니다. 또한 그는 가사의 기생과 하루 밤을 자다가 가사 사람들에게 붙잡혀 죽을 뻔하는 위험에 처하기도 했습니다. 그리고 블레셋의 첩자인 들릴라를 통해서는 머리가 깎이고 눈이 뽑혔으며 감옥에서 짐승처럼 맷돌질을 해야 하는 비참한 인간으로 전락했습니다. 그런데 이 모두는 다 삼손이 육체의 정욕에 이끌렸기 때문이었습니다. 그렇습니다. 모든 죄악은 다 이렇게 인간들의 부패한 육체의 정욕을 통해 접근됩니다. 그러므로 우리 모두는 언제나 육체의 정욕을 철저하게 다스려야 합니다.

둘째로 사탄의 유혹은 특성이 있습니다.

먼저 사탄의 유혹은 에덴 동산에서부터 시작되었습니다(창 3:1-7). 그런데 이 사탄의 유혹은 이 세상 끝날까지 계속됩니다. 이 사탄의 유혹은 모든 시대, 모든 사람, 모든 장소에 다 있습니다. 그러므로 이 세상을 살아가면서 이 사탄의 유혹을 받지 않는 사람은 하나도 없습니다. 한마디로 우리가 살아있다는 것 자체가 바로 사탄의 유혹에 노출되어 있는 것입니다. 또한 사탄의 유혹은 아주 집요하다는 것입니다. 들릴라는 삼손을 아주 집요하고 끈질기게 유혹하여 정복하고 사로잡았습니다. 사탄은 지금 이 시간에도 자신의 목적을 달성하기 위해 수단과 방법을 가리지 않고 아주 집요하게 우리들을 유혹하고 있습니다. 그리고 우리들이 방심하는 틈을 이용하여 아주 순간적으로 넘어지게 합니다.

셋째로 유혹에 넘어간 자는 혹독한 대가를 치릅니다.

그토록 훌륭한 삼손도 들릴라의 유혹에 넘어간 다음 힘의 원천인 머리를 깎였습니다. 힘을 잃어버렸습니다. 두 눈이 뽑혔습니다. 쇠사슬에 묶인 채로 짐승처럼 맷돌을 돌려야 했습니다. 원수인 블레셋 사람들의 조롱거리가 되었습니다. 결국은 블레셋 사람들과 함께 비참하게 죽었습니다(삿 16:30).

사랑하는 여러분!

철저하게 육체의 정욕들을 다스립시다. 또한 사탄의 정체를 제대로 파악하고 철저하게 대비합시다. 그리고 그 어떤 일이 있어도 사탄의 유혹에 넘어가는 불행한 일이 없도록 유의하시기 바랍니다.

 # 디 나

[창 34:1-4]

> 레아가 야곱에게 낳은 딸 디나가 그 땅의 딸들을 보러 나갔더니 히위 족속 중 하몰의 아들 그 땅의 추장 세겜이 그를 보고 끌어들여 강간하여 욕되게 하고 그 마음이 깊이 야곱의 딸 디나에게 연연하며 그 소녀를 사랑하여 그의 마음을 말로 위로하고 그의 아버지 하몰에게 청하여 이르되 이 소녀를 내 아내로 얻게 하여 주소서 하였더라

> 야곱이 팥죽 한 그릇으로 형 에서의 장자권을 빼앗고 별미로 이삭을 속이고 에서 대신 축복기도를 받음으로 인해 화가 난 에서가 죽이려고 하자 그의 칼을 피해 하란의 외삼촌 집으로 피신했습니다. 그는 그 곳에서 십사 년 동안 머슴살이하면서 네 명의 아내를 통해서 십삼 남매를 두었습니다. 그러나 그곳에서 얻은 재산관계 때문에 외삼촌 라반의 미움을 받게 되어 할 수 없이 귀향 길에 오르게 되었습니다. 그런데 야곱은 원래 하란을 출발할 때에 하나님께 서원한 벧엘로 오지 않고 중도에서 세겜에 정착하게 되었는데 그 곳에서 봉변을 당했습니다.

1. 봉변을 당한 이유

첫째로 야곱의 실수 때문이었습니다.

야곱은 외삼촌 라반의 적대를 피해 그가 양털 깎는 축제에 참석하기 위해 들에 간 사이에 처자식과 자신의 소유물을 가지고 몰래 하란을 떠나 가나안으로 향했습니다(창 31:17-20). 그런데 그 사실을 뒤늦게 알게 된 라반이 그 형제들을 거느리고 야곱을 뒤쫓았습니다(창 31:23-26). 또한 20년 전부

터 야곱을 죽이려고 벼르고 있던(창 27:41) 형 에서가 400인을 거느리고 야곱을 만나러 오고 있었습니다(창 32:6). 엎친데 덮친 격으로 라반은 야곱의 재산을 노리고 있었고 에서는 야곱의 생명을 찾고 있었습니다. 야곱은 참으로 진퇴양난의 절박한 상황에 처하게 되었습니다. 때문에 그는 하나님께 간절히 기도하고(창 32:9-12) 자신의 가축들을 두 떼로 나누어 한 떼는 종들을 통해 형 에서에게 앞서 보냈습니다(창 32:13-20). 그리고 그는 얍복 강가에서 허벅지 관절이 어긋나기까지 기도했습니다. 그리하여 그는 형 에서와 20년 만에 화해를 이루고(창 33:1-4) 가나안 땅 세겜 성읍에 머물렀습니다(창 33:18). 원래 야곱은 하란을 떠날 때에 서원한 대로(창 28:10-22) 즉시 벧엘로 가야했습니다.

둘째로 디나의 세속에 대한 관심 때문이었습니다.
디나의 당시 나이는 약 17세쯤으로 추정됩니다. 역사가 요세푸스는 당시 세겜 여자들은 화려한 옷을 입고 춤을 추는 사교모임을 즐겨 가졌는데 디나는 그 땅 풍습을 배우고 그들과 교제하며 즐기기 위해 그곳에 나갔을 것이라고 했습니다. 한마디로 디나의 세속에 대한 관심이 그를 동네로 나가게 했고 봉변을 당하게 된 계기가 된 것입니다. 그러므로 성도들은 세속의 쾌락에 유혹되어 넘어지는 일이 없도록 각별히 주의해야 합니다.

셋째로 세겜의 횡포 때문이었습니다.
당시 히위 족속의 추장이었던 하몰은 그 땅에 성읍을 건축하고 이름을 세겜 성이라고 불렀습니다(창 33:18,19). 세겜은 그의 부친 하몰의 뒤를 이어 세겜 성의 추장이 되었습니다. 고대사회에서의 추장은 전체부족에 대해서 뿐만 아니라 개인의 사생활은 물론 사람을 죽이고 살리는 일까지도 마음대로 하는 절대권력자였습니다. 때문에 그는 디나의 의사와는 관계없이 강제로 끌어들여 추행한 것입니다. 오늘날도 타락된 권력자들에 의해 억울하게 희생당하는 사람들이 있습니다.

사랑하는 여러분!
하나님 앞에 서원한 것은 반드시 지켜 나갑시다. 그것이 비록 제 아무리 힘들고 어렵더라도 실현해야 합니다. 또한 그 어떤 이유로도 이 세상의 연락에 마음 뺏기지 맙시다. 그리고 항상 삼가 근신하면서 기도함으로 악한 이 세상 권력을 물리쳐야겠습니다.

2. 봉변을 당한 결과

첫째로 자신의 몸을 유린당했습니다.
원래 히위 족속은 가나안 족속의 후예로서 도덕 수준이 아주 낮은 자들이었습니다. 그러므로 그들의 추장에 의해 강제로 추행 당했다는 것은 참으로 불행한 일이었습니다. 무엇보다도 하나님의 사람인 야곱의 딸로서 할례 받지 않은 이방 족속에게 추행 당했다는 것은 선민으로서는 상상할 수 없는 엄청난 비극인 것입니다. 더구나 그녀는 이제 막 피어나는 17세의 처녀였습니다. 믿음의 조상인 아브라함과 이삭 때까지는 그런 대로 잘 지켜왔습니다. 아브라함의 아내 사라도 하나님의 은혜로 바로 왕과 그랄 왕 아비멜렉에게서 보호를 받았습니다(창 12:14-20, 20:2-16). 또한 이삭의 아내 리브가도 블레셋 왕 아비멜렉에게서 보호를 받았습니다(창 26:6-11). 그런데 야곱의 딸 대에 와서 말할 수 없는 큰 수치를 당한 것입니다. 다시 말하면 디나 자신의 몸만 유린당한 것이 아니라 선민의 가계에까지 큰 상처를 남겼던 것입니다.

둘째로 부모에게 큰 고통을 안겨주었습니다.

다나의 일행 중의 한 목격자가 다나가 세겜에게 봉변을 당하고 그에 의해 붙잡혀 있다는 사실을 야곱에게 전해 주었을 것입니다. 왜냐하면 그렇지 않았으면 야곱이 알 리가 없었기 때문입니다. 딸이 봉변당하고 감금되어 있다는 소식을 들은 야곱은 너무나도 큰 충격을 받고 할 말을 잊어버렸으나(창 34:5), 사건을 잘 처리하기 위해 마음을 다스리고 아들들이 들에서 돌아올 때까지 침착하게 기다렸습니다. 그러나 그러한 야곱의 마음이 얼마나 아팠을까 하는 것을 짐작할 수 있습니다.

셋째로 두 오빠들로 하여금 살육하게 했습니다.

다나를 강간한 세겜은 자기 아버지 하몰에게 다나를 아내로 삼게 해달라고 부탁했습니다(창 34:2-4). 아들의 청을 받은 하몰은 야곱과 그의 아들들에게 직접 부탁했습니다(창 34:6-8). 하몰과 세겜은 자기네들과 서로 통혼하면서 그 땅에서 같이 살자고 제의하고 그렇게 되면 야곱의 가족이 청구하는 대로 모든 것을 다 들어주겠다고 했습니다(창 34:9-12). 이에 야곱의 아들들은 할례 받지 아니한 사람에게 다나를 주는 것은 수치가 되기 때문에 그렇게 할 수 없다고 거절했습니다(창 34:14). 그러나 "...너희 중 남자가 다 할례를 받고 우리 같이 되면 우리 딸을 너희에게 주며 너희 딸을 우리가 데려오며 너희와 함께 거주하여 한 민족이 되려니와 너희가 만일... 할례를 받지 아니하면 우리는 곧 우리 딸을 데리고 가리라"(창 34:15-17)고 했습니다. 이 말을 들은 하몰과 세겜은 그것을 좋게 여기고 성문을 출입하는 모든 남자들이 다 할례를 받게 했습니다(창 34:18-24). 그리하여 세겜 남자들이 할례를 받고 3일째 되던 날 아직 고통 당하고 있을 때에 다나의 오빠 시므온과 레위가 칼을 가지고 부지중에 성을 기습하여 하몰과 세겜은 물론 그 성의 모든 남자들을 다 죽이고 다나를 세겜의 집에서 데려왔습니다(창 34:25-26). 그리고 야곱의 다른 아들들은 성 안의 모든 가축과 재물은 물론 부녀자들까지도 다 노략질해갔습니다(창 34:27-29).

사랑하는 여러분!
그리스도인으로서의 자신을 잘 관리합시다. 또한 나 하나의 잘못 때문에 가족이 고통 받는 일이 없도록 합시다. 그리고 나로 인하여 다른 사람이 죄를 범하는 일이 발생하지 않도록 우리들의 언행심사를 각별히 유의해야겠습니다.

3. 받아야 할 교훈

첫째로 말씀대로 살아야 합니다.
하나님께서는 말씀으로 이 세상 만물을 창조하셨고 예수님께서는 말씀이 육신이 되신 분이십니다. 하나님께서는 지금 이 시간에도 우리들이 말씀대로 살기를 원하십니다. 그러므로 우리 모두는 언제나 이 성경 말씀대로 살아야 합니다. 이 말씀은 우리의 생명이요, 영혼의 양식입니다. 이 세상을 살아가는 삶의 지침입니다. 때문에 이 말씀대로 사는 자가 하나님의 사랑과 은혜를 받습니다. 이 세상과 원수, 마귀를 이기고 승리하게 됩니다. 자기를 극기할 수 있습니다. 만약에 디나가 하나님의 말씀대로만 살았다고 하면 자신의 봉변과 가정의 비극을 사전에 막을 수 있었을 것입니다.

둘째로 세속을 경계해야 합니다.
이 세상은 사탄의 영향을 받고 있습니다. 그러므로 세속적인 가치관과 욕구를 따르는 것은 하나님을 떠나 범죄하게 되고 결국은 사탄의 종이 되어 저주받아 망하게 되는 것입니다. 디나도 세상을 사랑하여 할례 받지 않은 이방인들과 사귀고 교제하며 쾌락을 즐기려다가 세겜을 만나게 되었고 그에게 봉변을 당하고 가족을 고통스럽게 했으며 오빠들로 하여금 많은 사람을 살육하고 부녀자와 재물들을 약탈하게 했습니다. 그러므로 우리 모두는 그 어떤 일이 있어도 세속에 빠지는 불행한 일이 없어야겠습니다. 그러기 위해서 사탄의 조종을 받는 세속을 철저하게 경계해야 합니다.

셋째로 타협을 거부해야 합니다.
기독교 신앙은 오직 하나님만 믿는 절대적인 신앙이 요구됩니다. 그러므로 이 세상의 그 어떤 것과도 타협할 수 없습니다. 어느 인간, 어떤 일이나 돈, 지위나 권세 등 그 무엇과도 타협할 수 없습니다. 오직 성경 말씀대로 믿고 길이요, 진리요, 생명이신 예수님만 따르는 것입니다. 타협 자체는 신앙의 포기요, 불신앙입니다. 하몰과 세겜도 디나의 일로 인해 야곱과 그의 아들들에게 타협을 제안해 왔습니다. 물론 그들은 아주 좋은 조건을 제시했습니다. 그렇습니다. 사탄의 영향을 받는 이 세상도 그럴듯한 타협으로 유혹합니다. 그렇기 때문에 믿음이 약한 사람들이나 세상 허영에 들뜬 사람들이 잘 넘어갑니다. 그러므로 우리 성도들은 이 세상의 그 어떤 것으로 타협을 유도해도 예수 그리스도의 이름으로 단호하게 거절해야 합니다. 그래야만 평생 동안 성공적인 삶을 살 수 있습니다.

사랑하는 여러분!
어제나 오늘이나 영원토록 변함이 없으신 하나님의 말씀대로만 삽시다. 또한 우리들을 유혹하여 범죄케 하는 사탄을 예수 그리스도의 이름으로 강하게 대적합시다. 그리고 이 세상의 그 어떤 것으로 유혹해도 타협이 없는 견고한 신앙 생활을 이루시기 바랍니다.

 # 라반

[창 29:21-30]

야곱이 라반에게 이르되 내 기한이 찼으니 내 아내를 내게 주소서 내가 그에게 들어가겠나이다 라반이 그 곳 사람을 다 모아 잔치하고 저녁에 그의 딸 레아를 야곱에게로 데려가매 야곱이 그에게로 들어가니라 라반이 또 그의 여종 실바를 그의 딸 레아에게 시녀로 주었더라 야곱이 아침에 보니 레아라 라반에게 이르되 외삼촌이 어찌하여 내게 이같이 행하셨나이까 내가 라헬을 위하여 외삼촌을 섬기지 아니하였나이까 외삼촌이 나를 속이심은 어찌됨이니이까 라반이 이르되 언니보다 아우를 먼저 주는 것은 우리 지방에서 하지 아니하는 바이라 이를 위하여 칠 일을 채우라 우리가 그도 네게 주리니 네가 또 나를 칠 년 동안 섬길지니라 야곱이 그대로 하여 그 칠 일을 채우매 라반이 딸 라헬도 그에게 아내로 주고 라반이 또 그의 여종 빌하를 그의 딸 라헬에게 주어 시녀가 되게 하매 야곱이 또한 라헬에게로 들어갔고 그가 레아보다 라헬을 더 사랑하여 다시 칠 년 동안 라반을 섬겼더라

라반은 이삭의 아내 리브가의 오빠로서 하란과 인접해 있는 나홀성에서 살았습니다. 그는 여러 아들들과 두 딸을 두었습니다. 야곱이 팥죽 한 그릇으로 형 에서의 장자권을 빼앗고 별미로 에서 대신 이삭의 축복기도를 받음으로 인하여 에서의 분노를 사게 되었습니다. 때문에 리브가는 야곱에게 하란의 라반에게 가서 형 에서의 분노가 가라앉을 때까지 거기 가서 기다리라고 했습니다. 야곱이 리브가의 말대로 라반의 집에 가서 일하면서 라반의 두 딸과 결혼하게 됨으로 인해 외삼촌이요, 장인이 되는 관계를 맺게 되었습니다. 이 시간에는 야곱과 라반의 인간관계를 통해서 라반에 대해 생각해 보고자 합니다.

1. 교활한 사람이었습니다.

첫째로 야곱과의 약속을 어겼습니다.

라반은 자기 집에 피신해 와서 열심히 일하는 야곱에게 "네가 비록 내 생질이나 어찌 그저 내 일을 하겠느냐 네 품삯을 어떻게 할지 내게 말하라"(창 29:15)고 했습니다. 이에 야곱은 라반의 두 딸 중에서 곱고 아리따운 라헬을 사랑하므로 "...내가 외삼촌의 작은 딸 라헬을 위하여 외삼촌에게 칠 년을 섬기리이다"(창 29:18)라고 했습니다. 야곱은 라헬을 사랑했기 때문에 칠 년을 며칠같이 여기고 열심히 봉사했습니다(창 29:20). 그렇습니다. 사랑하면 그 어떠한 일도 기쁨으로 감당할 수 있습니다. 칠 년을 수일 같이 봉사한 야곱은 라반에게 "...내 기한이 찼으니 내 아내를 내게 주소서..."(창 29:21)라고 요구했습니다. 야곱의 요구를 받은 라반은 곧바로 그곳 사람들을 모아 놓고 결혼 잔치를 벌인 다음 저녁에 약속을 어기고 레아를 야곱에게 데려감으로 야곱이 그에게로 들어갔습니다(창 29:22,23). 그것은 바로 일 잘하는 야곱을 좀 더 부려먹기 위해 아주 치밀하게 계획된 계략이었습니다.

둘째로 야곱에게 칠 년을 더 일하라고 했습니다.

아침에 자고 일어난 야곱은 자신이 원한 라헬이 아니라 레아임을 발견하고는 라반에게 "...외삼촌이 어찌하여 내게 이같이 행하셨나이까 내가 라헬을 위하여 외삼촌을 섬기지 아니하였나이까 외삼촌이 나를 속이심은 어찌됨이니이까"(창 29:25)라고 항의했습니다. 이에 라반은 "...언니보다 아우를 먼저 주는 것은 우리 지방에서 하지 아니하는 바이라... 그도 네게 주리니 네가 또 나를 칠 년동안 섬길지니라"(창 29:26,27)고 했습니다. 어떻게 이런 일이 가능했을까요? 당시에는 신부가 긴 면박베일로 얼굴과 몸 전체를 가리고 신랑을 맞았기 때문에 야곱은 신부가 누구인지 분간할 수 없었습니다. 또한 당시

풍속으로는 신랑과 신부가 동침하기 전에는 신부의 얼굴을 들여다 볼 수 없었다고 합니다. 라반은 이러한 풍습을 이용한 것이었습니다. 그러나 야곱은 칠년을 더 일하는 조건으로 라헬을 아내로 맞이했습니다.

셋째로 품삯을 열 번이나 바꾸었습니다.
야곱은 라헬을 얻기 위해 십사 년을 봉사했으며 그 후로도 육 년 동안 더 봉사하여 이십 년을 한결같이 충성했습니다. 그런데 라반은 야곱의 품삯에 대해 열 번이나 바꾸었습니다. 여기에서 열 번이란 것은 햇수로 열 번이란 말이 아니라 자주 그랬다는 의미입니다. 라헬로 인하여 야곱을 속인 라반은 그 후에 품삯에 대해서도 계속 속였습니다. 라반은 야곱이 요구한 대로 처음에는 얼룩이나 점이 있는 것은 모두 야곱에게 주리라고 약속했습니다(창 30:32-35). 그러나 다시 규정을 고쳐 자꾸 번복했습니다.

사랑하는 여러분!
우리 하나님은 신실하신 분이십니다. 그러므로 하나님의 자녀들인 우리들은 그 어떤 이유로도 남을 속일 수 없습니다. 또한 나 자신의 이익을 위해 남을 이용해서는 안 됩니다. 그리고 하나님과의 약속이든지 사람과의 약속이든지 모두 다 반드시 지켜야 합니다.

2. 야곱의 귀향을 막았습니다.

첫째로 하나님께서 야곱을 부자되게 하셨습니다.
교활한 라반이 야곱을 계속 속이고 배반했지만 신실하신 하나님께서는 야곱을 생각하시사 큰 복을 주셨습니다. 라반이 양이나 염소는 대부분이 얼룩이나 점이 없기 때문에 야곱에게 "...점 있는 것이 네 삯이 되리라 하면 온 양떼가 낳은 것이 점 있는 것이요 또 얼룩무늬 있는 것..."(창 31:8)이었습니다.

이것은 바로 하나님께서 교활한 라반의 계략을 막으시고 야곱에게 복을 주셨기 때문이었습니다. 때문에 야곱의 소유는 자연히 많게 되었습니다. 그럼에도 불구하고 라반의 아들들은 "...야곱이 우리 아버지의 소유를 다 **빼앗고** 우리 아버지의 소유로 말미암아 이 모든 재물을 모았다..."(창 31:1)고 억지를 부렸습니다. 라반 또한 야곱을 보는 안색이나 대하는 태도가 전과 같지 않았습니다(창 31:2).

둘째로 야곱이 귀향을 결심했습니다.
여호와께서 야곱에게 "네 조상의 땅 네 족속에게로 돌아가라 내가 너와 함께 있으리라"(창 31:3)고 하셨습니다. 또한 라반의 시선과 아들들의 억지를 받은 야곱은 고향 땅으로 돌아가기로 결심하고 레아와 라헬을 불러 고향으로 돌아가자고 했습니다. 야곱의 말을 들은 레아와 라헬은 "...우리가 우리 아버지 집에서 무슨 분깃이나 유산이 있으리요 아버지가 우리를 팔고 우리의 돈을 다 먹어버렸으니 아버지가 우리를 외국인처럼 여기는 것이 아닌가 하나님이 우리 아버지에게서 취하여 가신 재물은 우리와 우리 자식의 것이니 이제 하나님이 당신에게 이르신 일을 다 준행하라"(창 31:14-16)고 한결같이 다 적극적으로 동의했습니다. 참으로 아름다운 순종이었습니다.

셋째로 라반이 야곱을 추격했습니다.
아내들의 적극적인 동의를 얻은 야곱은 즉시 자식들과 아내들을 낙타에 태우고 모든 짐승들과 소유물들을 챙겨서 길르앗 산을 향해 도망했습니다(창 31:17-21). 다행히도 라반은 양털을 깎으러 갔기 때문에 무사히 떠날 수 있었습니다(창 31:19). 그런데 삼일 만에 야곱이 도망한 것을 안 라반은 그 형제를 거느리고 칠 일 길을 쫓아가 길르앗산에서 그에게 미쳤습니다(창 31:22,23). 그러나 하나님께서 라반에게 현몽하여 말씀하시기를 "...너는 삼가 야곱에게 선악간에 말하지 말라"(창 31:24)고 하심으로 라반은 야곱에게 왜 말하지 않고 몰래 도망했느냐는 책망만 하고 별다른 조치를 취하지 않았습니다. 그렇습니다. 우리 하나님이 인도하시고 보호하시면 그 무엇도 우리를 해할 수 없습니다.

사랑하는 여러분!
우리들의 삶 전체를 전능하신 우리 하나님께 맡깁시다. 또한 야곱이 하란을 떠나 고향 땅으로 간 것처럼 영원한 본향인 하늘나라를 소망하며 삽시다. 그리고 이 세상 그 무엇도 두려워하지 말고 전능하신 하나님만 믿고 자신 있게 사시기 바랍니다.

3. 주신 교훈을 본받아야 합니다.

첫째로 심는 대로 거둔다는 것입니다.
야곱은 팥죽 한 그릇으로 에서의 장자권을 빼앗았고(창 25:27-34), 연로하여 눈이 어두운 아버지 이삭을 속이고 에서 대신 축복기도를 받은 것(창 27:1-29) 때문에 아버지 집을 떠나 먼 하란에서 머슴살이를 해야했습니다. 그곳에서 라헬을 아내로 얻기 위해 칠 년 동안이나 일했으나 라반에게 속아서 얻지 못하고 십사 년이란 긴 세월을 희생했습니다(창 29:15-30). 그 후로도 밤낮을 가리지 않고 육 년 동안을 더 봉사했으나 교활한 라반에 의해 열 번이나 속는 아픔을 당했습니다(창 31:36-42). 그 모두는 다 야곱이 심은 대로 거둔 것이었습니다. 그러므로 우리 모두는 반드시 진실과 선을 심는 삶을 살아야 합니다.

둘째로 절대로 교활해서는 안 됩니다.
교활이라는 것은 자신의 이익을 위해 간사하고 음흉한 행위를 하는 것으로서 죄인의 특성 중의 하나입니다. 라반은 야곱의 노동력을 착취하기 위해 아주 교활한 방법으로 야곱을 속였습니다. 그는 조카의 안타까운 입장을 생각하지 않고 오직 자기 욕심만을 생각했기 때문입니다. 그러나 분명한 것은 교활한 자는 반드시 자기가 해를 당하고 천박하게 되며 이 세상에서 버림받게 된다는 것입니다. 때문에 고라의 일당이 땅밥이 되었습니다(민 16:32). 아나니아와 삽비라가 죽임을 당했습니다(행 5:5-10). 가룟 유다가 피밭을 남겼습니다(마 27:8). 라반 또한 오히려 더 많은 양과 염소를 야곱에게 빼앗겼습니다. 그러므로 우리 모두는 어떤 일이 있어도 남을 이용하려는 교활한 생각을 해서는 안 됩니다.

셋째로 약속을 지키는 자가 되어야 합니다.
하나님께서는 성경에 약속하신 대로 모든 것들을 다 이루셨습니다. 그러므로 우리 성도들도 하나님의 자녀답게 하나님과의 약속이든지 사람과의 약속이든지 반드시 지켜야 합니다. 그 어떤 이유로도 바꿀 수 없습니다. 만약에 어쩔 수 없는 부득이한 상황이 발생했다고 하면 하나님 앞에 진술하게 기도하여 응답을 받아야 하고 약속한 당사자에게 잘 설명하여 그의 이해를 받아야 합니다. 그러나 할 수 있는 대로 최선을 다해 반드시 지켜야 합니다. 그렇지 않으면 예수 믿는 사람으로서 하나님의 영광을 가리게 됩니다. 또한 신용을 잃게 됩니다. 때문에 라반의 변개로 인해 라반의 딸들도 라반을 불신했고(창 31:15, 16), 야곱도 라반을 불신했습니다(창 31:20). 한마디로 가정이 와해된 것입니다. 하나님은 어제나 오늘이나 영원토록 불변하십시다.

사랑하는 여러분!
신실한 언행심사로 열심히 의와 선을 심읍시다. 또한 그 어떤 이유로도 교활한 삶을 살지 맙시다. 그리고 이 세상 끝날 때까지 언제나 신실하게 반드시 약속을 지키는 멋진 삶을 사시기 바랍니다.

 # 라합

[수 2:1-7]

눈의 아들 여호수아가 싯딤에서 두 사람을 정탐꾼으로 보내며 이르되 가서 그 땅과 여리고를 엿보라 하매 그들이 가서 라합이라 하는 기생의 집에 들어가 거기서 유숙하더니 어떤 사람이 여리고 왕에게 말하여 이르되 보소서 이 밤에 이스라엘 자손 중의 몇 사람이 이 땅을 정탐하러 이리로 들어왔나이다 여리고 왕이 라합에게 사람을 보내어 이르되 네게로 와서 네 집에 들어간 그 사람들을 끌어내라 그들은 이 온 땅을 정탐하러 왔느니라 그 여인이 그 두 사람을 이미 숨긴지라 이르되 과연 그 사람들이 내게 왔었으나 그들이 어디에서 왔는지 나는 알지 못하였고 그 사람들이 어두워 성문을 닫을 때쯤 되어 나갔으니 어디로 갔는지 내가 알지 못하나 급히 따라가라 그리하면 그들을 따라잡으리라 하였으나 그가 이미 그들을 이끌고 지붕에 올라가서 그 지붕에 벌여 놓은 삼대에 숨겼더라 그 사람들은 요단 나루터까지 그들을 쫓아갔고 그들을 뒤쫓는 자들이 나가자 곧 성문을 닫았더라

라합은 이 세상에서 완전히 사라질 수밖에 없는 아모리 족속의 여인이요, 이방인으로서 기생이었습니다. 그녀는 또한 죄악이 극심한 여리고 성에서 살았습니다. 그런데 그녀는 여호수아의 군대가 여리고 성을 점령하기 위해 파송한 두 명의 정탐꾼들을 선대한 것 때문에 여리고 성이 멸망 받을 때에 구원받았습니다. 그녀는 이스라엘이 여리고 성을 정복한 후에 유다 자손인 살몬과 결혼하여 보아스를 낳았고 결국은 다윗과 그리스도의 계보에 오르는 영광을 누리게 되었습니다. 그러므로 우리들도 나 자신의 입장과 처지가 제 아무리 열악하다고 할지라도 낙심하지 않고 믿음으로 자신있게 살아간다고 하면 놀라운 역사를 이루게 될 것입니다.

1. 정탐꾼과의 관계

첫째로 이방인으로서 기생이었습니다.

그녀는 아모리 족속으로서 죄악의 도성인 여리고 성에서 살았습니다. 그녀의 집은 여리고 성벽 위에 있었습니다(수 2:15). 라합이란 이름의 뜻은 '넓은 광장' 이란 의미를 가지고 있습니다. 다시 말하면 그의 마음이 광장처럼 넓은 여자란 말입니다. 때문에 하나님께서는 비록 죄악의 도성에 사는 비천한 직업을 가진 이방 여인이었지만 여리고 성을 정복하는 데에 사용하신 것입니다. 그러므로 우리들이 비록 비천하고 부족하다고 할지라도 라합처럼 넓은 마음을 가지고 하나님의 일에 충성하기만 하면 하나님께서 반드시 크게 사용하실 것입니다. 때문에 사도 바울은 "...너희도 마음을 넓히라"(고후 6:13)고 했습니다. 여러분 모두가 다 넓고 깊은 마음을 가진 주의 일꾼들이 되시기 바랍니다.

둘째로 여호수아가 두 정탐꾼을 파송했습니다.

모세가 가데스 바네아에서 가나안 땅을 정탐할 열두 명의 정탐꾼들을 파송했습니다. 그런데 열 명의 정탐꾼들에 의한 부정적인 보고로 인하여 이스라엘 백성들이 큰 절망에 빠지게 되었습니다. 때문에 여호수아와 갈렙을 제외한 모든 백성들은 모세 이외의 다른 지도자를 세워 다시 애굽으로 돌아가자고 하는 불신앙의 죄를 지었습니다(민 13, 14장). 그러나 그러한 아픔을 이미 경험한 여호수아는 그러한 폐단을 사전에 방지하기 위해서 이스라엘 백성들이 아무도 모르게 비밀리에 두 명의 정탐꾼들을 여리고 성으로 보냈습니다. 그렇습니다. 하나님의 일은 이렇게 은밀하게 행할 때에 은혜가 있고 더 좋은 결과를 가져오게 됩니다. 그러므로 주님의 일은 언제나 은밀하고 지혜롭게 해야 합니다(마 10:16). 왜냐하면 언제든지 자신을 나타내고자 할 때에 문제가 생기기 때문입니다.

셋째로 두 정탐꾼이 라합의 집에서 유숙했습니다.
당시의 여리고 성은 아주 견고한 성읍으로서 군사들에 의해 철통같은 경비를 하고 있었습니다. 그럼에도 불구하고 여호수아가 파송한 두 정탐꾼들은 기생 라합의 집에 들어가 유숙할 수 있었습니다. 기생의 집은 각양 각색의 사람들이 모여 사담을 나누며 쉬었다가 가는 곳이므로 군사적인 동태나 세상적인 정보, 민심을 파악하는 데에 아주 중요한 곳이었습니다. 또한 남자들이 기생의 집에 출입하는 것은 보편화되어 있기 때문에 두 정탐꾼들이 기생의 집에 숨는 것은 좋은 방법일 수도 있었습니다. 그토록 철통같은 여리고 성의 경비를 뚫고 입성하여 라합의 집에 유숙할 수 있게 된 것은 모두가 다 하나님의 절대적인 은혜였습니다. 그렇습니다. 전능하신 하나님께서 함께 하시면 불가능이 없습니다. 그러므로 우리 모두는 언제나 전능하신 하나님만을 믿고 자신 있게 살아가야 합니다.

사랑하는 여러분!
나 자신의 현재의 처지를 탓하지 맙시다. 또한 주님의 일은 언제나 은밀하고 지혜롭게 합시다. 그리고 나 자신을 포기하고 전능하신 하나님께서 역사하실 줄로 믿고 자신 있게 살아갑시다. 주께서 반드시 역사하실 것입니다.

2. 라합의 선행

첫째로 왕의 명령을 거절했습니다.
당시의 가나안 땅에서는 족속 단위의 여러 국가들이 형성되어 저마다 자율적인 통치 체제를 가지고 있었습니다. 그래서 어떤 사람이 여리고 왕에게 "...이 밤에 이스라엘 자손 중의 몇 사람이 땅을 정탐하러 이리로 들어왔나이다"

(수 2:2)라고 보고할 수 있게 된 것입니다. 보고를 받은 여리고 왕은 "라합에게 사람을 보내어 이르되 네게로 와서 네 집에 들어간 그 사람들을 끌어내라 그들은 이 온 땅을 정탐하러 왔느니라"(수 2:3)고 명령했습니다. 하찮은 신분의 일개 기생으로서 왕으로부터 이러한 명령을 받았다고 하면 대부분이 이유 여하를 막론하고 무조건 순복했을 것입니다. 그러나 그녀는 조금도 두려워하지 않고 기지를 발휘하여 왕의 신하들을 따돌렸습니다(수 2:5). 그렇습니다. 주님께서는 "너희가 나를 위하여 죽고자 하면 살 것이요 자기를 위하여 살고자 하면 죽을 것이라"고 하셨습니다.

둘째로 정탐꾼을 숨겨주었습니다.

라합은 정탐꾼들을 지붕으로 데리고 가서 말리기 위해 벌여 놓은 삼대에 숨겼습니다(수 2:6). 근동 지방에서는 지금도 곡식이나 삼대를 지붕 위에 널어놓고 말립니다. 그러므로 삼대더미는 정탐꾼들을 숨기는 데에 안성맞춤이었을 것입니다. 여기에서 라합의 지혜로운 기질이 유감없이 발휘된 것입니다. 그녀는 비록 기생의 신분이었지만 양털과 삼을 구하여 부지런히 손으로 일하는 여자였을 것입니다(잠 31:13). 때문에 하나님께서 당신의 뜻을 실현하시기 위해 그녀를 귀하게 사용하신 것입니다. 그렇습니다. 라합이 믿음으로 생명의 위협을 무릅쓰고 정탐꾼들을 숨겨주므로 살아 있는 믿음을 확증한 것과 같이 우리들도 담대한 믿음 생활을 통하여 하나님께 인정받는 성도들이 되어야겠습니다.

셋째로 그들에게 안도감을 주었습니다.

라합은 정탐꾼들에게 그 동안 위험한 상황이 전개됐음을 설명하고 안도감을 준 다음 아주 중요한 정보를 제공해 주었습니다. 그것은 바로 여리고 백성들이 이스라엘을 심히 두려워하며 떨고 있다는 것(수 2:9)이었습니다. 여리고 성을 보다 더 효과적으로 정복하기 위해 파송 받은 정탐꾼들에게 있어서 여리고 백성들의 사기가 저하되어 있다는 사실을 발견하게 된 것은 참으로 값진 정보였습니다. 그것은 바로 여호수아의 군대로 하여금 큰 용기를 불러 일으켜 주는 아주 중요한 요소였기 때문입니다. 그렇습니다. 하나님을 믿는 백성은 하나님께서 책임지시고 보증하시며 함께 하시기 때문에 세상이 두려워합니다. 사탄이 두려워합니다. 그러므로 때마다 일마다 항상 승리하게 됩니다.

사랑하는 여러분!
오직 하나님만 두려워합시다. 그분만 섬깁시다. 하나님의 일에 생명을 놓읍시다. 그리하여 전능하신 하나님의 일에 귀하게 쓰임 받는 성도들이 되시기 바랍니다.

3. 구원받은 라합

첫째로 라합의 일가족이 구원받았습니다.
두 정탐꾼들을 선대한 라합은 "그러므로 이제 청하노니 내가 너희를 선대하였은즉 너희도 내 아버지의 집을 선대하도록 여호와로 내게 맹세하고 내게 증표를 내라 그리고 나의 부모와 나의 남녀 형제와 그들에게 속한 모든 사람을 살려 주어 우리 목숨을 죽음에서 건져내라"(수 2:12-13)고 했습니다. 이에 정탐꾼들은 라합이 이 모든 일들을 누설하지 않으면 선대해 주겠다고 했습니다(수 2:14). 이에 라합은 정탐꾼들을 창에서 줄로 달아 내리웠습니다(수 2:15). 정탐꾼들은 "우리가 이 땅에 들어올 때에 우리를 달아 내린 창문에 이 붉은 줄을 매고 네 부모와 형제와 네 아버지의 가족을 다 네 집에 모으라"(수 2:18)고 부탁하고 떠났습니다. 그리하여 라합의 가족은 모두 다 구원받았습니다(수 6:22-25).

둘째로 예수님의 조상이 되었습니다.

여호수아가 보낸 정탐꾼 중의 하나는 살몬이었습니다. 라합은 나중에 살몬의 아내가 되었고 그들은 보아스를 낳았습니다. 다시 말하면 라합은 이스라엘의 대표적인 가문 가운데 한 사람이었던 살몬과 결혼함으로써 다윗과 예수 그리스도의 조상이 되었습니다(마 1:5). 범죄의 도성인 여리고 성의 기생 라합이었지만 여호와를 두려워하고 여호와의 일에 생명을 걸고 헌신했기 때문에 구원을 받았으며 후에 예수 그리스도의 조상이 되는 영광을 누리게 된 것입니다. 그렇습니다. 누구든지 예수 그리스도를 구주로 믿기만 하면 하나님의 자녀가 됩니다. 뿐만 아니라 하나님의 자녀가 갖는 권세를 가지고 크게 쓰임 받는 일꾼이 됩니다.

셋째로 그녀의 행위가 증거되고 있습니다.

"믿음으로 기생 라합은 정탐꾼을 평안히 영접하였으므로 순종하지 아니한 자와 함께 멸망하지 아니하였도다"(히 11:31)라고 했습니다. 또한 야고보는 "…기생 라합이 사자들을 접대하여 다른 길로 나가게 할 때에 행함으로 의롭다 하심을 받은 것이 아니냐"(약 2:25)라고 그녀의 믿음과 실천을 칭찬했습니다. 그녀는 아브라함의 혈통과는 전혀 다른 이방인으로서 그 모든 족속이 멸망 받았지만 그녀와 그의 가족이 구원받아 예수 그리스도의 조상이 되었고 오늘 이 시간까지도 그의 신앙과 선행이 전파되고 있습니다. 그러므로 우리들도 우리들의 언행심사와 믿음과 행위를 온전하게 나타내야겠습니다.

사랑하는 여러분!

우리의 온 가족이 인가귀도 되도록 합시다. 또한 우리들도 하나님의 일에 귀하게 쓰임 받는 자들이 됩시다. 그리고 우리 집에도 붉은 띠가 있는 가정이 되도록 합시다. 그리하여 우리 하나님께 감사 만만으로 크게 영광 돌리는 성도들이 되시기 바랍니다.

 # 라 헬

[창 30:1-8]

라헬이 자기가 야곱에게서 아들을 낳지 못함을 보고 그의 언니를 시기하여 야곱에게 이르되 내게 자식을 낳게 하라 그렇지 아니하면 내가 죽겠노라 야곱이 라헬에게 성을 내어 이르되 그대를 임신하지 못하게 하시는 이는 하나님이시니 내가 하나님을 대신하겠느냐 라헬이 이르되 내 여종 빌하에게로 들어가라 그가 아들을 낳아 내 무릎에 두리니 그러면 나도 그로 말미암아 자식을 얻겠노라 하고 그의 시녀 빌하를 남편에게 아내로 주매 야곱이 그에게로 들어갔더니 빌하가 임신하여 야곱에게 아들을 낳은지라 라헬이 이르되 하나님이 내 억울함을 푸시려고 내 호소를 들으사 내게 아들을 주셨다 하고 이로 말미암아 그의 이름을 1)단이라 하였으며 라헬의 시녀 빌하가 다시 임신하여 둘째 아들을 야곱에게 낳으매 라헬이 이르되 내가 언니와 크게 경쟁하여 이겼다 하고 그의 이름을 2)납달리라 하였더라

> 라헬은 야곱의 둘째 부인으로서 요셉과 베냐민의 어머니입니다. 그녀는 아름다운 미모를 가지고 있었으며 야곱의 극진한 사랑을 받았습니다. 그러나 자식이 없음으로 인해 남편을 괴롭히고 쓸데없는 자식 낳기 경쟁을 벌였으며, 이방의 신상인 드라빔을 훔치는 등 신앙적인 문제를 가져왔습니다. 그녀는 불행하게도 베냐민을 낳다가 죽었습니다.

1. 사랑 받은 여인

첫째로 아름다운 미모의 여인이었습니다.

야곱이 라헬을 처음 보았을 때에 그녀는 정말로 아름다웠습니다. 시력이 약한 레아와 비교해 볼 때에 그녀는 참으로 매혹적이었습니다(창 29:17). 때

문에 야곱은 "라헬에게 입맞추고 소리 내어 울..."(창 29:11)기까지 했습니다. 그렇다고 하면 라헬이 얼마나 아름다운 여인이었는가를 가히 짐작할 수 있습니다. 그렇습니다. 남자이든지 여자이든지 외적인 용모가 멋있고 아름다우면 일단 많은 사람들의 눈길을 끌고 호감을 받습니다. 그러나 문제는 그렇다고 해서 그들이 다 사랑 받고 존경받으며 행복한 것만은 아니라는 것입니다. 때문에 용모는 멋있고 아름다운데 언행심사가 부실하고 가정생활이 원만하지 못하고 폐인처럼 사는 사람들도 있습니다. 한 통계에 의하면 미인을 둔 남편의 외도율과 이혼율이 더 많으며 미녀와 사는 사람보다는 보통 여자와 사는 사람의 행복이 더 길다고 했습니다.

둘째로 과분한 사랑을 받았습니다.

야곱은 품삯에 대한 라반의 제안을 받고 "...내가 외삼촌의 작은 딸 라헬을 위하여 외삼촌에게 칠 년을 섬기리이다"(창 29:18)라고 일반사람들이 상상할 수 없는 제안을 했습니다. 그는 아름다운 라헬을 아내로 맞이하기 위해서는 그 어떤 희생도 감당하겠다는 것이었습니다. 그는 실로 칠 년을 수일같이 기쁜 마음으로 섬겼습니다. 또한 간교한 라반에게 속아 칠 년을 더 섬겼습니다. 이미 맺어진 사랑을 유지하려는 인내는 모르겠습니다만 아직 결혼하지 않은 총각이 아내를 얻기 위해서 한 여자를 위해 14년 동안을 머슴살이하는 사람은 아마도 야곱 외에는 전무후무할 것입니다. 그러므로 라헬은 이 세상에서 최고의 사랑을 받은 것입니다.

셋째로 인간적인 사랑은 만족이 없었습니다.

라헬은 결혼 전에도 십사 년 동안의 긴 세월동안 야곱의 사랑을 혼자 독차지했습니다. 야곱은 결혼 후에도 두 명의 아내와 두 명의 첩 등 네 명의 아내를 데리고 살았지만 오직 라헬 하나만을 사랑했습니다. 그런데 하나님께서 야곱의 사랑을 받지 못한 레아의 태를 열어주시고(창 29:31) 야곱의 사랑을 과분하게 받은 라헬은 임신하지 못하게 하셨습니다(창 29:31; 30:2). 때문에 레아는 언제나 남편의 사랑을 기대하고 소망 중에 살면서 여호와를 찬양했습니다(창 29:31-35). 그러나 야곱의 사랑을 받은 라헬은 레아를 질투하여 야곱에게 "내 여종 빌하에게로 들어가라 그가 아들을 낳아 내 무릎에 두리니 그러면 나도 그로 말미암아 자식을 얻겠노라"(창 30:3)고 했습니다. 다시 말하면 세상적이고 인간적인 사랑은 우리들에게 만족을 줄 수 없습니다.

사랑하는 여러분!
외적인 미와 행복은 아무런 관계가 없습니다. 또한 세상적이고 인간적인 사랑에 목말라 하지 마십시오. 그리고 인간적인 사랑을 못 받아도 하나님이 사랑하시면 언제나 승리한다는 사실을 믿고 끝까지 인내하며 믿음으로 살아가시기 바랍니다.

2. 질투의 여인

첫째로 레아는 하나님의 사랑을 받았습니다.
하나님께서는 레아를 사랑하셨습니다. 야곱은 먼저 결혼한 레아를 사랑하지 않고 나중에 결혼한 라헬만 사랑했습니다. 레아는 자기를 사랑하지 않는 남편과 산다는 것이 너무나도 고통스러웠습니다. 그러나 그는 낙심하지 않고 오직 하나님만 믿고 의지했습니다. 때문에 하나님께서는 레아에게 여섯 아들과 딸 하나를 선물로 주셨습니다(창 29:31; 30:21). 그녀는 외적인 아름다움은 없었지만 그의 내적인 아름다운 심성은 하나님께 대한 경외심으로 충만했습니다. 그렇습니다. 레아는 비록 남편의 사랑을 받지 못했지만 하나님의 사랑을 받았기 때문에 칠 남매를 얻게 된 것입니다. 그렇습니다. 우리가 이 세상 인간들의 사랑을 받지 못해도 우리를 창조하신 하나님께 인정받고 사랑을 받는다고 하면 이 세상의 그 어떤 것도 부러울 것이 없습니다.

둘째로 라헬이 질투했습니다.

하나님의 은혜로 레아가 칠 남매를 얻게 되자 자신의 언니임에도 불구하고 감사하기는커녕 질투하고 미워했습니다. 그녀는 야곱의 사랑을 혼자 독차지하고 있었습니다. 그러면서도 자기에게 자녀가 없다는 것 때문에 심히 고통스러워했습니다. 그녀는 야곱에게 "내게 자식을 낳게 하라 그렇지 않으면 내가 죽겠노라"(창 30:1)고 협박했습니다. 이에 야곱은 라헬에게 "...그대를 임신하지 못하게 하시는 이는 하나님이시니 내가 하나님을 대신하겠느냐"(창 30:2)고 성을 냈습니다. 라헬의 행위는 바로 불신앙의 소치로서 하나님께 대한 모독이었습니다.

셋째로 인간적인 방법을 모색했습니다.

라헬은 야곱에게 "내 여종 빌하에게로 들어가라 그가 아들을 낳아 내 무릎에 두리니 그러면 나도 그로 말미암아 자식을 얻겠노라"(창 30:3)고 인간적인 의지로 문제를 해결하려고 했습니다. 그럼에도 불구하고 야곱은 라헬의 성화에 못 이겨 라헬의 여종인 빌하를 첩으로 맞이하고 그에게로 들어가서 아들을 낳았습니다(창 30:4,5). 이에 라헬은 "...하나님이 내 억울함을 푸시려고 내 호소를 들으사 내게 아들을 주셨다..."(창 30:6)하고 그 아이의 이름을 '단'이라고 했습니다. 라헬의 여종 빌하가 다시 잉태하여 아들을 낳자 라헬은 "내가 언니와 크게 경쟁하여 이겼다 하고 그의 이름을 납달리"(창 30:8)라고 했습니다. 자매지간에 쓸데없는 경쟁을 벌였습니다.

사랑하는 여러분!

우리 모두 변함 없이 하나님의 사랑을 받는 사람들이 됩시다. 또한 절대로 시기하고 질투하는 삶을 살지 맙시다. 그리고 모든 일들을 하나님의 뜻대로 해결하는 믿음의 삶을 사시기 바랍니다.

3. 배신의 여인

첫째로 사랑하는 남편을 괴롭혔습니다.

라헬은 야곱의 지극한 사랑을 받았습니다. 그러면서도 자신의 사랑하는 남편의 아이를 갖지 못한 것에 대해 대단히 미안해하고 죄송스럽게 생각하고 위로해 주었어야 했습니다. 그러나 그녀는 오히려 야곱을 협박하며 괴롭혔습니다(창 30:1). 라헬이 자식을 낳지 못하는 것은 하나님께서 라헬의 태의 문을 닫으셨기 때문이라는 사실을 알고 있는 야곱으로서는 얼마나 괴로웠겠습니까?(창 30:2). 또한 그녀는 많은 것을 가진 여인이었습니다. 아름다운 외적인 미모를 가졌고, 갖고 싶은 모든 것들을 소유하고 있었으며, 남편의 헌신적인 사랑을 독차지하고 있었습니다. 그럼에도 불구하고 자식이 없다는 한 가지 이유 때문에 자학하고 남편을 괴롭혔습니다. 이 세상에서 이렇게 날마다 시기하고 질투하며 괴롭히는 여인과 함께 산다는 것은 대단히 불행일 것입니다.

둘째로 아버지를 배신했습니다.

야곱이 레아와 라헬을 불러놓고 온 가족이 가나안 땅으로 가야 할 이유를 말했을 때에 "...우리가 우리 아버지 집에서 무슨 분깃이나 유산이 있으리요 아버지가 우리를 팔고 우리의 돈을 다 먹어버렸으니 아버지가 우리를 외국인처럼 여기는 것이 아닌가 하나님이 우리 아버지에게서 취하여 가신 재물은 우리와 우리 자식의 것이니 이제 하나님이 당신에게 이르신 일을 다 준행하라"(창 31:14-16)고 했습니다. 다시 말하면 자기 아버지가 자기들을 팔아서 그 돈을 다 떼먹었다는 것입니다. 그리고 이제 와서 딸 취급을 안 한다는 것입니다. 때문에 하나님께서 자기 아버지의 돈을 빼앗아 자기들에게 주었다는 것입니다. 물론 여기에는 하나님의 섭리가 작용하신 것입니다. 그러나 자식으로서 남편에게 아버지를 이해시키고 보다 더 좋은 방법을 모색하여 아버지와 남편을 화해시키고 좋게 떠날 수 있도록 노력했어야 합니다.

셋째로 아버지의 드라빔을 훔쳐갔습니다.

라헬은 남편을 따라 떠날 때에 아버지가 자기의 신으로 섬기고 있는 드라빔을 도둑질해 갔습니다(창 31:19,30). 이 드라빔은 은이나 나무로 만든 사람 형상의 조그마한 우상인데(삼상 19:13-16) 족장시대에 가정의 수호신으로 널리 숭배되었습니다. 또한 이 드라빔을 가지고 점을 치기도 했으며(겔 21:21; 슥 10:2), 재산 상속권의 증표로도 사용했습니다. 그리고 레아는 남편의 하나님을 굳게 믿고 있었으나 라헬은 하나님보다 자기 아버지가 신으로 섬기는 드라빔 우상에게서 안식을 찾고자 했습니다. 한마디로 라헬은 하나님을 배신하고 아버지도 배신했으며 야곱 가정의 신앙도 더럽혔습니다. 그러나 그 사실을 알지 못한 야곱은 라반에게 "...외삼촌의 신을 누구에게서 찾든지 그는 살지 못할 것이요"(창 31:32上)라고 규정했고 야곱의 말대로 라헬은 베냐민을 낳다가 죽었습니다. 라헬은 마지막 숨을 거두면서 자기 아들의 이름을 베노니(슬픔의 아들)이라고 이름지었으나 야곱이 나중에 베냐민(오른손의 아들)이라고 고쳤으며 자기 집의 우상을 다 태워버리고 정화시켰습니다.

사랑하는 여러분!

그 어떤 이유로도 서로를 괴롭히는 일이 없어야겠습니다. 또한 부모가 제 아무리 부족해도 나는 그분들을 통해서 이 세상에 태어났다는 사실을 기억하고 무조건 존경해야 합니다. 그리고 우리 모두는 오직 하나님만 굳게 믿고 섬겨야 합니다.

 # 레 아

[창 29:31-35]

여호와께서 레아가 사랑 받지 못함을 보시고 그의 태를 여셨으나 라헬은 자녀가 없었더라 레아가 임신하여 아들을 낳고 그 이름을 1)르우벤이라 하여 이르되 여호와께서 나의 괴로움을 돌보셨으니 이제는 내 남편이 나를 사랑하리로다 하였더라 그가 다시 임신하여 아들을 낳고 이르되 여호와께서 내가 사랑 받지 못함을 들으셨으므로 내게 이 아들도 주셨도다 하고 그의 이름을 2)시므온이라 하였으며 그가 또 임신하여 아들을 낳고 이르되 내가 그에게 세 아들을 낳았으니 내 남편이 지금부터 나와 연합하리로다 하고 그의 이름을 3)레위라 하였으며 그가 또 임신하여 아들을 낳고 이르되 내가 이제는 여호와를 찬송하리로다 하고 이로 말미암아 그가 그의 이름을 4)유다라 하였고 그의 출산이 멈추었더라

> 레아는 라반의 첫째 딸로서 그녀의 이름의 뜻은 '우둔하다', '사모하다'라는 두 가지 뜻을 가지고 있습니다. 그녀는 아버지의 계략에 의해 야곱과 원치 않는 결혼을 하였고 그를 통해서 육남 일녀를 낳고 평생을 같이 살았지만 생전에는 아내 취급은 물론 온전한 사랑 한 번 받은 적이 없는 안타까운 삶을 살았습니다. 그러나 그는 남편이 자기를 사랑할 것이라는 믿음을 가지고 끝까지 인내하면서 찬송하는 삶을 살았습니다. 때문에 마침내 정실의 자리를 회복했으며 아브라함과 사라, 이삭과 리브가, 야곱과 자신이 조상의 묘에 함께 장사되는 영광을 누리게 되었습니다.

1. 안타까운 처지의 삶이었습니다

첫째로 시력이 부족했습니다.

레아의 눈은 시력이 부족하고 총기가 없었습니다. 눈이라고 하면 동양적

미의 조건입니다. 그런데 그녀의 시력이 약하고 총기가 없다는 것은 참으로 안타까운 일이었습니다. 왜냐하면 시력이 약하면 얼굴을 똑바로 세울 수 없으며 자연히 얼굴을 찡그리게 됩니다. 때문에 상대방에게 편안하고 좋은 인상을 줄 수 없습니다. 그녀는 동생인 라헬에 비해 상대적으로 아름답지 못하다는 평가를 받고 있었습니다. 여자에게 있어서 아름다움은 뭇사람들로부터 사랑과 관심을 받는 조건인데 그러한 외모의 조건을 갖지 못했다는 것은 여자로서는 아주 큰 핸디캡이었습니다. 그러나 우리는 "고운 것도 거짓되고 아름다운 것도 헛되나 오직 여호와를 경외하는 여자는 칭찬을 받을 것이라"(잠 31:30)는 성경말씀을 기억해야 할 것입니다.

둘째로 우둔한 사람이었습니다.
그녀는 아버지 라반의 계략에 의해 불법하게 이용되었습니다. 그녀는 야곱이 자기 동생 라헬을 사랑하여 결혼하는 대가로 칠 년을 머슴살이했다는 사실을 익히 알고 있었습니다. 그럼에도 불구하고 자기 아버지가 야곱의 노동력을 탐하여 야곱과의 약속을 어기고 자기 동생 라헬 대신에 자신을 야곱에게 주어 결혼시킬 때에 아무런 말도 없이 그대로 이용되었습니다. 그녀는 아버지의 계략도 알고 있었을 것입니다. 뿐만 아니라 자신이 야곱과 결혼식을 마치고 첫날밤을 지낸 다음에는 아버지와 자신의 잘못된 계략이 곧 들통날 것도 알고 있었습니다. 그럼에도 불구하고 그녀는 잘못된 계략을 그대로 받아들이고 순응했습니다. 참으로 우둔한 사람이었습니다.

셋째로 불행한 결혼을 했습니다.
당시의 결혼관습에서는 결혼식장에 나가는 그 시간부터 첫날밤을 지낼 때까지는 얼굴과 몸 전체를 가리는 면사포를 반드시 쓰고 있어야 했습니다. 또한 신부가 신랑의 침실에는 모든 결혼잔치가 끝나고 어두워질 때에 들어갔습니다. 때문에 첫날밤에는 신랑이 신부의 얼굴을 볼 수 없었습니다. 라반과 레아는 이러한 관습의 허점을 이용하여 야곱을 속이고 레아와 결혼시킨 것입니다. 그러나 그녀는 야곱이 자기를 사랑하지 않는다는 사실을 익히 알고 있었습니다. 실로 야곱은 날이 밝아지자 자기가 결혼한 사람이 라헬이 아니라 레아인 줄 알고 화가 나서 라반에게 항의하고 라반의 요구대로 라헬을 위해 칠 년을 더 일하겠다고까지 했습니다. 당시 레아의 마음이 얼마나 아팠겠습니까? 참으로 불행한 결혼이었습니다.

사랑하는 여러분!
우리 모두는 외모보다 더 중요한 속사람을 아름답게 단장하는 삶을 살아야겠습니다. 또한 그 어떤 일이 있어도 악한 일에 이용당하는 일이 없어야겠습니다. 그리고 언제나 믿음으로 결혼생활을 아름답게 영위해 가야 합니다.

2. 성실한 신앙인이었습니다.

첫째로 기도하는 사람이었습니다.
아버지의 계략에 의해 야곱과 결혼한 레아는 남편의 사랑을 받지 못하는 안타까운 삶을 살았습니다. 야곱은 법적으로나 순리적으로 레아가 분명한 정실임에도 불구하고 자신이 원했던 여자가 아니기 때문에 그녀를 하찮게 여기고 거들떠보지도 않았습니다. 그러나 레아는 조금도 실망하지 않고 하나님께서 자기의 기도를 들어주시사 남편이 자기를 사랑할 줄로 믿고 열심히 기도했습니다(창 29:31, 30:17). 그렇습니다. 기도는 영혼의 호흡이며 하나님과의 대화입니다. 그러므로 쉬지 말고 기도해야 합니다(살전 5:17). 이 기도는 하나님의 능력을 받는 방편이요, 문제 해결의 열쇠입니다(요 14:14). 때문에 하나님께서는 레아의 외모를 보지 않으시고 그녀의 신실한 신앙과 기도하는 중심을 보시고 궁극적인 승리를 주셨습니다(삼상 16:7).

둘째로 찬송하는 사람이었습니다.

레아는 외적인 용모만 열악한 것이 아니라 분명한 정실임에도 불구하고 인정받기는커녕 남편의 사랑조차 받지 못했습니다. 얼마나 힘들고 어려운 삶을 살았는지 모릅니다. 그러나 그녀는 유다를 낳고는 "…내가 이제는 여호와를 찬송하리로다"(창 29:35上)라고 했습니다. 그녀는 신실한 신앙인으로서 하나님을 사모하고 기도했을 뿐만 아니라 찬송하는 사람이었습니다. 그렇습니다. 진정한 그리스도인은 자신이 처한 환경이 제 아무리 어려워도 찬송하는 삶을 삽니다. 인간관계가 어려워도 찬송합니다. 그 어떤 고난에 직면한다고 할지라도 전능하신 하나님을 바라보면서 찬송합니다. 찬송은 위력이 있습니다. 하나님은 찬송 중에 거하십니다. 찬송은 대적과의 싸움에서 우리를 승리케 합니다(대하 20:21, 22). 찬송은 사탄을 물리칩니다(삼상 16:23). 찬송은 우리들을 가둔 옥문을 열게 합니다(행 16:25-27). 찬송은 기쁨과 평안을 줍니다. 우리들로 하여금 궁극적인 승리를 갖게 합니다. 그러므로 우리는 뜨겁게 찬송하는 삶을 살아야 합니다.

셋째로 끝까지 인내했습니다.

레아는 자기를 사랑하지 않는 남편이었지만 언제나 자신을 내어주고 희생했습니다. 언젠가는 야곱이 자기를 사랑하리라고 믿고 기대하면서 인내했습니다. 굴욕적인 모욕을 당하면서도 야곱과 같이 동침하기를 원했습니다(창 30:15,16). 야곱은 처자식과 함께 귀향할 때에 에서가 자기 식구 전체에게 복수할 것이 두려워서 그의 가족들을 두 그룹으로 나누었습니다. 제일 앞에는 첩들과 그들의 아들들이었습니다. 그 다음은 레아와 그녀의 자녀들이었습니다. 그리고 제일 안전한 곳은 자기와 라헬, 요셉을 위해 남겨두었습니다. 다시 말하면 레아는 아내 취급은커녕 사람 취급도 받지 못했던 것입니다. 그러나 그는 죽을 때까지 인내했습니다.

사랑하는 여러분!
우리 모두 레아처럼 기도하는 사람이 됩시다. 또한 범사에 감사하면서 늘 찬송하는 삶을 삽시다. 그리고 이유 여하를 막론하고 이 세상 끝날까지 인내하면서 의를 이루는 복된 삶을 사시기 바랍니다.

3. 하나님의 사랑을 받았습니다.

첫째로 태의 문을 열어주셨습니다.
하나님께서는 시력이 약하고 볼품 없는 레아였지만 그녀의 신실한 믿음과 중심을 보시고 사랑하셨습니다. 야곱이 레아의 외모로 인하여 그녀를 하찮게 여기고 업신여겼기 때문에 오히려 하나님께서는 그녀를 귀하게 여기시고 그녀의 태의 문을 열어주셨습니다(창 29:31). 그리하여 그녀는 육남 일녀를 낳는 축복을 받았습니다(창 30:20-21). 그러나 그녀는 조금도 교만하지 않았습니다. 자기의 기도를 들어주시고 태의 문을 여시사 자녀들을 허락하신 하나님께 감사하고 찬송을 드렸습니다. 비록 남편인 야곱의 사랑을 받지 못했지만 하나님의 사랑을 받은 레아는 칠 남매의 어머니가 되는 큰 복을 누렸습니다. 그러므로 성도는 세속적이고 인간적인 사랑에 연연해서는 안 됩니다. 영원토록 변함없으신 전능하신 하나님의 사랑을 믿고 의지해야 합니다.

둘째로 정실의 자리를 확고히 했습니다.
야곱은 자신의 죽음이 가까워오자 요셉에게 "...내가 이전에 밧단에서 올 때에 라헬이 나를 따르는 도중 가나안 땅에서 죽었는데 그곳은 에브랏까지 길이 아직도 먼 곳이라 내가 거기서 그를 에브랏 길에 장사하였느니라(에브랏은 곧 베들레헴이라)"(창 48:7)고 말했습니다. 그리고 그는 "...내가 내 조상들에게로 돌아가리니 나를 헷사람 에브론의 밭에 있는 굴에 우리 선조와 함께 장사하라 이 굴은 가나안 땅 마므레 앞 막벨라 밭에 있는 것이라 아브라함이 헷사람 에브론에게서 밭과 함께 사서 그의 매장지를 삼았으므로 아브라함과 그의 아내 사라가 거기 장사되었고 이삭과 그의 아내 리브가도 거기 장사되었으며 나도 레아를 그곳에 장사하였노라"(창 49:29-31)고 유언을 하고 곧 바로 이 세상을 떠났습니다. 야곱은 레아가 기도하고 소원한 대로 레아에게로 완전히 돌아갔습니다. 다시 말하면 레아는 죽어서야 정실의 자리를 확고히 한 것입니다.

셋째로 메시야의 계보가 되었습니다.

레아가 비록 비정상적인 계략에 의해 야곱의 아내가 되었지만 하나님의 사랑으로 이스라엘 집을 세운 위대한 여인이 되었습니다. 레아가 낳은 유다를 통해 이스라엘 왕의 가문을 세운 다윗과 메시야의 조상이 되었습니다(삼상 17:12; 마 1:1-16). 또한 하나님께서는 레아가 낳은 레위 지파를 선택하셔서 하나님의 거룩한 전을 섬기는 제사장이 되게 하셨습니다(신 10:8). 이스라엘의 위대한 지도자 모세도 바로 이 지파였습니다. 다시 말하면 레아는 이스라엘의 왕가와 제사장, 메시야를 배출한 위대한 어머니가 되었던 것입니다.

사랑하는 여러분!

우리 모두 하나님의 사랑을 받는 신앙인들이 됩시다. 또한 선택된 하나님의 백성으로서의 위치를 확고하게 합시다. 그리고 하나님의 선한 일에 아름답게 쓰임 받는 위대한 신앙인들이 되시기 바랍니다.

 # 레위

[창 49:5-7]

> 시므온과 레위는 형제요 그들의 칼은 폭력의 도구로다 내 혼아 그들의 모의에 상관하지 말지어다 내 영광아 그들의 집회에 참여하지 말지어다 그들이 그들의 분노대로 사람을 죽이고 그들의 혈기대로 소의 발목 힘줄을 끊었음이로다 그 노여움이 혹독하니 저주를 받을 것이요 분기가 맹렬하니 저주를 받을 것이라 내가 그들을 야곱 중에서 나누며 이스라엘 중에서 흩으리로다

> 레위는 야곱이 레아에게서 얻은 셋째 아들입니다. 그의 이름은 레아가 야곱과 가까워지기를 원하면서 지은 이름으로서 '연합하다, 집착하다'란 뜻을 가지고 있습니다. 그는 자신의 친 여동생 디나가 세겜으로부터 성폭행을 당한 사건으로 인해 잔인한 살인 행위를 행함으로써 이스라엘 중에 흩어지는 고난도 당했지만 각 지파에 흩어져서 이스라엘 민족의 신앙을 지도하고 하나님의 성전을 돌보는 거룩한 성직을 맡기도 했습니다. 레위기는 바로 그들의 직무를 기록한 책입니다.

1. 레위의 범죄

첫째로 디나가 세겜에게 강간당했습니다.

야곱은 하란에서 떠날 때에 벧엘로 가기로 하나님께 서원했습니다. 그러나 원래 서원한 벧엘로 가지 않고 가나안 땅 세겜 성에 머물렀습니다. 때에 당시의 나이가 약 17세쯤으로 추정되는 그의 딸 디나가 그 땅의 여자들을 보러 나갔다가 세겜에게 몸을 유린당했습니다. 당시 히위 족속의 추장이었던 하몰은 그 땅에 성읍을 건축하고 자기 아들의 이름을 따서 세겜 성이라고 불렀습

니다(창 33:18,19). 그런데 후에 세겜은 하몰의 뒤를 이어 세겜 성의 추장이 되었습니다. 당시의 추장은 전체부족에 대해서뿐만 아니라 개인의 사생활은 물론 사람을 죽이고 살리는 일까지도 자기 마음대로 하는 절대권력자였습니다. 때문에 그는 디나의 의사와는 전혀 상관없이 강제로 추행한 것이었습니다(창 34:1-4).

둘째로 세겜 성의 모든 남자들을 할례 받게 했습니다.
하몰과 세겜은 야곱과 그의 아들들에게 세겜과 디나가 결혼할 수 있게 해달라고 간곡히 요청하고 허락만 해주면 그 어떠한 요구라도 다 들어주겠다고 약속했습니다(창 34:6-12). 이에 야곱의 아들들은 하몰과 세겜에게 "...우리는 그리하지 못하겠노라 할례받지 아니한 사람에게 우리 누이를 줄 수 없노니 이는 우리의 수치가 됨이니라 그런즉 이같이 하면 너희에게 허락하리라 만일 너희 중 남자가 다 할례를 받고 우리 같이 되면 우리 딸을 너희에게 주며 너희 딸을 우리가 데려오며 너희와 함께 거주하여 한 민족이 되려니와 너희가 만일 우리 말을 듣지 아니하고 할례를 받지 아니하면 우리는 곧 우리 딸을 데리고 가리라"(창 34:14-17)고 했습니다. 때문에 하몰과 세겜은 야곱의 아들들의 제안을 좋게 여기고 세겜 성을 출입하는 모든 남자들이 다 할례를 받게 했습니다(창 34:18-24). 그러나 이는 야곱의 아들들이 하몰과 세겜이 제안한 약속을 들어주기 위해서가 아니라 그들을 죽이기 위해 속인 것이었습니다.

셋째로 세겜 성의 모든 남자들을 다 죽였습니다.
시므온과 레위는 세겜 성의 남자들이 다 할례를 받고 3일째 되던 날 아직 고통하고 있을 때에 칼을 갖고 세겜 성을 기습하여 남자들을 다 죽이고 디나를 세겜의 집에서 데려왔습니다(창 34:24-26). 뿐만 아니라 세겜 성 사람들의 모든 가축들은 물론 재물과 처자식들까지도 모두 다 노략질해갔습니다(창 34:28,29). 그러나 이러한 잔악한 행위는 하나님께 범죄행위였고 아버지 야곱을 고통스럽게 하는 악한 행위였습니다(창 34:40). 그러므로 우리 성도들은 어떤 상황에서든지 예수 그리스도의 인자하심을 본받아야 합니다. 결국 시므온과 레위의 이러한 잘못된 행위가 임종을 앞둔 야곱이 아들들에 대해 마지막으로 예언할 때에 그들이 저주를 받아 이스라엘 중에서 나누일 것이라는 선언을 듣게 되었습니다.

사랑하는 여러분!
그 어떤 이유로도 이 세상 연락에 유혹되지 맙시다. 또한 이유 여하를 막론하고 남을 억울하게 하고 속이며 해를 끼치는 악한 일은 하지 맙시다. 그리고 우리들의 일평생 동안 남의 것을 노략질하거나 희생시키는 일이 없도록 해야겠습니다.

2. 흩어진 지파

첫째로 야곱이 예언했습니다.
사람이 임종시에 하는 말을 유언이라고 합니다. 이 유언은 생존자들에게 아주 깊은 인상을 줍니다. 때문에 이 유언은 법적인 효력까지 지닙니다. 야곱은 자신의 임종의 때가 가까워오자 열두 아들들을 불러놓고 그들의 장래에 대해 예언했습니다(창 49:1-28). 그 중에서도 시므온과 레위에게는 그들의 동생인 디나의 사건 때 거짓으로 세겜인들을 할례 받게 하고 대량학살한 다음 그들의 재산과 처자식들을 약탈한 잔인성을 지적했습니다. 그리고 앞으로 그들이 그 악한 일로 인해 저주를 받아 야곱 중에서 나누며 이스라엘 중에서 흩으리로다(창 49:5-7)라고 예언했습니다. 그렇습니다. 우리 성도들은 그 어떤 이유로도 악을 정당화 할 수 없습니다. 그러므로 우리는 언제나 악을 선으로 갚을 수 있는 성숙한 신앙인들이 되어야겠습니다.

둘째로 각 지파들이 분깃을 주었습니다.

출애굽한 이스라엘이 가나안을 정복하고 그 땅을 각 지파에 분배했습니다. 그러나 하나님께서는 레위 지파에게는 그들이 함께 살 수 있는 별도의 땅을 분배하지 않고 각 지파가 분배받은 땅에서 일부를 제공받아 살도록 하셨습니다(민 35:1-9). 때문에 레위 지파는 각 지파들이 떼어준 땅에서 흩어져 살아야 했습니다. 그들이 분배 받은 곳은 모두 48성읍이었습니다(민 35:1-8). 이것은 바로 하나님의 명령이었습니다. 이 명령을 하나님으로부터 직접 받은 사람은 모세였습니다(민 34:1-29). 그러나 모세는 가나안 정복 직전에 죽었기 때문에 토지를 분배하는 모든 일들은 다 가나안을 정복한 여호수아에 의해 시행되었습니다(수 21:1-3). 이것은 바로 야곱의 예언이 그대로 이루어진 것입니다. 그러므로 우리 모두는 언제나 하나님의 말씀대로만 살아야 합니다.

셋째로 하나님의 깊으신 뜻이 있었습니다.

하나님께서 레위 지파로 하여금 각 지파들 속에 흩어져 살게 하신 것은 그들에게 제사장 직분을 주어 거룩한 사명을 잘 감당하도록 하기 위함이셨습니다. 하나님께서는 그들을 통해서 이스라엘 민족의 각 지파들이 모두 다 하나님께 제사를 드릴 수 있도록 미리 계획하신 것이었습니다. 또한 제사장 직분을 감당하는 그들로 하여금 이스라엘 백성들이 이방신을 섬기거나 악한 짓을 하지 못하도록 미리 계도하고 방지하기 위함이셨습니다. 그리고 이스라엘 백성들을 영적으로 건강하게 성장하여 선택받은 백성답게 하나님을 잘 섬기도록 인도하시기 위해서였습니다. 다시 말하면 레위 지파에게 정한 땅을 분배해 주지 않고 각 지파가 분배받은 땅에서 얼마를 기부 받아 흩어져 살게 하신 것은 그들로 하여금 이스라엘 백성들의 신앙을 잘 지도하도록 하시기 위함이셨습니다.

사랑하는 여러분!
범사에 감사하고 언제나 모든 일들을 믿음으로 해결합시다. 또한 레위 지파처럼 이 세상 사람들을 아름답게 신앙으로 계도하는 삶을 삽시다. 그리고 하나님의 선하신 뜻에 무조건 순종하는 아름다운 삶을 사시기 바랍니다.

3. 쓰임 받은 지파

첫째로 구별된 지파였습니다.
하나님께서는 레위 지파를 이스라엘의 다른 지파들로부터 구별된 백성으로 세우시고 죄와 세상으로부터 구별하셨습니다. 그리하여 하나님만 전적으로 섬기게 하셨습니다. 하나님께서는 그들로 하여금 하나님과 인간 사이에 다리를 놓아줄 중보자로 사용하시기 위해서 그들을 선택하셨습니다. 그러나 그들 또한 죄인이기 때문에 온전한 중보자가 될 수 없습니다(히 7:26-28). 오직 하나님과 우리 인간에게 영원한 중보자가 필요하다는 것을 예표로 보여주신 것입니다. 그렇습니다. 우리의 영원한 중보자는 원죄가 없으신 예수 그리스도뿐입니다(딤전 2:5). 그러므로 우리 모두는 예수 그리스도께서 우리의 구주가 되심을 마음으로 믿고 입으로 시인해야 합니다.

둘째로 제사장 직분을 맡았습니다.
하나님께서는 레위의 후손들을 구별하여 선택하시고 제사장으로 세우시고 직분을 감당하도록 하셨습니다(출 28:1; 민 3:5-10; 신 10:8). 그들이 부여

받은 제사장 직분은 자신들의 선택이나 우연에 의해 이루어진 것이 아니라 하나님의 주권에 의한 것이었습니다(민 3:12). 그러므로 이에 대해서 어느 누가 이유를 달 수 없습니다. 무조건 그대로 믿고 따르며 순종해야 합니다. 그런 면으로 볼 때에 레위 지파는 참으로 축복 받은 선택된 지파입니다. 그러므로 우리 모두는 그 어떤 일이 있어도 하나님께서 세우신 일꾼들에 대해 함부로 왈가왈부해서는 안 됩니다.

셋째로 성전에서 봉사했습니다.
하나님께서 레위 지파들에게 장자직을 대신해서 회막일을 보게 하셨습니다(민 3:12,13). 또한 찬양의 직무를 맡게 하고(대상 6:31-33), 성전의 문지기로 섬기고, 성전의 각 곳간을 담당했으며, 제사에 필요한 각종 제품들을 관리했습니다(대상 9:26-34). 그리고 장막과 그 모든 기구를 운반하고 설치하게 했습니다(민 1:47-51). 레위인들 외에는 이러한 일들을 아무도 할 수 없었습니다. 만약에 레위인 외에 이 일을 하면 하나님께서 직접 죽이셨습니다(민 1:51). 때문에 하나님께서는 구별된 일을 하는 레위인들을 이스라엘의 계수에 넣지 말라고 하셨습니다(민 1:47-49). 레위인들은 하나님의 은혜로 말미암아 참으로 가치 있게 쓰임 받는 지파였습니다.

사랑하는 여러분!
우리 모두 선택된 백성답게 구별된 삶을 삽시다. 또한 이 세상의 모든 죄인들을 주님께로 인도하는 일에 최선을 다합시다. 그리고 주의 전에서의 한 날이 세상에서의 천 날보다 나음을 믿고 맡은 바 사명에 최선을 다하시기 바랍니다.

 # 롯

[창 13:5-13]

아브람의 일행 롯도 양과 소와 장막이 있으므로 그 땅이 그들이 동거하기에 넉넉하지 못하였으니 이는 그들의 소유가 많아서 동거할 수 없었음이니라 그러므로 아브람의 가축의 목자와 롯의 가축의 목자가 서로 다투고 또 가나안 사람과 브리스 사람도 그 땅에 거주하였는지라 아브람이 롯에게 이르되 우리는 한 1)친족이라 나나 너나 내 목자나 네 목자나 서로 다투게 하지 말자 네 앞에 온 땅이 있지 아니하냐 나를 떠나가라 네가 좌하면 나는 우하고 네가 우하면 나는 좌하리라 이에 롯이 눈을 들어 요단 지역을 바라본즉 소알까지 온 땅에 물이 넉넉하니 여호와께서 소돔과 고모라를 멸하시기 전이었으므로 여호와의 동산 같고 애굽 땅과 같았더라 그러므로 롯이 요단 온 지역을 택하고 동으로 옮기니 그들이 서로 떠난지라 아브람은 가나안 땅에 거주하였고 롯은 그 지역의 도시들에 머무르며 그 장막을 옮겨 소돔까지 이르렀더라 소돔 사람은 여호와 앞에 악하며 큰 죄인이었더라

롯은 그 어원이 불분명하지만 '숨겨진 애매한 자, 가려진 자'란 뜻을 가지고 있습니다. 그는 아브람 형제 하란의 아들입니다. 그는 삼촌인 아브라함의 사랑을 받고 성장했지만 물질문제로 인하여 둘이 갈라서게 되었습니다. 그는 신앙보다는 물질을 중요시하고 소돔과 고모라를 선택했습니다. 그러나 그로 인하여 소돔과 고모라가 유황불로 심판 받을 때에 간신히 구출되는 안타까운 삶을 살았으며 근친 상간의 죄를 범하여 모압과 암몬의 조상이 되는 비극을 남겼습니다. 다시 말하면 그는 하나님을 믿으면서도 이 세상을 완전히 떨쳐버리지 못하고 세상에 이끌려 육에 속한 삶을 살다가 불행한 삶을 산 초라한 성도의 모습을 보여주고 있습니다.

1. 아브람과 동행

첫째로 아버지를 일찍 잃었습니다.

데라는 아브라함, 나홀, 하란 등 세 아들을 낳았습니다. 그런데 롯의 아버지 하란은 아버지 데라보다 일찍 죽었습니다(창 11:26-28). 유대 전승에 의하면 당시 데라는 화신(火神)숭배자였는데 하란이 화신숭배를 거부하자 데라가 그를 당국에 고발하여 불에 타죽게 했다고 합니다. 그러나 이러한 전승은 신빙성이 희박합니다. 여하튼 아들이 아버지보다 더 일찍 죽은 것은 성경 역사상 최초의 사건이었습니다. 또한 죽음이란 그 누구에게나 순간적으로 갑자기 임할 수 있다는 사실을 보여준 것입니다. 그러므로 우리는 하루 하루를 믿음을 가지고 최선을 다해 열심히 살아야 합니다.

둘째로 아브람과 동행했습니다.

하나님께서는 아브람에게 "너는 너의 고향과 친척과 아버지의 집을 떠나 내가 네게 보여줄 땅으로 가라 내가 너로 큰 민족을 이루고 네게 복을 주어 네 이름을 창대하게 하리니 너는 복이 될지라 너를 축복하는 자에게는 내가 복을 내리고 너를 저주하는 자에게는 내가 저주하리니 땅의 모든 족속이 너로 말미암아 복을 얻을 것이라"(창 12:1-3)고 하셨습니다. 하나님의 명령을 받은 아브람은 갈 바를 알지 못했지만 말씀에 순종하여 무조건 떠났습니다(히 11:8). 바로 그 때에 롯도 동행했습니다(창 12:4,5). 아마도 롯이 아브람의 경건한 인격과 신앙 생활에 감화를 받아 존경했기 때문에 미지의 가나안 행에 동행했을 것입니다.

셋째로 많은 재물을 소유하게 되었습니다.

하나님의 명령에 순종하여 고향 땅인 갈대아 우르와 하란을 떠나 가나안 땅에 정착해 살던 아브람과 롯은 극심한 기근을 피해 애굽으로 내려갔습니다. 그들이 애굽에 가서 어려운 일도 많이 당했지만(창 12:11-14), 거기에서 기근을 피할 수 있었고 많은 재산도 모았습니다. 그런데 애굽의 바로가 아브람의 아내 사래 사건으로 인해 하나님께서 자신과 집에 큰 재앙을 내리시겠다고 하시자 바로는 그들을 애굽에서 떠나라고 했습니다(창 12:11-20). 아브람과 롯이 애굽에서 나올 때에 그들의 육축과 은금이 아주 많았습니다(창 13:1-5).

사랑하는 여러분!
우리 인생에게는 누구에게나 죽음이 있음을 깨달아야 합니다. 또한 언제, 어디서나 모든 사람들에게 신뢰받을 수 있는 아름다운 삶을 삽시다. 그리고 이유 여하를 막론하고 침륜에 빠지거나 뒤로 물러서는 일이 없이 믿음으로 계속 전진하는 멋진 삶을 사시기 바랍니다.

2. 이기적인 선택

첫째로 아브람과 롯의 목자들이 다투었습니다.
애굽에서 추방된 아브람과 롯은 고향을 떠나 가나안 땅에 와서 처음으로 여호와의 이름을 부르면서 제단을 쌓았던 곳인 벧엘과 아이 사이에 장막을 치고 머물게 되었습니다(창 13:3,4). 그런데 아브람과 롯의 소유가 많아짐으로 아브람의 가축을 기르는 목자들과 롯의 가축을 기르는 목자들이 서로 다투게 되었습니다(창 13:5-7). 지금까지 아름답게 동행했던 아브람과 롯이 세속적인 부요로 인해 금이 가게 된 것입니다. 이는 목자들이 서로가 더 좋은 목초지와 물을 먼저 차지하기 위한 이기주의적인 사고 방식 때문이었습니다. 그리고 서로에게 배려와 양보가 없었기 때문이었습니다. 그렇습니다. 언제나 물질이 개입되면 이렇게 관계가 악화됩니다. 부모와 자식이 이 물질 때문에 싸웁니다. 형제가 이 물질 때문에 싸우고 원수가 됩니다. 때문에 한국

법정에서 재판을 하는 대부분이 다 이 돈 때문이라고 합니다. 그러나 돈보다 서로의 관계가 더 중요합니다.

둘째로 아브람이 헤어질 것을 제안했습니다.
아브람은 숙질 간인 롯과 다투는 것을 원치 않았기 때문에 롯에게 "우리는 한 친족이라 나나 너나 내 목자나 네 목자나 서로 다투게 하지 말자 네 앞에 온 땅이 있지 아니하냐 나를 떠나가라 네가 좌하면 나는 우하고 네가 우하면 나는 좌하리라"(창 13:8, 9)고 서로 헤어질 것을 제안했습니다. 아브람이 롯에게 이렇게 제안한 것은 하나님을 섬기는 자들로서 가나안의 원주민들에게 덕이 되지 못했기 때문이었습니다. 또한 숙질 간에 관계가 악화되는 것을 미리서 방지하기 위한 것이었습니다. 그리고 자신의 어떤 이해관계를 떠나서 다투지 않고 아름답게 살고자 하는 순수한 마음에서였습니다. 때문에 조카인 롯에게 먼저 선택하라고 한 것입니다.

셋째로 소돔과 고모라를 선택했습니다.
이기적인 롯은 아브람의 제안을 받은 즉시 요단 들을 바라보고 자연적인 조건이 좋은 곳을 선택하고 곧바로 그곳으로 떠났습니다(창 13:10,11). 그동안 함께 하면서 보살펴준 삼촌의 은혜는 전혀 생각지 않았습니다. 혈육지간의 정도 아쉬워하지 않았습니다. 어지간한 사람 같으면 삼촌과 헤어진다는 것을 생각하고 대단히 괴로워했을 것입니다. 그러나 롯은 그러한 것들은 전혀 개의치 않았습니다. 그저 눈앞에 보이는 탐욕만 있었습니다. 오직 자신만을 생각했습니다. 그렇습니다. 이 세상 사람들의 대부분이 이렇게 물질 앞에서는 양심도 애정도 눈물도 없습니다. 그러나 가장 중요한 것은 물질로 얻을 수 없다는 것을 생각해야 합니다. 영혼문제나 육체의 생명도, 사랑과 행복도, 기쁨과 평화도 이 돈으로 해결할 수 없습니다.

사랑하는 여러분!

돈 몇 푼 때문에 다투는 일이 없도록 합시다. 또한 아브람처럼 이해하고 배려하며 양보할 줄 아는 넉넉한 삶을 삽시다. 그리고 절대로 롯과 같은 몰인정한 삶을 사는 일이 없도록 하시기 바랍니다.

3. 잘못 선택한 결과

첫째로 큰 환난을 당했습니다.

소돔 근처인 요단 들에 장막을 쳤던 롯은 소돔의 시민이 되었습니다. 그의 영적 생활은 죄악이 가득한 소돔 성과 같이 아주 피폐해져 있었습니다. 그런데 가나안 땅에 전쟁이 발생했습니다. 네 왕들의 북 연합군과 소돔과 고모라의 다섯 왕들이 전쟁을 벌인 것입니다. 이 때에 소돔과 고모라의 다섯 왕들이 패하고 모두 다 달아났습니다. 소돔과 고모라의 군사들이 도망하다가 역청 구덩이에 빠져 죽고 일부는 산으로 도망했습니다. 때문에 북 연합군의 네 왕들이 소돔과 고모라의 모든 재물과 양식을 빼앗아갔습니다. 그때에 롯의 가족들과 재물까지도 노략질해갔습니다(창 14:9-12). 그러나 롯의 이 소식을 들은 아브람에 의해 구출되었습니다.

둘째로 가족과 재산을 잃었습니다.

소돔과 고모라는 우상숭배가 만연했고 도덕적으로 말할 수 없이 타락되어 있었습니다. 동성연애가 성행했으며 우상 신전에 창녀를 두고 성행위로 우상숭배하기도 했습니다. 그 사회가 얼마나 타락했는지 하나님의 지시를 받은 두 사자들이 소돔과 고모라의 상황을 살피기 위해 롯의 집에 들어갔을 때에 소돔 성의 젊은이들과 늙은이들이 롯의 집을 둘러싸고 그들을 이끌어 내어 관계를 맺겠다고 아우성을 치기도 했습니다(창 19:5). 심지어 그들은 말리는 롯을 밀치고 롯의 집의 문을 부수려고까지 했습니다(창 19:9). 한마디로 불법과 폭력이 난무한 아주 불안한 도시였습니다. 천사들로부터 소돔 성의 멸망을 전해들은 롯은 사위들에게 "…여호와께서 이 성을 멸하실 터이니 너희는 이곳을 떠나라…"(창 19:14)고 했습니다. 그러나 그들은 롯의 말을 농담으로 여겼습니다. 때문에 롯의 사위들은 소돔과 고모라 사람들과 같이 유황불에 죽었고 그의 부인도 물질의 애착을 가지고 뒤돌아보다가 소금기둥이 되었습니다(창 19:26).

셋째로 모압과 암몬의 조상이 되었습니다.
두 딸과 함께 간신히 구원받은 롯은 두려워서 천사가 지시한 소알 성으로 가지 않고 동굴로 피신하여 두 딸과 함께 살았습니다. 이와 같은 행위는 하나님의 심판을 바로 인식하지 못한 어리석을 행위였습니다. 롯의 딸들은 자신들의 가문이 끊기게 된 것을 안타깝게 여기고 아버지에게 술을 먹여서 인사불성이 되게 한 다음 관계를 맺었습니다. 그러나 만취된 롯은 그러한 사실조차 알지 못했습니다. 그렇게 해서 낳은 족속이 바로 모압과 암몬의 조상입니다(창 19:31-38). 바로 롯의 선택이 잘못되었고 두 딸들의 인간적인 생각이 악했으며 술이 원수였습니다. 함께 고향을 떠났으나 끝까지 믿음을 지킨 아브라함은 이스라엘의 조상이 되었지만, 중도에서 물질 때문에 이탈한 롯은 비참한 결과를 가져왔습니다.

사랑하는 여러분!
하나님의 백성들이 믿음을 버리고 세상으로 나아가 잘 된 경우가 없습니다. 소돔과 고모라를 선택한 롯은 큰 환난을 당했습니다. 또한 가족과 모든 재산을 잃어버렸습니다. 그리고 선택받은 사람이었음에도 불구하고 가장 비참한 족속의 조상이 되었습니다. 그러므로 우리 모두는 언제나 심지가 견고한 믿음의 삶을 살아야겠습니다.

 # 룻

[룻 1:15-18]

나오미가 또 이르되 보라 네 동서는 그의 백성과 그의 신들에게로 돌아가나니 너도 너의 동서를 따라 돌아가라 하니 룻이 이르되 내게 어머니를 떠나며 어머니를 따르지 말고 돌아가라 강권하지 마옵소서 어머니께서 가시는 곳에 나도 가고 어머니께서 머무시는 곳에서 나도 머물겠나이다 어머니의 백성이 나의 백성이 되고 어머니의 하나님이 나의 하나님이 되시리니 어머니께서 죽으시는 곳에서 나도 죽어 거기 묻힐 것이라 만일 내가 죽는 일 외에 어머니를 떠나면 여호와께서 내게 벌을 내리시고 더 내리시기를 원하나이다 하는지라 나오미가 룻이 자기와 함께 가기로 굳게 결심함을 보고 그에게 말하기를 그치니라

> 룻은 이방여인으로서 남편과 일찍 사별한 청상과부였지만 홀로 된 시어머니인 나오미의 하나님을 신실하게 믿는 신앙인이었습니다. 그녀의 시어머니인 나오미는 룻을 안스럽게 생각하여 좋은 남자를 만나 개가해서 잘 살 것을 당부했으나 그녀는 시어머니인 하나님을 자기도 믿고 시어머니의 백성이 되어 시어머니와 평생을 같이 살다가 시어머니가 죽는 곳에서 자기도 죽어 시어머니가 묻히는 곳에 자기도 묻히겠다는 굳은 의지를 보였습니다. 시어머니와 같이 살기를 싫어하는 오늘의 세대에 참으로 귀감이 되는 아름다운 믿음의 여인입니다.

1. 시어머니와 함께한 룻

첫째로 남편을 일찍 잃었습니다.

사사시대에 유다의 베들레헴에 흉년이 들었습니다. 때문에 엘리멜렉과 나오미는 두 아들인 말론과 기룐을 데리고 정든 고향 땅 베들레헴을 떠나 이방

땅인 모압으로 이주했습니다(룻 1:1,2). 다시 말하면 베들레헴의 흉년을 피하여 그곳에 가면 혹시나 좀 더 나아질까 하는 인간적인 생각이었습니다. 그러나 그것은 하나님과의 관계나 신앙적인 면을 전혀 고려치 않은 잘못된 선택이었습니다. 결국엔 엘리멜렉과 두 아들이 그곳에서 다 죽게 됩니다. 엘리멜렉과 나오미는 그곳에서 두 아들인 말론과 기룐을 오르바와 룻이라는 모압 여인들과 결혼시켰습니다(룻 1:4). 이제 가정이 안정되는 듯 했습니다. 그러나 그들의 생각과는 달리 엘리멜렉이 모압 땅에 이주한지 얼마 되지 않아 바로 죽었고(룻 1:3) 십 년 즈음에는 두 아들마저도 모두 다 죽었습니다(룻 1:5). 좀 더 잘 살아보겠다는 푸른 꿈을 안고 이주했는데 이제 이방 땅인 모압에서 세 과부만 외로이 남게 되었습니다. 그렇습니다. 신앙생활 하는 과정에서도 잠깐 동안의 어려움을 인내하지 못하고 인간적인 생각으로 믿음의 길을 떠나 세상으로 나아가면 결국은 이렇게 큰 낭패를 당하게 됩니다. 그러므로 우리 신앙인들은 그 어떤 이유로도 믿음의 길을 떠나서는 안 됩니다.

둘째로 시어머니를 따르기로 결심했습니다.
흉년을 피하여 고국을 떠나 모압 땅에서 크나큰 시련을 당한 나오미는 그제서야 믿음의 사람이 하나님의 기업을 버리고 이방 땅에 가서 사는 것을 하나님께서는 원치 않으신다는 사실을 깨닫고 곧바로 귀향하려고 했습니다. 고향 땅 베들레헴으로 귀향하려고 마음먹은 나오미는 두 며느리를 불러놓고 "…너희는 각기 너희 어머니의 집으로 돌아가라 너희가 죽은 자들과 나를 선대한 것 같이 여호와께서 너희를 선대하시기를 원하며 여호와께서 너희에게 허락하사 각기 남편의 집에서 위로를 받게 하시기를 원하노라 하고 그들에게 입맞추매 그들이 소리를 높여 울며 나오미에게 이르되 아니니이다 우리는 어머니와 함께 어머니의 백성에게로 돌아가겠나이다"(룻 1:8-10)라고 했습니다. 그러나 나오미는 그들에게 자신이 늙어서 아들을 낳을 수 없기 때문에 돌아가서 결혼하도록 설득했습니다. 이에 오르바는 나오미에게 입맞추고 떠났지만, 룻은 죽음 외에는 어머니를 떠나지 않겠다고 굳게 결심하고 끝까지 따랐습니다(룻 1:16-19). 여기에서의 오르바의 행위는 십자가를 지고 끝까지 주님을 따라야 할 성도의 본분을 버리고 세상으로 나아간 자의 모습입니다. 그러나 룻의 태도는 십자가를 지고 끝까지 주님을 따른 충성된 성도의 모형입니다.

셋째로 시어머니를 따라 귀향했습니다.
룻은 "어머니께서 죽으시는 곳에서 나도 죽어 거기 묻힐 것이라…"(룻 1:17)는 굳은 결심을 보였습니다. 이것은 바로 하나님을 향한 룻의 확고한 신앙과 시어머니에 대한 뜨거운 애정을 보인 것입니다. 룻의 분명한 신앙과 자신을 따르겠다는 확고한 신념을 확인한 나오미는 할 수 없이 룻과 함께 베들레헴으로 귀향했습니다. 베들레헴을 떠난지 꼭 10년 만에 귀향한 것이었습니다. 당시에는 이방 남자는 할례를 통해서 이스라엘 백성으로 편입될 수 있었고, 이방 여자는 신앙고백을 통해서 이스라엘 백성 가운데 편입될 수 있었습니다. 그러므로 이제 룻은 이스라엘 백성의 일원이 될 수 있었습니다.

사랑하는 여러분!
우리 모두는 그 어떤 이유로도 믿음의 자리를 이탈하여 세상 속으로 빠지는 어리석은 일이 없도록 합시다. 또한 오늘 현재의 삶이 제 아무리 어렵고 힘들더라도 심지가 견고하게 믿음의 길을 가야 합니다. 그리고 언제나 하나님께서 맡겨 주신 기업을 잃지 않고 철저하게 잘 관리하는 멋진 성도들이 되시기 바랍니다.

2. 시어머니를 잘 공경한 룻

첫째로 이삭 줍는 밭에서 보아스를 만났습니다.

룻은 피붙이 하나 없이 혼자된 외로운 이방의 가난한 여인의 신세였으나 홀 시어머니를 잘 모셨습니다. 그녀는 어느 날 시어머니의 허락을 받아 이삭을 주우러 갔습니다. 그런데 그 밭은 우연히도 엘리멜렉의 친족인 보아스의 밭이었습니다(룻 2:3). 당시 사회에서는 비록 남의 밭이라고 할지라도 이삭 줍는 것은 과부의 몫이었습니다(레 19:9; 신 24:19). 그것은 바로 하나님께서 약자를 위해 특별히 제정하신 것이었습니다. 룻은 때마침 밭을 둘러보러 나온 보아스와 상면하게 되었습니다(룻 2:2-7). 이것은 바로 하나님께서 어려운 처지에서도 당신을 경외하고 시어머니를 공경하는 룻에게 좋은 것으로 채워 주시기 위해 역사하신 것입니다.

둘째로 보아스의 각별한 선대를 받았습니다.

보아스는 룻의 하나님께 대한 분명한 신앙과 시어머니에 대한 효행을 익히 알고 있었기 때문에(룻 2:11, 12) 그녀에게 곡식단을 묶는 소년들의 곁에서 이삭을 줍게 하고 소년들에게는 룻을 건드리지 말도록 당부했습니다(룻 2:8,9). 뿐만 아니라 자기와 함께 음식까지 먹게 했습니다. 그리고 일하는 소년들에게 조금씩 버려서 그녀로 하여금 많이 줍게 하는 등 각별한 호의를 베풀었습니다(룻 2:14-16). 여기서 보아스는 우리를 위로하시고 격려하시며 축복하시는 예수 그리스도의 모형입니다. 보아스가 룻의 모든 것을 책임져 준 것처럼 우리 주님께서도 우리들의 모든 것을 완전히 책임져 주십니다. 그러므로 우리들이 삶의 현장에서 그 어떠한 고난에 처한다고 할지라도 절대로 염려할 필요가 없습니다. 그렇습니다. 하나님을 잘 믿고 부모에게 효도하는 것이 이 땅에서 잘 되고 장수하는 길입니다(엡 6:1-3).

셋째로 시어머니를 잘 공경했습니다.

보아스의 온갖 호의를 받은 룻은 그날 저녁에 집에 돌아와서 나오미에게 그 날 있었던 일을 모두다 빠짐없이 고했습니다(룻 2:17-21). 그러자 나오미는 보아스가 자기 가문의 기업을 이을 자임을 확신하고 룻으로 하여금 계속해서 보아스의 밭에서 이삭을 줍도록 지시했습니다(룻 2:20-23). 시어머니와 며느리의 관계가 심히 어려운 현실에 비추어 볼 때 나오미와 룻의 따뜻한 신뢰와 사랑의 관계는 귀감이 됩니다.

사랑하는 여러분!
룻과 같은 신실한 믿음의 일꾼들이 됩시다. 또한 부모님과 어른들을 잘 공경합시다. 그리고 모든 사람들과 아름다운 관계를 가집시다. 길이요, 진리요, 생명이신 주님께서 우리와 함께 동행하시며 보호해 주시고 이 세상 끝날까지 안전하게 책임져 주실 것입니다.

3. 시어머니에게 순종한 룻

첫째로 시어머니의 지시를 받았습니다.
룻에게 친절을 베푼 보아스가 자기 가문의 기업을 이을 자임을 확신한 나오미는 룻을 보아스와 재혼시키기 위해 치밀한 계획을 세웠습니다. 나오미는 룻에게 엘리멜렉이 가문의 친족이 됨을 설명하고 "...너는 목욕하고 기름을 바르고 의복을 입고 타작마당에 내려가서... 그가 누울 때에 너는 그가 눕는 곳을 알았다가 들어가서 그의 발치 이불을 들고 거기 누우라 그가 네 할일을 네게 알게 하리라"(룻 3:3-4)고 당부했습니다. 자신이 믿고 의지할 사람이라고는 아무도 없이 혼자된 며느리와 단둘이서 외롭게 살고 있는 나오미에게 있어서는 룻이 없는 삶은 참으로 외롭고 고통스러울 것입니다. 그러나 나오미는 자기 가정의 기업과 며느리의 행복을 위해 큰 결단을 내렸습니다.

둘째로 시어머니의 지시에 순종했습니다.

풍속이 다른 이방 여자였던 룻이 남자의 침소에 몰래 들어가서 눕는다는 것은 쉬운 일이 아니었습니다. 그러나 룻은 시어머니의 지시대로 순종했습니다(룻 3:6-9). 룻의 믿음과 정숙함을 알고 있었던 보아스는 자기보다 엘리멜렉과 더 가까운 친족이 있음을 알고 만약에 그 사람이 엘리멜렉의 기업 이을 자의 책임을 행치 않는다고 하면 맹세코 자신의 책임을 다하겠다고 약속을 했습니다(룻 3:12,13). 그렇습니다. 자신의 생각을 포기하고 순종하는 자에게는 반드시 응답이 있습니다.

셋째로 예수님의 조상이 되었습니다.

보아스는 먼저 성문에 올라가서 성읍의 어른들 10명을 초청한 가운데 엘리멜렉의 친족 가운데 자기보다 더 가까운 자를 만나 기업을 이을 일을 의논하고 그 사람이 자신의 권리를 포기하자 룻과 결혼하고 아들을 낳았습니다(룻 4:13). 그 아들이 바로 다윗의 조부가 되는 '오벳' 입니다(룻 4:17). 믿음으로 시어머니를 공경하면서 순종한 룻은 구세주가 되시는 예수 그리스도의 조상이 되었습니다(룻 4:18-22). 이스라엘 회중에 들 수 없는 모압 여인으로서 놀라운 복을 받은 것입니다.

사랑하는 여러분!

우리들도 룻처럼 하나님의 말씀에 순종하는 삶을 삽시다. 또한 보아스와 같이 언제나 철저하게 헌신하고 희생하는 삶을 삽시다. 그리고 우리들의 삶을 통해 예수 그리스도가 계속 전파되는 복된 삶을 사시기 바랍니다.

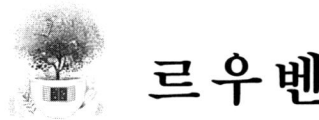 # 르우벤

[창 49:1-4]

야곱이 그 아들들을 불러 이르되 너희는 모이라 너희가 후일에 당할 일을 내가 너희에게 이르리라 너희는 모여 들으라 야곱의 아들들아 너희 아버지 이스라엘에게 들을지어다 르우벤아 너는 내 장자요 내 능력이요 내 기력의 시작이라 위풍이 월등하고 권능이 탁월하다마는 물의 끓음 같았은즉 너는 탁월하지 못하리니 네가 아버지의 침상에 올라 더럽혔음이로다 그가 내 침상에 올랐었도다

> 야곱은 장자를 중요시하는 이스라엘에서 아무런 특권도 없는 둘째 아들로 태어났음에도 불구하고 그 모든 불리한 조건을 극복하고 이 세상 사람들이 상상할 수 없는 장자권을 획득하고, 장자가 받은 축복기도를 받아 이스라엘 열두 지파의 조상이 되었습니다. 또한 다윗 역시 이새의 여덟 아들 중에서 말째로 태어나 아버지의 기대도 받지 못했습니다. 그러나 역사상 하나님의 사랑을 독차지하는 위대한 왕이 되었습니다. 그런데 르우벤은 모든 축복이 다 약속되어 있는 야곱의 장자로 태어났음에도 불구하고 자신의 범죄로 말미암아 그 모든 것을 빼앗기고 불행한 인생으로 전락해 버렸습니다. 르우벤의 삶을 통해 우리들의 자화상을 점검해 보아야겠습니다.

1. 야곱의 예언

첫째로 이스라엘의 장자로 태어났습니다.

르우벤은 야곱과 레아 사이에서 장자로 태어났습니다. 그가 태어날 당시의 상황을 보면 레아와 라헬이 야곱의 사랑을 독차지하기 위해 서로가 치열한

경쟁을 벌이고 있을 때였습니다. 라반의 큰딸인 레아가 야곱과 먼저 결혼했음에도 불구하고 야곱은 레아보다는 나중에 결혼한 라헬을 더 사랑했습니다. 때문에 레아는 야곱의 사랑을 자신에게로 향하도록 하기 위해 온갖 수단과 방법을 다 동원했습니다. 이에 대한 레아와 라헬의 경쟁은 아주 치열했습니다. 당시 이스라엘 사회에서는 아들을 귀하게 여겼기 때문에 남편인 야곱의 사랑을 독차지하는 길은 먼저 아들을 낳는 것이었습니다. 그러던 중에 레아가 낳은 아들이 바로 야곱의 장자인 르우벤이었습니다(창 29:31,32). 그래서 레아는 르우벤을 낳고 "이제 내 남편이 나를 사랑하리로다"라고 기뻐한 것입니다.

둘째로 아버지의 첩인 빌하를 범했습니다.

르우벤은 아버지의 첩이요, 자기 어머니와 경쟁관계에 있던 라헬의 여종으로서 자기에게는 서모가 되는 빌하와 통간하는 반인륜적이요, 비도덕적인 죄를 범했습니다. 모세의 율법에서는 이러한 패륜의 남녀에 대해서는 둘 다 죽이도록 엄하게 규정하고 있습니다(레 20:11,12). 그러나 이러한 사실을 전해들은 야곱은 비참한 수치심을 느꼈음에도 불구하고 인간적인 분노의 표출이나 제재를 가하기보다는 침묵으로 사태를 수습했습니다. 하나님의 언약과 유산의 상속자인 자신의 장자가 그토록 끔찍한 죄를 범했다는 것을 알았을 때에 그의 마음은 참으로 참담했을 것입니다. 그럼에도 불구하고 그는 자신의 분노와 고통을 억제하고 잘 다스렸습니다. 왜냐하면 가정의 분위기와 환경을 그렇게 만든 책임이 자신에게도 있었기 때문이었을 것입니다. 그러므로 우리들은 이유 여하를 막론하고 하나님이 허락하신 가정의 분위기와 환경을 아름답게 가꾸어 가야 할 막중한 책임이 있습니다.

셋째로 장자권이 박탈될 것이라고 했습니다.

야곱은 자신의 죽음을 앞두고 열두 아들들을 불러놓고 각자에게 그들의 앞날에 대해 예언했습니다(창 49:1,2). 그는 먼저 장자인 르우벤에게 예언하기를 "르우벤아 너는 내 장자요 내 능력이요 내 기력의 시작이라 위풍이 월등하고 권능이 탁월하다마는 물의 끓음 같은즉 너는 탁월하지 못하리니 네가 아버지의 침상에 올라 더럽혔음이로다 그가 내 침상에 올랐었도다"(창 49:3,4)라고 했습니다. 이 말씀은 바로 르우벤이 장자가 누릴 수 있는 복을 이미 다 받았음에도 불구하고, 그가 범죄함으로 말미암아 모든 권리를 다 완전히 상실할 것이라는 의미입니다.

사랑하는 여러분!
우리 모두는 다 하나님으로부터 위임받은 중요한 사명을 가지고 태어났습니다. 그 어떤 경우에도 우리들의 잘못 때문에 그 귀한 사명과 약속된 축복을 빼앗기는 일이 없어야겠습니다.

2. 특권을 상실

첫째로 장자권을 박탈당했습니다.
고대 근동지역에서는 사람이나 짐승을 막론하고 초태생은 다 신성한 것으로 여겨서 하나님께 드렸습니다(출 13:2). 때문에 이스라엘에서는 장자를 하나님의 소유로 여겼습니다(출 13:2). 또한 집안의 가장으로서 족장이나 제사장, 왕으로서의 계승권을 가지고 있었습니다(대하 21:3). 그리고 다른 형제들보다는 갑절의 재산을 상속받았습니다(신 21:17). 그런데 이렇게 귀한 장자권을 박탈당했습니다. 그의 장자권리는 야곱의 열한 번째 아들로서 그의 동생인 요셉이 가지게 되었습니다(신 21:17; 대상 5:1). 우리 모두는 다른 사람들보다 더 먼저 부름받아 하나님의 자녀가 되었습니다. 그러므로 에서나 르우벤처럼 믿음의 장자권을 잃지 말고 자신의 위치를 잘 지켜나가야겠습니다.

둘째로 제사장 권을 상실했습니다.
당시에는 장자가 아버지의 모든 권한을 다 상속받게 되어 있었기 때문에 그가 당연히 제사장직에 오를 수 있었습니다. 그런데 그는 "너는 네 아버지의 아내의 하체를 범하지 말라 이는 네 아버지의 하체니라"(레 18:8)는 하나님의 말씀을 어기고 아버지의 첩인 빌하를 범했습니다. 또한 그의 성질이 물의 끓음과 같이 너무나도 성급했고 불안정했습니다. 다시 말하면 자기 관리 능력이 부족했습니다. 때문에 제사장으로서의 사명을 감당할 수가 없었습니다(창 49:4). 그래서 그가 마땅히 받아야할 제사장직이 박탈되고 그 대신 야곱의 셋째 아들로서 그의 동생인 레위에게 양도되었습니다(창 49:3-4). 참으로 안타까운 일이었습니다.

셋째로 왕권을 박탈당했습니다.
그는 특별히 하나님께서 선택하여 세운 야곱의 장자로서 상속권에 따라 주어지는 왕권의 지위는 당연한 것이었습니다. 그러나 아버지의 첩인 빌하를 범한 죄와 환경과 상황을 다스려 가는 능력과 자기 자신에 대한 통제력의 부족으로 말미암아 왕권을 박탈당하고, 그의 동생인 유다에게 왕권이 넘어 가는 아픔을 당했습니다(창 49:4). 그래서 이스라엘의 왕들은 모두 다 유다 지파에서 세워지게 되었습니다. 어떻게 보면 르우벤 지파가 이 세상에서 가장 불쌍하고 무능한 존재일는지 모릅니다. 왜냐하면 자신에게 이미 확실하게 보장되어진 축복도 지키지 못하고 다 빼앗겼기 때문입니다.

사랑하는 여러분!

우리 모두는 먼저 선택받은 믿음의 장자답게 하나님께서 약속하신 축복을 다 받아 누려야겠습니다. 또한 이유 여하를 막론하고 반드시 예배에 성공하는 자가 됩시다. 그리고 이 세상을 이기신 주님의 이름으로 때마다 일마다 반드시 승리하는 왕 같은 권세를 누리시기 바랍니다.

3. 쇠퇴한 지파

첫째로 네 가족으로 분열되어지고 약해졌습니다.

르우벤도 한 때는 장자다운 면이 있었습니다. 형제들이 요셉을 죽여서 구덩이에 던지고 짐승이 잡아먹었다고 아버지에게 거짓말하자고 제안했을 때에 형제들을 설득하여 죽이지 않고 그대로 구덩이에 던지게 하여 그의 생명을 구한 적이 있었습니다(창 37:20-22). 그러나 그의 범죄로 말미암아 장자로서 누려야 할 권한과 축복을 모두 다 잃어버렸습니다. 그는 열두 형제들 중에서 모든 조건들이 가장 유리한 위치에 있었지만 그의 지파는 네 가족으로 분열되고 점점 약화되었습니다. 그러다가 후에는 그들의 존재 자체까지도 찾아보기 힘들 정도로 약화되어 버렸습니다. 왜냐하면 유다와 에브라임, 므낫세, 갓 같은 큰 지파들이 흡수해 버렸기 때문입니다. 우리들도 신앙생활에서 조금도 느슨해 지는 일이 없어야 합니다. 예수님께서는 "먼저된 자로서 나중 될 자"(막 10:31)가 있다고 하셨습니다. 그러므로 우리들은 항상 깨어있는 그래서 열심히 사명을 감당하는 성도들이 되어야겠습니다. 그 어떤 일이 있어도 우리 모두는 축복의 자리에서 제외되는 일이 없어야겠습니다.

둘째로 모세를 대적했습니다.

모세가 하나님의 명령을 받고 이스라엘 백성들을 출애굽 시켜 가나안으로 인도해 가는 사십 년 간의 광야생활에서 여러 가지 어려운 일들이 많았습니다마는, 그 중에서도 고라 당의 반역이 가장 심했습니다. 고라의 반역대열에 르우벤 지파의 자손인 다단과 아비람과 이방인인 온이 이스라엘 지파들의 대표 250명과 함께 당을 짓고 모세에게 정면으로 도전했습니다(민 16:1-3). 이 때에 하나님께서 고라 당을 치실 때에 르우벤 지파의 많은 사람들이 땅 밥이 되어 죽었습니다. 부모의 죄가 삼, 사대까지 미친다(출 20:5)는 하나님의 말씀이 새롭게 기억되는 사건입니다.

셋째로 드보라의 책망을 받았습니다.

당시 르우벤 지파는 요단 동편의 땅을 차지하고 있었습니다. 그곳은 시내가 많기 때문에 목초지가 아주 많았습니다. 때문에 그들은 목축업을 하고 있었습니다. 때에 드보라 선지자는 르우벤 지파에게 야빈과의 전쟁에 참여할 것을 요청했습니다. 그러나 르우벤 지파는 양들을 돌보아야 된다는 핑계로 전쟁에 참여하지 않았습니다. 그들은 나라가 평안해야 자신들이 평안히 살 수 있다는 것을 몰랐습니다. 오직 자신들의 눈앞에 보이는 이익에만 몰두한 것입니다. 이에 대해 드보라는 "네가 양의 우리 가운데에 앉아서 목자의 피리 부는 소리를 들음은 어찌 됨이냐 르우벤 시냇가에서 큰 결심이 있었도다"(삿 5:16)라고 책망했습니다. 시조인 르우벤은 물론 그의 저주를 받았고 그의 후손까지도 책망을 받았습니다.

사랑하는 여러분!

우리는 후손 만대에 이르기까지 더욱 창성해 가는 축복을 누립시다. 또한 그 어떤 이유로도 지도자를 거역하고 남을 대적하는 악을 행치 맙시다. 그리고 언제나 하나님의 사랑과 은혜 안에서 사람들의 존경과 신뢰를 받는 멋진 삶을 사시기 바랍니다.

르호보암

[왕상 12:1-15]

　르호보암이 세겜으로 갔으니 이는 온 이스라엘이 그를 왕으로 삼고자 하여 세겜에 이르렀음이더라 느밧의 아들 여로보암이 전에 솔로몬 왕의 얼굴을 피하여 애굽으로 도망하여 있었더니 이제 그 소문을 듣고 여전히 애굽에 있는 중에 무리가 사람을 보내 그를 불렀더라 여로보암과 이스라엘의 온 회중이 와서 르호보암에게 말하여 이르되 왕의 아버지가 우리의 멍에를 무겁게 하였으나 왕은 이제 왕의 아버지가 우리에게 시킨 고역과 메운 무거운 멍에를 가볍게 하소서 그리하시면 우리가 왕을 섬기겠나이다 르호보암이 대답하되 갔다가 삼 일 후에 다시 내게로 오라 하매 백성이 가니라 르호보암 왕이 그의 아버지 솔로몬의 생전에 그 앞에 모셨던 노인들과 의논하여 이르되 너희는 어떻게 충고하여 이 백성에게 대답하게 하겠느냐 대답하여 이르되 왕이 만일 오늘 이 백성을 섬기는 자가 되어 그들을 섬기고 좋은 말로 대답하여 이르시면 그들이 영원히 왕의 종이 되리이다 하나 왕이 노인들이 자문하는 것을 버리고 자기 앞에 모셔 있는 자기와 함께 자라난 어린 사람들과 의논하여 이르되 너희는 어떻게 자문하여 이 백성에게 대답하게 하겠느냐 백성이 내게 말하기를 왕의 아버지가 우리에게 메운 멍에를 가볍게 하라 하였느니라 함께 자라난 소년들이 왕께 아뢰어 이르되 이 백성들이 왕께 아뢰기를 왕의 부친이 우리의 멍에를 무겁게 하였으나 왕은 우리를 위하여 가볍게 하라 하였은즉 왕은 대답하기를 내 새끼 손가락이 내 아버지의 허리보다 굵으니 내 아버지께서 너희에게 무거운 멍에를 메게 하였으나 이제 나는 너희의 멍에를 더욱 무겁게 할지라 내 아버지는 채찍으로 너희를 징계하였으나 나는 전갈 채찍으로 너희를 징계하리라 하소서 삼 일 만에 여로보암과 모든 백성이 르호보암에게 나아왔으니 이는 왕이 명령하여 이르기를 삼 일 만에 내게로 다시 오라 하였음이라 왕이 포학한 말로 백성에게 대답할새 노인의 자문을 버리고 어린 사람들의 자문을 따라 그들에게 말하여 이르되 내 아버지는 너희의 멍에를 무겁게 하였으나 나는 너희의 멍에를 더욱 무겁게 할지라 내 아버지는 채찍으로 너희를 징계하였으나 나는 전갈 채찍으로 너희를 징치하리라 하니라 왕이 이같이 백성의 말을 듣지 아니하였으니 이 일은 여호와께로 말미암아 난 것이라 여호와께서 전에 실로 사람 아히야로 느밧의 아들 여로보암에게 하신 말씀을 이루게 하심이더라 이스라엘은 다윗 왕이 다스렸을 때와 솔로몬 왕이 다스렸을 때가 가장 견고하고 크게 번영한 통일 이스라엘 왕국이었습니다. 그러나 지혜의 왕으로서 명 재판을 했던 솔로몬이 하나님의 명령을 저버리고 이방 여인들을 왕궁으로 끌어들여 결혼함으로 인하여 문제가 발생하게 되었습니다. 그렇게 지혜로웠던 솔로몬도 여인들의 꾐에 빠져 우상을 섬기고 범죄함으로 말미암아 그가 죽고 그 아들 르호보암에게 왕권이 이양되었으나 그때에 나라가 남북으로 분열되고 모두가 다 망하는 비극을 맞게 되었습니다.

1. 왕으로 즉위

첫째로 이스라엘 왕으로 즉위했습니다.

그는 솔로몬이 나아마에게서 낳은 외아들이었습니다(왕상 14:21, 31; 대하 12:13). 때문에 솔로몬이 죽게 되자 바로 이스라엘 왕으로 즉위했습니다(왕상 11:43). 그러나 솔로몬에 대한 백성들의 불만과 원성이 극에 달해있었습니다. 왜냐하면 솔로몬이 원래는 평화의 왕으로서 나라를 훌륭하게 잘 다스렸으나 말년에는 타락하여 전제군주가 되어 폭군으로 통치했기 때문입니다. 그러나 그의 생전에는 아무 말도 못하고 참고 있었던 백성들이 그가 죽자 원성이 폭발하면서 북쪽 이스라엘 지도자들의 반란 조짐까지 나타났습니다. 때문에 르호보암은 북쪽 열 지파의 지지를 얻어 자신의 왕위를 확실히 하여 전국적인 지지를 얻고자 그들이 모여 있는 세겜으로 갔습니다. 당시의 이스라엘 왕은 전 지파의 지지를 얻어야 했습니다.

둘째로 여로보암과 백성들의 요구를 받았습니다.

여로보암은 솔로몬의 학정에 반항하다가 죽임 당할 것을 두려워하여 애굽으로 정치적인 망명을 떠나 있었습니다(왕상 11:40). 그러나 솔로몬이 죽고 르호보암이 왕으로 즉위하자 이스라엘로 돌아왔습니다(왕상 12:3; 대하 10:2). 당시 솔로몬에 대한 원성이 극에 달한 북쪽의 열 지파는 귀국한 여로보암을 자기들의 대표로 삼았습니다. 당시 여로보암은 왕가에 대한 불만세력의 영웅이었습니다. 세겜에 모여 있던 열 지파는 여로보암을 대표로 삼고 르호보암에게 "왕의 아버지가 우리의 멍에를 무겁게 하였으나 왕은 이제 왕의 아버지가 우리에게 시킨 고역과 메운 무거운 멍에를 가볍게 하소서 그리하시면 우리가 왕을 섬기겠나이다"(왕상 12:4)라고 요구했습니다.

셋째로 오히려 강압정책을 썼습니다.
여로보암과 북쪽 열 지파들의 요구를 받은 르호보암은 자기의 부친 솔로몬이 생전에 모셨던 원로들에게 "너희는 어떻게 충고하여 이 백성에게 대답하게 하겠느냐"(왕상 12:6下)라고 자문을 구했습니다. 이에 원로들은 "왕이 만일 오늘 이 백성을 섬기는 자가 되어 그들을 섬기고 좋은 말로 대답하여 이르시면 그들이 영원히 왕의 종이 되리이다"(왕상 12:7)라고 자문에 응답했습니다. 그러나 그는 원로들의 제안을 무시하고 자기와 함께 자라온 소년들과 의논하여 그들이 요구한대로 "…내 새끼손가락이 내 아버지의 허리보다 굵으니 내 아버지께서 너희에게 무거운 멍에를 메게하였으나 이제 나는 너희의 멍에를 더욱 무겁게 할지라 내 아버지는 채찍으로 너희를 징계하였으나 나는 전갈 채찍으로 너희를 징계하리라"(왕상 12:10-14)고 냉정하게 거절했습니다.

사랑하는 여러분!
우리의 후손들에게 그 어떤 모양의 악함도 유전되지 않도록 합시다. 또한 언제나 귀를 기울이고 어른들의 충고를 듣도록 합시다. 그리고 나 자신의 인간적인 욕심을 위해 남에게 손해를 입히거나 괴로움을 주는 일이 없도록 하시기 바랍니다.

2. 왕국의 분열

첫째로 여로보암과 열 지파가 배신했습니다.
르호보암이 자신들의 요구를 거절하자 여로보암과 북쪽 열 지파들의 마음이 르호보암에게서 완전히 떠났습니다. 그들은 "...우리가 다윗과 무슨 관계가 있느냐 이새의 아들에게서 받을 유산이 없도다 이스라엘아 너희의 장막으로 돌아가라 다윗이여 이제 너는 네 집이나 돌아보라..."(왕상 12:16) 하고 이스라엘이 각기 자기 장막으로 돌아갔습니다. 다시 말하면 이스라엘은 이제 다윗과 관련이 없고 이새의 후손을 통해서는 소망이 없다고 선언한 것입니다. 그러나 그들의 이와 같은 성급한 결정은 하나님의 언약을 떠나는 범죄 행위였습니다(삼하 7:13,14). 그들은 인간 르호보암을 대적하려다가 하나님을 대적하는 어리석음을 범한 것입니다. 그러므로 우리는 그 어떤 경우에도 하나님과의 언약을 항상 중요시해야 합니다.

둘째로 르호보암이 남왕국 유다의 왕이 되었습니다.
여로보암을 위시한 북쪽의 열 지파가 르호보암의 왕 됨을 거절하고 각기 자기 장막으로 돌아갔습니다. 그러나 남쪽의 유다 지파와 베냐민 지파만 르호보암을 왕으로 수용했습니다(왕상 12:17-21). 르호보암은 북쪽 이스라엘의 열 지파가 자신을 거절하고 떠난 후에 사태를 수습하기 위해 자신의 신하인 아도니람을 그들에게 보내었으나 그들은 아도니람을 돌로 쳐죽였습니다(왕상 12:18). 이에 르호보암은 자신의 생명에 대한 위협을 느끼고 즉시 예루살렘으로 도망했습니다. 참으로 그는 당당했던 이스라엘의 왕의 모습을 볼 수 없는 아주 비겁한 사람이었습니다. 그렇습니다. 삶의 중심이 하나님께 있지 않은 인간과 세상의 눈치를 보는 자는 언제나 이렇게 자신 없는 삶을 살게 돼 있습니다.

셋째로 여로보암이 북왕국 이스라엘의 왕이 되었습니다.
르호보암을 거절한 북쪽 이스라엘의 열 지파는 공회를 열고 여로보암을 그들의 왕으로 삼았습니다(왕상 12:20). 그들이 다윗 왕가를 버리고 여로보암을 자신들의 왕으로 세운 것은 이스라엘 나라를 다윗과 그의 후손에게 허락하신 하나님의 뜻과 언약을 거부한 무서운 죄가 되는 것이었습니다(대하 13:5-8). 때문에 하나님이 인정하시는 정통왕국은 열 지파의 다수를 다스리는 여로보암의 북왕국이 아니라 소수의 두 지파를 다스리는 르호보암의 남왕국이었습니다. 그래서 인류의 구세주시요, 만왕의 왕이신 예수님이 유다 지파에서 나오셨습니다. 그러므로 우리들은 언제나 다수를 따라 범죄하는 일이 없어야 합니다(민 13:31-14:4). 성경에서는 모세 한 사람만 하나님의 뜻을 따랐고 아론을 위시한 이스라엘의 전체가 하나님의 뜻을 거역하고 애굽으로 가자고 했으며(민 14:2-4), 여호수아와 갈렙만 하나님의 뜻에 순종했고(민 14:7) 부정적인 열 정탐꾼과 이스라엘 전체는 가나안 땅을 거절했습니다.

사랑하는 여러분!
그 어떤 일이 있어도 하나님의 뜻만 따릅시다. 또한 이 세상 그 어떤 것도 두려워하지 말고 전능하신 하나님을 믿고 당당하게 삽시다. 그리고 그 어떤 경우에도 다수에게 편승하여 범죄하는 일이 없도록 하시기 바랍니다.

3. 범죄한 두 왕국

첫째로 이스라엘이 분열된 원인을 봅시다.
먼저 북이스라엘과 남유다로 왕국이 분열된 것은 처음 왕이 되었을 때의 신실함을 버리고 이방 여인들과 결혼하여 그들의 꾐에 빠져 하나님을 거역하고 우상을 섬긴 솔로몬에 대한 심판이었습니다(왕상 11:1-8). 때문에 하나님께서는 솔로몬이 범죄했지만 그의 아버지 다윗을 생각해서 인간 막대기로 그를 징치는 할지라도 솔로몬 때에는 나라를 나누지 않겠다고 하셨습니다(왕상 11:12). 그래서 말씀대로 솔로몬 사후에 그 아들의 때에 나누어지게 된 것입니다. 또한 르호보암의 완악함 때문이었습니다. 그가 원로들의 제안을 받아들여 조금만 양보하고 선정을 베풀었다면 나라가 분열되는 비극은 없었을 것입니다(왕상 10:12-15). 그리고 여로보암과 북쪽의 열 지파들이 하나님의 뜻과 언약을 저버리고 인간적인 생각으로 여로보암을 왕으로 세웠기 때문이었습니다.

둘째로 북왕국 이스라엘은 반역이 계속되었습니다.

하나님의 뜻을 저버리고 인간적인 생각으로 잘못 세워진 북왕국 이스라엘은 하루도 편할 날이 없었습니다. 여로보암은 이스라엘의 모든 지파들이 이스라엘의 하나님 여호와를 경배하고자 자꾸만 남왕국 유다로 내려가는 것을 막기 위해 여호와 하나님의 신앙을 금송아지 신앙으로 바꾸어서 그것을 섬기도록 백성들에게 강요했습니다(대하 11:13-16). 자기의 정치적인 입지를 강화하고자 여호와의 신앙과 가나안 종교를 혼합시켜 교묘하게 혼합주의적인 종교정책을 펴나간 것입니다. 바로 사탄의 앞잡이였습니다. 뿐만 아니라 세워지는 왕들마다 모두가 다 우상숭배의 죄를 짓고 악을 행했습니다. 때문에 쉬임 없이 분열과 반역이 계속 일어났습니다. 오래 지속된 왕조가 하나도 없었습니다. 그렇습니다. 하나님의 뜻과 언약에 대한 반역은 이렇게 무서운 비극으로 끝나게 됩니다.

셋째로 르호보암도 우상을 숭배했습니다.

이스라엘의 원수였던 암몬 여인인 나아마의 아들이었던 르호보암은 그녀의 영향을 받아 우상을 섬겼습니다. 그는 그들의 조상들이 행한 악행보다 훨씬 더 심했습니다. 유다 전역에 산당을 세우고 우상과 아세라 목상을 세웠습니다(왕상 14:21-23). 또한 우상숭배를 공공연하게 행하고 모든 백성들이 다 섬기도록 했습니다. 때문에 하나님께서는 르호보암과 유다 나라가 끊임없이 전쟁에 계속 시달리게 하셨습니다(왕상 12:14,15). 그리고 그는 허무하게 이 세상을 떠났습니다.

사랑하는 여러분!

우리들의 범죄로 말미암아 후대가 고통을 당하는 일이 없어야겠습니다. 또한 그 어떤 이유로도 서로간에 반목질시하지 맙시다. 그리고 우리들이 이 세상을 떠나는 그 날까지 하나님만 섬기는 심지가 견고한 삶을 사시기 바랍니다.

 # 리브가

[창 24:51-60]

리브가가 당신 앞에 있으니 데리고 가서 여호와의 명령대로 그를 당신의 주인의 아들의 아내가 되게 하라 아브라함의 종이 그들의 말을 듣고 땅에 엎드려 여호와께 절하고 은금 패물과 의복을 꺼내어 리브가에게 주고 그의 오라버니와 어머니에게도 보물을 주니라 이에 그들 곧 종과 동행자들이 먹고 마시고 유숙하고 아침에 일어나서 그가 이르되 나를 보내어 내 주인에게로 돌아가게 하소서 리브가의 오라버니와 그의 어머니가 이르되 이 아이로 하여금 며칠 또는 열흘을 우리와 함께 머물게 하라 그 후에 그가 갈 것이니라 그 사람이 그들에게 이르되 나를 만류하지 마소서 여호와께서 내게 형통한 길을 주셨으니 나를 보내어 내 주인에게로 돌아가게 하소서 그들이 이르되 우리가 소녀를 불러 그에게 물으리라 하고 리브가를 불러 그에게 이르되 네가 이 사람과 함께 가려느냐 그가 대답하되 가겠나이다 그들이 그 누이 리브가와 그의 유모와 아브라함의 종과 그 동행자들을 보내며 리브가에게 축복하여 이르되 우리 누이여 너는 천만인의 어머니가 될지어다 네 씨로 그 원수의 성문을 얻게 할지어다

> 리브가는 아브라함의 조카인 브두엘의 딸로서 이삭의 아내였습니다. 그녀는 철저하게 하나님을 믿는 신앙의 가정에서 자란 믿음 좋은 여성이었습니다. 그녀는 아브라함의 아들인 이삭과 결혼하여 쌍둥이인 에서와 야곱을 낳았습니다. 그녀는 장남인 에서보다는 차남인 야곱을 더 사랑하여 이삭이 원하는 별미를 만들어 야곱을 통해 이삭에게 주어 먹게 하고 야곱으로 하여금 이삭의 축복기도를 받게 하기도 했습니다. 그리하여 그녀는 자신이 계시 받았던 대로 야곱을 축복의 사람으로 세웠습니다.

1. 자기 일에 충실한 사람

첫째로 부지런했습니다.

당시의 우물은 모두 다 성밖에 있었습니다(창 24:11). 물은 생활 필수요소이므로 수질 오염을 철저하게 예방해야 했습니다. 때문에 사람이 많이 사는 성 안이 아니라 성 밖에 두었습니다. 팔레스틴의 낮은 매우 무덥기 때문에 특별한 경우가 아니고서는 대개 서늘한 아침과 저녁 두 차례에 걸쳐서 공동으로 물을 길었습니다(요 4:6,7). 이 때에 대부분의 여자들은 우물을 길었습니다. 리브가는 자신이 맡은 일을 아주 열심히 하는 부지런한 사람이었습니다. 그래서 그녀도 제 때에 우물을 길러 온 것입니다. 만약에 그녀가 게으른 여자였다고 하면 그 시간에 물을 길러 오지 않았을 수도 있습니다. 그렇습니다. 이 세상에서 가장 멋진 사람은 리브가와 같이 자신이 맡은 일을 열심히 하는 사람입니다.

둘째로 성취욕이 있었습니다.

이삭이 나이가 많아 자신의 죽음이 임박했음을 알고 장자인 에서에게 상속권을 이양하기 위해 그를 불러놓고 "...내 아들아 ...내가 이제 늙어 어느 날 죽을는지 알지 못하니 그런즉 네 기구 곧 화살통과 활을 가지고 들에 가서 나를 위하여 사냥하여 내가 즐기는 별미를 만들어 내게로 가져와서 먹게 하여 내가 죽기 전에 내 마음껏 네게 축복하게 하라"(창 27:1-4)고 했습니다. 바로 그 때에 이 말을 들은 리브가는 이러한 사실을 자신이 사랑하는 야곱에게 말하고 염소의 좋은 새끼를 가져오면 내가 그것으로 아버지가 즐기시는 별미를 만들어 줄 터이니 그것을 네 부친께 드려서 그가 잡수시고 그로 죽으시기 전에 네게 축복하게 하라(창 27:1-10)고 했습니다. 그리고 털이 없는 야곱의 손과 목을 염소새끼 가죽으로 위장하고 여호와께서 "...두 민족이 네 복중에서부터 나누이리라 이 족속이 저 족속보다 강하겠고 큰 자가 어린 자를 섬기리라"(창 25:23)는 말씀대로 야곱의 번성을 이루기 위해 힘썼습니다. 다시 말하면 자신이 사랑하는 야곱으로 하여금 이삭의 축복기도를 받게 하기 위해 수단과 방법을 가리지 않고 성취해냈습니다. 그러나 그로 인해 그녀의 집안에서 형제지간의 싸움이 생겼습니다.

셋째로 책임감이 강했습니다.

야곱은 자신의 아버지인 이삭을 속이고 에서 대신 축복기도를 받으라는 리브가의 제안을 받고 "내 형 에서는 털이 많은 사람이요 나는 매끈매끈한 사람인즉 아버지께서 나를 만지실진대 내가 아버지의 눈에 속이는 자로 보일지라 복은 고사하고 저주를 받을까 하나이다"(창 27:11,12)라고 두려워했습니다. 이에 리브가는 야곱에게 "...내 아들아 너의 저주는 내게로 돌리리니 내 말만 따르고 가서 가져오라"(창 27:13)고 했습니다. 이것은 바로 사랑하는 아들인 야곱에게 용기를 북돋우고 축복 받게 하기 위해 그 어떠한 저주도 자신이 모두 다 감내하겠다는 강한 책임감에서 나온 것이었습니다. 자신의 실수를 남에게 전가시키고 변명하기에 급급한 오늘의 우리들에게 귀감이 되는 책임의지입니다. 그렇습니다. 예수님께서도 우리의 죄와 저주를 친히 감당하시기 위해 십자가를 지셨습니다.

사랑하는 여러분!

우리 모두 자기 일을 충실히 감당하는 성실한 삶을 삽시다. 또한 하나님께서 허락하신 선한 목표를 위해 최선을 다합시다. 그리고 언제나 하나님의 일을 깨끗하게 책임지고 완수하는 멋진 삶을 사시기 바랍니다.

2. 섬길 줄 아는 사람

첫째로 아름다운 여성이었습니다.

리브가는 용모도 아름다웠고(창 24:16), 마음씨도 아름다웠으며(창 24:23-25), 말씨도 아름다웠고(창 24:18), 품행까지도 순결한 모범적인 여성이었습니다(창 24:16). 다시 말하면 여성으로서는 이 세상 모든 사람들이 흠모할 만한 가치를 지닌 여성이었습니다. 때문에 요즈음 여성들 같으면 공주병에 걸려서 자신이 이 세상에서 최고인 줄 착각하고 자신의 미모를 과시하고 위세를 부리면서 거드름을 피웠을 것입니다. 그러나 그녀에게서는 그러한 모습을 전혀 찾아볼 수 없었습니다. 한마디로 지, 정, 의를 고루게 갖춘 매력이 넘치는 여성이었습니다.

둘째로 겸손히 섬겼습니다.
아브라함은 자신의 아들을 이방 여자가 아닌 자신과 같은 혈육의 여성이어야 된다는 확고한 신념을 가지고 있었습니다(창 24:1-4). 때문에 그는 자신이 신임하는 늙은 종인 엘리에셀을 자기 고향으로 보내어 이삭의 아내를 구해오도록 했습니다. 이에 엘리에셀은 아브라함에게 만약에 "여자가 나를 따라 이 땅으로 오려고 하지 아니하거든 내가 주인의 아들을 주인이 나오신 땅으로 인도하여 돌아가리이까"(창 24:5)라고 차선책을 물었습니다. 그러나 아브라함은 그렇게 하지 말라고 했습니다(창 24:8). 이에 엘리에셀은 아브라함의 허벅지 아래에 손을 넣고 아브라함에게 맹세한 다음 낙타 열 마리를 가지고 아브라함의 고향으로 갔습니다. 그는 성밖 우물곁에 낙타를 꿇려놓고(창 24:11) 한 소녀에게 "청하건대 네 물동이의 물을 내게 조금 마시게 하라"(창 24:17)고 요청했습니다. 이에 리브가는 생면부지의 사람에게 "주여 마시소서"라고 흡족히 마시게 한 다음 그의 낙타들까지도 마시게 했습니다(창 24:19,20).

셋째로 끝까지 섬겼습니다.
리브가의 환대를 받은 엘리에셀은 그녀에게 "네가 누구의 딸이냐 청하건대 내게 말하라 네 아버지의 집에 우리 유숙할 곳이 있느냐"(창 24:23)고 무리한 부탁까지 했습니다. 그러나 리브가는 그를 양심이 없는 이상한 사람으로 여기거나 거절하지 않고 "우리에게 짚과 사료가 족하며 유숙할 곳도 있나이다"(창 24:25)라고 흔쾌히 대답했습니다. 그리고 오빠인 라반에게 이러한 사실을 전하고 잘 부탁하여 그에게 최고의 환대를 베풀었습니다(창 24:28-33). 때문에 리브가는 이스라엘 족장이요, 순종의 조상인 이삭과 평생을 함께 하며 남편으로 섬기는 놀라운 복을 받았습니다. 그렇습니다. 우리 하나님을 섬길 때에도 기쁜 마음으로 풍성하게 끝까지 섬겨야 합니다. 또한 사람에게도 할 수 있는 대로 최선을 다해야겠습니다.

사랑하는 여러분!
우리들도 리브가처럼 언행심사가 아름다운 사람이 됩시다. 또한 언제나 겸손히 섬길 줄 아는 사람이 됩시다. 그리고 섬기되 진실한 마음으로 풍성하게 끝까지 섬기는 성실한 삶을 사시기 바랍니다.

3. 순종하는 사람

첫째로 하나님의 뜻에 무조건 순종했습니다.
리브가는 아브라함의 종 엘리에셀이 그녀에게 자기 주인의 아들인 이삭의 아내가 되어 줄 것을 요청했을 때에 신랑감의 이름이 무엇인지, 그의 성격은 어떻고, 용모는 어떻게 생겼는지, 직업이 무엇인지, 그 어느 것 하나도 아는 것이 전혀 없었습니다. 그러나 그녀는 그 어떤 것 하나도 궁금해하거나 알려고 하지도 않았습니다. 거기다가 신랑감인 이삭의 고향이 가까운 자기 지역 사람도 아니고 800㎞나 떨어진 아주 멀고 낯선 곳의 사람이었습니다. 그러나 그녀는 앞뒤를 생각하지 않고 자기 가족이 그러면 열흘 동안만이라도 가족과 함께 머물고 난 다음 가라는 요청도 거부하고 하나님의 뜻을 따라 청혼을 수락하고 그대로 동행했습니다(창 24:50-61). 믿음의 조상 아브라함도 마찬가지였습니다. 하나님께서 아브라함의 늙어 말년에 "너희 고향과 친척과 아버지의 집을 떠나 내가 네게 보여줄 땅으로 가라"(창 12:1)고 지시하셨을 때에 곧바로 갈 바를 알지 못했으나 그대로 떠났습니다(히 11:8). 사랑하는 애첩 하갈과 아들 이스마엘을 보내라고 하셨을 때에도 즉시 내보냈습니다(창 21:10). 사랑하는 아들 이삭을 바치라고 하셨을 때에도 그대로 바쳤습니다 (창 22:1-14).

둘째로 순종은 가부를 말할 수 없습니다.
라반과 브두엘은 리브가가 이삭의 아내로 정해진 것이 하나님의 섭리에 의한 것이라면 그 결혼을 할 수 있다거나 없다고 가부를 말할 수 없다고 했습니다(창 24:50). 다시 말하면 하나님의 뜻 가운데 이루어진 일을 어떻게 인간이 왈가왈부 할 수 있느냐는 것입니다. 그렇습니다. 순종은 내 생각, 내 지식, 내 경험은 물론 나 자신 전체를 부정하고 포기하고 무조건 따르는 것입니다. 때문에 순종하는 사람은 그 어떤 요구도 없습니다. 그러므로 신앙생활에서는 어떤 이유나 불평과 불만이 있을 수 없습니다.

셋째로 장소, 상황에 관계없이 복을 주십니다.
순종하는 사람은 나가도 들어와도 복을 받습니다(신 28:6). 그래서 창고가 차고 넘칩니다. 건강한 삶을 삽니다. 범사가 형통합니다. 항상 앞서가고 승리하는 삶을 삽니다. 모든 것을 전능하신 하나님께서 보장해 주십니다. 그렇습니다. 순종과 불순종에는 사느냐와 죽느냐가 결정되어있습니다.

사랑하는 여러분!
하나님의 뜻에 무조건 순종합시다. 또한 하나님의 일에 절대로 왈가왈부하지 맙시다. 그리고 우리들의 일생 동안 몸과 마음, 시간과 물질은 물론 우리들의 삶 전체를 하나님께 드리는 풍성한 삶을 사시기 바랍니다.

 # 멜기세덱

[창 14:18-20]

> 살렘 왕 멜기세덱이 떡과 포도주를 가지고 나왔으니 그는 지극히 높으신 하나님의 제사장이었더라 그가 아브람에게 축복하여 이르되 천지의 주재이시요 지극히 높으신 하나님이여 아브람에게 복을 주옵소서 너희 대적을 네 손에 붙이신 지극히 높으신 하나님을 찬송할지로다 하매 아브람이 그 얻은 것에서 십분의 일을 멜기세덱에게 주었더라

신앙이라고 하는 것은 우리 인간들의 보편적인 생각으로는 도저히 이해할 수 없는 아주 심오하고 신비한 부분들이 너무나도 많습니다. 그러므로 신앙생활을 잘 하는 비결은 내 생각과 지식, 경험은 물론 나 자신을 완전히 포기하고 하나님의 말씀대로 믿고 무조건 순종하는 것입니다. 바로 거기에서 은혜를 받게 되고 능력을 받아 사명을 감당하게 되고 축복도 받게 됩니다. 오늘 본문의 멜기세덱도 우리 인간들의 상식으로는 도저히 이해할 수 없는 인물입니다. 그러나 하나님께서 그를 귀하게 쓰신 실제적인 인물입니다. 그러므로 우리 모두는 믿음의 눈으로 그를 보고 은혜를 받아야겠습니다.

1. 하나님의 제사장

첫째로 특별한 제사장이었습니다.

'하나님의 제사장' 이란 말은 구별된 자로서 거룩하신 하나님의 일에 종사하는 사람을 말합니다. 그런데 이스라엘의 제사장은 모두 다 규정된 자격 요건을 갖추어야 했습니다. 먼저 아론의 자손이어야 했습니다(출 29:9). 그러나 멜기세덱은 아론과는 전혀 관계가 없는 이방사람이었습니다. 그럼에도 불구

하고 멜기세덱은 당시 사람들을 대표해서 하나님께 제사를 드리는 지극히 높으신 하나님의 제사장이었습니다(창 14:18). 다시 말하면 멜기세덱의 제사장 직분은 그의 인간성이나 어떤 제도에 근거한 것이 아니었습니다. 마찬가지로 예수 그리스도의 제사장 직분도 그 어떤 계보에 의한 것이 아니었습니다. 그러므로 멜기세덱은 대제사장이 되신 예수 그리스도의 표상이 되는 것입니다.

둘째로 건강한 사람이어야 했습니다.

하나님의 제사장은 무엇보다도 먼저 흠이 없고 거룩해야 했습니다. 레위기 21장에 보면 생각이나 언어, 몸가짐도 단정해야 했습니다. 삶의 자세도 아름다워야 했습니다. 더럽고 추한 것을 접하지 않도록 주의해야 했습니다. 가정생활도 잘 해야 했습니다. 자녀들도 잘 다스려야 했습니다. 영육이 모두가 다 건강해야 했습니다(레 21:18). 그러므로 이제 만인 제사장인 우리 모두의 언행심사는 물론 삶의 자세가 언제나 아름답고 건강해야 합니다. 그래야 우리 영육이 복을 받아 건강한 삶을 살게 되는 것입니다. 그리하여 모든 사람들에게는 귀감이 되는 복된 삶을 살아야겠습니다.

셋째로 최초로 십일조를 받았습니다.

아브라함은 조카 롯이 시날 연합군에게 포로로 잡히게 되자 자신의 군대 318명을 데리고 출전하여 시날 연합군을 무찌르고 롯이 빼앗겼던 모든 것들을 도로 찾아왔습니다(창 14:1-16). 때에 멜기세덱은 "...천지의 주재이시요 지극히 높으신 하나님이여 아브람에게 복을 주옵소서"(창 14:19)라고 축복했습니다. 그리고 아브라함에게 하나님을 찬송하라(창 14:20)고 했습니다. 그러자 아브라함은 전쟁을 통해서 얻은 전리품 중에서 십분의 일을 취하여 하나님의 제사장인 멜기세덱에게 드렸습니다(창 14:20). 이것은 바로 아브라함이 승리를 쟁취할 수 있게 하신 하나님의 은혜에 감사하여 최초로 드린 십일조였습니다. 그러므로 우리들도 하나님의 몫인 십의 일조를 구원받은 자답게 자원하여 기쁜 마음으로 구별되게 드려야 합니다.

사랑하는 여러분!
우리 모두는 다 인간적인 생각을 포기하고 주님만 믿고 따릅시다. 또한 거룩하고 흠이 없는 언행심사로 아름다운 삶을 삽시다. 그리고 멜리세덱처럼 사람들을 축복하는 삶을 삽시다. 더 나아가 아브라함처럼 성도로서의 의무를 철저하게 감당하고 축복받는 삶을 사시기 바랍니다.

2. 의의 왕

첫째로 자격이 있었습니다.
이스라엘의 왕은 아무나 되는 것이 아니라 하나님께서 마음에 맞는 자를 선택하셨습니다(삼상 10:24). 그래서 성경은 "반드시 네 하나님 여호와께서 택하신 자를 네 위에 왕으로 세울 것이며 네 위에 왕을 세우려면 네 형제 중에서 한 사람을 할 것이요 네 형제 아닌 타국인을 네 위에 세우지 말 것이며"(신 17:15)라고 말씀하셨습니다. 이것은 이스라엘의 왕은 사람의 취향과 뜻에 맞는 사람이 아니라 오직 하나님의 뜻에 합당한 자로서 하나님을 대신하여 선민인 이스라엘 백성을 다스릴 수 있는 사람이어야 했습니다. 또한 이스라엘의 유다 지파에 속한 자여야 했습니다. 그렇다고 해서 혈통주의나 민족주의를 뜻하는 것이 아니라 어려서부터 하나님을 향한 순수한 신앙을 갖고 있는 사람이 왕이 되어야함을 의미하는 것입니다. 그러므로 하나님의 은혜로 구원받아 왕직을 소유하고 있는 우리 모두는 하나님의 택함 받은 자답게 아름답게 살아가는 당당한 신앙의 대장부가 되어야겠습니다.

둘째로 금지조항이 있었습니다.

이스라엘의 최고 통치자인 왕이 되었다고 해서 제멋대로 살아가는 것이 아니라 왕으로서 반드시 지켜야 할 규범이 있었습니다. 먼저 말을 많이 소유할 수 없도록 했습니다(신 17:16). 고대사회에 있어서의 말은 군사력의 상징이었습니다. 다시 말하면 왕으로서 군사력을 지나치게 의지하지 말고 전능하신 하나님을 의지하라는 것입니다. 또한 아내를 많이 두지 말라고 했습니다(신 17:17). 왜냐하면 아내를 많이 두면 육신의 향락에 빠지기 쉬울 뿐만 아니라 그 마음이 항상 복잡하고 분열되어서 중요한 국사를 제대로 수행할 수 없기 때문입니다. 그래서 솔로몬이 이방 여인들의 유혹에 빠져 범죄함으로 말미암아 그의 말년이 비참하게 된 것입니다. 그리고 사치와 연락에 빠지는 일이 없어야 했습니다. 나라를 잘 다스리고 백성들의 안녕과 복지를 위해 힘써야 할 왕이 재산을 축적하고 사치와 연락에 빠지게 되면 나라를 제대로 다스릴 수 없기 때문입니다.

셋째로 통치이념이 있었습니다.

먼저 여호와를 경외하는 신앙과 율법의 규례에 근거해야 했습니다. 이를 위해 왕이 되면 제사장이 보관하고 있는 율법서의 사본을 만들어서 항상 곁에 두고 읽어야 했습니다(신 17:18, 19). 또한 읽고, 듣고, 깨달은 말씀대로 자신도 반드시 실천하고 백성들도 그 말씀대로 잘 인도해 나가야 했습니다. 그리고 그 어떤 이유로도 교만하지 말고 겸손한 마음으로 백성들을 잘 섬겨야 했습니다.

사랑하는 여러분!

우리들도 하나님의 사람답게 자신 있게 삽시다. 또한 나 자신을 부패하게 하는 모든 것들을 다 털어 버립시다. 그리고 하나님이 원하시는 뜻대로 자신과 가정, 교회를 아름답게 세워 가시기 바랍니다.

3. 그리스도의 모형

첫째로 아버지도 없고 어머니도 없습니다.

예수님께서는 성령으로 잉태되셨기 때문에 인성에 있어서는 아버지가 없었고 신성에 있어서는 어머니가 없었습니다. 그런데 성경은 멜기세덱에 대해서도 "아버지도 없고 어머니도 없고 족보도 없고…"(히 7:3上)라고 하셨습니다. 이것은 바로 멜기세덱은 그의 근원을 알 수 없는 아주 신비스러운 인물이라는 것입니다. 다시 말하면 그리스도의 제사장 직분과 레위 계통의 옛 제사장 직분과는 전혀 다르다는 것을 알려주시는 것입니다. 또한 구약성경 어디에도 멜기세덱의 혈통이나 출생 및 죽음에 대한 언급이 전혀 없는 점을 들어 예수님의 왕이자 제사장 직분이 하늘에 기원을 두고 있으며 영원하다는 사실을 부각시킨 것입니다. 그리고 그의 제사장 직분은 레위 계통의 혈통을 가진 자들보다 훨씬 더 우월하다는 것입니다. 바로 인성의 아버지가 없고 신성의 어머니가 없는 예수님께서 우리 인간들의 영원한 제사장이 되심을 말씀하신 것입니다.

둘째로 시작과 끝이 없습니다.

예수님께서는 창조주 하나님께서 우리 인간들의 죄악을 대속하시기 위해 육신을 입으시고 이 세상에 오신 분이시기 때문에 시작과 끝이 없으십니다. 그런데 성경은 멜기세덱에 대해서도 "…시작한 날도 없고 생명의 끝도 없어 하나님의 아들과 닮아서 항상 제사장으로 있느니라"(히 7:3)고 하셨습니다. 그것은 바로 그의 제사장직 수행기간이 정해진 것이 없다는 것입니다. 레위 계통의 제사장들은 30세에 제사장직을 시작하여 50세에 마쳐야 했습니다.

그러나 멜기세덱의 제사장직은 그렇지 않았습니다. 때문에 멜기세덱의 반차를 따르는 제사장은 예수 그리스도에서 끝이 나며 예수 그리스도는 영원한 제사장으로서 완전한 제사를 드렸기에 이제 짐승을 잡아서 제사를 드리는 제사장은 더 이상 필요없습니다. 바로 이 멜기세덱을 통해 예수 그리스도께서 완전하신 제사장이 되심을 강조하고 있는 것입니다.

셋째로 평강의 왕이었습니다.

성경은 멜기세덱에 대해 "살렘 왕 멜기세덱"이라고 했습니다. 살렘은 '평화 또는 평강'의 뜻으로서 시온의 옛 이름이며 '예루살렘'을 줄인 말입니다(시 76:2). 이 살렘은 하나님의 임재를 상징하는 법궤를 모신 성전이 있었기 때문에 대단히 중요한 곳이었습니다. 이 살렘은 단순히 인간의 거주지라기보다는 하나님이 우리 인간의 죄를 대속하시기 위해서 찾아오신 곳이었습니다. 그러므로 누구든지 예수 그리스도를 믿기만 하면 모든 죄를 용서받고 저주에서 벗어나 진정한 평화를 누리게 됩니다. 그래서 예수 그리스도를 평강의 왕이라고 합니다.

사랑하는 여러분!

동정녀를 통해서 이 세상에 오신 주님께서 우리의 영원한 제사장이 되셨습니다. 그러므로 우리가 지금 예수그리스도의 사랑을 받고 있는 것입니다. 또한 단번에 우리의 죄를 대속하신 예수 그리스도의 은혜로 우리들이 이렇게 예배드리고 있는 것입니다. 그리고 예수 그리스도께서 우리의 모든 죄와 저주를 감당해주셨으니 늘 평강의 삶을 누려야겠습니다.

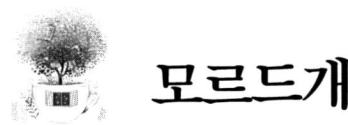
모르드개

[에 2:21-23]

모르드개가 대궐 문에 앉았을 때에 문을 지키던 왕의 내시 빅단과 데레스 두 사람이 원한을 품고 아하수에로 왕을 암살하려는 음모를 꾸미는 것을 모르드개가 알고 왕후 에스더에게 알리니 에스더가 모르드개의 이름으로 왕에게 아뢴지라 조사하여 실증을 얻었으므로 두 사람을 나무에 달고 그 일을 왕 앞에서 궁중 일기에 기록하니라

> 모르드개는 스룹바벨과 함께 바벨론에서 귀화한 유다인으로서 자기 삼촌 부부가 사망하자 그들의 딸인 에스더를 자기 딸처럼 양육하여 아하수에로 왕의 왕비가 되게 한 사람이었습니다. 또한 그는 아하수에로 왕을 암살하려는 음모를 발견하여 왕의 생명을 지킨 자입니다. 그리고 자신과 민족의 운명이 풍전등화 같은 위기 상황에서 자신과 민족을 구원받게 한 애국자입니다. 때문에 그는 유대 민족의 영웅으로서 부림절의 기원이 되었습니다. 그러므로 오늘 본문의 말씀을 통해 부족한 우리들이지만 이 민족을 위해 아름답게 쓰임 받는 삶을 살아야겠습니다.

1. 모르드개의 공적

첫째로 왕을 암살하려는 음모가 있었습니다.

평소에 왕에게 불만을 품고 있던 왕의 내시 빅단과 데레스가 왕을 암살하려는 음모를 세웠습니다. 당시 빅단(빅다)은 어전 내시였고 데레스는 왕의 침실 문지기였기 때문에 두 사람 다 왕을 살해하기 좋은 위치에 있었습니다(에 1:10, 6:2). 그들이 무엇 때문에 아하수에로 왕을 시해하려 했는지 아무도 알 수 없습니다. 다만 그들이 아하수에로 왕에 의해 폐위된 와스디의 친척이 아니었나라고 추측할 뿐입니다. 그러나 그 누구보다도 왕의 생명을 보호하기 위해 쓰임 받고 있는 내시로서는 도저히 이해할 수 없는 악한 음모였습니다. 우리들은 그 어떤 이유로도 내가 하고 있는 일들을 통해 다른 사람을 해치는 일에 조금이라도 연루되는 불행한 일이 없어야겠습니다.

둘째로 모르드개에 의해 고발되었습니다.

당시 바사 왕국의 궁궐대문에서 일을 보고 있던 모르드개는 빅단과 데레스의 음모를 발견하고 그러한 사실을 에스더에게 알렸습니다. 그런데 에스더는 모르드개와 자신의 관계를 밝히지 않고 두 내시의 음모 사실을 모르드개의 이름으로 왕에게 보고했습니다. 모르드개가 에스더를 통해 왕에게 보고한 것은 정보의 유출방지를 위한 것도 있었지만 아하수에로 왕 앞에서 에스더의 위상을 더욱 강화시켜 주기 위한 깊은 생각에서였습니다. 에스더 또한 자기 이름으로 보고하지 않고 모르드개의 이름으로 왕께 보고했습니다. 그것은 바로 아하수에로 왕에게 모르드개의 존재를 특별히 부각시키기 위해서였습니다. 두 사람 다 자신보다는 서로를 위한 아름다운 삶의 자세였습니다. 보고를 받은 왕은 사건을 조사케 한 다음 사실로 밝혀지자 두 사람을 나무에 달아 죽였습니다(에 2:23).

셋째로 모르드개의 일이 궁중일기에 기록되었습니다.

궁중일기는 왕궁에서 일어난 중요한 사건들을 사관이 정리하여 기록케 하여 후에 참고자료로 삼는 것입니다(에 2:21~23). 그러므로 모르드개의 보고 내용이 궁중일기에 기록된 것은 그 사건이 그만큼 중요했으며 모르드개의 공로가 공식적으로 입증된 것이었습니다. 그럼에도 불구하고 모르드개에게 아무런 포상도 주어지지 않았다는 것은 상당히 예외적인 일이었습니다. 그러나 후에 그 사건으로 인하여 모르드개가 풍전등화와 같은 위기상황에서 이스라엘 백성들을 구원하는 도구가 된 것을 보면 하나님의 위대하신 역사는 우리 인간들의 우둔한 머리로서는 도저히 이해할 수 없는 아주 심오한 역사입니다. 그러므로 우리들은 범사에서 조급하게 굴지 말고 전능하신 하나님의 인도하심을 믿고 잠잠히 참아 기다리는 듬직한 삶을 살아야 합니다.

사랑하는 여러분!
우리 모두는 그 어떤 일이 있어도 남에게 손상을 입히는 불행한 일이 없도록 합시다. 또한 우리들이 평생토록 사람들을 구원하고 복되게 하는 일에만 쓰임 받는 사람들이 됩시다. 그리고 언제나 우리들의 언행심사가 인류의 역사 속에 아름답게 기록되는 은혜로운 삶을 사시기 바랍니다.

2. 하만의 음모

첫째로 바사 제국의 총리 대신이었습니다.
하만은 아말렉 족속으로서 한 때 왕성했던 바벨론 제국을 정복하고 세계 최강국으로 등장한 바사 제국의 총리 대신이었습니다(에 3:1). 당시는 다리오 1세의 뒤를 이어 아하수에로 왕이 바사 제국을 통치하고 있었습니다. 그는 세계 최고의 왕인 아하수에로 왕 다음인 서열 2위의 막강한 권력자였습니다. 또한 아하수에로 왕은 왕의 모든 신복이 하만에게 꿇어 절하도록 명하기까지 했습니다(에 3:2). 그러므로 그는 자연히 교만할 수밖에 없었습니다. 때문에 그는 자기의 지위를 이용하여 바사 국민들로부터 절대적인 경외를 받기를 원했습니다. 당시 바사인들은 절대군주인 왕을 향해 무릎을 꿇고 코가 땅에 닿을 정도로 머리를 조아려 절하는 관습이 있었습니다. 그런데 하만은 자신이 왕도 아니면서 바사 백성들로부터 그러한 대접을 받기 원했습니다. 다시 말하면 바사 제국 안에서의 제2인자로서의 위치를 확고하게 굳히려고 했습니다.

둘째로 모르드개는 절하지 않았습니다.

왕 외에 바사 제국의 모든 백성들은 다 하만에게 절을 했습니다. 그런데 유독 유대출신으로서 궁궐 문지기인 모르드개만은 하만에게 절하지 않았습니다(에 3:2). 모르드개의 이와 같은 행동은 먼저 오직 하나님 한 분께만 영광 돌리고자 하는 견고한 믿음에서 비롯된 것이었습니다(에 3:4). 또한 하만은 하나님과 이스라엘의 원수였던 아말렉의 후손이었습니다. 때문에 그는 하나님과 이스라엘의 원수인 자에게 무릎을 꿇어 절할 수가 없었습니다. 그러므로 모르드개의 행위는 당시의 정치적인 상황으로 볼 때에 대단히 위험한 행위였습니다. 그러나 모르드개는 신앙의 절개를 위해 죽음도 불사했던 것입니다.

셋째로 모르드개와 유대인 말살을 시도했습니다.

모르드개의 일을 분히 여긴 하만은 자기에게 절하지 아니하는 모르드개는 물론 유다 민족까지도 다 말살하려는 계획을 세웠습니다(에 3:6). 그는 아하수에로 왕께 나아가 "…한 민족이 왕의 나라 각 지방 백성 중에 흩어져 거하는데 그 법률이 만민의 것과 달라서 왕의 법률을 지키지 아니하오니 용납하는 것이 왕에게 무익하니이다 왕이 옳게 여기시거든 조서를 내려 그들을 진멸하소서 내가 은 일만 달란트를 왕의 일을 맡은 자의 손에 맡겨 왕의 금고에 드리리이다"(에 3:8, 9)라고 뇌물을 주면서 간청하여 "…너의 소견에 좋을 대로 행하라"(에 3:11)는 허락을 받았습니다. 그리하여 유다 민족 학살령이 바사 전국에 반포되었습니다(에 3:13).

사랑하는 여러분!

우리 모두는 주님의 보혈로 구원받은 자들이기 때문에 어떤 이유로도 교만할 수 없습니다. 또한 모르드개처럼 신앙의 지조를 철저하게 지킵시다. 그리고 평생동안 선하고 아름다운 일에 쓰임 받도록 힘써야겠습니다.

3. 모르드개의 승리

첫째로 하나님께서 역사하셨습니다.

하만의 유대민족 말살계획에 의해 유대 민족은 최대의 위기에 처하게 되었습니다(에 3:7-15). 때문에 모르드개를 포함한 모든 유대인들은 비탄에 빠져 있었습니다(에 4:1-3). 모르드개의 요청과 그의 애통하는 모습을 전해들은 에스더는 '죽으면 죽으리라' 는 일사 각오의 자세로 3일 동안 금식하고 왕 앞에 나아갔습니다(에 4:4-17). 그리고 왕을 위해 잔치를 배설하고 하만도 그 자리에 참석토록 요청했습니다(에 5:5-8). 잔치가 끝난 후 잠자리에 들어간 왕은 잠이 오지 않자 신하를 불러 궁중실록을 읽도록 했습니다(에 6:1). 그런데 불과 5년 전에 있었던 빅단(빅다)과 데레스의 자신에 대한 시해음모사건을 모르드개가 고발했다고 기록되어 있었습니다. 왕은 신하에게 "무슨 존귀와 관작을 모르드개에게 베풀었느냐"(에 6:3上)고 묻자 신하는 베풀지 않았다고 했습니다. 이것은 바로 하나님께서 모르드개와 유다 민족을 위해 역사하신 것입니다.

둘째로 하만이 착각했습니다.

아하수에로 왕은 모르드개를 표창하기 위해 "누가 뜰에 있느냐"(에 6:4上)고 사람을 찾았습니다. 때마침 하만이 자신이 세운 나무에 모르드개를 달게 해달라고 왕께 구하고자 왕궁 바깥뜰에 이르렀었습니다. 왕은 하만을 들어오게 하고 "왕이 존귀하게 하기를 원하는 사람에게 어떻게 하여야 하겠느냐"

(에 6:6上)라고 물었습니다. 이에 하만은 왕이 표창하고자 하는 사람이 자신인 줄로 착각하고(에 6:6) "왕께서 사람을 존귀하게 하시려면 왕께서 입으시는 왕복과 왕께서 타시는 말과 머리에 쓰시는 왕관을 가져다가 그 왕복과 말을 왕의 신하 중 가장 존귀한 자의 손에 맡겨서 왕이 존귀하게 하시기를 원하시는 사람에게 옷을 입히고 말을 태워서 성중 거리로 다니며 그 앞에서 반포하여 이르기를 왕이 존귀하게 하기를 원하시는 사람에게는 이같이 할 것이라 하게 하소서"(에 6:7-9)라고 했습니다.

셋째로 원수의 목전에서 승리의 상을 받았습니다.

하만의 말을 들은 왕은 하만에게 "…너는 네 말대로 속히 왕복과 말을 가져다가 대궐문에 앉은 유다 사람 모르드개에게 행하되 무릇 네가 말한 것에서 조금도 빠짐이 없이 하라"(에 6:10)고 지시함으로 하만이 왕복과 말을 취하여 모르드개에게 입히고 말을 태워 성중거리로 다니며 "…왕이 존귀하게 하시기를 원하시는 사람에게는 이같이 할 것이라"(에 6:11)고 외쳤습니다. 그리고 에스더의 소청이 왕에게 받아들여져 하만은 모르드개를 달아 죽이기 위해 세워놓은 장대에 자신이 달려 죽었고(에 7:1-10), 모르드개와 유대 민족은 원수의 목전에서 승리의 상을 받았습니다.

사랑하는 여러분!
우리들도 하나님의 역사하심을 믿고 금식하며 기도합시다. 또한 내가 잘나고 최고라고 착각하지 맙시다. 그리고 때마다 일마다 반드시 승리케 하시는 하나님께 늘 영광 돌리시기 바랍니다.

 # 모 세

[출 3:1-12]

　　모세가 그의 장인 미디안 제사장 이드로의 양 떼를 치더니 그 떼를 광야 서쪽으로 인도하여 하나님의 산 호렙에 이르매 여호와의 사자가 떨기나무 가운데로부터 나오는 불꽃 안에서 그에게 나타나시니라 그가 보니 떨기나무에 불이 붙었으나 그 떨기나무가 사라지지 아니하는지라 이에 모세가 이르되 내가 돌이켜 가서 이 큰 광경을 보리라 떨기나무가 어찌하여 타지 아니하는고 하니 그 때에 여호와께서 그가 보려고 돌이켜 오는 것을 보신지라 하나님이 떨기나무 가운데서 그를 불러 이르시되 모세야 모세야 하시매 그가 이르되 내가 여기 있나이다 하나님이 이르시되 이리로 가까이 오지 말라 네가 선 곳은 거룩한 땅이니 네 발에서 신을 벗으라 또 이르시되 나는 네 조상의 하나님이니 아브라함의 하나님, 이삭의 하나님, 야곱의 하나님이니라 모세가 하나님 뵈옵기를 두려워하여 얼굴을 가리매 여호와께서 이르시되 내가 애굽에 있는 내 백성의 고통을 분명히 보고 그들이 그들의 감독자로 말미암아 부르짖음을 듣고 그 근심을 알고 내가 내려가서 그들을 애굽인의 손에서 건져내고 그들을 그 땅에서 인도하여 아름답고 광대한 땅, 젖과 꿀이 흐르는 땅 곧 가나안 족속, 헷 족속, 아모리 족속, 브리스 족속, 히위 족속, 여부스 족속의 지방에 데려가려 하노라 이제 가라 이스라엘 자손의 부르짖음이 내게 달하고 애굽 사람이 그들을 괴롭히는 학대도 내가 보았으니 이제 내가 너를 바로에게 보내어 너에게 내 백성 이스라엘 자손을 애굽에서 인도하여 내게 하리라 모세가 하나님께 아뢰되 내가 누구이기에 바로에게 가며 이스라엘 자손을 애굽에서 인도하여 내리이까 하나님이 이르시되 내가 반드시 너와 함께 있으리라 네가 그 백성을 애굽에서 인도하여 낸 후에 너희가 이 산에서 하나님을 섬기리니 이것이 내가 너를 보낸 증거니라

　　모세는 주전 1574년에 히브리 민족이며 레위 족속인 아므람과 요게벳의 아들로 애굽에서 출생하여 왕궁에서 자랐습니다. 모세라는 이름은 '물에서 건져냄'이란 뜻을 가지고 있습니다. 그의 이름이 의미하는 바와 같이 그는 애굽 왕 바로의 학정아래서 핍박받으며 종노릇하고 있는 이스라엘 민족을 출애굽 시킨 민족의 지도자

요, 십계명을 받은 하나님의 사람이었습니다. 이 시간에는 그의 일생을 통해서 하나님께서 우리들에게 주시는 은혜를 받고자 합니다.

1. 모세의 궁중생활

첫째로 이스라엘 민족이 핍박을 받았습니다.

라헬의 아들로서 아버지 야곱의 특별한 사랑을 받는다는 이유 때문에 형들에 의해 애굽의 상인에게 팔려간 요셉이 애굽의 총리가 되어 바로 왕의 신임을 받아 선정을 베풀었기 때문에 애굽 전국은 흉년을 극복하고 태평성대를 누리게 되었습니다. 그로 인해 가나안에서 흉년으로 고생하던 야곱의 가족도 요셉의 초청으로 애굽으로 이민 와서 기름진 고센 땅에서 잘 살게 되었습니다. 때문에 애굽의 모든 백성들은 다 요셉을 존경했습니다. 그러나 세월이 흘러 요셉의 생명이 다하여 하나님의 부르심을 받았고 바로 왕도 이 세상을 떠나게 되었습니다. 그 동안 세월이 많이 흘러 왕들도 바뀌었습니다. 이제 그 동안의 요셉이나 그의 치적은 세월과 함께 다 잊히고 아는 자가 하나도 없었습니다. 때문에 애굽 사람들은 자기 나라에 와서 사는 다른 민족인 이스라엘을 핍박하기 시작했습니다. 그들에게 무거운 세금을 부과하고 심한 노동으로 노예처럼 부렸습니다.

둘째로 애굽 궁중에서 자랐습니다.

애굽의 바로 왕은 히브리 민족의 번성을 막기 위해 전국의 산파들에게 히브리 여인들이 남자아이를 낳으면 무조건 모두 다 죽이라고 명령했습니다(출 1:15,16). 그러나 경건한 믿음을 가진 아므람과 요게벳은 모세를 3개월 동안 숨겨 기르다가 감시가 심해 어쩔 수 없게 되자 갈대상자에 넣어 나일강에 띄우고 미리암으로 하여금 숨어서 엿보게 했습니다(출 2:2-4). 그런데 때마침 바로 왕의 공주가 목욕하러 왔다가 떠내려오고 있는 아기를 보고 불쌍히 여겨 궁중으로 데려갔습니다. 그 때에 미리암이 공주에게 모세의 어머니

요게벳을 유모로 소개함으로 인해 친모인 요게벳이 모세의 유모가 되어 자기의 친 아들을 보수를 받으면서 기르게 되었습니다(출 2:7-10). 때문에 모세는 당시 최고의 문명국이었던 애굽의 궁중에서 40세까지 애굽의 모든 학문을 다 통달했습니다.

　셋째로 히브리 민족 교육을 받았습니다.
모세는 자기 어머니 요게벳을 통해서 자신이 애굽 사람이 아니라 히브리 민족이라는 사실을 알게 되었고 자기 민족에 대한 교육을 받았습니다. 때문에 그는 애굽의 궁중생활에 만족하지 않고 자기 민족을 구원코자 하는 열망이 뜨거워지게 되었습니다. 그렇습니다. 이 세상에 자기 민족이 없는 사람은 하나도 없습니다. 케냐는 자기 민족인 오바마가 미국의 대통령이 되었다는 것이 얼마나 자랑스러우면 오바마의 대통령 당선 일을 국경일로 지정했겠습니까? 우리들도 이 민족과 인류의 구원을 위한 일꾼으로 멋있게 쓰임 받는 성도들이 되어야겠습니다.

　사랑하는 여러분!
이 세상은 언제나 이렇게 변하게 되어있습니다. 그러므로 어제나 오늘이나 영원토록 변함이 없는 하나님만이 믿음의 대상이 되십니다. 또한 우리들도 언제, 어디서나 하나님의 백성임을 잊지 맙시다. 그리고 우리들도 우리의 자녀들에게 신앙교육을 철저히 시켜야겠습니다.

2. 모세와 미디안 생활

　첫째로 미디안으로 도망했습니다.
모세가 장성한 후에 한 번은 자기 민족이 고역하는 현장에 나갔다가 애굽 사람이 히브리 사람 곧 자기 형제를 치는 것을 보고 분노를 느껴 애굽 사람을 쳐서 죽이고 그 시체를 모래에 감추었습니다. 이튿날 그곳에 다시 나가보았더니 이제는 두 히브리 사람이 서로 싸우고 있었습니다. 이것을 본 모세는 먼저 잘못한 자에게 "…네가 어찌하여 동포를 치느냐"(출 2:13)고 꾸짖으면서 싸움을 말렸습니다. 그러자 꾸지람을 받은 자가 "누가 너를 우리를 다스리는 자와 재판관으로 삼았느냐 네가 애굽 사람을 죽인 것처럼 나도 죽이려느냐"(출 2:14)고 소리를 쳤습니다. 그로 인해 모세가 애굽 사람을 죽인 사실이 탄로가 되었고, 이 소식을 들은 바로가 모세를 죽이려고 했습니다. 때문에 당시 40세였던 모세는 할 수 없이 애굽의 지위와 명예, 권세와 부요를 버리고 미디안으로 도망쳤습니다.

둘째로 미디안 제사장의 목자가 되었습니다.
자기를 죽이려는 바로를 피하여 미디안 광야로 도망친 모세는 어느 날 우물가에 앉았는데 미디안 제사장의 일곱 딸들이 물을 길어 구유에 채우고 양들을 먹이고자 하는데 다른 목자들이 그녀들을 쫓았습니다. 그 때에 모세가 목자들을 만류하고 그녀들을 도와 물을 긷고 양들에게 물을 먹이도록 도와 주었습니다(출 2:15-17). 그 일로 인해 모세는 미디안 제사장의 딸 십보라와 결혼하게 되었습니다(출 2:18-22). 그 동안 공주의 아들로서 귀하게 살아 왔던 그가 양을 친다는 것은 대단히 힘들고 어려운 일이었지만 그는 40년간 변함 없이 모든 고난을 이겨가면서 맡겨진 양들을 성실하게 돌보았습니다. 여기에서 우리가 한가지 유의해야 할 사항이 있습니다. 그것은 바로 미디안 제사장의 이름이 르우엘(출 2:18), 이드로(출 3:1), 호밥(삿 4:11) 등으로 기록되어 있다는 것입니다.

셋째로 이스라엘 민족의 구원에 대한 소명을 받았습니다.
모세가 양무리를 이끌고 하나님의 산 호렙에 이르렀을 때에 하나님의 사자가 떨기나무에서 나타나셔서 모세를 부르셨습니다. 이에 모세가 "…내가 여기 있나이다"(출 3:4)라고 대답하자 하나님께서는 "이제 가라 이스라엘 자손의 부르짖음이 내게 달하고 애굽 사람이 그들을 괴롭히는 학대도 내가 보았으니 이제 내가 너를 바로에게 보내어 너에게 내 백성 이스라엘 자손을 애굽에서 인도하여 내게 하리라"(출 3:9,10)고 말씀하셨습니다. 하나님께서는 그 동안 모세를 애굽의 궁중에서 교육시키시고 미디안 광야에서 목자 수업을 시키신 다음 그를 부르시고 이스라엘 민족을 출애굽 시키는 데에 사용하시기 위해 소명을 주신 것입니다.

사랑하는 여러분!
우리들이 이 세상을 살다보면 모세와 같이 뜻하지 않은 어려움을 당할 때도 있습니다. 또한 전능하신 하나님께서 우리들의 인생 길을 잘 인도해 주십니다. 그리고 반드시 하나님의 일에 대한 사명을 맡기십니다. 그러므로 우리들은 하나님의 뜻에 감사하고 무조건 충성해야 합니다.

3. 모세의 광야생활

첫째로 이스라엘을 출애굽 시켰습니다.
이스라엘 민족의 출애굽에 대한 소명을 받은 모세는 처음에는 소극적이었으나 하나님이 자기와 함께 하신다는 기사와 이적을 체험하고 나서는(출 4:1-17) 자신감을 가지고 아론과 함께 바로에게 나아가 "…이스라엘의 하나님 여호와께서 이렇게 말씀하시기를 내 백성을 보내라 그러면 그들이 광야에서 내 앞에 절기를 지킬 것이니라"(출 5:1)고 하셨다고 말했습니다. 그러나 바로는 아주 단호하게 거절했습니다(출 5:2-23). 그렇지만 모세는 하나님께서 내리시는 열 가지 재앙으로 끝까지 바로를 압박하여 이스라엘 백성들을 출애굽 시켰습니다(출 12:30-38). 때문에 그 동안 압박과 서러움에서 절규하며 살던 이스라엘 민족은 430년 만에 출애굽하여 마음놓고 하나님께 예배할 수 있는 자유를 찾게 되었습니다.

둘째로 십계명을 받았습니다.

이스라엘의 역사 가운데 가장 큰 사건 중의 하나가 바로 모세가 십계명을 받은 사건입니다. 이 십계명은 하나님께서 이스라엘의 모든 회중이 듣는 가운데 직접 말씀하셨고(신 5:22), 친히 손가락으로 두 개의 석판에 직접 새기셨습니다(출 31:18, 신 5:22). 그런데 모세는 이 십계명을 시내 산 위에서 40일 만에 가지고 내려왔습니다. 이 십계명은 일계명에서 사계명까지는 하나님과 관계된 계명이고, 오계명에서 십계명까지는 이웃과의 관계에 대한 계명입니다. 그러므로 우리 그리스도인들은 언제나 이 계명대로 살아야 합니다.

셋째로 가나안 땅에 들어가지 못했습니다.
모세는 전지전능하신 하나님의 기사와 이적으로 이스라엘 민족을 출애굽시켰고 하나님의 율법인 십계명을 받았습니다. 뿐만 아니라 성막을 세워 그곳에서 하나님께 제사를 드리게 하는 등 큰 일들을 많이 했습니다. 그럼에도 불구하고 그는 약속의 땅인 가나안에 들어가지 못했습니다. 그것은 바로 그의 범죄 때문이었습니다. 다시 말하면 모세가 하나님의 말씀에 불순종하고 화를 냈기 때문이었습니다. 하나님께서는 모세와 아론에게 "...너희는 반석에게 명령하여 물을 내라 하라 네가 그 반석이 물을 내게 하여 회중과 그들의 짐승에게 마시게 할지니라"(민 20:8)고 하셨습니다. 그런데 모세는 화를 내면서 두 번씩이나 쳤습니다(민 20:10). 또한 말씀대로 하지 않고 옛날에 했던 습관대로 했던 것입니다. 그리고 물을 주시는 분은 하나님이신 데도 불구하고 마치 자신들이 반석에서 물을 내는 것처럼 교만을 떨었습니다. 때문에 그들은 약속의 땅인 가나안에 들어갈 수 없다고 하셨습니다(민 20:12).

사랑하는 여러분!
우리들도 모세처럼 이 민족을 죄와 저주, 멸망에서 구원하는 성도들이 됩시다. 또한 언제나 하나님의 말씀대로 삽시다. 그리고 그 어떤 이유로도 내 기분이나 감정대로 살지 맙시다. 더 나아가 절대로 교만하게 사는 일이 없어야겠습니다.

 # 므낫세

[왕하 21:1-9]

므낫세가 왕이 될 때에 나이가 십이 세라 예루살렘에서 오십오 년간 다스리니라 그의 어머니의 이름은 헵시바더라 므낫세가 여호와 보시기에 악을 행하여 여호와께서 이스라엘 자손 앞에서 쫓아내신 이방 사람의 가증한 일을 따라서 그의 아버지 히스기야가 헐어 버린 산당들을 다시 세우며 이스라엘의 왕 아합의 행위를 따라 바알을 위하여 제단을 쌓으며 아세라 목상을 만들며 하늘의 일월 성신을 경배하여 섬기며 여호와께서 전에 이르시기를 내가 내 이름을 예루살렘에 두리라 하신 여호와의 성전에 제단들을 쌓고 또 여호와의 성전 두 마당에 하늘의 일월 성신을 위하여 제단들을 쌓고 또 자기의 아들을 불 가운데로 지나게 하며 점치며 사술을 행하며 신접한 자와 박수를 신임하여 여호와께서 보시기에 악을 많이 행하여 그 진노를 일으켰으며 또 자기가 만든 아로새긴 아세라 목상을 성전에 세웠더라 옛적에 여호와께서 이 성전에 대하여 다윗과 그의 아들 솔로몬에게 이르시기를 내가 이스라엘의 모든 지파 중에서 택한 이 성전과 예루살렘에 내 이름을 영원히 둘지라 만일 이스라엘이 나의 모든 명령과 나의 종 모세가 명령한 모든 율법을 지켜 행하면 내가 그들의 발로 다시는 그의 조상들에게 준 땅에서 떠나 유리하지 아니하게 하리라 하셨으나 이 백성이 듣지 아니하였고 므낫세의 꾐을 받고 악을 행한 것이 여호와께서 이스라엘 자손 앞에서 멸하신 여러 민족보다 더 심하였더라

> 성경에 므낫세는 요셉의 장자인 므낫세와 히스기야 왕의 아들로서 그의 후계자였던 유다 왕 므낫세가 있고, 이스라엘 사람으로서 이방 여인을 데리고 살았다가 에스라 선지자의 권고를 받고 아내를 버린 두 사람 등 모두 네 사람의 므낫세가 있습니다. 그러나 오늘 이 시간에는 히스기야 왕의 아들로서 유다의 왕이었던 므낫세의 삶을 통해 하나님께서 우리들에게 주시는 교훈을 받고자 합니다.

1. 범죄 행위

첫째로 우상을 숭배했습니다.

므낫세는 여호와께서 이스라엘 자손 앞에서 쫓아내신 이방 사람의 가증한 것을 본받아 부친 히스기야가 헐어버린 산당을 다시 세우고 바알들을 위해 제단을 쌓았으며 아세라 목상을 만들었습니다(왕하 21:1-4; 대하 33:2,3). 다시 말하면 북왕국 이스라엘 아합 왕의 행위를 본받아 산당을 다시 세우고 바알과 아세라 목상의 우상을 남왕국 유다에 도입한 것입니다. 또한 앗수르와 바벨론 북이스라엘에서 섬기는 일월성신까지 숭배했습니다(왕하 21:5; 대하 33:3). 그리고 힌놈의 아들 골짜기에서 아들을 몰렉 우상에게 바쳐 제사를 드렸으며(왕하 21:6), 신접한 자들을 의지하여 점을 치는(왕하 21:6) 무서운 죄를 지었습니다. 그는 한마디로 참으로 악하고 어리석은 왕이었습니다. 왜냐하면 선왕 히스기야가 쌓아놓은 선정을 모두 다 뒤집어엎어 버리는 악정을 펼쳤기 때문입니다.

둘째로 백성을 꾀어 범죄케 했습니다.

유다와 이스라엘의 왕은 다른 나라 왕들과는 달리 반드시 하나님에 의해서 기름부음을 받아 왕으로 세움 받습니다. 그것은 바로 하나님께서 세우신 그들을 통해서 당신의 백성들을 잘 다스리도록 하기 위함이셨습니다. 그러므로 유다와 이스라엘의 왕들은 하나님께서 그들에게 위임하신 권위로 백성들을 잘 인도해야 할 책임과 의무가 있었습니다. 그런데 므낫세는 오히려 하나님의 뜻과는 정반대로 잘못 통치한 악한 왕이었습니다. 그의 악행은 자신뿐만 아니라 백성들을 꾀어 범죄케 함이 열방보다 더 심했습니다(왕하 21:9; 대하 33:9). 여기에서의 열방은 하나님께서 이스라엘의 목전에서 멸망시키셨던 가나안의 일곱 족속을 말합니다. 그들은 너무나도 부패하고 더러워서 그들이 사는 땅이 토해낼 수밖에 없을 정도로 악한 자들이었습니다. 그런데 그보다 더 악했다고 하는 것은 참으로 불행한 일이었습니다. 우리들은 그 어떤 이유로도 남을 꾀어 범죄케 하는 악을 행치 말아야 합니다.

셋째로 무죄한 자의 피를 흘렸습니다.

므낫세가 선왕 히스기야가 헐어버린 산당을 다시 세우고 백성들을 꾀어 범죄케 했을 뿐만 아니라 또 다른 큰 죄를 범한 것이 있는데 그것은 바로 "…무죄한 자의 피를 심히 많이 흘려 예루살렘 이 끝에서 저 끝까지 가득하게…"(왕하 21:16)한 것입니다. 그는 종교적으로만 타락한 것이 아니라 윤리와 도덕적으로도 패역한 자였으며 무죄한 백성들을 무수히 죽여 예루살렘 시가지 전체가 피로 가득하게 한 악한 인간이었습니다. 역사가 요세푸스의 유대고사에 의하면 므낫세는 일반 백성들만 학살한 것이 아니라 하나님의 선지자들도 무차별적으로 잡아 죽였다고 합니다. 이사야 선지자도 그 때에 톱으로 켜 죽였다고 합니다. 때문에 이것을 본 히브리서 기자가 톱으로 켜 죽었다(히 11:37)고 기록한 것입니다. 한마디로 그는 인간이라고 할 수 없는 끔찍한 살인광이었습니다.

사랑하는 여러분!

우리 모두는 이 세상에 그 무엇도 하나님보다 더 우선될 수 없음을 명심하시기 바랍니다. 또한 그 어떤 이유로도 나로 인해 다른 사람을 범죄케 하는 불행한 일이 없도록 합시다. 그리고 우리들의 언행심사를 통해서 남을 미워하거나 상처를 주고 해치는 일이 없어야겠습니다. 오직 사람을 살리는 자들이 되시기 바랍니다.

2. 징벌을 받음

첫째로 여호와의 말씀을 듣지 않았습니다.

므낫세와 그 백성들은 이방의 풍습을 본받으며 히스기야가 헐어버린 산당을 재건하고 일월성신을 숭배하면서 점을 치는 악을 행했습니다. 그러나 하나님께서는 "만일 이스라엘 사람이 내가 명령한 일 곧 모세를 통하여 전한 모든 율법과 율례와 규례를 지켜 행하면 내가 그들의 발로 다시는 그의 조상들에게 정하여 준 땅에서 옮기지 않게 하리라"(대하 33:8)고 언약을 세우셨음을 상기시키셨습니다. 다시 말하면 므낫세와 그 백성들이 하나님의 율법을 어기고 범죄한 까닭에 하나님의 징계를 받을 수밖에 없음을 강조하고 회개를 요청하신 것입니다. 그러나 그들의 마음이 완악하여 하나님의 말씀을 듣지 않았습니다(대하 33:10). 그렇습니다. 우리들이 죄를 짓는 것도 문제지만 지은 죄를 회개하지 않는 것이 더 큰 죄입니다.

둘째로 앗수르의 침략을 받았습니다.
므낫세와 유다 백성들이 하나님의 말씀을 듣지 않고 거역하자 하나님께서는 앗수르 왕의 군대장관들로 하여금 유다를 치게 하는 징계를 내리셨습니다. 때문에 온 천하에 무서울 것이 없이 폭정의 칼을 휘두르던 므낫세는 앗수르의 포로가 되어 쇠사슬에 묶여 바벨론으로 끌려가는 수치를 당했습니다(대하 33:11). 하나님께서는 유다가 비록 당신의 백성이지만 하나님 앞에 범죄했기 때문에 이방 나라를 들어서 징계의 채찍으로 사용하신 것입니다. 전지 전능하신 하나님께서는 온 인류의 역사를 주관하시는 분이시기 때문에 당신의 뜻을 원하시는 대로 다스리십니다. 그러므로 우리 모두는 철저하게 하나님의 말씀대로 살아야 합니다.

셋째로 회개했습니다.
하나님의 징계의 채찍으로 인해 앗수르의 침략을 받아 쇠사슬에 묶여 짐승처럼 끌려간 므낫세는 그토록 살기 등등하여 폭정을 행하던 기세가 꺾이고 하나님 앞에 크게 겸비하여 그제야 자신의 죄를 깨닫고 회개의 기도를 드렸습니다(대하 33:12). 그렇습니다. 우리 인간들은 너무나도 간사해서 자신의 몸이 건강하고 일이 잘 되며 형통하여 부요하게 되면 모두가 다 자신이 잘해서 그런 줄로 착각하는 경우가 있습니다. 그러나 자신의 영육이 약해지고 병들고 자신의 힘으로는 도저히 해결할 수 없는 환난에 부딪치게 되면 그제야 비로소 자기 자신의 비참함을 깨닫고 하나님 앞에 나아와 회개하면서 기도합니다.

사랑하는 여러분!
우리 모두는 항상 하나님의 말씀에 귀를 기울이십니다. 또한 언제나 하나님께서 우리들에게 명령하신 말씀대로 삽시다. 그리고 혹시라도 잘못한 죄가 있으면 곧바로 회개하여 하나님의 징계가 없고 칭찬과 상급만 있는 복된 삶을 사시기 바랍니다.

3. 유다로 귀환

첫째로 유다 땅으로 귀환했습니다.
여호와께서는 겸손하게 낮아져 간구하는 므낫세의 기도를 들으시고 그를 회복시켜 주셨습니다. 못된 우리 인간들의 생각 같아서는 도저히 용서할 수 없는 악한 인간임에도 불구하고 사랑의 하나님께서는 그를 용서하시고 귀환시켜서 유다 왕으로서의 직무를 다시 수행할 수 있도록 복귀시켜 주셨습니다(대하 33:13). 그래서 시편 기자 다윗은 "하나님께서 구하시는 제사는 상한 심령이라 하나님이여 상하고 통회하는 마음을 주께서 멸시하지 아니하시리이다"(시 51:17)고 고백했습니다. 므낫세는 바로 다윗과 같은 은혜를 받은 자입니다. 이 시간에 우리들도 혹시 범죄함으로 인해 잃어버린 것들이 있다고 하면 하나님 앞에 진심으로 회개하고 회복되는 역사가 있기를 원합니다.

둘째로 새로운 정치를 펼쳤습니다.
먼저 종교를 개혁했습니다. 므낫세는 여호와가 하나님이심을 안 후에는 지난날의 모든 죄악을 다 회개하고 그 동안 자신이 세우고 섬겼던 모든 우상들을 다 제거했습니다(대하 33:15,16). 또한 자신이 국가 방위에 대한 의무를 태만히 했음을 깨닫고 다윗 성 밖 기혼 서편 골짜기 안에 외성을 높이 쌓고 유다의 모든 견고한 성읍에 군대 지휘관을 두었습니다(대하 33:14). 앗수르의 침공과 그로 인한 치욕을 경험한 므낫세는 국방 강화의 필요성을 절감하고 국방을 강화하여 유다의 주권을 견고히 지키고자 한 것입니다. 다시 말하면 사후 약방문의 안타까운 조치였습니다. 그러므로 우리들은 언제나 미리 깨어 기도하고 경성하여 자신과 가정, 교회를 잘 파수 관리하는 신실한 성도들이 되어야겠습니다.

셋째로 백성들로 하여금 하나님을 믿도록 했습니다.
하나님의 은혜로 귀환하여 왕직을 수행한 므낫세는 국가의 방위를 견고히 하고 우상을 척결하고 여호와 제단을 중수한 다음 화목제와 감사제를 드리고 유다의 모든 백성들에게 "...이스라엘 하나님 여호와를 섬기라"(대하 33:16)고 명령했습니다. 때문에 백성들이 왕의 명령에 따라 우상숭배를 그치고 오직 하나님만 섬기기 시작했습니다. 그런데 문제는 대다수 백성들이 여호와 하나님에 대한 제사를 자신들의 편리를 따라서 예루살렘 성전이 아닌 각 지방에 있는 산당에서 드렸다는 점입니다(대하 33:17). 한마디로 완전한 종교개혁을 이루지 못했습니다. 다시 말하면 자신의 악행으로 인한 부정적인 영향들을 깨끗하게 해결하지 못하고 이 세상을 떠나는 아쉬움을 남겼습니다. 그렇습니다. 이것은 바로 너무 늦게 정신차린 자에게 주어지는 마땅한 결과인지 모릅니다.

사랑하는 여러분!
우리들도 철저하게 회개하고 축복의 자리로 회복되는 역사가 있기를 바랍니다. 또한 그 동안 잘못된 언행심사와 삶의 자세가 있다고 하면 철저하게 개혁합시다. 그리고 앞으로의 남은 생애는 주님을 위한 삶이 되게 하시기 바랍니다.

미 갈

[삼하 6:20-23]

다윗이 자기의 가족에게 축복하러 돌아오매 사울의 딸 미갈이 나와서 다윗을 맞으며 이르되 이스라엘 왕이 오늘 어떻게 영화로우신지 방탕한 자가 염치 없이 자기의 몸을 드러내는 것처럼 오늘 그의 신복의 계집종의 눈앞에서 몸을 드러내셨도다 하니 다윗이 미갈에게 이르되 이는 여호와 앞에서 한 것이니라 그가 네 아버지와 그의 온 집을 버리시고 나를 택하사 나를 여호와의 백성 이스라엘의 주권자로 삼으셨으니 내가 여호와 앞에서 뛰놀리라 내가 이보다 더 낮아져서 스스로 천하게 보일지라도 네가 말한 바 계집종에게는 내가 높임을 받으리라 한지라 그러므로 사울의 딸 미갈이 죽는 날까지 그에게 자식이 없으니라

> 미갈은 사울 왕이 아히노암에게서 난 차녀로서 성경 역사상 가장 유명한 다윗 왕의 조강지처였습니다. 그럼에도 불구하고 성경은 언제나 그녀에 대해 "다윗의 아내 미갈"이라고 부르지 않고 "사울의 딸 미갈"로만 기록하고 있습니다. 또한 그녀가 그토록 다윗을 사랑했음에도 불구하고 다윗을 죽이려고 한 아버지 때문에 다윗이 라마로 피함으로 인해 발디와 재혼하는 아픔을 겪기도 했습니다. 뿐만 아니라 밧세바에게 밀려 사랑도 받지 못했고 자식도 갖지 못했습니다. 그러므로 어떻게 보면 이 세상에서 가장 불행한 여인인지도 모릅니다.

1. 다윗의 아내가 됨

첫째로 사울이 약속을 어겼습니다.

사울은 다윗에게 자신의 맏딸인 메랍을 아내로 줄 터이니 "너는 나를 위하여 용기를 내어 여호와의 싸움을 싸우라…"(삼상 18:17上)고 약속했습니다.

그것은 바로 이스라엘 백성들의 총애를 받고 있는 다윗을 자신의 손으로 죽이지 아니하고 전쟁터에 나아가 죽게 하기 위한 수작이었습니다(삼상 18:17下). 그것도 모르는 다윗은 "...내가 누구며 이스라엘 중에 내 친속이나 내 아버지의 집이 무엇이기에 내가 왕의 사위가 되리이까"(삼상 18:18)라며 아주 송구스럽게 생각했습니다. 그러나 사울은 막상 자기의 딸 메랍을 다윗에게 줄 시기가 되자 약속을 어기고 므홀랏 사람 아드리엘에게 주었습니다(삼상 18:19). 왜냐하면 사울의 관심은 다윗을 자신의 맏사위로 삼는 것이 아니라 오직 그의 생명을 죽이는 데에만 관심이 있었기 때문이었습니다.

둘째로 미갈이 다윗을 사랑했습니다.
사울은 다윗이 골리앗을 죽이고 승리했을 때에 마땅히 자신의 딸을 다윗에게 주어야 했습니다. 그러나 그는 다윗이 어리다는 이유로 결혼을 연기하였고 주겠다고 약속했던 맏딸 메랍마저도 다른 사람에게 주었습니다. 한마디로 반드시 죽여야 할 다윗에게 자신의 딸을 주고 싶은 마음이 전혀 없었기 때문입니다. 또한 둘째딸 미갈이 다윗을 사랑했습니다(삼상 18:20). 그런데 미갈이 다윗을 사랑한다는 말을 들은 사울은 그 일을 좋게 여기고 "...내가 딸을 그에게 주어서 그에게 올무가 되게 하고 블레셋 사람들의 손으로 그를 치게 하리라 하고 이에 사울이 다윗에게 이르되 네가 오늘 다시 내 사위가 되리라"(삼상 18:21)고 했습니다. 이것은 바로 그가 이번 기회에는 미갈을 미끼로 하여 반드시 다윗을 죽이려고 결심했다는 것을 알 수 있습니다(삼상 18:21). 한마디로 사울은 참으로 악한 인간이었습니다.

셋째로 미갈이 다윗의 아내가 되었습니다.
팔레스틴에는 약혼자가 약혼녀의 부모에게 결혼지참금을 지불하는 관행이 있었습니다. 때문에 다윗이 왕의 딸인 미갈과 결혼하려면 많은 지참금을 지불해야 하는 것은 당연한 일이었습니다. 그러나 다윗에게는 그러한 능력이 없었습니다. 그래서 사울은 그런 점을 이용하여 다윗을 죽이기 위해 그에게 결혼 지참금 대신 블레셋 사람을 죽이고 그들의 포피 백 개를 가져오라고 한 것입니다(삼상 18:25). 이에 다윗은 자신이 왕의 사위가 되는 것을 좋게 여기고 곧바로 출전하여 정해준 기한도 되기 전까지 블레셋 사람 이백 명을 죽이고 그들의 포피를 가져다가 사울 왕께 바치고 미갈을 아내로 맞았습니다(삼상 18:26,27). 그렇습니다. 끝까지 참고 인내하면서 충성하면 반드시 승리가 있습니다.

사랑하는 여러분!
우리들은 이유 여하를 막론하고 반드시 약속을 이행하는 사람들이 되어야 합니다. 또한 그 어떤 이유로도 남을 해치고 죽이려는 악한 계략을 꾸미는 일이 있어서는 안 됩니다. 그리고 변함없으신 하나님을 믿고 끝까지 최선을 다해 충성하는 멋진 삶을 사시기 바랍니다.

2. 다윗의 생명을 구함

첫째로 다윗을 피하게 했습니다.
사울은 지혜롭고 용맹스러운 다윗을 군대의 장관으로 삼았습니다. 그러나 다윗이 블레셋 사람을 죽이고 돌아올 때에 여인들이 "사울이 죽인 자는 천천이요 다윗은 만만이로다"(삼상 18:7)라고 했습니다. 사울이 이 말을 듣고 불쾌하게 여기자 악령이 들려 다윗이 다시 전쟁에서 승리하고 돌아왔을 때에 단창으로 그를 벽에 박아 죽이려고 했으나 다윗이 이를 피함으로 사울의 칼이 그만 벽에 박히고 말았습니다. 때문에 다윗은 곧바로 그 밤에 도피했습니다(삼상 19:10). 그러자 사울은 사자들을 다윗의 집에 보내어 그를 지키다가 아침에 죽이라고 했습니다. 이러한 사실을 안 미갈이 다윗에게 "…당신이 이 밤에 당신의 생명을 구하지 아니하면 내일에는 죽임을 당하리라"(삼상 19:11) 하고 다윗을 창에서 달아내려 멀리 도망하게 함으로 다윗이 사무엘의 고향인 라마에 있는 나욧으로 피했습니다(삼상 19:18,19). 그리고 그녀는 우상을 취하여 침상에 누이고 염소털로 엮은 것을 그 머리에 씌우고 옷으로 덮고 그를 잡으러 온 사자들에게 그가 병들었다고 거짓말했습니다(삼상 19:13, 14).

둘째로 발디(발디엘)에게 개가했습니다.
미갈이 다윗을 살리기 위해 우상으로 다윗처럼 위장하고 속인 것이 드러나자 사울은 미갈에게 "너는 어찌하여 이처럼 나를 속여 내 대적을 놓아 피하게 하였느냐…"(삼상 19:17上)고 책임을 추궁했습니다. 이에 미갈은 "…그가 내게 이르기를 나를 놓아 가게 하라 어찌하여 나로 너를 죽이게 하겠느냐"(삼상 19:17上)고 위협했다고 핑계했습니다. 이에 사울은 다윗에 대한 증오심을 가지고 미갈을 갈림에 사는 라이스의 아들 발디에게 주었습니다(삼상 25:44). 사울은 다윗을 블레셋 사람들의 손에서 죽게 하려고 미갈을 아내로 주겠다고 제안했는데 자신의 뜻이 이루어지지 않고 다윗마저 피해 버리자 그에 대해 보복한 것입니다. 다윗은 자신의 유일하고 정당한 아내를 빼앗아 다른 남자에게 주어버린 사울에 대해 대단한 원망이 있었을 것입니다.

셋째로 다윗에게로 다시 돌아왔습니다.
사울 왕가가 퇴락하고 다윗 왕가가 융성해지자 사울 왕가의 중요 맴버였던 아브넬이 다윗에게 사람들을 보내어 화친을 요청했습니다(삼하 3:12). 이에 다윗은 한가지 조건을 달아 수락했습니다. 그것은 바로 사울의 딸로서 자신이 공식적으로 얻은 정당한 아내인 미갈을 데리고 오라는 것이었습니다(삼하 3:13). 다시 말하면 다윗이 사악한 사울에 의해 억울하게 빼앗긴 자신의 아내를 되찾고자 한 것이었습니다. 다윗은 미갈이 이미 다른 남자와 재혼했고 자신도 다른 여자와 재혼하여 살고있음에도 불구하고 자신의 첫 사랑을 회복하고자 하는 성실함을 보였습니다. 이와 같은 다윗의 행위는 오늘날과 같이 의리가 없는 세대에 귀감이 되고 있습니다.

사랑하는 여러분!
우리들도 이유 여하를 막론하고 생명을 살리는 일에 쓰임 받는 사람들이 되어야겠습니다. 또한 그 어떤 일이 있어도 신실하게 약속을 지킬 줄 아는 사람이 되어야 합니다. 그리고 언제나 길이요 진리요 생명이신 주님께로 회복하려는 열심을 가지고 사시기 바랍니다.

3. 춤추는 다윗을 비웃음

첫째로 법궤가 예루살렘으로 옮겨졌습니다.
다윗 왕은 하나님의 임재의 상징인 법궤를 아비나답의 집에서 예루살렘으로 옮겨오기 위해 삼만 명의 사람을 모으고 이스라엘 온 족속으로 악기를 연주하면서 법궤를 새 수레에 싣고 운반했습니다. 그러나 운반 중에 수레를 끌던 소들이 뛰는 바람에 법궤가 수레에서 떨어지려고 하자 아비나답의 아들 웃사가 손으로 법궤를 붙들었다가 즉사하는 사고가 발생했습니다(삼하 6:6,7). 때문에 다윗이 두려워서 법궤를 가드 사람 오벧에돔의 집으로 옮겨갔습니다(삼하 6:10). 그런데 하나님께서는 오벧에돔의 집에 석 달 간 있는 동안에 그의 집에 큰 복을 내리셨습니다(삼하 6:10,11). 원래 법궤를 이동할 때는 반드시 제사장들이 어깨에 메고 옮겨야 했습니다. 그런데 수레에 싣고 소들로 하여금 끌게 했기 때문에 실패한 것이었습니다.

둘째로 다윗이 춤을 추었습니다.

처음에 법궤 이동에 실패했던 다윗은 3개월 후에 하나님께서 말씀하신 대로 제사장들로 하여금 운반케 하여 예루살렘으로 모셔와 감사의 제사를 드렸습니다. 그리고 그는 너무 기뻐서 베 에봇을 입고 있는 힘을 다해 춤을 추었습니다. 그는 너무 기뻐서 왕으로서의 권위나 체면을 가릴 만한 정신이 없었습니다. 그저 한 없이 기뻤기 때문에 체면을 불구하고 기쁨의 춤을 추었습니다.

셋째로 저주를 받았습니다.

다윗 왕이 여호와 앞에서 뛰놀며 춤추는 것을 창으로 내다본 미갈은 심중에 저를 업신여겼습니다. 그것은 다윗 왕의 행위가 왕의 신분에 어울리지 않는 부덕스러운 일이라고 생각했기 때문입니다. 다윗은 법궤를 안치하고 제사를 드린 후에 백성을 축복한 다음 자기의 가족에게 축복하려고 돌아왔습니다. 그런데 미갈이 "…이스라엘 왕이 오늘 어떻게 영화로우신지 방탕한 자가 염치없이 자기의 몸을 드러내는 것처럼 오늘 그의 신복의 계집종의 눈앞에서 몸을 드러내셨도다"(삼하 6:20)라고 하면서 다윗을 경멸했습니다. 그것은 바로 미갈의 불신앙과 잘못된 이해에서 비롯된 것이었습니다. 미갈은 이로 인해 하나님의 저주를 받아 평생동안 자식을 갖지 못하는 아픔을 당했습니다(삼하 6:20-23).

사랑하는 여러분!

언제나 우리의 중심 속에 하나님을 모시고 삽시다. 또한 날마다 감사와 찬송, 기쁨으로 하나님을 찬양합시다. 그리고 그 어떤 일로도 남을 업신여기는 악을 행치 맙시다.

미리암

[민 12:1-16]

모세가 구스 여자를 취하였더니 그 구스 여자를 취하였으므로 미리암과 아론이 모세를 비방하니라 그들이 이르되 여호와께서 모세와만 말씀하셨느냐 우리와도 말씀하지 아니하셨느냐 하매 여호와께서 이 말을 들으셨더라 이 사람 모세는 온유함이 지면의 모든 사람보다 더하더라 여호와께서 갑자기 모세와 아론과 미리암에게 이르시되 너희 세 사람은 회막으로 나아오라 하시니 그 세 사람이 나아가매 여호와께서 구름 기둥 가운데로부터 강림하사 장막 문에 서시고 아론과 미리암을 부르시는지라 그 두 사람이 나아가매 이르시되 내 말을 들으라 너희 중에 선지자가 있으면 나 여호와가 환상으로 나를 그에게 알리기도 하고 꿈으로 그와 말하기도 하거니와 내 종 모세와는 그렇지 아니하니 그는 내 온 집에 충성함이라 그와는 내가 대면하여 명백히 말하고 은밀한 말로 하지 아니하며 그는 또 여호와의 형상을 보거늘 너희가 어찌하여 내 종 모세 비방하기를 두려워하지 아니하느냐 여호와께서 그들을 향하여 진노하시고 떠나시매 구름이 장막 위에서 떠나갔고 미리암은 나병에 걸려 눈과 같더라 아론이 미리암을 본즉 나병에 걸렸는지라 아론이 이에 모세에게 이르되 슬프도다 내 주여 우리가 어리석은 일을 하여 죄를 지었으나 청하건대 그 벌을 우리에게 돌리지 마소서 그가 살이 반이나 썩어 모태로부터 죽어서 나온 자 같이 되지 않게 하소서 모세가 여호와께 부르짖어 이르되 하나님이여 원하건대 그를 고쳐 주옵소서 여호와께서 모세에게 이르시되 그의 아버지가 그의 얼굴에 침을 뱉었을지라도 그가 이레 동안 부끄러워하지 않겠느냐 그런즉 그를 진영 밖에 이레 동안 가두고 그 후에 들어오게 할지니라 하시니 이에 미리암이 진영 밖에 이레 동안 갇혀 있었고 백성은 그를 다시 들어오게 하기까지 행진하지 아니하다가 그 후에 백성이 하세롯을 떠나 바란 광야에 진을 치니라

미리암은 모세와 아론과는 나이 차이가 많이 났습니다. 그들의 누이였습니다. 그녀는 성경역사상 최초의 여선지자로 세움 받은 자였으나 하나님께서 세우신 지도자인 모세를 비방함으로 하나님

> 의 징계의 채찍을 받아 나병환자 되었고 그녀가 진 밖으로 7일 동안 격리 수용됨으로 인해 가나안을 향한 이스라엘의 진군이 7일 동안이나 멈추어야 했습니다. 때문에 그녀는 자신의 사명을 다 빼앗긴 채 그 충격으로 인해 가데스에서 죽었습니다.

1. 소녀시절

첫째로 신앙의 가정에서 태어났습니다.

미리암은 믿음이 좋은 레위인인 아므람과 요게벳의 첫 아이로 태어났습니다(민 26:59). 미리암이라는 그녀의 이름의 뜻은 '슬픔과 배반'이라는 의미를 가지고 있습니다. 또한 이스라엘의 위대한 두 인물인 아론과 모세의 누이이기도 합니다. 역사가 요세푸스에 의하면 미리암은 홀의 아내로서 뛰어난 신전내부장식가인 브살렐의 할머니였을 것이라고 말하고 있습니다. 그러나 성경 그 어디에도 그에 대해 분명하게 기록된 곳은 없습니다. 아마도 일생 동안 독신녀로 지내지 않았나 생각됩니다.

둘째로 순종하는 소녀였습니다.

모세가 애굽에서 태어날 당시에는 애굽 왕이 이스라엘 사람들의 번성을 막기 위해 이스라엘 여인이 아들을 낳으면 죽이는 탄압의 시대였습니다(출 1:15,16). 때문에 요게벳이 모세를 낳아 석 달 동안 숨겨 기르다가 더 이상 숨길 수 없어서 아이를 갈대 상자에 담아 평소에 바로 왕의 공주가 목욕하러 오는 하숫가 갈대 사이에 두었습니다(출 2:1-3). 그리고 자신의 딸인 미리암에게 갈대상자에 담겨진 모세가 어떻게 되는지 잘 지켜보도록 했습니다. 그 당시 미리암의 나이가 약 열두어 살쯤 되었으니까 당시의 살벌한 상황을 알 수 있는 나이였습니다. 또한 모세를 갈대 상자에 넣어 나일강의 갈대밭에 놓을 수밖에 없는 상황도 어머니로부터 충분히 들었을 것입니다. 그러므로 어린 소녀인 그녀로서는 대단히 두렵고 무서웠을 것입니다. 그러나 그녀는 어머니 요게벳이 시키는 대로 잘 순종했습니다(출 2:4).

셋째로 영리한 소녀였습니다.

미리암은 어린 나이 임에도 불구하고 대단히 영리하고 재치가 있었습니다. "바로의 딸이 목욕하러… 갈대 사이의 상자를 보고 시녀를 보내어 가져다가 열고 그 아기를 보니 아이가 우는지라 그가 불쌍히 여겨 이르되 이는 히브리 사람의 아기로다"(출 2:5,6)라고 했습니다. 때에 미리암이 바로의 딸에게 다가가서 "…당신을 위하여 히브리 여인 중에서 유모를 불러다가 이 아기에게 젖을 먹이게 하리이까"(출 2:7)라고 아주 태연하고 지혜롭게 제안했습니다. 그리하여 모세는 친어머니의 젖을 먹고 자라게 되었고 공주의 아들이 될 수 있었습니다(출 2:8-10). 만약에 그녀가 자기 동생이란 것 때문에 슬퍼하면서 눈물을 흘리고 불안해했다고 하면 일이 잘못되었을 수도 있었을 것입니다. 그녀는 어린 소녀였지만 어른보다도 훨씬 더 재치가 있고 영리했습니다.

사랑하는 여러분!

우리들은 믿음 좋은 가정 환경을 만들기 위해 보다 노력해야겠습니다. 또한 이유 여하를 막론하고 철저하게 순종하는 삶을 살아야겠습니다. 그리고 우리들도 사람을 살리는 데에 쓰임 받는 지혜로운 삶을 살아야겠습니다.

2. 여 선지자

첫째로 최초의 여 선지자였습니다.

성경에 있는 선지자들을 보면 엘리야나 엘리사처럼 행적만을 남긴 선지자들이 있는가 하면 이사야나 예레미야와 같이 문서를 남긴 선지자들도 있습니다. 그들은 대부분이 남자 선지자들이었고 몇 명의 여자 선지자가 있었습니다(느 6:14; 행 21:8,9). 그런데 미리암은 몇 명 안 되는 여자 선지자들 중에서도 이스라엘 역사상 최초의 여 선지자였고, 또한 여자 지도자였습니다. 하나님께서는 이스라엘 백성들의 출애굽을 위하여 모세와 아론 그리고 미리암을 애굽에 파송하신 것이었습니다(민 12:4). 하나님께서는 미리암을 여 선지자로 세우시고 그녀와 대화도 하셨습니다(민 12:2). 성에 대한 차별이 심한 이스라엘 사람들과는 달리 하나님께서는 여성을 통해서도 당신의 뜻을 감당케 하셨습니다.

둘째로 하나님께서 이스라엘을 출애굽 시키셨습니다.
이스라엘 백성들은 애굽으로부터 430년 동안 잔혹한 지배와 박해를 받아왔습니다. 때문에 이스라엘 백성들의 원한이 하늘에 사무침으로 하나님께서 들으시고(출 3:9), 모세와 아론 그리고 미리암을 통해 출애굽 시키신 것입니다. 하나님의 도우심으로 애굽을 탈출한 이스라엘 백성들은 홍해 앞에 도달했고 더 이상 전진할 수 없었습니다. 바로 진퇴양란에 빠진 것이었습니다. 또한 설상가상으로 뒤에서는 애굽 군대가 추격해오고 있었습니다. 때문에 이스라엘 백성들은 절망감에 빠져서 하나님과 모세를 원망했습니다(출 14:10-12). 그러나 모세는 "…너희는 두려워하지 말고 가만히 서서 여호와께서 오늘 너희를 위하여 행하시는 구원을 보라 너희가 오늘 본 애굽 사람을 영원히 다시 보지 아니하리라 여호와께서 너희를 위하여 싸우시리니 너희는 가만히 있을지니라"(출 14:13,14)고 안정시켰습니다. 그의 믿음대로 하나님께서 구름 기둥으로 애굽 군대의 앞을 가로막고 홍해를 갈라 건너게 하셨습니다. 그리고 뒤따르던 애굽의 군대는 홍해에서 모두 다 몰살되었습니다(출 14:19-28).

셋째로 미리암이 소고를 잡고 춤을 추며 찬양했습니다.
하나님의 은혜로 홍해를 건넌 모세와 이스라엘 백성들은 "내가 여호와를 찬송하리니 그는 높고 영화로우심이요 말과 그 탄 자를 바다에 던지셨음이로다… 여호와께서 영원무궁하도록 다스리시도다"(출 15:1-18)라고 온 백성들이 다 하나님의 은혜를 찬양했습니다. 이 때에 미리암과 이스라엘의 모든 여인들도 소고를 잡고 춤을 추며 찬양했습니다(출 15:20,21). 이 때에 부른 찬송이 바로 성경역사상 최초의 찬송이었습니다.

사랑하는 여러분!
하나님의 일에는 남녀의 구별이 따로 없습니다. 그러므로 모두가 다 열심히 해야 합니다. 또한 우리들이 제 아무리 어려운 상황에 처했다고 할지라도 전능하신 하나님의 구원하심을 믿고 잠잠히 참아 기다리면 반드시 승리케 하십니다. 그리고 하나님의 은혜에 항상 감사하고 찬송하는 복된 삶을 사시기 바랍니다.

3. 범죄 행위

첫째로 모세가 구스 여인과 결혼했습니다.
모세는 미디안 광야로 도주했을 때에 이드로의 딸인 십보라와 결혼하여 두 명의 아들을 낳았습니다(출 2:21, 18:3,4). 그러나 그들의 결혼생활은 그렇게 행복하지 못했습니다. 우선 십보라가 그렇게 생각이 깊은 여자가 아니었으며(출 2:16-20), 선민인 모세의 신앙에 대해서도 이해하지 못했습니다. 때문에 십보라는 둘째 아들 엘리에셀을 낳고서도 8일 만에 할례를 행하라는 율법을 무시하고 행하지를 않았습니다. 때문에 하나님께서는 애굽으로 향하던 모세를 도중에서 죽이려고 하셨습니다. 십보라는 그 때서야 비로소 차돌로 아들의 포피를 베어 모세의 발 앞에 던지면서 "...당신은 참으로 내게 피 남편이로다"(출4:25)라고 푸념했습니다. 그런데 이 십보라가 죽은 후에 모세는 이방인 구스(에디오피아) 여인과도 결혼했습니다(민 12:1).

둘째로 모세를 비방했습니다.
미리암과 아론은 모세가 구스 여인과 결혼했다는 이유로 모세에게 "여호와께서 모세와만 말씀하셨느냐 우리와도 말씀하지 아니하셨느냐"(민 12:2)고 비방했습니다. 모세와 아론이 모세를 비방한 말은 자기들도 모세와 같은 능력과 은혜가 있는 것이었습니다. 그러나 이것은 바로 모세의 재혼을 평계로 삼아 그를 깎아 내리려는 악한 의도가 있었습니다. 하나님께서는 아론과 미리암을 지도자인 모세를 보좌하여 돕는 자로 세우셨습니다. 그런데 미리암은 인간적인 시기와 질투심을 가지고 비방했고 아론은 미리암이 다윗을 비난하는 말을 듣고 자신은 모세처럼 이방 여인과 결혼하지 않았다는 우월감을 가지고 비난한 것입니다. 그들은 결국 모세가 지도자의 자격이 없으니 자신들이어야 한다고 주장하기까지 했습니다.

셋째로 하나님의 진노를 받았습니다.
미리암과 아론이 모세를 비방하는 소리를 들으신 하나님께서는 모세와 아론과 미리암을 회막으로 부르신 다음 아론과 미리암에게 "내 말을 들으라 너희 중에 선지자가 있으면 나 여호와가 환상으로 나를 그에게 알리기도 하고 꿈으로 그와 말하기도 하거니와 내 종 모세와는 그렇지 아니하니 그는 내 온 집에 충성함이라 그와는 내가 대면하여 명백히 말하고 은밀한 말로 하지 아니하며 그는 또 여호와의 형상을 보거늘 너희가 어찌하여 내 종 모세 비방하기를 두려워하지 아니하느냐"(민 12:6-8)고 진노하시고 떠나시자 주동자였던 미리암에게 나병이 들었습니다(민 12:10). 그제야 아론이 자신들이 잘못했음을 회개하고 미리암을 고쳐달라고 모세에게 부탁했습니다. 그 일로 인해 미리암은 진 밖에 7일 동안 갇혀야 했고 이스라엘 백성들은 가나안을 향한 진군을 7일 동안이나 멈추어야 했습니다. 그녀는 결국 자신의 사명을 빼앗긴 다음 충격으로 인해 가데스에서 이 세상을 떠났습니다.

사랑하는 여러분!
우리는 언제나 믿음으로 살아야 합니다. 또한 그 어떤 이유로도 남을 시기하거나 질투하고 비방하는 일이 없어야 합니다. 그리고 나 때문에 다른 사람이 손해보고 고통을 당하는 일이 없어야겠습니다.

 # 바실래

[삼하 17:27-29]

다윗이 마하나임에 이르렀을 때에 암몬 족속에게 속한 랍바 사람 나하스의 아들 소비와 로데발 사람 암미엘의 아들 마길과 로글림 길르앗 사람 바르실래가 침상과 대야와 질그릇과 밀과 보리와 밀가루와 볶은 곡식과 콩과 팥과 볶은 녹두와 꿀과 버터와 양과 치즈를 가져다가 다윗과 그와 함께 한 백성에게 먹게 하였으니 이는 그들 생각에 백성이 들에서 시장하고 곤하고 목마르겠다 함이더라

> 사람은 자신이 태어난 환경이나 처지가 중요합니다. 그러나 그보다 더 중요한 것은 그 사람의 의지와 그에 대한 노력여하는 보다 더욱 중요합니다. 왜냐하면 제 아무리 좋은 가문과 좋은 환경에서 태어났다고 해도 자신의 의지가 약하고 나태하다고 하면 자신에게 주어진 환경을 잘 활용하지 못하고 오히려 그것 때문에 도리어 실패하는 경우들이 많이 있기 때문입니다. 그러므로 우리 모두는 오늘 본문의 바실래와 같이 그 어떠한 환경에서도 낙심하지 말고 더욱 분투 노력하여 하나님께 영광 돌리는 적극적인 삶을 살아야 합니다.

1. 신 상

첫째로 암몬 족속이었습니다.

바실래는 롯이 둘째 딸과의 근친상간에 의해 얻은 벤암미에게 붙여진 이름인 암몬의 후손이었습니다(창 19:30-34). 그들은 우상을 숭배하는 족속이었습니다(왕상 11:7,33). 성격적으로는 무정하고 잔인해서 형제국인 이스라엘이 잘못되는 것을 무척 좋아하는 야비한 족속이었습니다(겔 25:6; 암 1:13). 또한 그들은 아말렉 족속과 연합하여 형제국인 이스라엘을 향해 적대행위까

지 하면서 계속 괴롭혔습니다(삿 3:13; 삼상 11:1-3; 삼하 10:1-6; 느 4:3-8). 때문에 이스라엘은 그들을 여호와의 총회에서 완전히 제외시키고(신 23:3-6) 그들과의 혼인까지도 금지시켰습니다(스 9;1-3). 그러므로 바실래는 가문적으로 볼 때에는 비도덕적이고 아주 추한 좋지 않은 민족의 배경을 가지고 있습니다. 그러므로 우리들은 내 주변의 사소한 실수와 죄의 영향이 우리들로 하여금 더욱 더 큰 죄를 범하도록 하는 요인이 될 수 있다는 사실을 알고 "악은 모양이라도 버려야" 겠습니다.

둘째로 길르앗의 지도자였습니다.
바실래는 길르앗 성읍에서는 존경받는 지도자였습니다. 그가 이스라엘로부터 천대 받는 하찮은 족속의 출신이었지만 독실한 신앙을 가지고 열심히 노력하고 애썼기 때문에 성읍에서 존경받는 지도자가 될 수 있었습니다. 때문에 수많은 후대인들이 그의 족속과 가문, 그의 지위를 기억하고 있는 것입니다. 그는 당시 자신의 지역사회에서는 그 누구보다도 더 많은 사람들로부터 사랑과 존경을 받는 위대한 인물이었습니다. 그러나 그는 자신의 지위와 명성, 물질로 인해 조금도 교만하지 않고 오히려 아낌없이 베풀고 섬기는 겸손한 지도자였습니다. 그러므로 우리들도 이 바실래와 같이 나 자신의 모든 것들을 하나님께 드려 천하보다 더 귀한 영혼을 살리는 복된 삶을 살아야겠습니다.

셋째로 대단한 부자였습니다.
길르앗은 작은 산들이 모인 곳으로서 멀리서 보기에는 몹시 험하게 보이지만 사실은 풍경이 매우 좋고 토지도 기름진 곳이었습니다. 때문에 목장이 많고 유향이 생산되어 물질적으로 대단히 풍요한 곳이었습니다(미 7:14; 대상 5:16; 렘 8:22). 그런데 바실래는 당시 길르앗에서는 최고의 부를 소유하고 있었습니다(삼하 19:32). 한마디로 그는 이 세상의 지위와 명예, 권세와 물질을 모두 다 소유한 자로서 남부러울 것이 없는 사람이었습니다. 다시 말하면 민족적으로 볼 때에는 여러 가지로 어려운 배경을 가지고 태어난 사람이었지만 그런 배경과는 전혀 상관없이 성공한 사람이었습니다. 그러므로 우리는 나 자신이 태어난 가족의 형편이나 가문의 배경을 탓하지 말고 바실래처럼 믿음으로 열심히 노력하여 보다 더 가치 있는 삶을 이루어가야겠습니다.

사랑하는 여러분!
우리들의 가정이나 가문의 배경을 따지지 맙시다. 또한 바실래처럼 열심히 노력하여 하나님의 일에 귀하게 쓰임 받는 일꾼들이 됩시다. 그리고 영육 간에 부요한 자들이 되어 하나님의 일에 부한 자들이 되시기 바랍니다.

2. 선 행

첫째로 압살롬이 반역을 일으켰습니다.
압살롬은 다윗의 셋째 아들로서 대단한 미남이었습니다(삼하 14:25). 그는 자신과 한 배의 누이동생인 다말을 욕되게 한 이복형 암몬을 죽인 후(삼하 13:29) 그술로 도망갔다가 요압의 도움으로 3년 만에 예루살렘에 돌아와 아버지의 용서를 받고 다시 아들의 지위를 회복했습니다. 그러나 솔로몬에게 아버지의 왕위가 넘어가게 된 것을 알고는 왕위를 빼앗기 위해 유다의 불평분자들을 결집시켜 자신의 아버지인 다윗을 제거하려는 반역을 일으켰습니다(삼하 15:13, 14).

둘째로 다윗이 쫓겨났습니다.
압살롬의 선동을 받은 이스라엘의 민심이 이미 압살롬에게로 완전히 돌아가 버렸다(삼하 15:13)는 보고를 받은 다윗은 할 수 없이 신복들에게 "일어나 도망하자 그렇지 아니하면 우리 한 사람도 압살롬에게서 피하지 못하리라 빨리 가자 두렵건대 그가 우리를 급히 따라와 우리를 해하고 칼날로 성읍을 칠까 하노라"(삼하 15:14)고 재촉하여 자신을 따르는 자들 600명과 함께 왕궁을 떠나 피난을 떠났습니다(삼하 15:15-18). 다윗이 후궁 10명을 궁에 남기고 예루살렘 성을 포기하고 왕궁을 떠나자 그와 함께 한 백성들은 울면서 그를 따랐습니다(삼하 15:30). 그는 안타깝게도 왕에서 도망자의 신세로 전락해 버렸습니다.

셋째로 바실래가 다윗을 선대했습니다.
압살롬의 칼을 피해 도망한 다윗의 일행이 마하나임에 이르렀을 때에 바실래와 소비, 마길이 "침상과 대야와 질그릇과 밀과 보리와 밀가루와 볶은 곡식과 콩과 팥과 볶은 녹두와 꿀과 버터와 양과 치즈를 가져다가 다윗과 그와 함께 한 백성에게 먹게…"(삼하 17:28,29) 하였습니다. 이것은 바로 하나님께서 다윗과 그의 일행들의 필요를 채워주시기 위해 마하나임의 세 사람들을 사용하신 것입니다. 참으로 감사하지 않을 수 없습니다. 그러므로 우리 모두는 그 어떤 경우에서도 두려움이 없이 맡은 바 사명을 감당해야 할 것입니다.

사랑하는 여러분!
우리 모두는 그 어떠한 경우에도 압살롬과 같이 반역하고 살인하는 무서운 죄를 짓지 말아야 합니다. 또한 이 세상에서 우리가 믿을 수 있는 분은 오직 변함이 없으신 하나님뿐이심을 믿고 오직 그분만 믿고 의지하면서 자신 있게 살아가야겠습니다.

3. 인격

첫째로 담대한 믿음의 사람이었습니다.

다윗은 압살롬의 반역으로 인해 예루살렘의 왕궁에서 쫓겨난 비참한 처지의 사람이었습니다. 때문에 압살롬의 칼에 의해 언제, 어디서, 어떻게 죽임을 당할 줄 모르는 풍전등화와 같은 형편이었습니다. 반면에 압살롬은 반역에 성공했으며 백성들의 지지까지 받고 있는 새로운 왕의 위치에 올라있는 자였습니다. 그러므로 바실래가 왕궁에서 쫓겨나 피난 중에 있는 다윗을 돕는다는 것은 어떻게 보면 아주 무모한 짓으로서 자신에게 엄청난 화를 자초하는 무서운 요인이 될 수도 있었습니다. 그러므로 그에게 담대한 믿음의 용기가 없었다고 하면 다윗의 군대를 돕는다는 것은 절대로 불가능한 일이었습니다. 그러나 그는 그 어떤 것도 두려워하거나 개의치 않고 담대한 믿음을 가지고 어려움에 처해 있는 다윗의 일행을 아주 적극적으로 도왔습니다. 그렇습니다. 사탄과 싸우면서 복음을 전하는 주의 종들에게는 이와 같은 믿음과 적극적인 협력자들이 필요합니다. 그러므로 우리들도 바실래와 같이 담대한 믿음을 가지고 선행에 힘쓰는 사람들이 되어야겠습니다.

둘째로 다윗의 호의를 사양했습니다.

압살롬의 반역에 의해 피난길에 나섰던 다윗은 바실래 일행의 선대(삼하 17:27-29)로 인해 새 힘을 얻고 군대의 조직과 전열을 가다듬고 재정비하여 그들을 따르는 백성들과 함께 압살롬의 군대와 싸워 대승을 이루었고(삼하 18:1-8), 압살롬은 비참하게 죽었습니다(삼하 18:9-15). 이 모두는 다 하나님의 심판이었습니다. 전쟁에 승리한 다윗은 자신이 압살롬에게 쫓겨나 광야에서 피난생활을 할 수밖에 없었던 가장 어려웠을 때에 도움(삼하 17:27-29)을 준 바실래에게 "…너는 나와 함께 건너가자 예루살렘에서 내가 너를 공궤하리라"(삼하 19:33)고 함께 동행할 것을 요구했습니다. 그러나 바실래는 "내 생명의 날이 얼마나 있사옵겠기에 어찌 왕과 함께 예루살렘으로 올라가리이까"(삼하 19:34)라고 다윗의 친절한 호의를 사양했습니다. 그리고 자기의 아들 김함(왕상 2:7)에게 은총을 베풀어 줄 것만을 부탁했습니다(삼하 19:38). 참으로 그는 힘들고 어려웠던 다윗을 아무런 조건 없이 섬긴 진실한 헌신자였습니다. 오늘의 한국교회와 우리들에게 이러한 섬김의 자세가 필요합니다.

셋째로 죽음을 잘 준비한 사람이었습니다.
바실래는 "내 나이 이제 팔십 세라 어떻게 좋고 흉한 것을 분간할 수 있사오며 음식의 맛을 알 수 있사오리이까 어떻게 다시 노래하는 남자나 여인의 소리를 알아들을 수 있사오리이까 어찌하여 종이 내 주 왕께 아직도 누를 끼치리이까 당신의 종은 왕을 모시고 요단을 건너려는 것뿐이거늘 왕께서 어찌하여 이 같은 상으로 내게 갚으려 하시나이까 청하건대 당신의 종을 돌려보내옵소서 내가 내 고향 부모의 묘 곁에서 죽으려 하나이다…"(삼하 19:35-37) 라고 의젓하고 멋있게 죽음을 맞을 준비까지 아주 잘 하고 있었습니다. 바로 올바른 삶의 자세를 구체적으로 잘 가르쳐 주고 있는 것입니다. 천국에 대한 소망을 가진 우리들에게도 이러한 죽음에 대한 초연한 자세가 필요합니다.

사랑하는 여러분!
우리들도 담대한 믿음을 가지고 선한 일에 힘씁시다. 또한 조건 없이 헌신하고 충성하는 삶을 삽시다. 그리고 시종이 여일하게 충성된 삶을 살다가 하나님이 부르실 때에 인생을 아름답게 정리하는 멋진 삶을 사시기 바랍니다.

발 락

[민 22:1-4]

이스라엘 자손이 또 길을 떠나 모압 평지에 진을 쳤으니 요단 건너편 곧 여리고 맞은편이더라 십볼의 아들 발락이 이스라엘이 아모리인에게 행한 모든 일을 보았으므로 모압이 심히 두려워하였으니 이스라엘 백성이 많음으로 말미암아 모압이 이스라엘 자손 때문에 번민하더라 미디안 장로들에게 이르되 이제 이 무리가 소가 밭의 풀을 뜯어먹음 같이 우리 사방에 있는 것을 다 뜯어먹으리로다 하니 그 때에 십볼의 아들 발락이 모압 왕이었더라

> 우리들이 이 세상을 살아가는데 있어서 가장 큰 병은 걱정과 근심, 염려와 두려움입니다. 왜냐하면 이 병은 마음의 안정을 해치고 불안케 하며 수면을 방해합니다. 때문에 영육이 병들어 정상적인 언행심사가 이루어질 수 없습니다. 그러므로 이 걱정과 근심, 염려와 두려움은 우리 인간의 가장 무서운 적입니다. 오늘 본문의 발락도 괜한 걱정으로 인해 남을 저주하려는 잘못을 저질렀습니다.

1. 이스라엘의 행진을 방해한 나라들

첫째로 에돔이 이스라엘의 요청을 거부했습니다.

모세의 영도 아래 출애굽 한 이스라엘이 가데스에 이르러서 보다 빠른 지름길로 가기 위해 에돔 왕에게 사자를 보내어 "…우리가 애굽에 오래 거주하였더니 애굽인이 우리 조상들과 우리를 학대하였으므로 우리가 여호와께 부르짖었더니 우리 소리를 들으시고 천사를 보내사 우리를 애굽에서 인도하여 내셨나이다 이제 우리가 당신의 변방 모퉁이 한 성읍 가데스에 있사오니 청하건대 우리에게 당신의 땅을 지나가게 하소서 우리가 밭으로나 포도원으로 지나가지 아니하고 우물물도 마시지 아니하고 왕의 큰길(군사 또는 무역용으로 닦은 길)로만 지나가고 당신의 지경에서 나가기까지 왼쪽으로나 오른쪽으로나 치우치지 아니하리이다"(민 20:15-17)라고 했습니다. 그런데 에돔 왕은 "...너는 우리 가운데로 지나가지 못하리라 내가 칼을 들고 나아가 너를 대적할까 하노라"(민 20:18)고 오히려 협박했습니다. 이에 이스라엘은 "...우리가 큰길로만 지나가겠고 우리나 우리 짐승이 당신의 물을 마시면 그 값을 낼 것이라 우리가 도보로 지나갈 뿐인즉 아무 일도 없으리이다"(민 20:19)라고 다시 한 번 더 간청했습니다. 그러나 에돔 왕은 "너는 지나가지 못하리라 하고...많은 백성을 거느리고 나와서 강한 손으로 막"(민 20:20)았습니다. 이에 이스라엘은 그들과 싸우지 않고 그들에게서 돌이켰습니다.

둘째로 이스라엘이 아모리를 정복했습니다.

모압 통과를 거절당한 이스라엘이 다른 길로 진행하여 비스가 산꼭대기에 이르렀을 때에 모세가 아모리 왕 시혼에게 사자를 보내어 앞서 모압에게 했던 것과 똑같이 "우리에게 당신의 땅을 지나가게 하소서 우리가 밭에든지 포도원에든지 들어가지 아니하며 우물물도 마시지 아니하고 당신의 지경에서 다 나가기까지 왕의 큰길로만 지나가리이다"(민 21:22)라고 요청했습니다. 그러나 아모리 왕 시혼이 이스라엘을 믿지 아니하여 그 지경으로 지나지 못하게 할 뿐만 아니라 모든 백성을 모아 야하스에 진치고 이스라엘을 치므로 이스라엘이 그들을 쳐서 그들의 전 영토를 완전히 정복했습니다(민 21:23-26; 신 2:24-37; 삿 1:21, 22). 사실 당시의 아모리 시혼 왕국은 이스라엘 혼자 힘으로는 도저히 감당할 수 없는 대단한 강국이었습니다.

셋째로 이스라엘이 바산을 점령했습니다.

모압의 변경인 아르를 지나 아모리 왕 시혼을 정복하고 암몬에 이른 이스라엘은 하나님의 뜻에 따라 암몬과의 다툼을 피하기 위해 그들의 여정 길을 북쪽 바산 길로 옮겼습니다(신 2:19). 그런데 아모리의 북왕국 바산 왕 옥이 백성들을 거느리고 나와서 이스라엘을 맞아 싸우려고 했습니다(민 21:33). 때에 "여호와께서 모세에게 이르시되 그를 두려워하지 말라 내가 그와 그의 백성과 그의 땅을 네 손에 넘겼나니 너는 헤스본에 거주하던 아모리인의 왕 시혼에게 행한 것같이 그에게도 행할지니라"(민 21:34)고 하셨습니다. 이에 용기를 얻은 이스라엘은 사기가 충천하여 그 땅을 완전히 점령했습니다. 이제 아모리의 남,북왕국을 모두를 다 정복한 것입니다.

사랑하는 여러분!
될 수 있는 대로 남과 부딪치거나 다투지 맙시다. 또한 아모리의 남왕국 시혼처럼 선을 악으로 갚는 일이 없어야겠습니다. 그리고 아모리의 북왕국 바산 왕 옥처럼 무조건 다투려고 하는 어리석은 삶을 살지 맙시다.

2. 발락의 범죄행위

첫째로 이스라엘의 행진이 계속되었습니다.
이스라엘이 당시 대내외적으로 가장 강한 군사력을 가지고 있는 아모리 남왕국의 시혼 왕과 북 왕국의 바산 왕 옥을 차례로 다 정복하고 계속 진행하여 모압 평지에 이르러 진을 쳤습니다. 이곳은 바로 여리고 맞은 편으로서 광야행진의 종착지였습니다. 그 동안 40여 년의 광야행진을 통해 하나님의 능력을 불신하여 불평하고 원망하던 자들은 다 죽고 새로운 세대들이 가나안을 향해 입성하게 되었습니다. 이제 저들의 광야여정은 요단강만 건너면 끝나게 됩니다. 그렇습니다. 우리들이 오늘 이 시간까지 오게 된 것도 모두 다 하나님의 은혜입니다.

둘째로 모압 왕 발락이 두려워했습니다.

이스라엘이 당시 최고의 강국인 아모리의 남왕국 시혼 왕과 북왕국 바산 왕 옥을 무찌르고 그 땅을 모두 다 점령하고 모압 평지에 이르게 되자 모압 왕 발락은 이스라엘이 이제 혹시 자신들을 치지 않을까 하여 미디안 장로들에게 "이제 이 무리가 소가 밭의 풀을 뜯어 먹음같이 우리 사방에 있는 것을 다 뜯어먹으리로다…"(민 22:4)라고 번민했습니다. 모압과 암몬은 이스라엘의 친족이기 때문에 이스라엘의 공격에서 제외되어 있었습니다. 그럼에도 불구하고 쓸데 없는 번민을 하고 있는 것이었습니다. 그렇습니다. 믿음이 없는 사람은 하나님의 말씀을 믿지 못하기 때문에 이렇게 괜한 두려움을 갖는 것입니다.

셋째로 이스라엘을 저주하려고 했습니다.

승승장구하며 진행하는 이스라엘이 모압 평지에 진을 치게 되자 두려워하던 모압 왕 발락은 술사(점쟁이)인 발람에게 예물과 함께 사람을 보내서 이스라엘이 "우리보다 강하니 청하건대 와서 나를 위하여 이 백성을 저주하라 내가 혹 그들을 쳐서 이겨 이 땅에서 몰아내리라 그대가 복을 비는 자는 복을 받고 저주하는 자는 저주를 받을 줄을 내가 앎이니라"(민 22:6)고 했습니다. 그는 참으로 어리석고 한심스러운 지도자였습니다. 그런데 하나님께서는 발람에게 임하셔서 "너는… 그 백성을 저주하지도 말라 그들은 복을 받은 자들이니라"(민 22:12)고 하셨습니다. 발람을 사랑하셔서가 아니라 이스라엘을 보호하시기 위해서 하나의 도구로 사용하신 것입니다. 그러므로 우리 성도들은 나 자신이 그 어떠한 상황에 처한다고 할지라도 전혀 두려워할 필요가 없습니다.

사랑하는 여러분!

그 어떤 일이 있어도 영적인 가나안인 저 천성을 향해 계속 전진합시다. 또한 우리들 자신이 심히 부족한 존재이지만 모두가 다 하나님의 자녀들입니다. 그러므로 이 세상의 그 어떤 것도 두려워하지 맙시다. 그리고 우리 모두는 이유 여하를 막론하고 모든 사람을 축복하는 복된 삶을 사시기 바랍니다.

3. 발락의 거듭된 실패

첫째로 발락은 이스라엘의 저주를 재시도했습니다.

이스라엘을 저주했던 발람이 실패한 후에 여호와의 진노의 칼 앞에서 자신의 죄를 고백한 다음 발락에게 돌아왔을 때에 발락은 우양을 잡아 아주 성대하게 발람의 일행을 영접했습니다(민 22:36-40). 그것은 바로 발람의 환심을 사서 자신의 생각을 반드시 관철시키기 위한 몸부림이었습니다. 발락의 환대를 받은 발람은 발락에게 제단을 쌓고 제물을 준비케 한 다음 그 옆에 서게 하고 이스라엘을 저주했습니다(민 23:1-4). 그런데 하나님께서는 그와는 반대로 발람을 통해 이스라엘을 향한 축복의 말씀을 발락에게 말하도록 하셨습니다(민 23:7-10). 화가 난 발락은 발람에게 "…그대가 어찌 내게 이같이 행하느냐 나의 원수를 저주하라고 그대를 데려왔거늘 그대가 오히려 축복하였도다"(민 23:11)라고 항의했습니다. 이에 발람은 "여호와께서 내 입에 주신 말씀을 내가 어찌 말하지 아니할 수 있으리이까"(민 23:12)라고 대답했습니다. 그렇습니다. 하나님의 백성은 그 어떤 이유로도 저주할 수 없습니다.

둘째로 발락은 발람을 데리고 비스가 산으로 올라갔습니다.

발락이 발람을 데리고 높은 비스가 산에 올라가 제단을 쌓은 것은 발람이 이스라엘을 향해 저주하지 못한 것은 이스라엘 백성들이 너무 강하기 때문에 발람이 겁을 먹었기 때문이라고 생각했습니다. 그러나 하나님께서는 물질을 사랑하여 반역을 거듭하는 발람에게 계속적으로 말씀을 주셨습니다. 그것은 바로 하나님의 불변하신 성품과 하나님의 축복을 인간이 돌이킬 수 없다는 것이며 그 어떤 세력도 야곱의 자손인 이스라엘을 해칠 수 없다는 것이었습니다(민 23:18-24). 그러므로 선택받은 우리들은 자부심을 가지고 살아야 합니다.

셋째로 발락과 발람의 모략은 좌절됐습니다.

이스라엘을 저주하고자 했던 그들의 시도는 완전히 좌절되었습니다. 발락이 발람을 이용하여 이스라엘을 저주하려는 시도가 계속 실패하자 발락은 노하여 손뼉을 치며 발람에게 "내가 그대를 부른 것은 내 원수를 저주하라는 것이어늘 그대가 이같이 세 번 그들을 축복하였도다 그러므로 그대는 이제 그대의 곳으로 달아나라 내가 그대를 높여 심히 존귀하게 하기로 뜻하였더니 여호와께서 그대를 막아 존귀하지 못하게 하셨도다"(민 24:10, 11)라고 분노했습니다. 한마디로 발락은 발람에게 이제 꼴도 보기 싫으니까 꺼져버리라는 것입니다. 돈으로 이용하고 관계했던 그들은 서로가 다 완전히 실패자로 전락해 버렸습니다.

사랑하는 여러분!

잘못은 두 번 다시 반복하지 맙시다. 또한 악을 계속 시도하려는 어리석음을 버립시다. 그리고 돈이나 그 어떤 미끼로 남을 이용하려는 얄팍한 수단은 반드시 실패한다는 사실을 명심하시기 바랍니다.

발 람

[민 23:1-12]

발람이 발락에게 이르되 나를 위하여 여기 제단 일곱을 쌓고 거기 수송아지 일곱 마리와 숫양 일곱 마리를 준비하소서 하매 발락이 발람의 말대로 준비한 후에 발락과 발람이 제단에 수송아지와 숫양을 드리니라 발람이 발락에게 이르되 당신의 번제물 곁에 서소서 나는 저리로 가리이다 여호와께서 혹시 오셔서 나를 만나시리니 그가 내게 지시하시는 것은 다 당신에게 알리리이다 하고 언덕길로 가니 하나님이 발람에게 임하시는지라 발람이 아뢰되 내가 일곱 제단을 쌓고 각 제단에 수송아지와 숫양을 드렸나이다 여호와께서 발람의 입에 말씀을 주시며 이르시되 발락에게 돌아가서 이렇게 말할지니라 그가 발락에게로 돌아간즉 발락과 모압의 모든 고관이 번제물 곁에 함께 섰더라 발람이 예언을 전하여 말하되 발락이 나를 아람에서, 모압 왕이 동쪽 산에서 데려다가 이르기를 와서 나를 위하여 야곱을 저주하라, 와서 이스라엘을 꾸짖으라 하도다 하나님이 저주하지 않으신 자를 내가 어찌 저주하며 여호와께서 꾸짖지 않으신 자를 내가 어찌 꾸짖으랴 내가 바위 위에서 그들을 보며 작은 산에서 그들을 바라보니 이 백성은 홀로 살 것이라 그를 여러 민족 중의 하나로 여기지 않으리로다 야곱의 티끌을 누가 능히 세며 이스라엘 사분의 일을 누가 능히 셀고 나는 의인의 죽음을 죽기 원하며 나의 종말이 그와 같기를 바라노라 하매 발락이 발람에게 이르되 그대가 어찌 내게 이같이 행하느냐 나의 원수를 저주하라고 그대를 데려왔거늘 그대가 오히려 축복하였도다 발람이 대답하여 이르되 여호와께서 내 입에 주신 말씀을 내가 어찌 말하지 아니할 수 있으리이까

이 세상의 모든 만물은 다 하나님의 영광을 위해서 창조되었습니다. 그 중에서도 특별히 우리 인간들은 하나님의 형상대로 지음 받았습니다. 그러므로 우리 인간들은 무엇보다도 오직 하나님의 영광만을 위해서 살아야 합니다. 바로 이 목적에서 이탈하는 것을 타락이라고 합니다. 오늘 본문의 발람도 창조의 목적에 따라 하나님을 영화롭게 하는 삶을 살아야 함에도 불구하고 유혹의 욕심을 따라 살다가 모든 것을 다 잃어버리고 비참하게 죽는 불행한 인간으로 전락해 버렸습니다.

1. 탐욕의 사람

첫째로 거짓 선지자였습니다.

발람은 메소포타미아 사람으로서 점술가였습니다. 그가 술사요, 점술가이며 선지자라는 이름을 가지고 있는 것을 보면 대단히 불행자였다는 것을 알 수 있습니다. 선지자는 하나님의 말씀을 전하는 자이지 인간들의 길흉을 점치는 사람이 아닙니다. 그런데 성경은 그를 점술가라고 말씀하고 있으며(수 13:22), 베드로는 그를 미친 선지자(벧후 2:15,16)라고 혹평하고 있습니다. 한 마디로 그는 사이비요 거짓 선지자였습니다. 그러므로 이 시간에 예배에 참석한 저와 여러분도 내가 정말로 진짜 목사요, 진짜 직분자요, 진짜 성도며 사명자인지를 깊이 반성해 봐야 합니다. 지금 우리들의 신앙생활이 진짜처럼 살고 있습니까? 아니면 가짜처럼 살고 있습니까? 진짜는 하나님께 영광을 돌리지만 가짜는 영광을 가립니다. 진짜는 사람을 살리지만 가짜는 사람을 죽입니다. 진짜는 평안을 주지만 가짜는 불안을 줍니다. 진짜는 하나되게 하지만 가짜는 분열을 조장합니다.

둘째로 이스라엘을 저주하도록 청탁 받았습니다.

그는 발락이 모압 평지에 진치고 있는 이스라엘을 두려워하여 자신을 초청해서 "...보라 한 민족이 애굽에서 나왔는데 그들이 지면에 덮여서 우리 맞은 편에 거주하였고 우리보다 강하니 청하건대 와서 나를 위하여 이 백성을 저주하라 내가 혹 그들을 쳐서 이겨 이 땅에서 몰아내리라..."(민 22:5, 6)고 이스라엘을 저주하도록 청탁을 받았습니다. 그가 하나님의 백성을 저주하는 일에 청탁을 받았다는 것은 그가 얼마나 불행한 자인가를 알 수 있습니다. 이 세상에는 수많은 일들이 있지만 크게 나누면 두 가지로 나눌 수 있습니다. 살리는 일이 있고 죽이는 일이 있습니다. 좋은 일이 있고 나쁜 일이 있습니다. 세우는 일이 있고 파괴하는 일이 있습니다. 하나되게 하는 일이 있고 분열시키는 일이 있습니다. 그러므로 나 자신이 어떠한 일에 쓰임 받느냐는 것은 대단히 중요합니다.

셋째로 물질에 눈이 어두웠습니다.

그는 발락이 뇌물과 함께 사람을 보내어 이스라엘을 저주하도록 청탁했을 때에는 하나님께서 허락지 않으심으로 처음에는 거절했습니다(민 22:13). 그러나 발락의 계속되는 뇌물공세에 의해 이스라엘을 계속 저주하려고 했습니다. 그러나 하나님께서는 그를 강권하셔서 이스라엘을 계속 축복하게 하셨습니다. 때문에 그는 이제 다른 방법으로 이스라엘 백성들을 망하게 하도록 유도했습니다. 그것은 바로 모압과 미디안 여인들을 앞세워 미인계로 이스라엘 남자들을 유혹하여 범죄케 하고 우상을 섬기도록 한 것입니다(민 25:1-3, 31:15-17). 그리하여 그는 24,000명이나 되는 수많은 이스라엘 사람들이 하나님으로부터 진노의 채찍을 받아 죽임을 당하도록 한 아주 사악한 자였습니다. 어떤 사람들은 그가 하나님의 감동을 받아 이스라엘을 축복했다고 해서 선지자라고 표현하기도 했습니다. 그러나 베드로가 그를 '미친 선지자'라고 표현한 것처럼 그는 하나님의 선지자가 아니라 탐욕으로 눈이 어두운 거짓 선지자였습니다(벧후 2:15, 16).

사랑하는 여러분!
우리 모두는 참 성도답게 살아가는 진짜 그리스도인들이 되어야 합니다. 또한 이유 여하를 막론하고 좋은 일, 가치 있는 일, 생명을 살리는 일, 하나되게 하는 일에만 쓰임 받아야 합니다. 그리고 그 어떤 인간적인 이익 때문에 남을 해치는 악한 일에 이용당하는 일이 없도록 각별히 유의해야겠습니다.

2. 불순종의 사람

첫째로 그도 제단을 쌓았습니다.
발람은 발락에게 "나를 위하여 여기 제단 일곱을 쌓고 거기 수송아지 일곱 마리와 숫양 일곱 마리를 준비하소서"(민 23:1)라고 제물을 준비케 하고 자기 고향 메소포타미아의 풍습대로 제단을 쌓고 하나님께 제사를 드렸습니다(민 23:4,14). 그가 유일신 하나님께 제사 드린 것이 아니라 하나님을 이방신들과 같은 하나의 신으로 여기고 자기 맘대로 드린 것이었습니다. 때문에 하나님께서는 그 제사를 받지 않으셨습니다. 왜냐하면 그가 나름대로 최선을 다해 하나님 앞에 제사를 드렸지만 그의 믿음과 뜻, 중심자세가 잘못되었기 때문에 그의 제사를 받지 않으신 것입니다. 한마디로 그는 헛수고했습니다. 그러나 하나님께서는 발람에게 나타나셔서 이스라엘을 향한 축복의 말씀을 계시하셨습니다(민 23:7-10). 그러므로 우리 모두는 반드시 영과 진리로 진정한 예배를 드려야 합니다. 그래야 하나님께서 그 예배를 흠향하시고 응답하십니다.

둘째로 그도 기도했습니다.

그가 제단을 쌓고 수송아지 일곱과 숫양 일곱으로 제사를 드리고 하나님의 저주가 이스라엘에게 임하기를 기도했습니다. 그것은 바로 그가 제사 드린 후에 하나님을 만나기를 원하고 응답을 기다린 것이나(민 23:3) "내가 저기서 여호와를 만나뵐 동안에 여기 당신의 번제물 곁에 서소서"(민 23:15)라고 발락에게 말한 것을 보면 그가 하나님께 제사를 드리고 간절히 기도한 것을 알 수 있습니다. 그러나 하나님께서는 그가 네 번씩이나 계속 이스라엘이 저주받기를 원했지만 그의 기도를 한번도 응답하지 않으셨습니다. 그렇습니다. 하나님께서는 잘못된 욕심을 가지고 정욕적으로 구하는 기도는 절대로 응답하시지 않습니다. 그러므로 우리는 하나님께서 원하시는 뜻을 따라 기도해야 합니다.

셋째로 불순종했습니다.

이스라엘 백성들은 하나님의 선민입니다. 때문에 하나님께서는 애굽에서 이스라엘 백성들을 구원하셔서 젖과 꿀이 흐르는 가나안 땅으로 인도하시는 것입니다. 그런데 그러한 하나님의 뜻과는 정반대로 이스라엘 백성들을 저주하려고 한 것은 하나님의 뜻에 불순종한 것입니다(민 23:3,15). 그가 발락으로부터 이스라엘을 저주하라는 청탁을 처음 받았을 때에 하나님께서 그에게 나타나셔서 이스라엘을 저주하지 말고 축복하라고 말씀하셨음에도 불구하고 그는 계속해서 이스라엘을 저주하려고 했습니다. 뿐만 아니라 그는 하나님의 뜻과는 달리 이스라엘 백성들을 어그러진 길로 인도하여 범죄케 했습니다(민 31:16; 유 1:11; 계 2:14). 한마디로 그는 하나님의 뜻에 철저하게 불순종했습니다.

사랑하는 여러분!
우리 모두는 반드시 하나님이 원하시는 예배를 드립시다. 또한 우리들의 잘못된 욕심이 아닌 하나님께서 원하시는 기도를 드립시다. 그리고 이유 여하를 막론하고 나 자신을 포기하고 철저하게 순종하시기 바랍니다.

3. 불행한 사람

첫째로 실패한 사람입니다.
발람은 우선 점술가로서 실패했습니다. 왜냐하면 발락의 청탁을 받고 이스라엘을 저주하려고 했으나 그가 저주할 때마다 하나님께서 그의 저주를 복이 되게 하셨기 때문에 점술가로서 실패했습니다(민 22:12, 23:7-10, 18-24). 또한 그는 선지자로서도 실패했습니다. 그는 유일신 하나님에 대한 믿음이 없는 거짓 선지자였습니다. 때문에 베드로가 그를 미친 선지자라고 한 것입니다(벧후 2:15,16). 그리고 그는 인간관계에서도 실패했습니다. 왜냐하면 그는 발락의 뇌물을 받으면서 함께 했으나 결국은 그와 헤어졌습니다(민 24:10,11,25). 한마디로 그는 이 세상에서 자신의 뜻을 한가지도 이루지 못하고 완전히 실패한 인간이었습니다.

둘째로 나귀의 책망을 받은 자였습니다.

이스라엘을 저주하라는 발락의 두 번째 청탁을 받은 발람이 자신의 나귀를 타고 모압의 귀족들과 함께 행할 때에 하나님이 진노하심으로 여호와의 사자가 그를 막으려고 길에 서 있었습니다(민 22:21,22). 그것을 본 나귀가 여호와의 사자가 칼을 빼어 손에 들고 길에 선 것을 보고 길에서 떠나 밭으로 들어간지라 발람이 나귀를 길로 돌이키려고 채찍질했습니다. 여호와의 사자가 포도원 사이의 좌우에 담이 있는 좁은 길에 서 있었습니다(민 22:23, 24). 이것을 본 나귀가 몸을 담에 대고 발람의 발을 그 담에 비비어 상하게 하자 발람이 채찍으로 나귀를 때렸습니다. 이때 칼을 든 여호와의 사자가 다가오자 나귀가 여호와의 사자를 보고 엎드리자 발람이 지팡이로 나귀를 때렸습니다(민 22:25-27). 때에 여호와께서 나귀의 입을 여시자 나귀가 "내가 당신에게 무엇을 하였기에 나를 이같이 세 번을 때리느냐"(민 22:28)라고 발람을 책망했습니다. 한마디로 짐승만도 못한 자였습니다.

셋째로 비참하게 죽었습니다.

하나님께서는 발락의 사주를 받은 모압과 미디안 여인들의 유혹을 받아 죄를 짓고 우상을 섬긴 이스라엘 백성 24,000명을 죽일 때에 발람도 칼로 죽이셨습니다(민 31:1-8; 수 13:22). 그리하여 그의 인생은 참으로 비참하게 막을 내렸습니다.

사랑하는 여러분!

우리 모두는 언제나 주 안에서 승리하는 자들이 되어야 합니다. 또한 신령한 신앙생활로 영안이 열려있는 사람이 되어야 합니다. 그리고 천국 백성으로서 때마다 일마다 승리하는 삶을 살아야겠습니다.

 # 밧세바

[삼하 11:1-5]

그 해가 돌아와 왕들이 출전할 때가 되매 다윗이 요압과 그에게 있는 그의 부하들과 온 이스라엘 군대를 보내니 그들이 암몬 자손을 멸하고 랍바를 에워쌌고 다윗은 예루살렘에 그대로 있더라 저녁 때에 다윗이 그의 침상에서 일어나 왕궁 옥상에서 거닐다가 그곳에서 보니 한 여인이 목욕을 하는데 심히 아름다워 보이는지라 다윗이 사람을 보내 그 여인을 알아보게 하였더니 그가 아뢰되 그는 엘리암의 딸이요 헷 사람 우리아의 아내 밧세바가 아니니이까 하니 다윗이 전령을 보내어 그 여자를 자기에게로 데려오게 하고 그 여자가 그 부정함을 깨끗하게 하였으므로 더불어 동침하매 그 여자가 자기 집으로 돌아가니라 그 여인이 임신하매 사람을 보내 다윗에게 말하여 이르되 내가 임신하였나이다 하니라

> 우리가 이 세상을 살아갈 때에 조금만 더 정신을 차려서 노력하고 애쓰며 주의를 기울인다고 하면 보다 더 나은 삶을 살 수 있습니다. 그런데 대부분의 사람들이 그렇지 못함으로 인하여 자신의 발전은 물론 다른 사람과 이 사회에 크나큰 피해를 주고 고통스럽게 하며 실패하는 경우들이 많이 있습니다. 그러므로 우리들은 본문의 말씀을 통해서 언행심사를 삼가 주의하여 자신을 새롭게 하는 기회가 되어야겠습니다.

1. 조심성이 없었음

첫째로 다윗이 출전하지 않았습니다.

당시의 근동지방에서는 전쟁을 하다가도 겨울이 되면 휴전을 했다가 겨울이 끝나고 봄 장마비가 끝날 때가 되면 그 때에 가서 다시 시작했습니다. 오늘 본문의 "그 해가 돌아와 왕들이 출전할 때가 되매"(삼하 11:1上)라고 한

것은 이제 전쟁을 다시 시작할 때가 되었다는 것입니다. 당시의 왕들은 자기 나라에 전쟁이 발발하게 되면 반드시 자신이 직접 출전하여 군대를 진두지휘했습니다. 그런데 다윗은 요압과 군대만을 보내고 자신은 왕궁에서 한가롭게 쉬고 있었습니다. 국가의 흥망성쇠가 달려 있는 전쟁 중임에도 불구하고 자신의 안일에 빠져있는 것은 왕으로서의 직무유기요 크나큰 범죄행위였습니다. 그는 사울 왕을 피해 도망자의 생활을 할 때에는 늘 하나님을 믿고 의지하며 기도하는 삶을 살았기 때문에 범죄의 유혹을 받지 않고 늘 깨어있는 신실한 삶을 살 수 있었습니다. 그런데 그가 이제 하나님의 은혜로 자기의 위치가 확고해지고 국력이 신장됨으로 인해 주변국과의 전쟁에서도 이기고 안정된 삶을 누리게 되자 교만하여져서 사탄의 유혹을 받아 방심하게 된 것입니다. 그러므로 우리들은 어렵고 힘들 때보다 성공했을 때와 평안할 때에 더욱 조심해야 합니다.

둘째로 밧세바가 목욕하고 있었습니다.
팔레스틴은 북위 30도와 33도 사이에 있는 아열대 지역으로서 낮에는 대단히 뜨거웠습니다. 때문에 사람들이 한낮의 더운 열기를 피해 일손을 멈추고 낮잠을 자는 관습을 가지고 있었습니다. 때문에 다윗도 그 시간에 낮잠을 자고 있다가 서늘해진 저녁때에 침상에서 일어나 왕궁 옥상을 거닐며 망중한을 즐기고 있었던 것입니다(삼하 11:2). 근동지방의 주택들은 모두가 다 담장으로 완전히 둘러싸여 있었습니다. 때문에 밧세바가 자신의 집이 담장으로 잘 가리워져 있다고 생각했기 때문에 전혀 주위를 의식하지 않고 마음놓고 목욕하게 된 것이었습니다. 자기 집보다 높은 주변의 집 옥상에서도 내려다 볼 수 있다는 것은 전혀 생각하지 못한 것이었습니다. 그렇습니다. 우리 인간들은 자신이 제 아무리 잘난 줄로 착각해도 이렇게 부족할 뿐입니다. 또한 여기에서 우리가 생각할 수 있는 것은 남편이 군대에 가고 혼자 사는 여인으로서 주위에 있는 높은 집을 의식하지 못하고 대낮에 마당에서 목욕했다는 것은 그가 조심성이 없는 여인이었다는 것을 알 수 있습니다. 그렇습니다. 조심성이 없을 때 언제나 실수하게 되고 그로 인해 큰 사고를 당하게 됩니다.

셋째로 다윗의 유혹을 받았습니다.
낮잠을 자고 일어나 옥상을 거닐면서 망중한을 즐기고 있던 다윗은 근처의 집에서 여인이 벌거벗고 목욕하고 있는 것을 보았습니다. 그런데 그 여인이 "...심히 아름다워 보"(삼하 11:2)였다고 했습니다. 우리의 조상 하와도 에덴 동산의 중앙에 있는 선악을 알게 하는 나무의 열매를 보고 "...먹음직도 하고 보암직도 하고 지혜롭게 할 만큼 탐스럽기도 한 나무인지라"(창 3:6) 그 열매를 따먹음으로 인해 인류의 큰 비극을 가져왔습니다. 그런데 다윗도 그와 마찬가지로 목욕하는 밧세바의 육체를 보고 유혹을 받아 정욕에 이끌려 그녀의 신원을 확인한 결과 지금 국가의 부름을 받고 전쟁터에 나가 싸우고 있는 우리아의 아내라는 사실을 알면서도 데려다가 죄를 범했습니다. 물론 여기에는 다윗이 전적으로 잘못했지만 밧세바가 그런 기회를 제공한 것도 잘못이요 다윗의 유혹을 물리치지 못한 것도 문제라고 할 수 있습니다.

사랑하는 여러분!
우리 모두는 다 이제 참된 성도답게 살아가야 합니다. 또한 이유 여하를 막론하고 좋은 일, 가치 있는 일, 생명을 살리는 일, 하나되게 하는 일에만 쓰임받아야 합니다. 그리고 그 어떤 인간적인 이익 때문에 남을 해치는 악한 일에 이용당하는 일이 없도록 각별히 유의해야겠습니다.

2. 남편을 잃어버림

첫째로 다윗이 간계를 부렸습니다.

다윗은 우리아의 아내 밧세바가 임신하였다는 사실을 알리자 자신의 범죄 행위를 감추기 위해 간계를 부렸습니다. 그것은 바로 전쟁 중에 있는 우리아를 급히 소환하여 밧세바와 동침케 하여 잉태된 아이가 자신의 아이가 아니라 우리아의 아이인 것처럼 꾸며 자신의 범죄 사실을 은폐하려고 했습니다(삼하 11:5-8). 왜냐하면 자신의 범죄 사실이 밝혀질 경우에 왕의 체신이 말이 아니기 때문이었습니다.

둘째로 우리아가 거절했습니다.

다윗은 소환된 우리아에게 군대장관 요압의 안부와 군사의 안부와 전쟁에 대해 물은 다음 "네 집으로 내려가서 발을 씻으라"(삼하 11:8)고 하면서 집에 가서 아내와 동침하도록 명했습니다. 그러나 그는 다윗 왕의 제안을 거절하고 자신의 집에 들어가지 않고 왕궁 문에서 다른 신하들과 함께 잠을 잤습니다(삼하 11:9). 이 소식을 들은 다윗은 우리아에게 "어찌하여 네 집에 내려가지 아니하였느냐"(삼하 11:10下)고 책망했습니다. 이에 우리아는 다윗에게 "언약궤와 이스라엘과 유다가 야영 중에 있고 내 주 요압과 내 왕의 부하들이 바깥들에 진치고 있거늘 내가 어찌 내 집으로 가서 먹고 마시고 내 처와 같이 자리이까 내가 이 일을 행하지 아니하기로 왕의 살아 계심과 왕의 혼의 살아 계심을 두고 맹세하나이다"(삼하 11:11)라고 충성을 맹세했습니다. 그러나 다윗은 우리아에게 술을 먹인 다음 집에 가서 자도록 했으나 여전히 가지 않았습니다 (삼하 11:13). 참으로 충성된 군인이었습니다. 우리들도 주님의 일에 우리아와 같은 충성된 삶을 살아야겠습니다.

셋째로 우리아가 전사했습니다.

다윗은 자신의 간계가 우리아에게 먹혀들지 않자 이제는 요압 장군에게 편지를 써서 다시 전쟁터로 가는 우리아에게 주어 전달하도록 했습니다. 그 편지의 내용은 "너희가 우리아를 맹렬한 싸움에 앞세워 두고 너희는 뒤로 물러가서 그로 맞아 죽게 하라"(삼하 11:15)는 것이었습니다. 그것도 모르는 우리아는 자신을 죽이라는 왕의 친서를 요압 장군에게 전했습니다. 그리하여 우리아는 다윗의 계략대로 다른 병사들과 함께 죽었습니다(삼하 11:17). 다윗은 결국 범죄 사실을 은폐하기 위해 충성된 신하를 죽게 하는 참으로 악한 죄를 지었습니다.

사랑하는 여러분!
죄는 또 다른 죄를 불러온다는 특성이 있음을 알아야 합니다. 또한 우리의 생애에서 은혜를 악으로 갚는 배은망덕이 없어야 합니다. 그리고 다윗과 같이 조직적으로 남을 해치는 악한 일을 행하는 일이 없어야겠습니다.

3. 다윗의 아내가 됨

첫째로 다윗의 아내가 되었습니다.
우리아가 죽은 것을 요압이 다윗에게 고하자, 자신의 간계가 이루어진 것을 안 다윗은 밧세바에게 남편의 전사소식을 알리도록 했습니다. 이에 남편의 전사 소식을 들은 밧세바는 대단히 슬퍼했습니다(삼하 11:26). 그러나 때는 이미 늦었습니다. 이와 같은 불행은 전적으로 다윗에게 있지만 밧세바의 책임도 있다는 것을 알아야 합니다. 다윗은 우리아의 시신을 장사지낸 다음 곧 바로 밧세바를 왕궁으로 데려오게 하여 아내로 삼았습니다(삼하 11:26,27). 이것은 바로 밧세바의 배가 사람들의 눈에 뜨일 정도로 부르기 전에 데려와서 자신의 이전 죄악을 은폐하려는 악한 의도에서였습니다. 그렇습니다. 이와 같이 죄는 또 다른 죄악을 낳습니다. 그러므로 조직적으로 죄를 짓는 일이 있어서는 안 됩니다.

둘째로 아들을 잃었습니다.

나단 선지자의 책망을 받은 다윗은 곧바로 회개하여 용서를 받았습니다(삼하 12:1-13). 그러나 다윗의 죄악으로 밧세바에게 잉태된 아이는 여호와의 징계의 채찍에 의해 병이 난지 일주일만에 죽었습니다(삼하 12:15-18). 이것은 바로 하나님께서는 다윗에 대한 당신의 노여움을 나타내심으로 이 세상 사람들에게 다윗은 사랑하시지만 그의 죄는 미워하신다는 사실을 분명하게 알리신 것입니다. 그러므로 우리가 하나님에게 징계를 받을 때에는 달게 받고 감사하며 인내해야 합니다. 또한 밧세바는 부주의한 자신의 처신으로 인해 하루아침에 남편을 잃고 자신이 낳은 아이까지 잃게 되었습니다. 그렇습니다. 우리 인생은 이렇게 내 마음대로 되는 것이 아닙니다.

셋째로 솔로몬을 낳았습니다.

하나님께서는 범죄한 다윗과 밧세바를 그대로 방치해 두지 않으시고 나단 선지자를 보내시어 그들의 죄를 지적하고 경고하셨습니다. 이에 대해 그들은 하나님 앞에 자신들의 죄악을 인정하고 곧바로 철저하게 회개했습니다(시 38:18). 하나님께서는 다윗의 회개를 받으시고 그들을 부부로 인정하시고 솔로몬이라는 아들을 주셨습니다.

사랑하는 여러분!

우리 모두는 잘못된 육신의 탐욕을 버려야 합니다. 또한 우리 인생은 억지로 살 수 없음을 알고 모든 것을 다 하나님께 맡깁시다. 그리고 언제나 주님의 뜻 안에서 아름답게 살아가는 성도들이 되시기 바랍니다.

 # 베냐민

[창 35:16-20]

그들이 벧엘에서 길을 떠나 에브랏에 이르기까지 얼마간 거리를 둔 곳에서 라헬이 해산하게 되어 심히 고생하여 그가 난산할 즈음에 산파가 그에게 이르되 두려워하지 말라 지금 네가 또 득남하느니라 하매 그가 죽게 되어 그의 혼이 떠나려 할 때에 아들의 이름을 3)베노니라 불렀으나 그의 아버지는 그를 4)베냐민이라 불렀더라 라헬이 죽으매 에브랏 곧 베들레헴 길에 장사되었고 야곱이 라헬의 묘에 비를 세웠더니 지금까지 라헬의 묘비라 일컫더라

> 야곱이 가나안에서 라헬을 통해서 막내아들을 낳았는데 라헬이 그 아이를 해산할 때에 너무나도 심한 고통을 당함으로 인해 죽어가면서 아이의 이름을 '슬픔의 아들'이란 뜻인 '베노니'라고 지어주었습니다. 그리고 그녀는 안타깝게도 사랑하는 남편과 두 아들을 두고 일찍 세상을 떠났습니다. 후에 야곱은 '베노니'의 이름을 '내 오른손의 아들 또는 믿을 만한 아들'이란 뜻인 베냐민으로 고쳐주었습니다. 이것은 바로 야곱이 가장 사랑했던 아내인 라헬이 낳은 베냐민에 대한 각별한 사랑과 애착을 가지고 있음을 보여준 것입니다.

1. 사랑받은 자

첫째로 야곱의 사랑을 받았습니다.

베냐민은 야곱의 십삼 남매 중의 막내아들로서 특별히 많은 사랑을 받았습니다. 왜냐하면 그는 야곱이 외삼촌의 집에서 14년 간을 머슴살이하고 그 대가로 얻을 정도로 지극히 사랑한 라헬을 통해서 얻은 아들이었기 때문입니다. 그렇습니다. 똑같은 자식이라고 할지라도 자신이 사랑하는 자를 통해서

얻은 자식은 더욱 귀하고 사랑스러울 것입니다. 또한 야곱은 자신이 그토록 사랑하던 아내인 라헬이 베냐민을 출산하면서 죽었기 때문에 어머니가 없이 자란 베냐민을 측은하게 여기고 안타까워서 더욱 사랑했는지도 모릅니다. 여하튼 야곱은 라헬이 낳은 요셉과 베냐민에 대한 사랑이 유별났기 때문에 요셉과 베냐민이 배가 다른 형들의 시기와 질투를 사서 미움을 받게 되었습니다(창 37:3-11, 42:4, 38; 44:20).

둘째로 요셉의 사랑을 받았습니다.

시기와 질투를 받던 요셉이 형들에 의해 애굽의 상인에게 팔려가서 애굽왕의 시위대장 보디발의 집에 종으로 들어가게 되었습니다. 그러나 그는 자신의 처지에 대해 자학하거나 형들을 원망하지 않았습니다. 모든 것을 하나님께 맡기고 종으로서 맡은 일에 충성했습니다. 때문에 보디발에게 인정받아 가정의 모든 일들을 책임지는 총무 일을 맡아보게 되었습니다. 그러던 중 용모가 빼어나고 아름다운 그가 보디발 아내의 유혹을 받았습니다. 그렇지만 완강히 거절했습니다. 그래서 그는 보디발 아내의 모함을 받아 감옥에 갇히는 억울한 일을 당했습니다(창 39:1-20). 그러나 하나님께서는 신실한 요셉과 함께 하셨고 바로 왕의 꿈을 해석케 함으로 약관 30세에 애굽의 총리로 세워주셨습니다(창 41:40-46). 가나안 땅에 흉년이 들어 야곱의 가정이 심한 식량난을 겪게 되었습니다. 그렇지만 애굽에는 요셉의 선정으로 인하여 많은 곡식들을 보유하고 있었습니다. 때문에 야곱의 아들들도 식량을 구하기 위해 애굽으로 내려갔습니다(창 42:1-3). 그 때에도 야곱은 베냐민을 보내지 않고 열 아들만 애굽에 보냈습니다(창 42:4). 왜냐하면 베냐민이 애굽에 갔다가 혹시라도 잘못되어 돌아오지 못할까봐 같이 보내지 않았기 때문입니다. 애굽으로 곡식을 구하러 온 야곱의 아들들이 요셉 앞에 섰을 때에 요셉은 형들을 다 알아보았습니다. 그러나 모른 체 하고 자신의 친동생 베냐민을 보기 위해

갖은 방법을 다 동원했습니다(창 42:6-38; 43:1-34). 요셉의 베냐민 사랑은 아주 특별했습니다.

셋째로 모세의 축복을 받았습니다.

주의 종 모세는 베냐민 지파에 대해 "여호와의 사랑을 입는 자는 그 곁에 안전히 살리로다 여호와께서 그를 날이 마치도록 보호하시고 그로 자기 어깨 사이에 있게 하시리로다"(신 33:12)라고 했습니다. 이것은 바로 베냐민 지파가 하나님의 사랑을 받은 자로서 하나님께서 항상 그들과 함께 하시며 끝까지 보호하신다는 것입니다.

사랑하는 여러분!

우리들도 베냐민처럼 부모님과 어른들의 사랑을 받는 사람이 됩시다. 또한 형제들과 이웃들의 신뢰를 받는 사람이 됩시다. 그리고 주의 종들이 한없이 축복할 수 있는 복된 삶을 사시기 바랍니다.

2. 야곱의 예언

첫째로 물어 뜯는 이리라고 했습니다.

야곱은 바로가 네 연세가 얼마인지 라고 물었을 때에 "내 나그네길의 세월이 백삼십 년이니이다 내 나이가 얼마 못 되니 우리 조상의 나그네길의 연조에 미치지 못하나 험악한 세월을 보내었나이다"(창 47:9)라고 했습니다. 그는 자신의 임종의 때가 이른 줄을 깨닫고 열두 아들들에게 그들의 앞날에 대하여 예언했습니다. 때에 야곱은 베냐민에게 "베냐민은 물어 뜯는 이리라..."(창 49:27上)라고 했습니다. 다시 말하면 베냐민과 그의 후손은 아주 호전적인 기질과 전투적인 성향을 가지게 되리라는 것이었습니다. 이 예언과 같이 베냐민 지파는 이스라엘 역사상 용감무쌍한 기질을 유감없이 발휘했습니다. 지금도 이스라엘은 이 베냐민의 특성과 같이 아랍의 여러 나라들과의 전쟁에서 상상할 수 없는 용맹을 떨치고 있습니다. 이러한 기질이 잘못 사용되었을 때는 사람들을 힘들게 했지만 선하게 사용되었을 때에는 이스라엘의 승리와 안정에 큰 도움을 주었습니다. 그러므로 우리들도 언제, 어디서나 아름답게 선용되는 삶을 살아야겠습니다.

둘째로 항상 승리할 것이라고 했습니다.
"…아침에는 빼앗은 것을 먹고…"(창 49:27中)라고 했습니다. 이 말씀은 바로 물어 뜯는 이리와 같이 용감한 기질을 가진 베냐민과 그의 지파는 언제나 전쟁에서 승리하여 전리품을 얻게 되고 그로 인하여 풍성한 삶을 누리게 될 것이라는 의미입니다. 이 말씀과 같이 오늘의 이스라엘은 세계를 움직이는 강국이 되었고 경제적으로도 엄청난 부를 누리고 있습니다. 바로 야곱의 예언이 이스라엘 백성들에게 그대로 이루어지고 있는 것입니다. 그러므로 우리들도 언제나 하나님의 말씀을 그대로 믿고 순종함으로 넘치는 삶을 살아가야 합니다.

셋째로 나라에 큰 공헌을 할 것이라는 것입니다.
베냐민이 "…저녁에는 움킨 것을 나누리로다"(창 49:27下)라고 했습니다. 이 말씀은 바로 베냐민의 지파가 이스라엘에 큰 공헌을 하게 될 것이라는 의미입니다. 실로 이스라엘의 역사를 빛낸 사람들을 보면 베냐민 지파 출신들이 많습니다. 실패한 왕이었지만 이스라엘의 초대 왕 사울이 있었고 하만에 의해 몰살 당할 수밖에 없었던 이스라엘 민족을 풍전등화와 같은 위기에서 건져낸 에스더와 모르드개가 있었습니다. 이방인의 사도로서 신약시대에 가장 위대한 역사를 일으킨 사도 바울도 베냐민 지파였습니다. 베냐민 지파는 이스라엘 민족을 위해 아낌없이 헌신했던 자들입니다. 한마디로 베냐민 지파는 이스라엘을 지켜온 지파였습니다. 그들은 때로 이스라엘 공동체에 비협조적인 면들도 있었지만 결국은 이스라엘 민족의 존속에 대해 크게 공헌한 지파입니다.

사랑하는 여러분!
우리들도 하나님의 자녀답게 자신 있는 삶을 삽시다. 또한 이 세상을 이기신 주님의 이름으로 때마다 일마다 승리하는 삶을 삽시다. 그리고 하나님의 교회와 인류역사를 위해 끊임없이 쓰임 받는 멋진 성도들이 되시기 바랍니다.

3. 쓰임 받은 지파

첫째로 왕이 나온 지파였습니다.
베냐민 지파는 이스라엘의 열두 지파 중에서 가장 작은 지파였습니다. 그러나 그곳에서 이스라엘의 초대 왕이 세워졌습니다. 사무엘이 사울에게 하나님께서 이스라엘의 왕으로 세우실 것이라는 말을 하자 사울은 "나는 이스라엘 지파의 가장 작은 지파 베냐민 사람이 아니니이까 또 나의 가족은 베냐민 지파 모든 가족 중에 가장 미약하지 아니하니이까"(삼상 9:21)라고 겸손한 자세를 취했습니다. 특히 가부장제도 하에서 장남을 귀중히 여기던 시대에서 막내아들로 태어난 베냐민의 존재는 미미할 수밖에 없었을 것입니다. 그러나 그들은 이스라엘 민족과 사회를 위해 어느 지파보다도 더 많은 공헌을 했습니다. 그렇습니다. 하나님께서는 "세상의 미련한 것들을 택하사 지혜 있는 자들을 부끄럽게 하려하시고 세상의 약한 것들을 택하사 강한 것들을 부끄럽게 하려하시며... 세상의 천한 것들과 멸시받는 것들과 없는 것들을 택하사 있는 것들을 폐하려 하시나니"(고전 1:27,28)라고 하셨습니다. 그러므로 우리들은 부족한 자신을 보지 말고 전능하신 하나님을 믿고 맡은 바 사명에 최선을 다해야 합니다.

둘째로 사랑 받는 지파였습니다.

베냐민 지파는 어느 지파보다도 하나님의 사랑을 많이 받은 지파였습니다. 먼저 하나님께서 사랑하시고 그와 함께 하셨으며 끝까지 지키셨습니다(신 33:12). 베냐민 지파는 하나님의 뜻을 저버리고 타락된 삶을 살았으며 레위인의 첩을 겁탈한 기브아 불량배들을 이스라엘 공동체의 뜻과는 달리 적당히 봐줌으로 인해 다른 지파들의 분노를 사기도 했습니다. 또한 사울이 초대왕이 된 것 때문에 교만하여져서 정적을 제거하려는 악을 행했습니다. 한마디로 베냐민 지파는 허물이 많은 지파였습니다. 그러나 하나님께서는 그들을 사랑하셨습니다.

셋째로 귀하게 쓰임 받았습니다.

하나님께서는 베냐민 지파가 비록 작은 지파요 허물이 많은 지파였으나 하나님께서는 이 베냐민 지파를 당신의 존귀한 성호를 위한 영광의 도구로 사용하셨습니다. 또한 그들의 기질적인 특성을 활용하셔서 이스라엘 나라를 파수하셨습니다.

사랑하는 여러분!

우리들이 제 아무리 부족하다고 할지라도 전능하신 하나님을 믿고 자신 있게 삽시다. 또한 부족한 우리들을 끝까지 사랑해주시는 하나님께 감사드립시다. 그리고 오직 하나님의 거룩한 일에만 쓰임 받는 삶이 되시기 바랍니다.

 # 보아스

[룻 2:1-7]

나오미의 남편 엘리멜렉의 친족으로 1)유력한 자가 있으니 그의 이름은 보아스더라 모압 여인 룻이 나오미에게 이르되 원하건대 내가 밭으로 가서 내가 누구에게 은혜를 입으면 그를 따라서 이삭을 줍겠나이다 하니 나오미가 그에게 이르되 내 딸아 갈지어다 하매 룻이 가서 베는 자를 따라 밭에서 이삭을 줍는데 우연히 엘리멜렉의 친족 보아스에게 속한 밭에 이르렀더라 마침 보아스가 베들레헴에서부터 와서 베는 자들에게 이르되 여호와께서 너희와 함께 하시기를 원하노라 하니 그들이 대답하되 여호와께서 당신에게 복 주시기를 원하나이다 하니라 보아스가 베는 자들을 거느린 사환에게 이르되 이는 누구의 소녀냐 하니 베는 자를 거느린 사환이 대답하여 이르되 이는 나오미와 함께 모압 지방에서 돌아온 모압 소녀인데 그의 말이 나로 베는 자를 따라 단 사이에서 이삭을 줍게 하소서 하였고 아침부터 와서는 잠시 집에서 쉰 외에 지금까지 계속하는 중이니이다

지구촌은 지금 폭발적인 인구증가와 산업발달로 인하여 심하게 오염되고 자원이 고갈되어 가고 있습니다. 때문에 사람들의 인심은 점점 더 각박해지고 사나워져 가고 있습니다. 때문에 모두가 다 자기만 생각하고 이웃을 배려할 줄 모르는 안타까운 시대로 전락해 버렸습니다. 그런데 보아스는 기생이었던 라합의 아들로 태어났음에도 불구하고 그의 환경이나 처지와는 전혀 상관없이 아름다운 신앙과 사랑, 고상한 인격과 배려로 가정이 파산되어 불행하게 살고 있는 과부된 한 시어머니와 며느리를 선대하여 구원하는 멋진 삶을 보여주고 있습니다.

1. 하나님 중심의 신앙인이었습니다.

첫째로 하나님께서 우리의 생사화복을 주관하심을 믿었습니다.

이 세상과 우리 인간은 모두 다 전능하신 하나님께서 창조하셨습니다. 그러므로 모두 다 하나님을 섬기고 그분의 뜻대로 살아야 합니다. 그래야 하나님의 사랑을 받고 더 큰 은혜와 축복을 누리게 됩니다. 보아스는 언제나 하나님 중심으로 살아가는 진실한 신앙인이었습니다. 때문에 그는 지주로서 추수하는 현장에 나와서도 일꾼들에게 "…여호와께서 너희와 함께 하시기를 원하노라…"(룻 2:4)고 축복했습니다. 이것은 바로 우리 인생들의 생사화복이 전능하신 하나님께 있음을 고백하는 참으로 아름다운 신앙의 자세인 것입니다. 우리들도 그러한 신앙의 자세로 살아가야 합니다.

둘째로 하나님께서 우리의 삶을 감찰하심을 믿었습니다.

보아스는 룻에게 이방 여인으로서 남편이 죽은 후에도 홀로 시어머니를 극진히 섬기고 잘 봉양하기 위해 사랑하는 부모형제와 고국을 떠나 낯선 땅에 와서 고생하고 있다는 소식을 들었다고 하면서 "여호와께서 네가 행한 일에 보답하시기를 원하며 이스라엘의 하나님 여호와께서 그의 날개 아래에 보호를 받으러 온 네게 온전한 상 주시기를 원하노라"(룻 2:12)고 축복했습니다. 이것은 바로 하나님께서는 불꽃같은 눈으로 우리 인간의 삶을 감찰하시는 분이라는 사실을 믿고 있음을 증명하는 것입니다. 그렇습니다. 하나님께서는 언제나 선한 일을 행하는 자들과 반드시 함께 하시고 선한 복을 주시며 그를 인도하시고 승리케 하십니다. 우리들도 보아스와 같은 신앙을 가지고 나날을 살아가야겠습니다.

셋째로 하나님께서 범사를 주관하심을 믿었습니다.

보아스는 밤중에 자신의 발치에 누가 몰래 들어와 자는 것을 발견하고 "네가 누구냐"라고 소리 쳤습니다. 이에 룻은 "…나는 당신의 여종 룻이오니 당신의 옷자락을 펴 당신의 여종을 덮으소서 이는 당신이 기업을 무를 자가 됨이니이다"(룻 3:9)라고 유혹했습니다. 그러나 보아스는 룻을 유혹하는 사탄이라고 정죄하거나 망신을 주지 않고 "내 딸아 여호와께서 네게 복 주시기를 원하노라 네가 가난하건 부하건 젊은 자를 따르지 아니하였으니 네가 베푼 인애가 처음보다 나중이 더하도다 내 딸아 두려워하지 말라 내가 네 말대로 네게 다 행하리라 네가 현숙한 여자인 줄을 나의 성읍 백성이 다 아느니라"(룻 3:10,11)고 지금까지 함부로 살지 아니한 그녀의 행위를 칭찬하고 따뜻하게 감싸주었습니다. 보아스가 아무도 모르는 밤중에 적극적으로 유혹하는 여인과 단둘이 같이 있었음에도 불구하고 자신의 순간적인 기분이나 감정, 육체의 정욕대로 행하지 않고 축복한 것은 바로 그가 하나님께서 범사를 주관하시고 계심을 믿고 있었기 때문입니다.

사랑하는 여러분!
우리 모두 철저하게 하나님 중심의 신앙생활을 합시다. 또한 하나님께서 우리들의 언행심사를 감찰하는 분이심을 믿고 언제나 아름답게 살아갑시다. 그리고 범사를 주관하시는 하나님께 모든 것을 맡기고 감사함으로 살아가시기 바랍니다.

2. 따뜻하고 인정 많은 사람이었습니다.

첫째로 룻을 자신과 가까이 있게 했습니다.
이 세상은 지금 아주 냉정한 시대입니다. 오직 자기만 생각합니다. 남이 아프든지 말든지, 남이 힘이 들든지 말든지, 남이 망하든지 말든지, 남이 죽든지 말든지, 남에 대해서는 전혀 상관하지 않습니다. 오직 나만 건강하고 나만 편하고 나만 잘 되고 나만 살면 됩니다. 때문에 사기를 치고 도둑질을 하고 강도질을 하며 사람을 죽이기도 합니다. 그런데 보아스는 외로운 이방 여인 룻에게 "...내 딸아 들으라 이삭을 주우러 다른 밭으로 가지 말며 여기서 떠나지 말고 나의 소녀들과 함께 있으라 그들이 베는 밭을 보고 그들을 따르라 내가 그 소년들에게 명령하여 너를 건드리지 말라 하였느니라 목이 마르거든 그릇에 가서 소년들이 길어온 것을 마실지니라"(룻 2:8,9)고 아주 따뜻하게 사랑으로 대했습니다. 사랑하는 부모 형제와 고향 땅을 떠나서 홀로 된 시어머니와 함께 힘들게 살아가는 룻에게 있어서 보아스의 호의는 참으로 큰 축복이 아닐 수 없습니다.

둘째로 식탁을 함께 하고 후하게 대접했습니다.
보아스는 식사할 때에 룻에게 "...이리로 와서 떡을 먹으며 네 떡 조각을 초에 찍으라..."(룻 2:14)고 말하고 볶은 곡식을 주어 배불리 먹게 했습니다. 여기에서 초는 일꾼들에게 기운을 회복시켜주는 효과를 가진 '신포도주'로서 맛도 아주 신선하고 건강에도 좋았습니다. 또한 볶은 곡식은 곡식이 완전히 여물기 전에 베어 구운 것으로서 맛이 아주 고소하고 좋았습니다. 대지주로서 이삭 줍는 불쌍한 여인을 오라 하여 자신의 식탁에서 함께 먹고 마셨다는 것은 대단한 대접을 한 것입니다. 보아스가 룻을 자신의 식탁으로 불러서 앉게 하고 배불리 먹고 남길 만큼 후하게 대접했듯이 우리들도 모든 사람들을 배려하고 후한 대접으로 함께 해야겠습니다.

셋째로 이삭을 많이 주울 수 있도록 배려 했습니다.
룻이 식사하고 나서 이삭을 주우러 일어날 때에 보아스는 추수하는 소년들에게 지시하여 룻으로 하여금 곡식 단 사이에 이삭을 줍게 하고 책망하지 말라고 말하고 룻을 위해 다발에서 조금씩 뽑아 버려서 그로 줍게 하고 꾸짖지 말라고 했습니다(룻 2:15,16). 이것은 바로 룻으로 하여금 힘들이지 않고 보다 더 많은 이삭을 쉽게 줍게 하기 위한 배려였습니다. 또한 그는 이삭 줍는 룻으로 하여금 자존심을 상하지 않도록 무척 신경을 많이 썼습니다.

사랑하는 여러분!

우리들도 힘들고 어려운 사람들에게 가까이 다가가서 사랑을 베풀어야겠습니다. 또한 될 수 있는 대로 최선을 다해 후하게 대접해야 합니다. 그리고 어렵고 힘든 이웃을 도울 때에도 그들로 하여금 자존심이 상하지 않도록 지혜롭게 해야 합니다.

3. 정도로 행하는 사람이었습니다.

첫째로 자신을 잘 다스렸습니다.

룻의 시어머니 나오미는 룻에게 "내 딸아 내가 너를 위하여 안식할 곳을 구하여 너를 복되게 하여야 하지 않겠느냐 네가 함께 하던 하녀들을 둔 보아스는 우리의 친족이 아니냐 보라 그가 오늘밤에 타작마당에서 보리를 까불리라 그런즉 너는 목욕하고 기름을 바르고 의복을 입고 타작마당에 내려가서 그 사람이 먹고 마시기를 다하기까지는 그에게 보이지 말고 그가 누울 때에 너는 그가 눕는 곳을 알았다가 들어가서 그의 발치 이불을 들고 거기 누우라 그가 네 할 일을 네게 알게 하리라"(룻 3:1-4)고 말하여 룻을 보아스와 결혼시키려고 계획을 세웠습니다. 이에 룻은 시어머니가 시키는 대로 순종하여 밤중에 보아스가 잠든 다음에 보아스의 발치에 몰래 들어가서 "...나는 당신의 여종 룻이오니 당신의 옷자락을 펴 당신의 여종을 덮으소서 이는 당신이 기업을 무를 자가 됨이니이다"(룻 3:9)라고 아주 적극적으로 유혹했습니다. 그러나 그는 그녀와 동침하지 않았습니다. 이것은 바로 그가 자신을 잘 다스리는 극기의 사람이었음을 보여주고 있는 것입니다. 그렇습니다. 이 세상에서 가장 능력 있는 사람은 자신을 잘 다스리는 사람입니다.

둘째로 법의 절차를 밟았습니다.

보아스는 자기와 동침하기를 원하는 룻에게 "내 딸아 여호와께서 네게 복

주시기를 원하노라 네가 가난하건 부하건 젊은 자를 따르지 아니하였으니 네가 베푼 인애가 처음보다 나중이 더하도다 그리고 이제 내 딸아 두려워하지 말라 내가 네 말대로 네게 다 행하리라 네가 현숙한 여자인 줄을 나의 성읍 백성이 다 아느니라"(룻 3:10,11)고 그녀를 축복하고 칭찬했으며 그 일로 인해 두려워하지 않도록 안심시킨 다음 룻이 원하는 대로 하겠다고 약속했습니다. 그리고 자신보다 룻과 더 가까운 친족이 있음을 말하고 자신이 그에게 가서 그가 룻에게 기업 무를 자의 책임을 못하겠다고 하면 자신이 기업 무를 책임을 감당하겠다고 약속하고 법적 절차에 대해 말했습니다(룻 3:12,13). 그리고 그는 룻에게 많은 곡식을 주어서 집으로 돌려보낸 다음 모든 법적 절차를 깨끗하게 다 밟았습니다(룻 4:1-10). 참으로 정확한 사람이었습니다.

셋째로 룻을 아내로 삼았습니다.

보아스는 룻과 결혼하기 위해 모든 법적 절차를 다 밟은 후에 백성들과 장로들을 증인으로 세우고 룻을 아내로 맞아들였습니다. 보아스와 룻의 결혼은 당사자들이나 양가의 가족은 물론 이웃들에게도 커다란 기쁨이 되었습니다(룻 4:14,15). 하나님께서는 그들을 생각하시사 아들을 허락해 주셨습니다. 그가 바로 다윗의 아버지인 이새를 낳은 오벳입니다(룻 4:17). 감사한 것은 그의 후손을 통해서 우리 예수님께서 이 세상에 오셨습니다. 참으로 귀한 축복이 아닐 수 없습니다.

사랑하는 여러분!
우리 모두는 자신들을 잘 관리합시다. 또한 언제나 주님의 말씀대로 삽시다. 그리고 하나님께서 허락하시는 복된 삶을 사시기 바랍니다.

 # 브나야

[삼하 23:20-23]

> 또 갑스엘 용사의 손자 여호야다의 아들 브나야이니 그는 용맹스런 일을 행한 자라 일찍이 모압 아리엘의 아들 둘을 죽였고 또 눈이 올 때에 구덩이에 내려가서 사자 한 마리를 쳐죽였으며 또 장대한 애굽 사람을 죽였는데 그의 손에 창이 있어도 그가 막대기를 가지고 내려가 그 애굽 사람의 손에서 창을 빼앗아 그 창으로 그를 죽였더라 여호야다의 아들 브나야가 이런 일을 행하였으므로 세 용사 중에 이름을 얻고 삼십 명보다 존귀하나 그러나 세 사람에게는 미치지 못하였더라 다윗이 그를 세워 시위대 대장을 삼았더라

브나야는 레위 사람으로서 제사장인 여호야다의 아들이었습니다. 그의 이름이 '여호와께서 세우셨다' 또는 '여호와는 총명하시다'라는 뜻과 같이 그는 참으로 아름답게 살려고 노력했던 사람입니다. 때문에 하나님의 일에 귀하게 쓰임 받았습니다. 그의 조상들 또한 이스라엘 역사에 지대한 공을 세운 사람들이었습니다. 다시 말하면 그는 제사장의 가정에서 태어나 신앙으로 잘 양육 받은 귀한 일꾼이었습니다. 그러므로 우리들도 이유 여하를 막론하고 자녀들에게 좋은 가정의 분위기를 만들어 주어야 하고 우리들도 아름답게 사용되어야겠습니다.

1. 믿음의 사람

첫째로 하나님 중심의 사람이었습니다.

나단 선지자를 통하여 아도니야의 왕권 찬탈에 대한 음모가 있음을 알게 된 다윗이 제사장 사독과 선지자 나단과 여호야다의 아들 브나야를 불러 모아놓고 "...너희는 너희 주의 신하들을 데리고 내 아들 솔로몬을 내 노새에 태

우고 기혼으로 인도하여 내려가고 거기서 제사장 사독과 선지자 나단은 그에게 기름을 부어 이스라엘 왕으로 삼고 너희는 뿔나팔을 불며 솔로몬 왕은 만세수를 하옵소서 하고 그를 따라 올라오라 그가 와서 내 왕위에 앉아 나를 대신하여 왕이 되리라 내가 그를 세워 이스라엘과 유다의 통치자로 지명하였느니라"(왕상 1:33-35)로 했습니다. 이것은 바로 다윗이 솔로몬이 자신의 후계자임을 공식적으로 언급한 것으로서 아도니아의 불법성을 지적한 것입니다. 이에 브나야는 "…아멘 내 주 왕의 하나님 여호와께서도 이렇게 말씀하시기를 원하오며 또 여호와께서 내 주 왕과 함께 계심 같이 솔로몬과 함께 계셔서 그의 왕위를 내 주 다윗 왕의 왕위보다 더 크게 하시기를 원하나이다"(왕상 1:36,37)라고 하나님의 뜻을 구했습니다. 이것은 바로 그가 솔로몬의 왕위 계승이 하나님의 뜻에 이루어지기를 간절히 소원한 것입니다. 다시 말하면 그는 철저한 하나님 중심의 신앙인이었습니다.

둘째로 순종의 사람이었습니다.
다윗의 넷째 아들인 아도니아가 자신의 왕위를 잇고자 다윗의 군대장관인 요압과 제사장 아비아달의 성원을 얻어 반란을 일으킴으로 나라의 기강이 완전히 흐트러지게 되었습니다. 한때 다윗의 측근으로서 그렇게 충성했던 자들이 하루 아침에 노쇠한 다윗 왕을 배반하고 아도니아의 역적모의에 가담한 것입니다. 다시 말하면 요압과 아비아달이 차기 대권을 차지할 가능성이 높은 아도니아에게 정치적으로 재빠르게 아도니아에게 줄을 선 것입니다. 때문에 다윗은 흐트러진 나라의 기강을 바로 잡고자 아도니아의 음모에 가담하지 아니한 자들과 함께 곧바로 솔로몬의 대관식을 추진했습니다. 이에 브나야는 시기적으로나 정황적으로 볼 때에 다윗과 자신이 매우 불리한 처지에 있었음에도 불구하고 조금도 지체하지 않고 곧바로 다윗의 뜻과 명령에 "아멘"으로 순종했습니다(왕상 1:36). 그렇습니다. 하나님께서는 순종하는 아브라함을 믿음의 조상으로 삼았습니다. 순종하는 모세로 하여금 이스라엘 민족을 출애굽 시켰습니다. 순종하는 여호수아를 통해 요단 강을 건너 가나안을 정복케 하셨습니다. 하나님께서는 나아만 장군이 자신의 생각을 포기하고 순종했을 때에 그의 나병을 치료하시고 건강케 하셨습니다. 그 동안 터득했던 자신의 지식과 경험을 포기하고 순종한 베드로에게 물질을 풍성케 하셨습니다. 상식을 초월한 제자들의 순종으로 가나 혼인잔치 집의 문제를 해결해 주셨습니다. 한마디로 하나님께서는 언제나 순종하는 자를 사용하십니다.

셋째로 의리의 사람이었습니다.
아도니야가 반란을 일으킬 때에 아버지 다윗과 솔로몬의 사람이라고 생각되는 제사장 사독과 선지자 나단과 용사인 브나야를 제외하고는 다윗 왕의 주요한 심복들과 모든 동생들을 초청하여 자신의 반란에 가담시키려고 했습니다. 그러나 브나야는 조금도 흔들림이 없이 다윗 왕께 대한 신하로서의 의리를 아주 견고하게 지켰습니다.

사랑하는 여러분!
우리들도 이유 여하를 막론하고 하나님 중심적인 사람이 됩시다. 또한 언제나 하나님의 말씀에 아멘으로 순종합시다. 그리고 어제나 오늘이나 영원토록 변함없는 의리의 사람들이 되시기 바랍니다.

2. 순수한 사람

첫째로 시류에 편승하지 않았습니다.
아도니야가 다윗 왕의 왕위를 빼앗기 위해 반란을 꾀할 당시에는 다윗의 나이가 많아 기력이 쇠한 상태였습니다. 그러므로 아도니야의 반란은 아주 좋은 시기였고 더욱 큰 힘을 얻게 되었던 것입니다. 때문에 그러한 시류에 편승한 다윗의 군대장관인 요압이 그와 합세했고 제사장 아비아달이 그를 성원했던 것입니다. 뿐만 아니라 아도니야의 형제들과 백성들까지도 아도니야를 지지했던 것입니다. 그래서 아도니야가 이미 왕처럼 행세한 것입니다. 그러므로 누가 보든지 아도니야의 성공이 이미 확정된 상황이었습니다. 그러나 브나야는 그러한 시류에 편승하지 않고 시들어 가는 다윗과 같이 했습니다. 한마디로 시류에 편승하지 않고 묵묵히 자기의 길을 가는 참으로 순수한 사람이었습니다.

   둘째로 오직 하나님만 바랐습니다.

  아도니야가 일으킨 반란군들의 세력은 무섭게 늘어갔습니다. 그동안 다윗에게 충성했던 요압을 비롯한 신하들이 모두 다 다윗을 배반하고 아도니야에게 옮겨갔습니다. 제사장 아비아달까지 아도니야를 지지하고 성원했습니다. 백성들이 이미 아도니야를 왕으로 지지하고 따랐습니다. 한마디로 이미 다 성공한 반란이었습니다. 그러므로 다른 사람 같으면 아도니야를 지지하고 따라야 할 것인지 아니면 다윗의 일행과 같이 죽는 한이 있더라도 끝까지 같이할 것인지 여러 가지로 인간적인 갈등을 많이 했을 것입니다. 그러나 브나야는 그런 것으로 인해서 흔들리거나 어떤 유혹도 받지 않았습니다. 한마디로 인간적인 갈등을 전혀 하지 않았습니다. 오직 천지만물을 지으시고 인류의 역사를 홀로 주장하시는 전능하신 하나님만 믿고 따랐습니다. 이 세상의 그 무엇과도 타협할 줄 모르는 참으로 순수한 하나님의 사람이었습니다. 특별히 변질된 자들이 많은 이 시대에는 이러한 사람이 더욱 요구됩니다.

   셋째로 어떤 대가를 생각하지 않았습니다.

사람들은 대부분이 자신이 그 어떤 일을 하게 되면 반드시 그에 대한 대가를 기대하고 바랍니다. 그러나 브나야는 오직 하나님 중심적인 신앙으로 살았으며 왕과 신하로서의 의리를 견고하게 지켰습니다. 자신의 충성에 대해 그 어떤 대가도 요구하지 않았습니다. 오직 순수하게 자신의 책임과 의무를 다 했을 뿐입니다. 참으로 때묻지 않은 순수한 하나님의 일꾼이었습니다.

사랑하는 여러분!
우리들도 이 세상의 시류에 편승하는 불행한 일이 없어야겠습니다. 또한 오직 하나님만 믿고 그분만 따라가야겠습니다. 그리고 그 어떤 대가를 바라고 무슨 일을 하는 것이 아니라 순수하게 자신의 사명을 기쁨으로 감당하는 멋진 삶을 살아야겠습니다.

3. 충성된 사람

첫째로 끝까지 충성했습니다.
브나야는 다윗이 사울에게 쫓기던 때부터 다윗의 용사로 선택되어 무수한 고난과 죽을 고비를 수없이 넘겼지만 조금도 흔들림이 없이 다윗이 마지막 숨을 거두는 그 순간까지 그의 곁을 떠나지 않고 변함없이 충성했습니다. 어느 누구든지 한두 번이나 잠깐 동안은 충성할 수 있습니다. 그러나 다윗과 같이 왕에게 쫓기는 자로서 언제 죽을 줄 모르는 자와 함께 하면서 변함 없이 충성한다는 것은 결코 쉬운 일이 아닙니다. 그런데 브나야는 다윗이 사울 왕의 칼에 언제 죽을지 모르는 가장 어려운 때에도 변함 없이 그와 함께 하면서 죽을 때까지 충성했습니다. 그렇습니다. 충성의 원칙은 바로 끝까지 하는 것입니다. 그러므로 우리들도 브나야처럼 우리의 생명이 다하는 그 시간까지 우리 하나님께 변함 없는 충성을 다해야겠습니다. 이것이 바로 참된 충성입니다.

둘째로 이스라엘의 원수를 타파했습니다.

브나야는 원수인 모압 아리엘의 아들 둘을 죽였고 눈 올 때에 함정에 내려가서 사자 한 마리를 죽였으며 또한 장대한 애굽 사람을 죽였습니다(삼하 23:20,21). 그런데 이 모두는 다 하나님 나라 건설을 방해하는 자들로서 이스라엘의 원수였습니다. 다시 말하면 브나야가 이스라엘의 원수들을 다 죽인 것입니다. 여기에서 우리는 그의 담대한 믿음과 용감성이 얼마나 뛰어났는지를 알 수 있습니다. 그렇습니다. 우리들의 싸움의 대상도 하나님 나라 건설을 방해하는 모든 자들입니다(엡 6:12). 그러므로 우리들도 하나님 나라를 확장하는 전도사역을 반대하고 교회를 괴롭히는 악한 세력들을 타파하기 위해 예수님의 이름으로 과감하게 맞서야 합니다.

셋째로 계속 쓰임 받았습니다.

다윗이 죽을 때까지 충성한 브나야는 다윗을 이어 왕이 된 솔로몬에게도 신임을 받아 요압 대신 군대 장관이 되어 반역자 아도니야와 요압 그리고 시므이 등 다윗을 반역했던 자들을 단호하게 처단했습니다. 그렇습니다. 충성된 일꾼은 시대와 상황을 타지 않습니다. 우리들도 시대와 상황에 관계없이 우리의 목숨이 다하는 그 시간까지 귀하게 쓰임 받는 일꾼들이 되어야겠습니다.

사랑하는 여러분!

우리들도 변함 없이 끝까지 충성하는 사람들이 됩시다. 또한 우리들의 원수들을 과감하게 타파하는 불굴의 용기를 가집시다. 그리고 시대를 초월하여 계속 쓰임 받는 멋진 일꾼들이 되시기 바랍니다.

 # 비느하스

[민 25:10-15]

여호와께서 모세에게 말씀하여 이르시되 제사장 아론의 손자 엘르아살의 아들 비느하스가 내 질투심으로 질투하여 이스라엘 자손 중에서 내 노를 돌이켜서 내 질투심으로 그들을 소멸하지 않게 하였도다 그러므로 말하라 내가 그에게 내 평화의 언약을 주리니 그와 그의 후손에게 영원한 제사장 직분의 언약이라 그가 그의 하나님을 위하여 질투하여 이스라엘 자손을 속죄하였음이니라 죽임을 당한 이스라엘 남자 곧 미디안 여인과 함께 죽임을 당한 자의 이름은 시므리니 살루의 아들이요 시므온인의 조상의 가문 중 한 지도자이며 죽임을 당한 미디안 여인의 이름은 고스비이니 수르의 딸이라 수르는 미디안 백성의 한 조상의 가문의 수령이었더라

> 이 세상은 지금 이 시간에도 우리의 원수 사탄이 우리들을 유혹하여 범죄하고 실족케 하기 위해 호시탐탐 엿보고 있습니다. 하나님의 백성으로 선택받은 이스라엘도 모압 족속과 미디안 족속의 유혹으로 말미암아 범죄하고 타락하여 하나님의 징계를 받아 많은 사람들이 염병으로 죽게 되는 아픔을 당했습니다. 그러나 하나님의 사람 비느하스로 말미암아 원수들을 무찌르고 승리의 영광을 얻게 되었습니다. 우리들도 늘 경성하여 원수 마귀를 무찌르고 내가 속한 가정과 교회, 이 사회를 승리케 하는 멋진 삶을 살아야겠습니다.

1. 이스라엘의 범죄

첫째로 모압 여인들의 유혹에 넘어갔습니다.

모세의 영도 아래 출애굽 한 이스라엘이 가데스에 이르러서 보다 빠른 지름길로 가기 위해 에돔 왕 발락에게 에돔 땅을 통과하게 해달라고 요청했으

나 거절 당했습니다. 그러나 발락은 주변국들을 계속 정복하고 진군하는 이스라엘을 두려워하여 점술가인 발람을 초청하여 이스라엘을 저주하도록 주문했습니다. 그렇지만 하나님께서는 모압 왕 발락의 그러한 모든 시도들을 헛되게 하시고 오히려 이스라엘을 크게 축복하셨습니다. 이에 실패한 발람은 발락에게 이스라엘을 저주하려는 방법 대신 모압의 여인들로 하여금 모압 평지 싯딤에 있는 이스라엘 백성을 유혹하여 범죄케 하여 그들의 진영을 혼란하게 하라고 조언했습니다. 모압의 여인들로 하여금 이스라엘 사람들을 유혹하여 음행하게 하고 바알 우상을 섬기도록 했습니다. 이에 이스라엘 백성들은 모압 여인들의 유혹을 받아 그들과 음행하고 바알 우상을 섬겼습니다(민 25:1-3). 이스라엘은 그동안 자신들을 애굽에서 구원하시고 인도해 주신 하나님을 거역하고 우상을 섬기는 무서운 죄를 범한 것이었습니다.

둘째로 여호와께서 진노하셨습니다.

여호와께서는 모압 여인들의 유혹을 받아 그들과 음행하고 바알에게 부속된 이스라엘 백성들에게 진노의 채찍을 내리시기로 작정하시고 모세에게 "백성의 수령들을 잡아 태양을 향하여 여호와 앞에 목매어 달라 그리하면 여호와의 진노가 이스라엘에게서 떠나리라"(민 25:4)고 하셨습니다. 모압 여인들과 음행하고 바알 우상을 섬긴 이스라엘 백성들 중 평민들은 단순히 염병에 의해 죽임을 당했으나(민 25:8), 백성들의 지도자인 수령들은 교수대에서 공개적으로 처형되었습니다. 왜냐하면 지도자들의 행실이 백성들에게 미치는 영향이 크기 때문에 엄중한 처벌을 가 한 것입니다. 그렇습니다. 우리들이 그 어떤 일이든지 자유의 의지에 따라서 행할 수 있습니다. 그러나 그 일의 결과에 대해 반드시 자신이 책임을 져야 합니다.

셋째로 비느하스가 분노했습니다.

하나님을 거역하고 범죄한 이스라엘에 대한 하나님의 진노에 의해 이스라엘 진중에는 염병이 들어 백성들이 죽어가고 있었습니다. 때문에 이스라엘의 온 회중들이 회막 문 앞에 모여서 울고 있었습니다. 그런데 이스라엘의 한 남자가 그것도 모르고 음행하기 위해 미디안 여자를 데리고 모세와 이스라엘의 회중 앞에 나타났습니다(민 25:6). 이에 제사장 아론의 손자요, 엘르아살의 아들인 비느하스가 분노를 느껴 자리를 박차고 일어나 창으로 이스라엘 남자와 그 여인의 배를 뚫어서 죽였습니다. 바로 그제야 이스라엘 백성들을 이만 사천 명이나 병들어 죽게 했던 염병이 그쳤습니다(민 25:8). 그리고 여호와께서는 모세에게 "제사장 아론의 손자 엘르아살의 아들 비느하스가 내 질투심으로 질투하여 이스라엘 자손 중에서 내 노를 돌이켜서 내 질투심으로 그들을 소멸하지 않게 하였도다"(민 25:11)라고 말씀하셨습니다. 바로 비느하스의 거룩한 분노를 하나님께서 기쁘시게 받으신 것입니다.

사랑하는 여러분!
사탄은 이 모양 저 모양으로 끊임없이 우리들을 유혹합니다. 그러므로 조금도 방심해서는 안 됩니다. 또한 우리들은 그 어떤 이유로도 세상과 짝할 수 없으며 우상을 숭배하는 불행한 일이 있어서는 절대로 안 됩니다. 그리고 우리 모두는 오직 하나님의 뜻대로만 살아야 합니다.

2. 비느하스에게 주신 언약

첫째로 평화의 언약을 주셨습니다.
하나님께서는 이스라엘의 한 남자가 음행하기 위해 미디안 여자를 데리고 모세와 온 회중 앞에 나타났을 때에 분노를 느껴 그들을 창으로 찔러 죽인 비느하스에게 평화의 언약을 주셨습니다. 이 언약은 비느하스가 하나님의 진노를 풀어 드렸기 때문에 이스라엘의 범죄로 인해 하나님과 이스라엘 관계에서 깨져 버린 평화가 다시 회복될 것이라는 것입니다. 이스라엘의 남자들이 모압 여인들과 음행하고 바알을 숭배함으로 내려졌던 염병으로 인한 재앙은 그 어떤 것으로서 해결할 수가 없었습니다. 비느하스가 두 사람의 남녀를 죽이고 나서야 비로소 해결되었습니다.

둘째로 제사장 직분의 언약이었습니다.

하나님께서는 당신의 분노를 풀어드린 공로로 비느하스와 그 후손에게 제사장 직분을 약속하셨습니다(민 25:13). 비느하스는 제사장 족속인 아론의 손자요, 엘르아살의 아들이기 때문에 그는 태어나면서부터 이미 제사장의 직분을 보장받은 사람이었습니다. 그런데 하나님께서는 그와 그 후손에게 제사장 직분을 약속해 주신다고 하셨습니다. 이에 하나님께서는 "…비느하스가 내 질투심으로 질투하여 이스라엘 자손 중에서 내 노를 돌이켜서…그들을 소멸하지 않게 하였도다"(민 25:11)라고 하셨습니다. 그렇습니다. 제사장의 후손으로 태어났다고 해서 다 하나님이 인정하시는 제사장이 될 수 없습니다(삼상 2:22-25). 그러나 비느하스는 반드시 하나님이 인정하시는 제사장이 되게 하시겠다는 약속인 것입니다.

셋째로 후손에게 주신 복입니다.

하나님의 언약대로 비느하스는 아버지 엘르아살의 뒤를 이어 20여 년 동안 이스라엘의 제사장으로서 맡은 바 사명에 최선을 다했습니다. 감사한 것은 그러한 제사장의 복이 비느하스에게만 국한 된 것이 아니라 그의 후손에게까지도 제사장 직분을 약속하셨습니다(민 25:13上). 그렇습니다. 하나님께서는 당신의 뜻대로 살면서 맡은 바 사명을 충성되이 감당하는 자들에게는 천대까지 그 언약을 이행하신다고 말씀하셨습니다(신 7:9). 때문에 하나님께서 비느하스에게 약속하신 대로 이스라엘의 제사장 직분은 그의 후손들에게 계속 되었습니다.

사랑하는 여러분!
우리들은 화평케 하는 직분을 받은 자들입니다. 이 직분을 잘 감당합시다. 또한 우리들도 생명이 다하는 그 날까지 변함없이 쓰임 받는 사람이 됩시다. 그리고 우리 때문에 후손이 잘 되는 복된 자들이 되시기 바랍니다.

3. 이스라엘의 미디안 정복

첫째로 하나님의 명령이었습니다.
하나님께서는 모세에게 "이스라엘 자손의 원수를 미디안에게 갚으라..."(민 31:2)고 하셨습니다. 미디안은 이스라엘이 모압 평지의 싯딤에서 요단강 도하를 준비할 때에 모압 사람들과 함께 계략을 꾸미며 이스라엘을 파멸케 하는 일에 앞장섰던 사람들이었습니다. 다시 말하면 모압 여인들이 이스라엘 남자들을 유혹하여 음행하고 그들로 하여금 바알을 섬기도록 주도한 것이 모두가 다 모압 왕 발락과 점술가 발람 그리고 미디안 족속들이 합작하여 꾀한 것이었습니다. 때문에 하나님께서 이스라엘이 가나안 땅에 들어가기 전에 미디안을 철저하게 진멸하도록 명령하신 것입니다. 그렇습니다. 누구든지 하나님의 백성을 유혹하여 범죄하도록 하고 괴롭히는 자들은 하나님께서 반드시 벌하신다는 사실을 기억해야 합니다.

둘째로 비느하스가 전쟁을 수행했습니다.
하나님께서는 비느하스를 선택하시고 세우셔서 미디안을 정복하도록 명령하시고(민 31:6), 전쟁에 대한 구체적인 전략까지도 모두 다 가르쳐 주셨습니다. 그것은 바로 먼저 이스라엘 각 지파에서 천 명씩 만 이천 명이 출전하라고 하셨습니다. 이것은 아주 소수의 군대로서 인간의 힘보다는 전능하신 하나님을 의지하는 신앙을 원하셨기 때문입니다. 또한 성소의 기구와 신호 나팔을 가지고 가도록 하셨습니다. 이와 같은 군대의 무장과 전술은 일반 군대의 상식으로는 도저히 생각할 수 없는 것입니다. 그러나 비느하스는 하나님께서 명령하신 대로 순종했습니다. 그렇습니다. 전쟁의 승패는 하나님께 달려있습니다. 때문에 비느하스도 하나님께서 명령하신 대로 무조건 순종한 것입니다.

셋째로 전쟁에서 완승을 거두었습니다.

비느하스는 하나님께서 명령하신 대로 성소 기구를 메고 신호 나팔을 앞세우고 미디안과의 전쟁에 참여하여 완승을 거두었습니다. 그것은 바로 비느하스가 자신의 생각을 버리고 하나님께서 명령하신 대로 절대 복종했기 때문이었습니다. 만 이천 명의 군사는 거대한 미디안 병력과 맞서기에는 턱없이 작은 수였습니다. 또한 성소 기구를 메고 신호 나팔을 앞세우고 전쟁에 임한다는 것은 상상할 수도 없는 일이었습니다. 그러나 비느하스는 그대로 순종했습니다. 때문에 그는 하나님의 도우심으로 미디안 족속의 다섯 왕들을 모두 다 죽이고 미디안의 성읍과 촌락을 모두 다 불살랐습니다. 한마디로 미디안을 완전하게 진멸시켰습니다.

사랑하는 여러분!

우리 모두 하나님의 명령에 절대 복종합시다. 또한 하나님께서 지시하시는 대로만 삽시다. 그리하여 때마다 일마다 완전히 승리하는 능력 있는 삶을 사시기 바랍니다.

사드락 · 메삭 · 아벳느고

[단 3:10-18]

왕이여 왕이 명령을 내리사 모든 사람이 나팔과 피리와 수금과 삼현금과 양금과 생황과 및 모든 악기 소리를 듣거든 엎드려 금 신상에게 절할 것이라 누구든지 엎드려 절하지 아니하는 자는 맹렬히 타는 풀무불 가운데에 던져 넣음을 당하리라 하지 아니하셨나이까 이제 몇 유다 사람 사드락과 메삭과 아벳느고는 왕이 세워 바벨론 지방을 다스리게 하신 자이거늘 왕이여 이 사람들이 왕을 높이지 아니하며 왕의 신들을 섬기지 아니하며 왕이 세우신 금 신상에게 절하지 아니하나이다 느부갓네살 왕이 노하고 분하여 사드락과 메삭과 아벳느고를 끌어오라 말하매 드디어 그 사람들을 왕의 앞으로 끌어온지라 느부갓네살이 그들에게 물어 이르되 사드락, 메삭, 아벳느고야 너희가 내 신을 섬기지 아니하며 내가 세운 금 신상에게 절하지 아니한다 하니 사실이냐 이제라도 너희가 준비하였다가 나팔과 피리와 수금과 삼현금과 양금과 생황과 및 모든 악기 소리를 들을 때 내가 만든 신상 앞에 엎드려 절하면 좋거니와 너희가 만일 절하지 아니하면 즉시 너희를 맹렬히 타는 풀무불 가운데에 던져 넣을 것이니 능히 너희를 내 손에서 건져낼 신이 누구이겠느냐 하니 사드락과 메삭과 아벳느고가 왕에게 대답하여 이르되 느부갓네살이여 우리가 이 일에 대하여 왕에게 대답할 필요가 없나이다 왕이여 우리가 섬기는 하나님이 계시다면 우리를 맹렬히 타는 풀무불 가운데에서 능히 건져내시겠고 왕의 손에서도 건져내시리이다 그렇게 하지 아니하실지라도 왕이여 우리가 왕의 신들을 섬기지도 아니하고 왕이 세우신 금 신상에게 절하지도 아니할 줄을 아옵소서

하나냐와 미사엘과 아사랴가 다니엘과 함께 바벨론에 포로로 잡혀가 왕의 진미와 포도주의 유혹을 물리치고 믿음의 승리를 이루었습니다. 이에 환관장은 하나냐, 미사엘, 아사랴를 사드락, 메삭, 아벳느고라고 개명해주었고 느부갓네살왕의 국정자문위원이 되었습니다. 그리고 느부갓네살왕의 꿈을 해석하고 바벨론 왕 다

음의 최고직에 오른 다니엘이 왕께 간청하여 그들을 바벨론 지방의 일을 맡는 고위직까지 얻게 되었습니다. 그런데 뜻하지 않게도 어느 날 느부갓네살왕이 세운 금 신상에 절하도록 강요받게 되었습니다. 그러나 그들은 죽음을 불사한 믿음으로 거절하고 믿음의 승리를 이루었습니다.

1. 느부갓네살왕의 금 신상

첫째로 느부갓네살왕이 금 신상 숭배를 명령했습니다.

느부갓네살왕은 자신의 명성을 높이기 위해서 바벨론 도의 두라 평지에 고가 육십 규빗이요 광이 여섯 규빗인 거대한 금 신상을 건립하고 전국에 있는 모든 관원들에게 자신이 세운 금 신상의 낙성식에 참여토록 명령했습니다(단 3:1, 2). 그 중에는 바벨론 지방을 다스리도록 명령받은 사드락, 메삭, 아벳느고도 포함되어 있었습니다(단 2:49). 느부갓네살은 금 신상의 낙성식에 참여한 모든 사람들을 모두다 금 신상 앞에 세워놓고 악사들이 악기를 연주할 때에 악기소리가 울려 퍼지면 그 소리에 맞춰 다 함께 금 신상에게 절하도록 했습니다(단 3:5). 그리고 만약에 이 금 신상에 절하지 않는 자가 있다고 하면 그를 즉시 맹렬히 타는 풀무 불에 던져 넣겠다고 했습니다(단 3:4-6). 이러한 명령은 당시 절대권력을 가진 느부갓네살왕의 명령이었기 때문에 어느 누구도 거절할 수 없는 절대적인 명령이었습니다.

둘째로 모든 자들이 다 금 신상에게 절했습니다.

느부갓네살의 명령에 따라 느부갓네살의 금 신상 앞에 모인 관원들은 모두가 다 악사들이 연주하는 악기 소리가 울려 퍼질 때에 느부갓네살의 금 신상에게 엎드리어 절했습니다. 느부갓네살왕은 만약에 금 신상 앞에 절하지 않는 자가 있다고 하면 맹렬히 타는 풀무 불에 던져 넣겠다고 했습니다(단 3:6). 때문에 이러한 엄한 명령을 거역할 수 있는 자는 하나도 없었습니다. 이것은 바로 느부갓네살이 전 백성들이 우상을 숭배하도록 하기 위해 강압정책을 쓴 것이었습니다. 이 사건을 통해서 우리가 얻을 수 있는 교훈은 사탄의 손에 붙잡혀 있는 죄인들의 비참한 실상을 상상해 볼 수 있습니다. 또한 앞으로 적그리스도의 위협으로 인해 수많은 사람들이 신앙을 버리고 사탄에게 굴복하게 될 것이라는 사실도 짐작 할 수 있었습니다.

　셋째로 세 사람이 절하기를 거절했습니다.
　느부갓네살왕의 엄한 명령에 의해 온 나라가 다 금 신상에게 절했습니다(단 3:7). 그러나 사드락, 메삭, 아벳느고는 금 신상에게 절하지 아니한 자는 맹렬히 타는 용광로에 던져 넣겠다는 왕의 엄한 명령에도 불구하고 느부갓네살왕의 금 신상에게 절하지 않았습니다. 참으로 담대한 신앙인들이었습니다. 이에 갈대아 사람들이 느부갓네살왕에게 "유다 사람 사드락과 메삭과 아벳느고는 왕이 세워 바벨론 지방을 다스리게 하신 자이거늘 왕이여 이 사람들이 왕을 높이지 아니하며 왕의 신들을 섬기지 아니하며 왕이 세우신 금 신상에게 절하지 아니하나이다"(단 3:12)라고 참소했습니다.

　사랑하는 성도 여러분!
　이 세상에는 너무나도 많은 우상들이 있습니다 어떤 사람은 지위와 권세, 명예와 부가 우상입니다. 어떤 사람은 세상적인 쾌락이 우상입니다. 어떤 사람은 자식이 우상입니다. 그러나 우리 모두는 이유 여하를 막론하고 오직 하나님만 섬기고 경외하는 참 믿음의 소유자들이 되어야겠습니다.

2. 흔들리지 않은 세 사람의 믿음

　첫째로 느부갓네살이 분노했습니다.
　사드락, 메삭, 아벳느고가 자신이 만든 금 신상에게 절하지 않았다는 참소를 받은 느부갓네살왕은 심히 분노하여 사드락, 메삭, 아벳느고를 자기에게

끌고 오게 한 다음 "...사드락, 메삭, 아벳느고야 너희가 내 신을 섬기지 아니하며 내가 세운 금 신상에게 절하지 아니한다 하니 사실이냐"(단 3:14)고 사실 확인을 위해 심문했습니다. 왜냐하면 느부갓네살왕으로서는 사드락, 메삭, 아벳느고가 그토록 무서운 칙명을 내렸음에도 불구하고 금 신상에게 절하지 않았다는 것을 이해할 수 없었기 때문입니다. 그렇습니다. 우리 성도들이 하나님을 믿는 것을 불신자들은 이해하지 못합니다. 우리가 왜 우상을 숭배하지 않는 줄도 모릅니다. 그러므로 우리들은 때를 얻든지 못 얻든지 열심히 복음을 전파하여 이 세상 사람들로 하여금 우상 숭배가 하나님 앞에 큰 죄라는 사실을 깨닫게 해야겠습니다.

둘째로 세 사람에게 절할 것을 강요했습니다.
사드락, 메삭, 아벳느고가 자신이 세운 금 신상에게 절하지 않은 것을 친히 확인한 느부갓네살은 "이제라도 너희가 준비하였다가 나팔과 피리와 수금과 삼현금과 양금과 생황과 및 모든 악기 소리를 들을 때 내가 만든 신상 앞에 엎드려 절하면 좋거니와 너희가 만일 절하지 아니하면 즉시 너희를 맹렬히 타는 풀무불 가운데에 던져 넣을 것이니 능히 너희를 내 손에서 건져낼 신이 누구이겠느냐"(단 3:15)라고 금 신상에게 절할 것을 강요했습니다.

셋째로 세 사람은 죽음을 불사했습니다.
자신의 금 신상에게 절하지 아니하면 가차없이 풀무 불에 던져 죽이겠다는 느부갓네살의 무서운 위협에도 불구하고 사드락, 메삭, 아벳느고의 신앙과 결단, 의지는 아주 확고부동했습니다. 그들은 "...느부갓네살이여 우리가 이 일에 대하여 왕에게 대답할 필요가 없나이다 왕이여 우리가 섬기는 하나님이 계시다면 우리를 맹렬히 타는 풀무불 가운데에서 능히 건져내시겠고 왕의 손에서도 건져내시리이다 그렇게 아니 하실지라도 왕이여 우리가 왕의 신들을 섬기지도 아니하고 왕의 세우신 금 신상에게 절하지도 아니할 줄을 아옵소서"(단 3:16-18)라고 아주 단호하게 거절했습니다. 맹렬히 타는 풀무 불에 던져 넣어 태워 죽이겠다는 느부갓네살의 위협에도 불구하고 그들의 신앙은 아주 확고부동했습니다.

사랑하는 성도 여러분!
우리 모두는 오직 하나님만 섬깁시다. 또한 이 세상의 그 어떤 위협이나 협박에도 두려워하지 말고 믿음을 지킵시다. 그리고 사나 죽으나 우리를 위해 피 흘리신 주님만을 믿고 섬기는 견고한 신앙인들이 되시기 바랍니다.

3. 세 사람을 구원하시는 하나님

첫째로 세 사람은 풀무 불에 던져졌습니다.
느부갓네살왕은 자신이 세운 금 신상에게 절하도록 직접 권고했음에도 불구하고 사드락, 메삭, 아벳느고가 듣지 않고 죽음을 불사하고 절하지 않겠다는 확고한 태도를 보인 것에 대해 분이 가득하여 풀무 불을 평상시보다 일곱 배나 더 뜨겁게 했습니다. 그리고 군사 중에서 용사 몇 사람을 선발하여 세 사람을 결박시켜서 맹렬히 타는 풀무 가운데 던지도록 명령했습니다. 그런데 그 풀무 불이 너무나도 뜨거워서 세 사람을 풀무 불에 던져 넣으려던 병사들은 모두 다 불타죽었습니다(단 3:19-23). 그런데 옷 입은 채로 결박되어 불 속에 던져진 사드락과 메삭, 아벳느고는 어떻게 되었겠습니까? 상상만 해도 끔찍하고 소름이 끼칩니다.

둘째로 전능하신 하나님께서 지켜주셨습니다.
사드락, 메삭, 아벳느고를 결박하여 풀무 불 속에 던지게 한 느부갓네살이 그들이 불에 타 죽는 것을 보려고 가만히 풀무 불 속을 들여다보았습니다. 그런데 이것이 웬일입니까? 분명히 세 사람인 사드락, 메삭, 아벳느고를 결박하여 풀무 불에 던졌는데 왕이 보니 결박되지 아니한 네 사람이 타지도 않고 돌아다니고 있었습니다(단 3:25). 특히 풀무 불 속에 있는 넷째의 모습은 신의 아들과 같았습니다(단 3:25). 이것은 바로 전능하신 우리 하나님께서 당신이 부리시는 천사를 풀무 불 속에 보내셔서 풀무 불의 위협에도 굴하지 않고 믿음을 지킨 당신의 백성인 사드락, 메삭, 아벳느고를 지켜주신 것입니다. 그렇습니다. 우리 하나님께서는 언제나 이렇게 당신을 사랑하는 자녀들을 이 세상 사람들이 상상할 수 없는 놀라운 기사와 이적으로 지켜주십니다.

셋째로 느부갓네살이 세 사람을 높였습니다.
하나님께서 풀무 불 속에서도 사드락, 메삭, 아벳느고를 지켜주시는 것을 본 느부갓네살이 "...지극히 높으신 하나님의 종 사드락, 메삭, 아벳느고야 나와서 이리로 오라..."(단 3:26)고 부르자 그들이 불 가운데서 나왔습니다. 그런데 사드락, 메삭, 아벳느고의 옷은 물론 머리털 하나도 그을리거나 타지 않았습니다. 이에 느부갓네살은 "사드락과 메삭과 아벳느고의 하나님을 찬송할지로다 그가 그의 천사를 보내사 자기를 의뢰하고 그들의 몸을 바쳐 왕의 명령을 거역하고 그 하나님 밖에는 다른 신을 섬기지 아니하며 그에게 절하지 아니한 종들을 구원하셨도다"(단 3:28)라고 하나님의 은혜를 찬양하고 전국에 조서를 내려 사드락, 메삭, 아벳느고가 섬기는 하나님을 경솔히 말하는 자들은 그 몸을 쪼개고 그 집으로 거름터를 삼겠다고 했습니다. 그러면서 그는 사람을 구원할 수 있는 신은 하나님밖에 없음을 고백했습니다(단 3:29). 그리고 그는 사드락, 메삭, 아벳느고를 바벨론 도에서 더욱 높였습니다.

사랑하는 성도 여러분!
우리 모두는 이 세상에서의 그 어떠한 고난도 두려워하지 맙시다. 전능하신 우리 하나님께서 지키시고 구원해 주실 것입니다. 또한 구원받은 우리들을 통해서 영광 받으시기를 원하십니다. 그리고 우리들을 지금보다 훨씬 더 큰 복으로 함께 하실 것입니다.

# 사 라

[창 17:1-8]

아브람이 구십구 세 때에 여호와께서 아브람에게 나타나서 그에게 이르시되 나는 전능한 하나님이라 너는 내 앞에서 행하여 완전하라 내가 내 언약을 나와 너 사이에 두어 너를 크게 번성하게 하리라 하시니 아브람이 엎드렸더니 하나님이 또 그에게 말씀하여 이르시되 보라 내 언약이 너와 함께 있으니 너는 여러 민족의 아버지가 될지라 이제 후로는 네 이름을 아브람이라 하지 아니하고 1) 아브라함이라 하리니 이는 내가 너를 여러 민족의 아버지가 되게 함이니라 내가 너로 심히 번성하게 하리니 내가 네게서 민족들이 나게 하며 왕들이 네게로부터 나오리라 내가 내 언약을 나와 너 및 네 대대 후손 사이에 세워서 영원한 언약을 삼고 너와 네 후손의 하나님이 되리라 내가 너와 네 후손에게 네가 거류하는 이 땅 곧 가나안 온 땅을 주어 영원한 기업이 되게 하고 나는 그들의 하나님이 되리라

> 사라는 아브라함보다 열 살 연하로서 아브라함과는 이복 남매지간이었습니다. 당시에는 결혼대상자가 많지 않았기 때문에 친척끼리 결혼하는 것은 아주 흔한 일이었습니다. 또한 고대 중동지역에서는 재산 유출을 막기 위해서 친척끼리 결혼하는 관습이 있었습니다. 그러나 성경에서 친남매끼리 결혼한 예가 없기 때문에 사라는 아마도 그의 어머니가 데라의 후처로 들어올 때에 데려왔을 가능성도 배제할 수 없습니다.

1. 좋은 아내

첫째로 남편의 뜻을 따랐습니다.

하나님께서 아브람에게 "너는 너의 고향과 친척과 아버지의 집을 떠나 내가 네게 보여줄 땅으로 가라 내가 너로 큰 민족을 이루고 네게 복을 주어 네

이름을 창대하게 하리니 너는 복이 될지라"(창 12:1,2)고 갈대아 우르를 떠날 것을 명령하셨습니다. 갈대아 우르에서 가나안까지는 약 900㎞나 되는 먼 곳으로서 아주 낯선 땅입니다. 당시 아브람의 나이는 75세였고 사래의 나이는 65세였습니다. 그러나 사래는 한마디의 불평도 없이 그저 묵묵히 남편을 따라나섰습니다. 그 후로도 아브람은 가나안에서 정착하지 못하고 기근을 피해 애굽으로 이주했고 또 다시 가나안으로 이주했습니다. 그리고 가나안에 이주해서도 한 곳에 정착하지 못하고 이곳저곳으로 옮겨다녀야 했습니다. 그러나 사래는 묵묵히 남편의 뜻에 따라 순종했습니다.

둘째로 남편을 존경했습니다.

사래는 남편인 아브람을 가리켜 "내 주인"(창 18:12)이라고 고백했습니다. 사래는 남편인 아브람에 대해 자신의 주인으로 여기고 종의 자세로 섬겼습니다. 그렇다고 해서 그들이 주인과 종의 관계처럼 살았다는 말이 아닙니다. 사래는 자신과 아브람이 부부관계임에도 불구하고 남편과 자신을 일대일의 인격으로 이해하지 않고 남편에 대해 자신의 주인처럼 깍듯이 존경하고 섬겼다는 말입니다. 남편을 존경하기는커녕 오히려 무시하고 업신여기는 오늘의 세태에 참으로 귀감이 됩니다. 성경은 "아내들이여 자기 남편에게 복종하기를 주께 하듯 하라"(엡 5:22)고 하셨습니다. 그러므로 우리들도 부부지간에 서로를 존경하며 아끼고 사랑하는 아름다운 가정을 이루어야겠습니다.

셋째로 남편을 위해 희생을 각오했습니다.

하나님의 지시를 받고 아브람이 가나안 땅에 들어갔을 때에 그 땅에는 기근이 심하여 애굽으로 내려가게 되었습니다(창 12:10). 그들이 애굽에 가까이 이르게 되자 아브람이 사래에게 "알기에 그대는 아리따운 여인이라 애굽 사람이 그대를 볼 때에 이르기를 이는 그의 아내라 하고 나는 죽이고 그대는 살리리니 원하건대 그대는 나의 누이라 하라 그러면 내가 그대로 말미암아 안전하고 내 목숨이 그대로 말미암아 보존되리라"(창 12:11-13)고 사래에게 자기가 자신의 아내가 아니라 누이라고 말하도록 했습니다. 그런데 그들이 애굽에 도착하자 사래의 미모에 애굽사람들도 감탄했고 바로의 대신들이 사래를 보고 바로 앞에서 칭찬하므로 바로가 그녀를 즉시 후궁으로 삼았습니다(창 12:14,15). 또한 아브람이 그랄 지방에 가서도 똑같이 사래를 자기의 누이라고 하여 그랄 왕 아비멜렉이 사래를 아내로 취했습니다(창 20:2). 이것은 바로 사래가 남편의 생명을 위해 자신이 희생할 것을 각오했기 때문에 가능했습니다.

사랑하는 성도 여러분!
우리들도 서로 이해하고 함께 하는 원만한 가정을 이루어야겠습니다. 또한 서로를 존경하고 아끼는 삶을 삽시다. 그리고 서로를 위해 그 어떠한 희생도 감당할 줄 아는 멋진 삶을 사시기 바랍니다.

2. 힘든 생애

첫째로 원치 않는 일을 당해야 했습니다.
자신의 얼굴이 미모라는 이유와 비겁한 남편의 두려움으로 인해 원치 않게도 바로 왕의 아내가 되기도 하고(창 12:14,15), 또한 그랄 왕 아비멜렉의 아내가 되기도 했습니다(창 20:2). 한 남편의 아내로서 자신이 원하지도 않는 남자들과 함께 해야 하는 아픔을 당했습니다. 그렇습니다. 인생은 이렇게 원치 않는 일들을 당하는 경우가 있습니다. 그러므로 성도들은 한시도 방심하지 말고 전능하신 하나님만 믿고 기도하면서 하루하루를 성실하게 살아가야 합니다. 그리고 그 어떠한 절망적인 상황에서도 끝까지 인내하면서 나아가야 합니다.

둘째로 아이를 낳지 못했습니다.

당시 사회에서는 여성이 아이를 낳지 못하는 것은 하나님의 저주요, 죄가 많은 증거라고 생각했기 때문에 여자가 아이를 낳지 못하는 것은 최고의 수치요, 괴로움이었습니다. 그런데 여호와께서 사래의 생산을 허락지 아니하셨습니다(창 16:2). 때문에 그녀는 더욱 힘들었을 것입니다. 그것도 남편인 아브람이 문제가 있어서 아기를 낳지 못했다고 하면 자신의 책임이 아니기 때문에 조금이라도 위안이 되었을 것입니다. 그러나 사래의 경우는 자신의 불임증 때문이었으니 그 얼마나 고통스러웠겠습니까?

셋째로 하갈의 멸시를 받았습니다.

사래는 자신이 아기를 낳지 못하자 인간적인 생각으로 자신의 몸종인 하갈을 아브람에게 첩으로 주어 아이를 낳도록 했습니다(창 16:1-3). 이에 아브람이 사래의 말을 듣고 하갈과 동침하여 하갈이 잉태하게 되었습니다. 그런데 문제는 그 때부터 사래의 몸종이었던 하갈이 교만하여져서 여주인 행세를 하면서 사래를 멸시하기 시작했다는 것입니다(창 16:4). 그렇습니다. 믿음으로 하지 않고 인간적인 생각으로 하는 것은 그 어떤 것도 성공할 수 없습니다. 반드시 문제가 발생하게 되고 그로 인해 결국은 실패하게 됩니다. 사래의 한 순간의 잘못된 인간적인 생각과 방법이 오늘의 중동문제를 야기했습니다. 그러므로 우리들은 모든 일들을 언제나 믿음의 방법으로 해야 합니다.

사랑하는 성도 여러분!

우리들의 삶의 현장에서 그 어떤 일들을 만난다고 할지라도 절대로 낙심하지 맙시다. 또한 현실이 제 아무리 힘들고 어려워도 기도하면서 끝까지 인내하면서 기다립시다. 그리고 범사에서 절대로 인간적인 생각으로 하지 말고 오직 믿음의 방법으로 살아갑시다. 반드시 승리하게 될 것입니다.

3. 승리의 생애

첫째로 이름을 개명해 주셨습니다.

하나님께서는 아브람의 나이 99세 때에 아브람에게 나타나셔서 "이제 후로는 네 이름을 아브람(영광스러운 아버지)이라 하지 아니하고 아브라함(많은 무리의 아버지)이라 하리니 이는 내가 너를 여러 민족의 아버지가 되게 함이니라"(창 17:5)고 하셨습니다. 또한 하나님께서 아브라함에게 "네 아내 사래(나의 공주)는 이름을 사래라 하지 말고 사라(여주인)라 하라"(창 17:15)고 부부의 이름을 모두다 개명해 주셨습니다. 이것은 바로 하나님께서 아브라함과 사라를 통해서 이삭을 허락하시고 이삭의 후손을 통해서 인류의 구주가 되시는 예수 그리스도를 허락하시겠다는 약속이신 것입니다. 그러므로 아브라함과 사라는 이 세상에서 가장 큰 축복을 받은 사람들이요, 사라는 최고의 승리자인 것입니다.

둘째로 아들을 낳게 해주셨습니다.

하나님께서 아브람의 나이 99세요, 사래의 나이 89세나 되어 사래가 아이를 가질 수 있는 생리적 현상인 경수까지 완전히 끊어진 상태였습니다. 그런데 하나님께서는 아브람의 이름을 먼저 아브라함으로 개명해주시고 후손에게 할례를 행할 것을 명하셨습니다. 또한 사래의 이름을 사라로 개명해 주신 다음에 "내가 그에게 복을 주어 그가 네게 아들을 낳아 주게 하며 내가 그에게 복을 주어 그를 여러 민족의 어머니가 되게 하리니 민족의 여러 왕이 그에게서 나리라"(창 17:16)고 하셨습니다. 이에 아브라함은 "엎드려 웃으며 마음속으로 이르되 백 세 된 사람이 어찌 자식을 낳을까 사라는 구십 세니 어찌 출산하리요"(창 17:17)라고 감탄하면서 웃었습니다. 그러나 하나님께서는 사라가 아들을 낳으면 '이삭'이라 하라고 이름까지 지어주셨습니다. 그리고 약속하신 대로 사라로 하여금 아들을 낳게 하셨습니다(창 21:1-7). 역시 신실하신 우리 하나님이십니다.

셋째로 하나님께서 승리케 하셨습니다.

하나님께서는 언제, 어디서나 늘 사라를 지켜주셨습니다. 바로가 사라를 바로 궁으로 데려갔을 때에도 하나님께서 사래의 연고로 바로와 그 집에 큰 재앙을 내리심으로 바로가 아브람에게 어찌하여 그를 네 아내라고 말하지 아니하였느냐고 말하며 데려가게 했습니다(창 12:17-20). 또한 그랄 왕 아비멜렉이 사라를 취하였을 때에도 아비멜렉에게 현몽하시고 "네가 데려간 이 여인으로 말미암아 네가 죽으리니 그는 남편이 있는 여자임이라"(창 20:3)고 말씀하심으로 아비멜렉의 손에서 건지시고 끝까지 보호해 주셨습니다(창 20:4-16). 뿐만 아니라 사라를 괴롭혔던 하갈이나 이삭을 괴롭혔던 이스마엘을 모두 다 집에서 완전히 쫓아냈습니다(창 16:4, 21:9-14). 바로 하나님께서 그녀로 하여금 완전한 승리를 이루게 하신 것입니다. 그리고 그녀는 127세를 일기로 이 세상을 떠나 아브라함이 준비해둔 묘실에 안장되었습니다. 미인인 그녀도 죽었습니다. 현모양처인 그녀도 죽었습니다. 신앙의 사람인 그녀도 죽었습니다. 그렇습니다. 사람은 이렇게 어느 누구를 막론하고 모두 다 죽습니다. 그러므로 살았을 때에 최선을 다해야 합니다.

사랑하는 성도 여러분!

예수 그리스도를 믿는 성도답게 삽시다. 또한 신실하신 하나님의 약속을 믿읍시다. 그리고 언제나 우리와 함께 하시고 보호해주시는 하나님의 은혜로 때마다 일마다 승리하시기 바랍니다.

사무엘

[삼상 7:3-17]

사무엘이 이스라엘 온 족속에게 말하여 이르되 만일 너희가 전심으로 여호와께 돌아오려거든 이방 신들과 아스다롯을 너희 중에서 제거하고 너희 마음을 여호와께로 향하여 그만을 섬기라 그리하면 너희를 블레셋 사람의 손에서 건져내시리라 이에 이스라엘 자손이 바알들과 아스다롯을 제거하고 여호와만 섬기니라 사무엘이 이르되 온 이스라엘은 미스바로 모이라 내가 너희를 위하여 여호와께 기도하리라 하매 그들이 미스바에 모여 물을 길어 여호와 앞에 붓고 그 날 종일 금식하고 거기에서 이르되 우리가 여호와께 범죄하였나이다 하니라 사무엘이 미스바에서 이스라엘 자손을 다스리니라 이스라엘 자손이 미스바에 모였다 함을 블레셋 사람들이 듣고 그들의 방백들이 이스라엘을 치러 올라온지라 이스라엘 자손들이 듣고 블레셋 사람들을 두려워하여 이스라엘 자손이 사무엘에게 이르되 당신은 우리를 위하여 우리 하나님 여호와께 쉬지 말고 부르짖어 우리를 블레셋 사람들의 손에서 구원하시게 하소서 하니 사무엘이 젖 먹는 어린 양 하나를 가져다가 온전한 번제를 여호와께 드리고 이스라엘을 위하여 여호와께 부르짖으매 여호와께서 응답하셨더라 사무엘이 번제를 드릴 때에 블레셋 사람이 이스라엘과 싸우려고 가까이 오매 그 날에 여호와께서 블레셋 사람에게 큰 우레를 발하여 그들을 어지럽게 하시니 그들이 이스라엘 앞에 패한지라 이스라엘 사람들이 미스바에서 나가서 블레셋 사람들을 추격하여 벧갈 아래에 이르기까지 쳤더라 사무엘이 돌을 취하여 미스바와 센 사이에 세워 이르되 여호와께서 여기까지 우리를 도우셨다 하고 그 이름을 2)에벤에셀이라 하니라 이에 블레셋 사람들이 굴복하여 다시는 이스라엘 지역 안에 들어오지 못하였으며 여호와의 손이 사무엘이 사는 날 동안에 블레셋 사람을 막으시매 블레셋 사람들이 이스라엘에게서 빼앗았던 성읍이 에그론부터 가드까지 이스라엘에게 회복되니 이스라엘이 그 사방 지역을 블레셋 사람들의 손에서 도로 찾았고 또 이스라엘과 아모리 사람 사이에 평화가 있었더라 사무엘이 사는 날 동안에 이스라엘을 다스렸으되 해마다 벧엘과 길갈과 미스바로 순회하여 그 모든 곳에서 이스라엘을 다스렸고 라마로 돌아왔으니 이는 거기에 자기 집이 있음이니라 거기서도 이스라엘을 다스렸으며 또 거기에 여호와를 위하여 제단을 쌓았더라 여호수아가 죽은 후 여러 명의 사사들이 이스라엘을 치리하였으나 그들 대부분이 무사들이었기 때문에 인격적으로나 지도력으로 볼 때에 이스라엘 백성들을 인도할 만한 자질들이 부족했습니다. 또한 강국이었던 적국 블레셋이 계속 침략해 왔습니다. 그리고 백성들의 신앙은 해이해져서 하나님을 버리고 우상을 섬겼습니다. 그 어디에서도 선민의 모습은 찾아볼 수 없었습니다. 때에 하나님께서 그 동안 준비시켜 놓으신 사무엘을 이스라엘의 지도자로 삼으시고 나라를 회복시키셨습니다. 우리들도 사무엘처럼 자꾸만 어두워져 가는 이 사회를 살리는 일에 최선을 다해야겠습니다.

1. 성 장

첫째로 기도로 출생했습니다.

에브라임의 엘가나에게 한나와 브닌나라는 두 아내가 있었습니다. 그런데 큰 마누라로 추정되는 한나는 자식이 없었고 작은 마누라로 생각되는 브닌나는 자식이 있었습니다. 그러나 엘가나는 한나를 사랑하여 제물의 분깃을 나누어 줄 때에 브닌나보다는 갑절을 더 주었습니다(삼상 1:4,5). 이에 브닌나가 남편인 엘가나의 사랑을 받는 한나를 질투하고 대적했습니다(삼상 1:6). 때문에 한나는 괴로워서 먹지도 않고 그저 울기만 했습니다. 이것을 본 엘가나는 한나에게 "한나여 어찌하여 울며 어찌하여 먹지 아니하며 어찌하여 그대의 마음이 슬프냐 내가 그대에게 열 아들보다 낫지 아니하냐"(삼상 1:8)라고 위로했습니다. 그러나 "한나가 마음이 괴로워서 여호와께 기도하고 통곡하며 서원하여 이르되 만군의 여호와여 만일 주의 여종의 고통을 돌보시고 나를 기억하사 주의 여종을 잊지 아니하시고 주의 여종에게 아들을 주시면 내가 그의 평생에 그를 여호와께 드리고 삭도를 그의 머리에 대지 아니하겠나이다"(삼상 1:10-11)라고 간절히 기도하여 엘리 제사장의 축복을 받고 아들을 낳았습니다(삼상 1:10-20). 다시 말하면 사무엘은 한나가 하나님께 기도하여 낳은 아들입니다.

둘째로 성전에서 자랐습니다.

이스라엘의 어머니들은 아이가 말을 알아듣든지 못 알아듣든지 상관하지 않고 하나님의 말씀을 날마다 가르쳐 주었다고 합니다. 그런데 한나는 사무엘이 젖을 떼자마자 곧바로 하나님께 바쳤습니다(삼상 1:21-28). 이스라엘 사람들의 아이들은 보통 2년 내지 3년 만에 젖을 떼었습니다(참조 외경 마카비하 7:27). 그리고 한나는 어린 사무엘을 데리고 실로의 성전으로 올라가 감사의 기도를 드리고 엘리 제사장에게 맡겨 양육 받도록 했습니다. 사무엘은 성전에서 세마포 에봇을 입고 하나님을 섬기는 훈련을 받았습니다(삼상 2:11,18). 그는 잠도 하나님의 궤가 있는 여호와의 전에서 자면서 하나님과 가까운 생활을 했습니다(삼상 3:3). 그는 자라면서부터 하나님과 사람들에게서 은총을 받았습니다(삼상 2:26). 하나님께서는 그와 함께 하시고 그의 입을 통한 말씀을 이루셨습니다(삼상 3:11-14,19). 때문에 그의 이름은 이스라엘 온 나라에 널리 퍼져 유명하게 되었습니다(삼상 3:21-4:1).

셋째로 나실인이었습니다.

이스라엘에는 나실인 제도가 있었습니다(민 6:2). 나실인(하나님께 바쳐진 사람이란 뜻)은 자신의 삶 전체를 율법연구와 가르침, 제사하는 일에 바쳤습니다. 그러므로 언제나 구별된 삶을 살아야 했습니다. 때문에 그들은 성별한 삶을 위해 포도나무의 소산을 일체 입에 대지 않았습니다(민 6:3, 4). 이것은 바로 술로 대표되는 이 세상의 쾌락과 유혹을 멀리 하라는 것입니다(렘 35:6). 또한 머리에 삭도를 대지 않았습니다(민 6:5). 그것은 나실인인 자신은 하나님에 의해 조성된 자로서 자신의 온 정성을 다해 하나님만 섬기겠다는 것입니다. 그리고 시체로 인해 몸을 더럽히지 말아야 했습니다(민 6:6, 7). 왜냐하면 인간의 죽음이 범죄의 결과로 인해 왔기 때문에 시체를 부정하게 보고 만지지 않는 것입니다.

사랑하는 성도 여러분!

우리들도 기도하는 삶을 삽시다. 또한 언제나 주님의 몸된 교회와 함께 하는 성전 중심의 삶을 삽시다. 그리고 하나님의 백성답게 이 세상 사람들과는 전혀 다른 구별된 삶을 사시기 바랍니다.

2. 신앙

첫째로 기도의 사람이었습니다.

한 맺힌 어머니(한나)의 기도로 잉태하여 출생한 사무엘은 기도의 사람이었습니다. 당시 이스라엘은 막강한 군사력을 가지고 있는 블레셋의 침략을 받아 시달리고 있었습니다. 또한 정치와 종교는 타락하고 부패하여 백성들은 고통을 당하고 있었습니다. 이 때에 사무엘은 "온 이스라엘은 미스바로 모이라 내가 너희를 위하여 여호와께 기도하리라"(삼상 7:5)고 했습니다. 그는 어려움에 처해 있는 나라와 민족을 구원하기 위해 먼저 하나님께 기도했습니다. 이에 이스라엘 민족이 미스바에 모여 물을 길어 여호와 앞에 붓고 금식하면서 "...우리가 여호와 앞에 범죄하였나이다..."(삼상 7:6)라고 회개했습니다. 그리하여 이스라엘은 블레셋을 무찌르고 완전히 승리했습니다.

둘째로 순종의 사람이었습니다.

사무엘은 엘리 제사장 밑에서 자랄 때에도 철저하게 순종했습니다. 그는 여호와께서 밤중에 부르셨을 때에도 엘리 제사장이 부르신 줄 알고 세 번씩이나 즉시 일어나서 엘리 제사장에게 찾아갈 정도로 순종했습니다(삼상 3:4-9). 또한 하나님께서는 사무엘을 통해서 그 동안 이스라엘을 괴롭혔던 "아말렉을 쳐서 그들의 모든 소유를 남기지 말고 진멸하되 남녀와 소아와 젖 먹는 아이와 우양과 낙타와 나귀를 죽이라 하셨나이다"(삼상 15:3)라고 사울 왕에게 명령하셨습니다. 그런데 사울은 전쟁에서 승리한 다음 아각 왕과 짐승들의 좋은 것은 진멸하지 않고 남겼습니다(삼상 15:8, 9). 그리고 왜 하나님의 말씀에 불순종했느냐는 사무엘의 질책에 "...백성이 당신의 하나님 여호와께 제사하려 하여 양들과 소들 중에서 가장 좋은 것을 남김이요..."(삼상 15:15)라고 했습니다. 이에 여호와께서는 사무엘에게 사울을 이스라엘 왕으로 삼으신 것을 후회한다고 하셨습니다(삼상 15:10,11). 사무엘은 불순종한 사울에게 찾아가서 "여호와께서 번제와 다른 제사를 그의 목소리를 청종하는 것을 좋아하심같이 좋아하시겠나이까 순종이 제사보다 낫고 듣는 것이 숫양의 기름보다 나으니"(삼상 15:22)라고 순종을 강조했습니다. 순종은 바로 사무엘의 신앙 인격이요 삶이었습니다.

셋째로 사명을 잘 감당했습니다.
하나님께서는 사무엘에게 엘리 제사장이 자신의 아들들이 범죄함에도 불구하고 금하지 않았기 때문에 엘리 집의 죄악이 영원히 속함을 얻지 못하리라고 말씀하셨습니다(삼상 3:13,14). 그는 이 말씀을 자기를 키운 엘리 제사장이었지만 가감하지 않고 직고했습니다(삼상 3:18). 하나님께서 사울 왕을 징계하시겠다는 말씀을 그대로 담대하게 증언했습니다(삼상 15:16-18). 그는 맡은 바 사명을 이 세상의 그 어떠한 상황도 개의치 않고 두려움 없이 잘 감당했습니다.

사랑하는 성도 여러분!
우리들도 기도하는 삶을 삽시다. 또한 사무엘처럼 무조건 순종합시다. 그리고 맡은 바 사명을 철저하게 감당하는 충실한 삶을 사시기 바랍니다.

3. 사 역

첫째로 이스라엘의 신앙을 회복했습니다.
이스라엘의 최후의 사사요(삼상 3:9-11). 최초의 선지자(삼상 9:9)며 제사장(삼상 7:9,10)이었던 사무엘은 이스라엘의 최고 통치자였습니다(삼상 7:15-17). 그는 이스라엘의 신앙을 회복했습니다. 그는 블레셋에 의해 고통을 받고 있는 이스라엘 백성들에게 "...너희가 전심으로 여호와께 돌아오려거든 이방 신들과 아스다롯을 너희 중에서 제거하고 너희 마음을 여호와께로 향하여 그만을 섬기라 그리하면 너희를 블레셋 사람의 손에서 건져내시리라"(삼상

7:3)고 권면했습니다. 이것은 바로 이스라엘 백성들이 블레셋의 압제를 받고 있는 것은 모두가 다 하나님의 율법을 떠나 우상을 숭배함으로 하나님과의 관계가 단절되었기 때문이라고 지적하고 이스라엘이 빨리 신앙을 회복할 것을 요청한 것입니다. 이 요청을 받은 이스라엘이 바알과 아스다롯을 제하고 여호와만 섬겼습니다(삼상 7:4). 바로 이스라엘의 신앙이 회복된 것입니다.

둘째로 기도로 블레셋을 물리쳤습니다.

사무엘은 온 이스라엘 백성들에게 "온 이스라엘은 미스바로 모이라 내가 너희를 위하여 여호와께 기도하리라"(삼상 7:5)고 했습니다. 그리고 그는 곧 바로 "젖 먹는 어린 양 하나를 가져다가 온전한 번제를 여호와께 드리고 이스라엘을 위하여 여호와께 부르짖으매 여호와께서 응답..."(삼상 7:9)하셨습니다. 다시 말하면 블레셋의 압박으로 인해 고통 당하고 있던 이스라엘이 사무엘의 기도 운동을 통해 블레셋을 물리치고 완전한 승리를 이루게 된 것입니다(삼상 7:9,10). 그렇습니다. 기도만이 우리를 승리케 합니다.

셋째로 이스라엘을 태평 성대케 했습니다.

블레셋이 사무엘이 이끄는 이스라엘 백성들에게 굴복한 후로는 다시는 이스라엘 지역 안에 들어오지 못했습니다(삼상 7:13). 이것은 바로 여호와의 손이 사무엘이 사는 날까지 블레셋 사람을 막으셨기 때문이었습니다(삼상 7:13). 그리고 그 동안 블레셋에 빼앗겼던 성읍들도 이제 다 이스라엘로 회복되었고 나라는 태평 성대를 이루게 되었습니다(삼상 7:14). 다시 말하면 사무엘은 믿음의 방법으로 나라를 구한 이스라엘의 위대한 지도자였습니다.

사랑하는 성도 여러분!

우리들도 사람들의 신앙을 회복시킵시다. 또한 기도로 우리들을 괴롭히는 원수 마귀를 물리칩시다. 그리고 가정과 교회, 민족이 태평 성대를 이루게 하는 멋진 일꾼들이 되시기 바랍니다.

사 울

[삼상 15:17-23]

사무엘이 이르되 왕이 스스로 작게 여길 그 때에 이스라엘 지파의 머리가 되지 아니하셨나이까 여호와께서 왕에게 기름을 부어 이스라엘 왕을 삼으시고 또 여호와께서 왕을 길로 보내시며 이르시기를 가서 죄인 아말렉 사람을 진멸하되 다 없어지기까지 치라 하셨거늘 어찌하여 왕이 여호와의 목소리를 청종하지 아니하고 탈취하기에만 급하여 여호와께서 악하게 여기시는 일을 행하였나이까 사울이 사무엘에게 이르되 나는 실로 여호와의 목소리를 청종하여 여호와께서 보내신 길로 가서 아말렉 왕 아각을 끌어 왔고 아말렉 사람들을 진멸하였으나 다만 백성이 그 마땅히 멸할 것 중에서 가장 좋은 것으로 길갈에서 당신의 하나님 여호와께 제사하려고 양과 소를 끌어 왔나이다 하는지라 사무엘이 이르되 여호와께서 번제와 다른 제사를 그의 목소리를 청종하는 것을 좋아하심 같이 좋아하시겠나이까 순종이 제사보다 낫고 듣는 것이 숫양의 기름보다 나으니 이는 거역하는 것은 점치는 죄와 같고 완고한 것은 사신 우상에게 절하는 죄와 같음이라 왕이 여호와의 말씀을 버렸으므로 여호와께서도 왕을 버려 왕이 되지 못하게 하셨나이다 하니

사울은 베냐민 지파 기스의 아들이었습니다. 그는 자기 아버지의 잃은 나귀를 찾다가 선지자 사무엘을 만나 기름 부음 받고 이스라엘의 초대 왕이 되었습니다. 그의 용모는 키가 크고 준수했으며 언제나 자기 자신을 심히 작게 여기는 겸손한 사람이었습니다. 그는 모든 면에서 왕으로서의 자질을 충분히 갖춘 자였습니다. 때문에 그의 출발은 화려했고 장엄했습니다. 그러나 그는 왕이 된 후 하나님의 은혜를 망각하고 조급함과 교만함으로 하나님의 법도 무시하고 불순종의 죄를 범했습니다. 그래서 그가 하나님으로부터 버림을 받고 저주를 받아 블레셋과의 전투에서 중상을 당하여 결국은 자살하는 비참한 최후를 남겼습니다. 우리 모두는 이스라엘의 초대 왕 사울의 일생을 통하여 나 자신의 삶을 반성하고 새롭게 변화되어야겠습니다.

1. 왕으로 세움 받은 사울

첫째로 이스라엘 백성들이 왕을 원했습니다.

사무엘이 이스라엘을 치리하던 시대에는 태평성대를 이루었습니다. 그런데 사무엘이 늙게되자 불안해진 이스라엘 백성들이 "당신은 늙고 당신의 아들들은 당신의 행위를 따르지 아니하니 모든 나라와 같이 우리에게 왕을 세워 우리를 다스리게 하소서"(삼상 8:5)라고 이방나라들처럼 왕을 세워주기를 원했습니다. 이에 대하여 하나님께서는 사무엘에게 "...백성이 네게 한 말을 다 들으라 그들이 너를 버림이 아니요 나를 버려 자기들의 왕이 되지 못하게 함이니라"(삼상 8:7)고 말씀 하셨습니다. 다시 말하면 이스라엘 백성들은 사무엘이 늙었다는 것과 그의 아들들이 범죄했다는 것 그리고 열방과 같이 되고 싶다는 이유를 들면서 하나님께서 직접 통치하시는 신정정치를 거부하고 왕을 요구했다는 것입니다.

둘째로 하나님께서 이스라엘의 왕을 허락하셨습니다.

하나님께서는 사무엘에게 열방과 같이 왕을 요구한 것은 우상숭배의 죄를 범한 것이라고 지적하시고, 이스라엘에게 왕이 세워지면 야기되는 여러 가지 문제점에 대해 분명히 설명해주도록 하셨습니다. 그것은 바로 먼저 이스라엘의 젊은 남녀가 왕의 필요에 의해 징집될 것이라는 것이요(삼상 8:11-13), 또한 곡물과 가축에 대한 세금이 부과될 것이며(삼상 8:14,15,17), 백성들의 종들이나 나귀를 끌어갈 것이고(삼상 8:16) 백성들은 왕의 악정에 의해 종이 되어 시달릴 것(삼상 8:17,18)이었습니다. 한마디로 왕이 세워져야 하나도 좋을 것이 없다는 것이었습니다.

셋째로 겸손한 사울을 선택하셨습니다.

왕이 되기 이전의 사울은 참으로 겸손한 사람이었습니다. 그는 사무엘로부터 하나님께서 자신을 이스라엘의 왕으로 선택하셨다는 말을 듣고 자신은 이스라엘 지파 중에서도 가장 작은 베냐민 지파요, 베냐민 지파 중에서도 가장 천한 가문의 출신인데 어떻게 왕이 될 수 있느냐(삼상 9:21)고 항변하기까지 했습니다. 아마도 이 점이 하나님께서 그를 인정하셨을 것이라고 생각됩니다. 하나님께서는 사무엘을 통하여 키가 크고 용모가 준수하며 마음이 겸손한 사울에게 기름을 부어 왕으로 세우도록 하셨습니다. 그리하여 라마에서 기름 부음을 받았고 미스바에서 왕으로 뽑혔으며 길갈에서 즉위했습니다. 사울을 왕으로 세우신 하나님께서는 늘 그와 함께 하셨고 그에게 은총을 입혀 암몬 족속과의 싸움에서 승리하게 하셨습니다. 때문에 사울 왕은 백성들에게 용기와 소망을 주었고 백성들은 그를 존경하게 되었습니다. 이에 대해 사울은 암몬과의 싸움에서 승리한 것은 자기 때문이 아니라 하나님의 은혜라고 말하는 신앙적인 사람이었습니다. 그리고 그는 자기를 배신한 자들에게까지도 너그러움으로 용서했습니다. 참으로 아름다운 그의 태도였습니다.

사랑하는 성도 여러분!
우리들은 언제나 전능하신 하나님의 통치를 받는 삶을 삽시다. 또한 그 어떤 이유로도 정함이 없는 이 세상에 마음을 빼앗기지 맙시다. 그리고 늘 겸손한 삶을 삽시다. 그리하여 나날이 승리하는 삶을 이루시기 바랍니다.

2. 불순종으로 버림받은 사울

첫째로 블레셋과의 전쟁이 있었습니다.
이스라엘의 초대 왕으로 세움 받은 사울은 하나님으로부터 큰 능력을 얻어 하나님과 백성을 위해 헌신적인 삶을 살았습니다. 그리하여 하나님의 사랑과 백성들의 존경을 받게 되었습니다. 그런데 즉위 2년에 블레셋의 침공으로 전쟁이 일어났습니다. 그래서 길갈에서 하나님께 제사를 드리고 전쟁에 임하기로 사무엘 제사장과 약속을 했습니다. 그런데 사무엘 제사장이 약속한 대로 이레를 기다렸으나 오지 않았습니다. 때문에 사울이 아주 안타까운 처지에 놓이게 되었습니다.

둘째로 사울이 제사를 드렸습니다.

사울은 인내하지 못하고 인간적인 생각으로 자기가 번제를 드렸습니다. 이것은 바로 사울이 제사장의 고유 권한인 제사권을 하찮게 여기고 침해한 것이며, 하나님의 말씀에 불순종하고 월권하는 범죄 행위였습니다. 그런데 사울이 번제 드리기를 마치고나자 바로 사무엘 제사장이 나타났습니다. 사울의 제사 행위에 놀란 사무엘이 사울에게 "왕이 행한 것이 무엇이냐"(삼상 13:11上)라고 묻자 사울이 대답하기를 "백성은 내게서 흩어지고 당신은 정한 날 안에 오지 아니하고 블레셋 사람은 믹마스에 모였음을 내가 보았으므로"(삼상 13:11下) 부득이 하여 번제를 드렸다고 변명했습니다.

셋째로 불순종의 죄를 범한 것이었습니다.

사무엘이 불순종한 사울에게 "왕이 망령되이 행하였도다 왕이 왕의 하나님 여호와께서 왕에게 내리신 명령을 지키지 아니 하였도다 그리하였더라면 여호와께서 이스라엘 위에 왕의 나라를 영원히 세우셨을 것이거늘 지금은 왕의 나라가 길지 못할 것이라 여호와께서 왕에게 명령하신 바를 왕이 지키지 아니하였으므로 여호와께서 그의 마음에 맞는 사람을 구하여 여호와께서 그를 그의 백성의 지도자로 삼으셨느니라"고 책망했습니다(삼상 13:13,14). 그리하여 그는 주의 종 사무엘로부터 버림을 받았습니다. 그 후 하나님께서 사무엘을 부르시고 이스라엘 백성들이 애굽에서 나올 때에 도중에서 괴롭힌 아말렉을 진멸하시기로 작정하신 뜻을 사울에게 지시하라고 말씀하셨습니다. 하나님께서는 언제나 이렇게 당신의 뜻을 당신의 종들을 통하여 선포하십니다. 그것은 아말렉을 진멸하되 그들의 모든 소유와 남녀노소, 우양과 낙타, 나귀를 다 죽이라고 했습니다. 그런데 사울 왕은 아각 왕을 죽이지 않고 사로잡아 왔으며 그가 소유한 기름진 소와 양, 모든 좋은 것은 남기고 가치 없는 것만 진멸했습니다. 이에 대하여 하나님께서는 사무엘에게 말씀하시기를 "내가 사울을 왕으로 세운 것을 후회하노니 그가 돌이켜 나를 따르지 아니하며 내 명령을 행하지 아니하였음이라…"(삼상 15:11)고 하셨습니다. 그런데 사울은 사무엘 제사장을 만나 자기가 여호와의 명령대로 다 했다고 거짓말을 했습니다. 그 때에 사무엘이 말합니다. "그러면 내 귀에 들려오는 이 양의 소리와 내게 들리는 소의 소리는 어찌 됨이니이까"(삼상 15:14). 여기에서도 사울은 백성들이 당신의 하나님 여호와께 제사하려 하여 양과 소의 가장 좋은 것을 남겼다고 변명했습니다. 사무엘은 사울 왕에게 여호와의 말씀을 듣지 않고 악을 행했다고 책망하면서 "…순종이 제사보다 낫고 듣는 것이 숫양의 기름보다 나으니"(삼상 15:22)라고 했습니다. 이 불순종으로 인해 사울은 왕위에서 폐위 당했습니다.

사랑하는 성도 여러분!
하나님은 그 어떠한 이유로도 제사장들의 고유 권한이 월권 당하는 것을 절대로 용납하지 않으십니다. 또한 '부득이' 하다는 이유로 하나님의 말씀을 불순종하는 것을 결코 허락지 않으십니다. 그러므로 하나님의 말씀을 어길 수 없습니다. 그리고 인간적인 모든 욕심을 제하고 깨끗하게 살아야 합니다. 뿐만 아니라 이유 여하를 막론하고 주일을 범하고 하나님의 것을 도둑질하며 불순종하는 죄악을 범하지 마십시다. 그리하여 끝까지 쓰임 받고 축복 받는 삶을 사시기 바랍니다.

3. 비참한 종말의 사울

첫째로 사무엘이 사울을 버리고 떠났습니다.
사무엘은 사울 왕에게 "…왕이 여호와의 말씀을 버렸으므로 여호와께서도 왕을 버려 왕이 되지 못하게 하셨나이다"(삼상 15:23)라고 말하고 옷이 찢어지도록 붙잡는 사울 왕을 버리고 떠났습니다(삼상 15:27). 이제 하나님과 주의 종으로부터 완전히 버림을 당했습니다. 그렇습니다. 우리 인간에게 있어서 가장 비참하고 불행한 것은 하나님과 교회, 주의 종으로부터 버림을 당한 것입니다.

둘째로 하나님의 영이 떠났습니다.
이것은 바로 사울에게서 하나님의 영이 떠나고 악령이 들렸다는 것입니다. 때문에 그는 하나님이 원하시는 올바른 삶을 살지 못하고 사탄이 원하는 삶만 산 것입니다.

셋째로 비참하게 죽었습니다.
블레셋과의 길보아산 전투에서 적의 화살을 맞은 후 부하에게 자기를 죽이도록 했지만 뜻을 이루지 못하고 자신이 부하의 칼을 빼앗아 스스로 자결해 죽었습니다. 참으로 비참한 최후를 남긴 것입니다.

사랑하는 성도 여러분!
여러분은 어떻게 태어났습니까? 지금 어떻게 살고 있습니까? 여러분의 최후는 어떻게 될 것 같습니까? 하나님의 말씀을 따라 삽시다. 하나님의 말씀에 조용히 귀를 기울일 줄 아는 인내를 가집시다. 그리고 겸손합시다. 이유를 막론하고 하나님의 말씀에 철저히 순종합시다. 그리하여 늘 승리의 삶을 사시기 바랍니다.

 삼 손

[삿 13:1-7]

이스라엘 자손이 다시 여호와의 목전에 악을 행하였으므로 여호와께서 그들을 사십 년 동안 블레셋 사람의 손에 넘겨 주시니라 소라 땅에 단 지파의 가족 중에 마노아라 이름하는 자가 있더라 그의 아내가 임신하지 못하므로 출산하지 못하더니 여호와의 사자가 그 여인에게 나타나서 그에게 이르시되 보라 네가 본래 임신하지 못하므로 출산하지 못하였으나 이제 임신하여 아들을 낳으리니 그러므로 너는 삼가 포도주와 독주를 마시지 말며 어떤 부정한 것도 먹지 말지니라 보라 네가 임신하여 아들을 낳으리니 그의 머리 위에 삭도를 대지 말라 이 아이는 태에서 나옴으로부터 하나님께 바쳐진 나실인이 됨이라 그가 블레셋 사람의 손에서 이스라엘을 구원하기 시작하리라 하시니 이에 그 여인이 가서 그의 남편에게 말하여 이르되 하나님의 사람이 내게 오셨는데 그의 모습이 하나님의 사자의 용모 같아서 심히 두려우므로 어디서부터 왔는지를 내가 묻지 못하였고 그도 자기 이름을 내게 이르지 아니하였으며 그가 내게 이르기를 보라 네가 임신하여 아들을 낳으리니 이제 포도주와 독주를 마시지 말며 어떤 부정한 것도 먹지 말라 이 아이는 태에서부터 그가 죽는 날까지 하나님께 바쳐진 나실인이 됨이라 하더이다 하니라

> 우리가 하나님의 말씀대로만 살면 반드시 승리의 삶을 살게 됩니다. 그럼에도 불구하고 인간들은 자꾸만 하나님의 말씀을 떠나고 사명을 망각한 채 자기 멋대로 살아갑니다. 때문에 사탄의 유혹을 받아 이 세상으로 나아가 실패하게 됩니다. 오늘 본문의 삼손도 여성 편력에 의한 타락으로 인해 결국은 실패의 삶을 살았습니다.

1. 나실인 삼손

첫째로 나실인으로 태어났습니다.

삼손은 마노아의 아내를 통해 나실인(구별된 자)으로 이 세상에 태어났습니다(삿 13:5-7). 나실인은 성별에 관계없이 어떤 특정기간이나 또는 평생 동안 하나님만을 섬기기로 서원한 자들입니다. 때문에 그들은 자신의 몸을 구별되게 지키기 위해 포도주와 독주를 마시지 않았고(민 6:3,4), 머리도 깎지 않았으며(민 6:5), 죽은 시체에도 가까이 하지 않았습니다(민 6:6,7). 왜냐하면 술은 세상 향락과 타락의 대표적인 것으로서 그것을 마심으로 인하여 자신의 이성을 마비시켜 타락될 수 있기 때문이요, 머리를 깎지 않고 기른 것은 세상 것으로 자신을 오염시키지 않고 오직 하나님의 권위만을 인정하고 그분의 뜻을 추구하겠다는 결단의 표시입니다. 또 시체를 가까이 하지 않는 것은 죽음이 죄로 인하여 왔기 때문에 죄를 멀리하고 성결을 유지한다는 표시였습니다.

둘째로 나라가 어려운 때였습니다.

사사시대에는 영적으로 아주 암울한 시대였습니다. 하나님의 선민인 이스라엘은 하나님을 향한 믿음의 자세에 따라서 정치, 경제, 사회, 문화 등 나라 전체가 좌우되었습니다. 그런데 삼손이 태어날 당시에는 이스라엘이 하나님 앞에 범죄하고 악을 행함으로 인해 40년 동안이나 블레셋의 압박을 받고 있었습니다. 원래 블레셋은 가나안 본토인이 아니고 지중해 연안의 해양민족이었는데 가나안에 이주해 온 민족이었습니다. 때문에 블레셋이라는 이름 자체가 바로 '이주자' 란 의미를 가지고 있습니다. 그들이 바로 오늘의 팔레스타인의 주류를 이루고 있습니다.

셋째로 그는 능력의 사람이었습니다.

그는 하나님으로부터 받은 능력이 대단했습니다. 자신의 힘만으로 블레셋을 물리쳤고, 사자를 맨손으로 찢어 죽였으며, 나귀 턱뼈로 블레셋 사람 천 명을 죽이기도 했습니다. 그러나 아쉬운 것은 그가 나실인으로 태어나 특별히 구별되게 자랐음에도 불구하고 여전히 인간의 죄성을 떨쳐버리지 못했다는 것입니다. 때문에 그는 이스라엘 백성들에게 금지된 이방인인 블레셋 여인과 결혼했습니다. 또한 나실인에게 금지되어 있는 결혼잔치를 하여 하객들과 술에 취하기도 했습니다. 그리고 그는 자신만 알고 있는 수수께끼를 내어 블레셋 청년들과 겨루기도 했습니다(삿 14:10-14). 뿐만 아니라 그는 이성의 유혹에도 약했습니다. 자신의 아내가 울면서 애원하자 수수께끼의 답을 알려주었고 그로 인하여 결국은 사랑하는 아내를 잃게 되었습니다. 그러자 그는 또 가사의 기생에게로 들어가 밤새도록 함께 있다가 블레셋 사람들에게 포위되어 죽을 뻔하기도 했습니다. 그럼에도 불구하고 그는 또다시 소렉 골짜기의 들릴라라는 여인을 사랑했습니다. 그러나 블레셋 방백들이 은 일천 일백의 거액을 주고 그녀를 포섭함으로 인해 말할 수 없는 비참한 수난을 당했습니다(삿 16:4-5).

사랑하는 성도 여러분!
우리 모두 하나님의 자녀라는 자부심을 가지고 구별된 삶을 삽시다. 또한 이 세상이 제 아무리 어려워도 결코 낙심하지 맙시다. 그리고 우리들의 육체에는 선한 것이 전혀 없음을 깨닫고 절대로 교만하지 말고 겸손히 말씀대로 사는 은혜로운 성도들이 되시기 바랍니다.

2. 삼손의 결혼생활

첫째로 정략적인 결혼을 했습니다.
삼손은 딤나에 내려가서 블레셋 여인을 보고 결혼하려고 했습니다. 그러나 부모는 나실인으로서 이방 여인과의 결혼은 부당하기 때문에 반대했습니다(삿 14:3). 그럼에도 불구하고 삼손은 자기 아버지에게 "...내가 그 여자를 좋아하오니 나를 위하여 그 여자를 데려오소서"(삿 14:3)라고 재촉했습니다. 그것은 블레셋 사람들이 이스라엘을 관할하기 때문에 삼손이 기회를 봐서 블레셋을 치기 위해 정략적으로 이용하려는 것이었습니다. 이것은 바로 여호와께서 시키신 것이었습니다. 그러나 그의 부모는 몰랐습니다(삿 14:4). 여기에서 우리는 하나님께서는 당신의 백성들을 구원하시기 위해서는 인간의 약점까지도 이용하신다는 것을 알 수 있습니다.

둘째로 그는 결혼에 실패했습니다.

그는 자신이 원하는 블레셋 여자와 결혼하고 7일 동안의 잔치를 신부집에서 블레셋의 방식대로 가졌습니다(삿 14:10). 결혼 잔치에는 신부의 부모와 친지들 외에 특별히 초대된 30명의 블레셋 청년들이 있었습니다. 삼손은 그들에게 자기만 아는 수수께끼를 내고 그것을 풀면 베옷 30벌과 겉옷 30벌을 주고 만약에 풀지 못하면 그와 같이 자기에게 주어야 한다고 했습니다(삿 14:10-14). 그러나 그들이 3일이 되도록 깨닫지 못하자 삼손의 아내에게 "…너는 네 남편을 꾀어 그 수수께끼를 우리에게 알려 달라 하라 그렇지 아니하면 너와 네 아버지의 집을 불사르리라…"(삿 14:15)고 협박했습니다. 이에 그녀가 울면서 애원하자 삼손은 자기 부모에게도 말하지 않았던 수수께끼의 답을 그녀에게 알려주었고 그 아내는 바로 답을 블레셋 사람들에게 알려주었습니다(삿 14:16,17). 그러나 이 사실을 안 삼손이 블레셋 사람들에게 "…너희가 내 암송아지로 밭 갈지 아니 하였더라면 내 수수께끼를 능히 풀지 못하였으리라"(삿 14:18)고 했습니다. 여기에서 암송아지는 아내를 말하고 밭 갈았다는 말은 '괴롭히고 협박했다' 는 말입니다. 때문에 삼손이 그곳 사람 30명을 쳐죽이고 옷을 빼앗아 그들에게 주고 화가 나서 자기 집으로 돌아와 버렸습니다(삿 14:19).

셋째로 악순환의 생이 계속되었습니다.

삼손은 아내의 잘못을 용서하고 재결합하기 위해 화해의 선물로 염소새끼를 가지고 찾아갔으나 이미 다른 사람에게 재혼했다(삿 14:20)는 장인의 말을 듣고 분노하여 여우 3백 마리의 꼬리에 횃불을 붙여서 블레셋 사람들의 곡식밭과 감람원으로 내쫓음으로 인하여 다 불살라 버렸습니다(삿 15:3-5).

이에 분노한 블레셋 사람들이 삼손의 장인과 아내를 불태워 죽이고(삿 15:6) 유다를 공격하려고 했습니다. 때문에 두려움을 느낀 유다 사람들 3천 명이 찾아와 삼손에게 항의하자 삼손이 그러면 너희가 나를 치지 말라고 약속을 받은 다음 스스로 결박당하여 블레셋 사람들에게 넘겨졌습니다(삿 15:9-13). 그러나 삼손은 그 곳에서도 나귀의 턱뼈로 천 명을 죽이고 승리했습니다.

사랑하는 성도 여러분!
우리 모두 인간적인 생각을 버리고 하나님의 뜻에 무조건 순종합시다. 또한 절대로 자기 기분이나 감정, 욕심대로 살지 맙시다. 그리고 그 어떤 이유로도 우리들의 삶의 현장에는 악순환이 계속되는 불행한 일이 없도록 하시기 바랍니다.

3. 삼손의 죽음

첫째로 사탄의 유혹에 넘어갔습니다.
삼손은 여자로 인해 그토록 시련을 당했음에도 불구하고 또다시 소렉 골짜기의 들릴라라는 여인을 사랑했습니다(삿 16:4). 그런데 들릴라는 블레셋 방백들에게 은 일천 일백이라는 거대한 돈에 포섭되어 삼손이 가지고 있는 힘의 비밀을 캐내려 했습니다. 이에 삼손은 들릴라의 첫 번째 유혹에는 새 활줄 일곱으로 자신을 결박하라고 했고(삿 16:7), 두 번째는 새 밧줄로 자신을 결박하면 된다고 했으며(삿 16:11,12), 세 번째는 머리털 일곱 가닥을 베틀에 섞어 짜면 된다고 하여 무사히 잘 넘어갔습니다(삿 16:13,14). 그러나 그는 들릴라가 계속 괴롭히자 번뇌한 나머지 비밀을 다 말했습니다(삿 16:16,17). 삼손은 들릴라가 자기를 블레셋의 방백들에게 넘기기 위해 계속적으로 이용했다는 것을 경험했음에도 불구하고 끈질긴 들릴라의 유혹에 넘어갔습니다.

둘째로 하나님의 신이 떠났습니다.

사탄의 유혹에 넘어간 삼손은 들릴라의 품에 안겨 잠들어 있었습니다. 그 틈을 탄 들릴라는 삼손의 긴 머리를 잘랐습니다. 그 순간 삼손에게서 하나님의 영이 떠났고 초능력적인 힘도 사라졌습니다. 그리하여 그는 대적의 손에 넘어가 포로가 되었고 두 눈이 뽑힌 상태로 옥중에서 짐승처럼 맷돌을 돌려야 했습니다.

셋째로 삼손의 기도를 들어주셨습니다.
삼손이 나귀뼈로 일천 명의 블레셋 사람들을 죽이고 목말라 했을 때에도 그의 기도를 들으시고 엔학고레의 우물을 주셨습니다(삿 15:18). 그런데 블레셋 사람들은 삼손을 붙잡게 된 것은 그들이 믿는 다곤신 덕분이라고 생각하고 다곤에게 큰 제사를 드리고 축제를 벌였습니다. 그리고 옥중에서 맷돌질하고 있는 삼손을 끌어다가 다곤 신전에서 재주를 부리도록 했습니다. 그것은 바로 삼손이 눈이 뽑히고 묶인 상태에서 음악에 맞추어 춤을 추는 것이었습니다. 삼손은 이제 그들이 시키는 대로 할 수밖에 없는 비참한 처지였습니다. 재주를 부리던 삼손은 잠시 쉬겠다고 기둥으로 인도해 줄 것을 요청한 다음 다곤 신전의 두 기둥을 붙잡고 하나님께 기도하여 다곤 신전을 무너뜨렸습니다. 그리하여 블레셋의 사람들과 함께 자신도 같이 죽었습니다. 그리하여 20년 간의 사사 일을 마치고 생을 마감했습니다.

사랑하는 성도 여러분!
사탄의 유혹에 철저하게 대비합시다. 또한 언제나 성령으로 충만한 삶을 삽시다. 그리고 끝까지 유종의 미를 거두는 복된 삶을 사시기 바랍니다.

 # 솔로몬

[왕상 3:4-15]

이에 왕이 제사하러 기브온으로 가니 거기는 산당이 큼이라 솔로몬이 그 제단에 일천 번제를 드렸더니 기브온에서 밤에 여호와께서 솔로몬의 꿈에 나타나시니라 하나님이 이르시되 내가 네게 무엇을 줄꼬 너는 구하라 솔로몬이 이르되 주의 종 내 아버지 다윗이 성실과 공의와 정직한 마음으로 주와 함께 주 앞에서 행하므로 주께서 그에게 큰 은혜를 베푸셨고 주께서 또 그를 위하여 이 큰 은혜를 항상 주사 오늘과 같이 그의 자리에 앉을 아들을 그에게 주셨나이다 나의 하나님 여호와여 주께서 종으로 종의 아버지 다윗을 대신하여 왕이 되게 하셨사오나 종은 작은 아이라 출입할 줄을 알지 못하고 주께서 택하신 백성 가운데 있나이다 그들은 큰 백성이라 수효가 많아서 셀 수도 없고 기록할 수도 없사오니 누가 주의 이 많은 백성을 재판할 수 있사오리이까 듣는 마음을 종에게 주사 주의 백성을 재판하여 선악을 분별하게 하옵소서 솔로몬이 이것을 구하매 그 말씀이 주의 마음에 든지라 이에 하나님이 그에게 이르시되 네가 이것을 구하도다 자기를 위하여 장수하기를 구하지 아니하며 부도 구하지 아니하며 자기 원수의 생명을 멸하기도 구하지 아니하고 오직 송사를 듣고 분별하는 지혜를 구하였으니 내가 네 말대로 하여 네게 지혜롭고 총명한 마음을 주노니 네 앞에도 너와 같은 자가 없었거니와 네 뒤에도 너와 같은 자가 일어남이 없으리라 내가 또 네가 구하지 아니한 부귀와 영광도 네게 주노니 네 평생에 왕들 중에 너와 같은 자가 없을 것이라 네가 만일 네 아버지 다윗이 행함 같이 내 길로 행하며 내 법도와 명령을 지키면 내가 또 네 날을 길게 하리라 솔로몬이 깨어 보니 꿈이더라 이에 예루살렘에 이르러 여호와의 언약궤 앞에 서서 번제와 감사의 제물을 드리고 모든 신하들을 위하여 잔치하였더라

솔로몬은 하나님의 은혜로 이스라엘 왕이 되어 인류 역사상 전무후무한 축복과 영화를 누렸습니다. 그러나 하나님이 주신 그 지위와 명예, 부와 권세 때문에 오히려 타락하여 범죄하고 비참한 결국을 맞게 되었습니다. 오늘 이 시간에는 솔로몬의 생애를 통해서 우리들의 삶을 다시 한 번 뒤돌아보고 보다 더 발전적으로 변화하고 새롭게 되는 복된 기회로 삼아야겠습니다.

1. 지혜의 왕

첫째로 이스라엘의 왕이 되었습니다.

솔로몬은 밧세바의 두 번째 소생으로서 다윗의 열 번째 아들이었습니다. 다윗에게는 아들들이 많았기 때문에 다윗의 뒤를 이을 왕위계승 구도가 아주 복잡하고 치열했습니다. 다윗 왕이 나이가 많아 이불을 덮어도 따뜻하지 아니할 정도로 극도의 노쇠현상이 나타났습니다(왕상 1:1). 때문에 학깃의 소생으로서 다윗의 넷째 아들(삼하 3:4)인 아도니야가 "스스로 높여서 이르기를 내가 왕이 되리라 하고 자기를 위하여 병거와 기병과 호위병 오십 명을 준비"(왕상 1:5)했습니다. 그리고 그는 다윗의 군대장관 요압과 제사장 아비아달과 모의하여 거사를 계획했습니다(왕상 1:7-10). 당시의 아도니야는 다윗의 실제적인 장남이었습니다. 왜냐하면 장남인 암논과 셋째 아들 압살롬은 다말 사건으로 인해 죽임을 당했고(삼하 13:29; 18:14), 둘째 아들이었던 다니엘은 생사에 대한 기록이 전혀 없는 것을 보면 어렸을 때에 죽었을 것으로 생각하기 때문입니다. 그런데 선지자 나단이 밧세바에게 아도니야의 사실을 알려줌으로 인해 그녀가 다윗왕을 설득하여 솔로몬이 이스라엘의 3대 왕으로 세움 받았습니다(왕상 1:11-48).

둘째로 지혜를 구했습니다.

형 아도니야를 물리치고 이스라엘의 3대 왕이 된 솔로몬은 제일 먼저 가장 큰 산당이 있는 기브온으로 가서 일천 번제를 드렸습니다(왕상 3:3,4). 그런데 하나님께서 밤에 솔로몬에게 나타나셔서 "...내가 네게 무엇을 줄꼬 너는 구하라"(왕상 3:5)고 말씀하셨습니다. 이에 솔로몬은 "나의 하나님 여호와여 주께서 종으로 종의 아버지 다윗을 대신하여 왕이 되게 하셨사오나 종은 작은 아이라 출입할 줄을 알지 못하고 주의 택하신 백성 가운데 있나이다 그들은 큰 백성이라 수효가 많아서 셀 수도 없고 기록할 수도 없사오니 누가 주의 이 많은 백성을 재판할 수 있사오리이까 듣는 마음을 종에게 주사 주의 백성을 재판하여 선악을 분별하게 하옵소서"(왕상 3:7-9)라고 지혜를 구했습니다. 이에 하나님께서는 "...자기를 위하여 장수하기를 구하지 아니하며 부도 구하지 아니하며 자기 원수의 생명을 멸하기도 구하지 아니하고 오직 송사를 듣고 분별하는 지혜를 구하였은즉 내가 네 말대로 하여 네게 지혜롭고 총명한 마음을 주노니 네 앞에도 너와 같은 자가 없었거니와 네 뒤에도 너와 같은 자가 일어남이 없으리라 내가 또 네가 구하지 아니한 부귀와 영광도 네게 주노니 네 평생에 왕들 중에 너와 같은 자가 없을 것이라"(왕상 3:11-13)고 하셨습니다.

셋째로 명철한 재판을 했습니다.
한 번은 한 집에 살면서 같은 시기에 아기를 낳은 창기 두 명이 솔로몬 왕에게 와서 살아 있는 아이가 서로 자기 아이라고 싸우면서 판결해 줄 것을 요구했습니다. 이에 왕은 "칼을 내게로 가져오라... 산 아이를 둘로 나누어 반은 이 여자에게 주고 반은 저 여자에게 주라"(왕상 3:24,25)고 하여 살아 있는 아이의 어머니를 찾아내는 명철한 판결을 했습니다.

사랑하는 성도 여러분!
우리들은 이 세상의 왕보다도 더 귀한 하나님의 자녀들입니다. 당당하게 살아갑시다. 또한 우리들도 이 세상의 그 어떤 것보다도 이 세상을 아름답게 살아갈 지혜를 구합시다. 그리고 지혜로 때마다 일마다 승리하시기 바랍니다.

2. 큰 업적을 남김

첫째로 성전을 건축했습니다.
하나님의 법궤를 예루살렘으로 옮겨온 다윗은 나단 선지자에게 "...나는 백향목 궁에 거주하거늘 여호와의 언약궤는 휘장 아래에 있도다"(대상 17:1)라고 말하면서 하나님의 성전 짓기를 간절히 원했습니다. 그런데 하나님께서는 그날 밤에 나단 선지자에게 "...내 종 다윗에게 말하기를 여호와의 말씀이 너는 내가 거할 집을 건축하지 말라... 네 생명의 연한이 차서 네가 조상들에게로 돌아가면 내가 네 뒤에 네 씨 곧 네 아들 중 하나를 세우고 그 나라를 견고하게 하리니 그는 나를 위하여 집을 건축할 것이요 나는 그 왕위를 영원히 견고하게 하리라"(대상 17:4-12)고 말씀하셨습니다. 왜냐하면 그는 전쟁을 하면서 사람을 많이 죽였기 때문에 그를 통해서 성전 건축하는 것을 허락지 않으셨던 것입니다(대상 22:8). 그리하여 솔로몬이 이스라엘이 출애굽한지 480년이 되는 해에 성전 건축을 착공하여 7년 만에 완공하여 봉헌했습니다(왕상 6:37,38). 그렇습니다. 하나님의 교회는 아무나 세우고 짓는 것이 아닙니다. 다윗은 왕으로서 지위와 권세, 풍부한 인적 자원과 물질을 가지고 있었지만 하나님께서 허락하지 않으셨기 때문에 그토록 원했던 성전을 짓지 못했으며 결국은 솔로몬을 통해서 지으셨습니다.

둘째로 나라를 부강하게 했습니다.
솔로몬이 왕위에 오른 즉시 하나님께 일천 번제를 드리면서 하나님 앞에서 헌신된 삶을 살고자 했습니다. 때문에 하나님께서는 솔로몬으로 하여금 백성들의 신임을 받게 하셨고 영토를 확장시켜주셨습니다(왕상 4:24). 또한 정치적으로도 평안했고 경제적으로도 엄청난 번영을 이루었습니다(왕상 10:11-29). 그리하여 이스라엘은 세계 최강국이 되었습니다. 주변의 왕들이 예물을 가지고 솔로몬의 지혜를 듣기 위해 모여드는 역사가 일어났습니다.

셋째로 성경을 기록했습니다.
그는 잠언서를 기록하여 우리 성도들이 험악한 이 세상을 살아가는 삶의 지혜에 대해 구체적으로 가르쳐 주었습니다(잠 1:1). 또한 전도서를 기록하여 하나님을 떠난 인간이 이 세상에서 행하고 누리는 모든 수고와 연락은 다 헛되고 헛되다고 했습니다(전 1:1,2). 그리고 아가서를 통해서 하나님과 선민의 사랑은 물론 예수 그리스도와 성도들 간의 사랑을 은유적으로 잘 표현하여 하나님의 사랑에 감격하면서 살아가도록 격려하고 있습니다(아 1:1). 참으로 훌륭한 왕이었습니다.

사랑하는 성도 여러분!
우리 모두는 다 하나님의 전을 지어 가는 건축자들입니다. 열심히 복음을 전파하여 하늘나라를 확장하는 일꾼이 됩시다. 또한 우리들을 통해서 가정과 교회, 사회를 아름답게 세워 가는 건축자들이 됩시다. 그리고 하나님의 사랑 안에서 늘 승리하는 삶을 사시기 바랍니다.

3. 타락과 범죄

첫째로 이방 여인과 결혼했습니다.
솔로몬은 하나님이 주신 부귀영화에 대해 감사할 줄 모르고 자신이 잘해서 그렇게 된 줄로 착각하고 교만해지기 시작했습니다. 때문에 그는 하나님을 영화롭게 하지 않고 육신의 정욕에 빠져 하나님께서 금하신 이방 여인들을 사랑하여 아내 칠백 명과 첩 삼백 명 등 모두 천 명의 여인들을 거느렸습니다(왕상 11:1-3). 그런데 문제는 그들 모두가 다 하나님께서 통혼을 금지한 이방 여인들이었다는 점입니다. 다시 말하면 솔로몬이 이방 여인들과 결혼한 것은 하나님의 말씀을 거역한 범죄 행위였습니다. 왜냐하면 하나님께서는 이방인들과의 혼인을 금하셨으며(출 34:12; 신 7:3) 음녀를 멀리하고 아내를 많이 두지 말라고 하셨기 때문입니다(잠 6:25; 신 17:17). 그런데 솔로몬은 이 모든 말씀을 다 어겼습니다. 그리고 그가 범한 가장 큰 죄는 여인들의 꾐에 빠져 절대자이신 하나님을 배신하고 우상을 숭배한 것이었습니다.

둘째로 사치와 연락을 즐겼습니다.
그는 극도의 이기심을 가지고 재산을 늘렸으며 우리 인간들이 상상할 수 없는 극도의 사치와 연락을 즐겼습니다(전 2:4-8). 화려한 왕궁을 짓기 위해 백성들에게 많은 세금을 부과했습니다. 왕궁의 모든 재료들이 최고급품이었습니다. 이러한 일을 위해 백성들을 강제노역에 동원시켰습니다(왕상 9:21). 수많은 종들을 고용하여 혹사시켰습니다. 날마다 쾌락에 취해 살았습니다. 때문에 그의 도덕적인 타락과 함께 국론이 분열되고 나라가 빈곤해지기 시작했습니다(왕상 12:4). 더욱 안타까운 것은 그의 신앙이 완전히 변질되어 버렸다는 것입니다(왕상 11:9-11).

셋째로 하나님의 징계를 받았습니다.

하나님께서는 극도로 타락하여 우상을 숭배한 솔로몬에게 두 번씩이나 나타나셔서 진노하셨습니다(왕상 11:9). 그리고 이스라엘 나라를 나누어 신하에게 주시겠다고 하셨습니다. 그리하여 솔로몬은 적대자들에게 괴롭힘을 당하다가 찬란했던 옛날의 영화를 뒤로 하고 약관 20세에 이스라엘의 3대 왕으로 즉위하여 40년 동안 이스라엘을 통치하다가 모든 영광을 뒤로하고 60세의 일기로 이 세상을 떠났습니다(왕상 11:43). 그리고 이스라엘이 남북으로 갈라졌습니다. 그 얼마나 불행한 일입니까? 그가 처음 왕위를 계승했을 때에는 그의 믿음이 순수했습니다. 의식구조가 좋았습니다. 삶이 아름다웠습니다. 그러나 그가 형통하고 부요하며 그의 명성이 높아졌을 때에 교만하여 하나님을 배신하고 범죄함으로 초라한 인생으로 전락하여 죽고 말았습니다.

사랑하는 성도 여러분!

이유 여하를 막론하고 이 세상 사람들과 멍에를 같이하지 맙시다. 절대로 사치와 연락에 빠지지 맙시다. 그리고 시종이 여일하게 하나님을 잘 섬기다가 유종의 미를 거두는 복된 삶을 사시기 바랍니다.

 # 스룹바벨

[학 2:20-23]

> 그 달 이십사일에 여호와의 말씀이 다시 학개에게 임하니라 이르시되 너는 유다 총독 스룹바벨에게 말하여 이르라 내가 하늘과 땅을 진동시킬 것이요 여러 왕국들의 보좌를 엎을 것이요 여러 나라의 세력을 멸할 것이요 그 병거들과 그 탄 자를 엎드러뜨리리니 말과 그 탄 자가 각각 그의 동료의 칼에 엎드러지리라 만군의 여호와가 말하노라 스알디엘의 아들 내 종 스룹바벨아 여호와가 말하노라 그 날에 내가 너를 세우고 너를 인장으로 삼으리니 이는 내가 너를 택하였음이니라 만군의 여호와의 말이니라 하시니라

> 스룹바벨은 다윗의 자손으로서 여호야긴의 손자요 스알디엘의 아들이었습니다. 그는 바사 왕 고레스에 의해 유다 총독으로 임명받아 바벨론에서 귀환하는 포로들을 인솔했습니다. 그는 귀환하여 곧바로 중단되었던 성전예배를 회복했으며 무너진 예루살렘 성전을 재건했습니다.

1. 하나님의 사람

첫째로 스알디엘의 아들이었습니다.

스룹바벨이란 말은 '바벨론의 후손', 또는 '바벨론에서 태어난' 이란 뜻을 가지고 있습니다. 다시 말하면 그는 바벨론에서 출생한 사람입니다. 그는 다윗의 후예로서 바벨론에 유배되었던 여호야긴 왕의 손자요(대상 3:17), 스알디엘의 아들이었습니다(스 3:2,8; 학 1:1; 마 1:12). 그런데 성경은 그를 스알디엘의 의형제인 브다야의 아들이라고도 했습니다(대상 3:19). 이에 대해 학자들은 스알디엘이 아이가 없어 조카를 양자로 세워 대를 이었거나 아니면

브다야가 스알디엘이 사망한 후 형수와 결혼했을 것이라는 추측을 합니다. 여하튼 그는 하나님의 사람인 다윗의 후손이었습니다.

둘째로 하나님의 종이었습니다.

하나님께서는 "스알디엘의 아들 내 종 스룹바벨아 나 여호와가 말하노라 그 날에 내가 너를 세우고 너를 인장으로 삼으리니 이는 내가 너를 택하였음이니라"(학 2:23)고 하셨습니다. 하나님께서는 스룹바벨을 유다 총독으로 부르시고(학 2:21) 곧 내 종이라고 하셨습니다. 하나님께서는 가장 사랑하시고 신임하셨던 다윗에게 주로 내 종이라고 하셨습니다(왕상 11:13, 32; 시 78:70; 렘 33:21-26). 다시 말하면 하나님께서는 그를 어느 누구보다도 더 사랑하시고 신임하셨습니다. 때문에 그를 유다의 총독으로서만이 아니라 앞으로 다윗 왕조를 이어갈 메시야의 예표로 세우신 것입니다. 그러므로 하나님께서 스룹바벨을 내 종이라고 하신 것은 그에게 있어서는 최고의 축복이었습니다.

셋째로 하나님께서 인장으로 삼겠다고 하셨습니다.

하나님께서는 "…여호와가 말하노라 그 날에 내가 너를 세우고 너를 인장으로 삼으리니 이는 내가 너를 택하였음이니라…"(학 2:23下)고 하셨습니다. 여기에서의 인장은 왕권을 의미하는 말로서 스룹바벨로 예표된 메시야를 통해서 다윗 왕권 곧 하나님의 나라가 굳게 세워질 것을 뜻합니다. 그렇습니다. 예수 그리스도께서는 우리 인간들의 죄를 대속하시기 위해 이 세상에 오셨습니다. 그러나 이 세상은 오히려 그분을 핍박하고 멸시했으며 십자가에 못 박았습니다. 그렇지만 하나님께서는 예수님을 "…지극히 높여 모든 이름 위에 뛰어난 이름을 주사 하늘에 있는 자들과 땅에 있는 자들과 땅 아래에 있는 자들로 모든 무릎을 예수의 이름에 꿇게 하시고 모든 입으로 예수 그리스도를 주라 시인하여 하나님 아버지께 영광을 돌리게 하셨…"(빌 2:9-11)습니다.

사랑하는 성도 여러분!

우리들도 하나님께서 만세 전부터 선택하셨음을 믿고 자부심을 가지고 삽시다. 또한 심히 부족하고 연약한 자들이지만 자녀 삼아주셨으니 순종하며 삽시다. 그리고 십자가를 지는 심정으로 사명에 충성을 다하는 멋진 삶을 사시기 바랍니다.

2. 포로 귀환의 인도

첫째로 유다가 바벨론의 포로가 되었습니다.

선민인 이스라엘 백성들은 하나님의 말씀을 어기고 악을 행하며 우상을 숭배했습니다. 이에 하나님께서는 선지자들을 보내셔서 이스라엘 백성들로 하여금 회개하고 하나님께로 돌아올 것을 권고하셨습니다. 그러나 이스라엘 백성들이 듣지 않고 하나님의 노를 격동시켰습니다(렘 25:1-8). 때문에 하나님께서는 "…너희가 내 말을 듣지 아니하였느니라 보라 내가 북쪽 모든 종족과 내 종 바벨론의 왕 느부갓네살을 불러다가 이 땅과 그 주민과 사방 모든 나라를 쳐서 진멸하여 그들을 놀램과 비웃음거리가 되게 하며 땅으로 영원한 폐허가 되게 할 것이라… 내가 그들 중에서 기뻐하는 소리와 즐거워하는 소리와 신랑의 소리와 신부의 소리와 맷돌 소리와 등불 빛이 끊어지게 하리니 이 모든 땅이 폐허가 되어 놀랄 일이 될 것이며 이 민족들은 칠십 년 동안 바벨론의 왕을 섬기리라"(렘 25:8-11)고 하셨습니다. 그리하여 유다 백성들은 바벨론의 포로가 되어 칠십 년 동안 고통을 받았습니다.

둘째로 유다 총독이 되었습니다.

스룹바벨은 다윗 왕가의 혈통을 이어 받은 이스라엘의 주권자로서 다리오 왕이 즉위한지 2년이 되는 해에 유다 총독으로 임명되었습니다. 이스라엘이 범죄했을 때에 징계하시어 바벨론의 포로가 되어 고통받게 하신 하나님께서는 "여호와의 말씀이니 칠십 년이 끝나면 내가 바벨론의 왕과 그의 나라와 갈대아인의 땅을 그 죄악으로 말미암아 벌하여 영원히 폐허가 되게 하되 내가 그 땅을 향하여 선언한바 곧 예레미야가 모든 민족을 향하여 예언하고 이 책에 기록한 나의 모든 말을 그 땅에 임하게 하리라 그리하여 여러 민족과 큰 왕들이 그들로 자기들을 섬기게 할 것이나 나는 그들의 행위와 그들의 손이 행한 대로 갚으리라"(렘 25:12-14) 약속해 주셨습니다. 그리고 약속하신 대로 바벨론이 바사 왕국에 의해 망하게 하시고 고레스 왕을 통해 유다 백성들을 예루살렘으로 인도하시기 위해 스룹바벨을 예루살렘 총독으로 세우셨습니다.

셋째로 귀환하는 포로들을 인솔했습니다.
바사의 고레스를 통해서 스룹바벨을 예루살렘 총독으로 세우신 하나님께서는 이스라엘 백성들을 해방시키기 위해 바사 왕 고레스의 마음을 감동시켰습니다. 때문에 고레스는 "하늘의 하나님 여호와께서 세상 모든 나라를 내게 주셨고 나에게 명령하사 유다 예루살렘에 성전을 건축하라 하셨나니 이스라엘의 하나님은 참 신이시라 너희 중에 그의 백성된 자는 다 유다 예루살렘으로 올라가서… 여호와의 성전을 건축하라…"(스 1:2-3)고 했습니다. 다시 말하면 유다 총독 스룹바벨로 하여금 유다 백성들을 이끌고 예루살렘으로 귀환하도록 명령한 것입니다. 그렇습니다. 하나님께서는 당신의 백성들인 이스라엘을 구원하시기 위해 아주 세밀하게 계획하시고 역사하신 것이었습니다.

사랑하는 성도 여러분!
우리들도 하나님의 말씀에 철저하게 순종하는 삶을 삽시다. 또한 부족한

나에게 영혼을 살리는 귀한 사명을 맡겨 주신 하나님께 최선을 다해 충성합시다. 그리고 길 잃고 헤매는 이 세상 사람들을 주님께로 인도하여 구원받게 하는 충성된 사명자들이 되시기 바랍니다.

3. 허물어진 성전 재건

첫째로 예루살렘 성전이 허물어졌습니다.

유다가 바벨론에 의해 망하고 백성들은 포로로 사로 잡혀갔습니다. 그런데 유다에 남아 있는 사람들을 통해서 전해지는 고국의 소식은 그들이 "…큰 환난을 당하고 능욕을 받으며 예루살렘 성은 허물어지고 성문들은 불탔다"(느 1:3)고 했습니다. 또한 남아있던 유다 백성들은 이방사람들에 의해 조롱과 무시를 당하고 있었습니다. 예루살렘의 상태는 한마디로 하나님의 영광이 크게 훼손당하고 있었으며 백성들은 탈진상태에 있었습니다. 그렇습니다. 하나님의 말씀을 거역하고 불순종하며 우상을 섬기는 자들의 결국은 이렇게 비참할 수밖에 없습니다.

둘째로 성전 예배를 회복시켰습니다.

바사 제국의 고레스 왕에 의해 예루살렘 지역의 총독으로 임명받은 스룹바벨은 "…예루살렘으로 올라가서 거기 있는 여호와의 전을 건축하라…"(스 1:3)는 고레스의 명령을 받고 대제사장 예수아와 1차로 일단의 유대인들을 대동하고 귀환했습니다. 스룹바벨과 유다 백성들이 예루살렘으로 귀환하여 제일 먼저 한 것이 바로 그 동안 중단되었던 성전 예배를 회복시킨 것입니다. 스룹바벨과 그의 일행들이 "…하나님의 제단을 만들고 하나님의 사람 모세의 율법에 기록한 대로 번제…"(스 3:2)를 드리면서 초막절을 지켰습니다(스 3:3-6). 그렇습니다. 우리들의 인생사에서 가장 중요한 것은 예배의 회복입니다. 왜냐하면 예배에 성공해야 인생이 성공하기 때문입니다.

셋째로 허물어진 성전을 재건했습니다.

스룹바벨의 일행은 예루살렘 성에 귀환한지 2년 2개월이 되는 날에 하나님의 성전 재건공사를 시작했습니다(스 3:8). 그런데 곧바로 반대에 부딪쳤습니다. 그것은 바로 유다와 베냐민의 대적인 사마리아 사람들이 스룹바벨과 족장들에게 와서 같이 성전을 건축하자고 제안했기 때문입니다(스 4:1,2). 그러나 스룹바벨과 이스라엘 족장들은 순결한 여호와의 종교를 회복하고자 "...너희는 우리와 상관이 없느니라 바사 왕 고레스가 우리에게 명령하신 대로 우리가 이스라엘의 하나님 여호와를 위하여 홀로 건축하리라"(스 4:3)고 거절했습니다. 왜냐하면 사마리아인들은 혼합 종교로서 이방 신을 섬기면서 또 하나의 다른 신 정도로 하나님을 섬겼기 때문입니다. 이 때부터 그들의 성전 재건 방해공작이 계속되었습니다. 그들은 계속적으로 협박하면서 바사 제국의 관리들에게 뇌물을 주어 성전 재건을 반대하도록 주문했으며(스 4:5), 거짓과 허위로 왕에게 고소장을 띄우기도 했습니다(스 4:6-7). 그리하여 성전재건이 일시 중단되었으나 다리오 왕의 적극적인 독려로 완공되었습니다(스 6:13-18). 그러므로 우리들도 하나님의 성전인 우리 몸도 잘 세우고 관리해야 합니다.

사랑하는 성도 여러분!

우리 모두는 하나님의 성전을 잘 지킵시다. 또한 하나님께서 우리들에게 주신 최고의 특권인 예배를 잘 드립시다. 그리고 언제나 인생을 아름답게 세워 가는 멋진 건축자들이 되시기 바랍니다.

 # 스마야

[대하 12:1-8]

르호보암의 나라가 견고하고 세력이 강해지매 그가 여호와의 율법을 버리니 온 이스라엘이 본받은지라 그들이 여호와께 범죄하였으므로 르호보암 왕 제오년에 애굽 왕 시삭이 예루살렘을 치러 올라오니 그에게 병거가 천이백 대요 마병이 육만 명이며 애굽에서 그와 함께 온 백성 곧 리비아와 숙과 구스 사람이 헤아릴 수 없이 많더라 시삭이 유다의 견고한 성읍들을 빼앗고 예루살렘에 이르니 그 때에 유다 방백들이 시삭의 일로 예루살렘에 모였는지라 선지자 스마야가 르호보암과 방백들에게 나아와 이르되 여호와께서 이같이 말씀하시기를 너희가 나를 버렸으므로 나도 너희를 버려 시삭의 손에 넘겼노라 하셨다 한지라 이에 이스라엘 방백들과 왕이 스스로 겸비하여 이르되 여호와는 의로우시다 하매 여호와께서 그들이 스스로 겸비함을 보신지라 여호와의 말씀이 스마야에게 임하여 이르시되 그들이 스스로 겸비하였으니 내가 멸하지 아니하고 저희를 조금 구원하여 나의 노를 시삭의 손을 통하여 예루살렘에 쏟지 아니하리라 그러나 그들이 시삭의 종이 되어 나를 섬기는 것과 세상 나라들을 섬기는 것이 어떠한지 알게 되리라 하셨더라

> 성경에는 스마야라는 이름을 가진 동명이인이 무려 27명이나 있습니다. 스마야라는 이름의 뜻은 '여호와께서 들으셨다'라는 아주 좋은 의미를 가지고 있습니다. 그러나 그들의 삶은 천태만상이었습니다. 오늘 이 시간에는 '여호와께서 들으셨다'는 좋은 뜻의 이름을 가지고 있음에도 불구하고 삶의 자세가 전혀 다른 세 사람을 생각하면서 하나님께서 우리들에게 주시는 은혜를 받고자 합니다.

1. 진실한 선지자 스마야

첫째로 남왕국과 북왕국으로 분열되었습니다.

르호보암은 솔로몬이 나아마에게서 낳은 외아들로서(왕상 14:21,31; 대하 12:13) 솔로몬이 죽자 곧바로 이스라엘의 4대 왕으로 즉위했습니다(왕상 11:43). 솔로몬은 처음에는 평화의 왕으로서 나라를 훌륭하게 다스렸으나 말년에는 타락하여 전제군주가 되어 폭군정치를 했습니다. 때에 솔로몬의 학정에 반항하다가 생명의 위협을 느끼고 애굽으로 망명했던 여로보암이 솔로몬이 죽자 곧바로 귀국했습니다(왕상 11:40; 왕상 12:3; 대하 10:2). 귀국한 여로보암은 솔로몬에 대한 원성이 극에 달한 북쪽의 열 지파들과 함께 르호보암에게 "왕의 아버지가 우리의 멍에를 무겁게 하였으나 왕은 이제 왕의 아버지가 우리에게 시킨 고역과 메운 무거운 멍에를 가볍게 하소서 그리하시면 우리가 왕을 섬기겠나이다"(왕상 12:4)라고 요구했습니다. 이에 르호보암은 그 동안 아버지인 솔로몬왕을 모셨던 원로들에게 자문을 구했습니다(왕상 12:6). 그리하여 그들은 왕의 자문요청에 "왕이 만일 오늘 이 백성을 섬기는 자가 되어 그들을 섬기고 좋은 말로 대답하여 이르시면 그들이 영원히 왕의 종이 되리이다"(왕상 12:7)라고 올바른 처방을 제시했습니다. 그러나 르호보암은 원로들의 말을 듣지 않고 자기와 함께 자라난 소년들과 의논하여 그들의 잘못된 충성으로 솔로몬보다 더 심한 학정(왕상 12:10-14)을 요구했습니다. 르호보암은 더욱 혹독한 학정을 폈고 그로 인해 열 지파를 중심으로 여로보암을 왕으로 세운 북왕국 이스라엘과 남쪽의 두 지파를 중심으로 르호보암을 왕으로 세운 남유다로 분열되었습니다.

둘째로 북이스라엘과 싸우지 말라고 했습니다.

여로보암을 왕으로 세운 북왕국 이스라엘에 대한 배신감을 가진 르호보암은 여로보암의 북왕국 이스라엘을 정복하고 통일 이스라엘의 옛 영광을 되찾고자 18만 명의 병사를 징집하여 전투 준비를 했습니다(왕상 12:21). 바로 동족상잔의 위기 국면에 처하게 되었습니다. 이에 하나님께서는 진실한 선지자 스마야에게 "…르호보암과 유다와 베냐민 온 족속과 또 그 남은 백성에게 말하여 이르기를 여호와의 말씀이 너희는 올라가지 말라 너희 형제 이스라엘 자손과 싸우지 말고 각기 집으로 돌아가라…"(왕상 12:23, 24; 대하 11:2-4)고 하셨습니다. 그리하여 동족상잔의 비극을 막았습니다.

셋째로 르호보암의 죄악을 지적했습니다.
르호보암이 나라가 견고하고 세력이 강해지자 율법을 버렸습니다(대하 12:1). 때문에 하나님께서는 범죄한 르호보암을 징계하시기 위해 애굽의 시삭 왕을 통해 유다를 침략케 하셨습니다(대하 12:2-4). 이에 진실한 선지자 스마야가 르호보암과 백성들에게 "…여호와께서 이같이 말씀하시기를 너희가 나를 버렸으므로 나도 너희를 버려 시삭의 손에 넘겼노라 하셨다"(대하 12:5)고 했습니다. 이에 스마야 선지자의 말을 들은 르호보암과 방백들이 겸비하여 회개했으며 그동안 유다인들의 선한 일도 있어 여호와께서 유다를 완전히 멸하지는 않으셨습니다(대하 12:7-12).

사랑하는 성도 여러분!
우리 모두는 언제나 남을 나보다 더 낫게 여기고 사랑의 법으로 대합시다. 또한 이유 여하를 막론하고 다투지 맙시다. 그리고 늘 겸손히 자신의 부족을 깨닫는 은혜로운 삶을 사시기 바랍니다.

2. 거짓된 선지자 스마야

첫째로 예레미야의 권고가 있었습니다.
남유다가 바벨론에 의해 지배당하고 있을 때에 지배국인 바벨론의 사신들이 남유다 왕국을 방문한 적이 있었습니다. 때에 예레미야는 바벨론으로 돌아가는 사신들 편에 바벨론으로 잡혀간 유다인들에게 하나님께서 약속하신 대로 70년이 되면 반드시 고국으로 돌아오게 하신다(렘 29:10)는 약속을 상기시키고 희망과 용기를 잃지 말고 일상생활에 충실하라고 권고 했습니다(렘 29:4-7). 또한 하나님께서 거짓 선지자나 점쟁이는 물론 자신의 꿈도 믿지 말라고 하셨다(렘 29:8,9)고 했습니다. 그리고 예레미야는 자신들의 범죄로 인해 하나님의 징계를 받고 있음에도 불구하고 회개하기는커녕 영적인 방종에 빠져 있는 국내, 외의 모든 유다 백성들에게 하나님의 심판에 대해 경고했습니다.

둘째로 예레미야를 공격했습니다.
예레미야의 경고를 받은 거짓 선지자들은 자신들의 실체가 드러날 것을 우려하여 대단히 두려워했습니다. 왜냐하면 그들은 이미 하나냐가 2년이 차기 전에 바벨론의 포로 된 자들과 빼앗겼던 성전 기구들이 모두 다 돌아오리라(렘 28:3, 4)고 거짓 예언한 것을 믿고 있었기 때문이었습니다. 예레미야의 편지로 인해 자신들의 거짓된 실체가 드러나면 백성들로부터 배척 당할 것이 분명하기 때문이었습니다. 그래서 거짓 선지자 중에서도 특히 스마야는 하나님께서 세우신 예레미야 선지자에 대해 터무니없는 말로 비방했습니다. 그는 예루살렘의 제사장과 백성들에게 자칭 선지자라 하는 예레미야를 책망하지 않느냐고 편지를 보냈습니다(렘 29:24-27). 거짓 선지자인 스마야의 범죄행위는 다양했습니다. 그는 먼저 하나님의 이름으로 거짓 예언을 했습니다. 또한 선한 자신이 하나님의 말씀을 대필했다고 거짓말했습니다(렘 29:26). 그리고 순진한 백성들까지 충동질하여 함께 예레미야를 비방하도록 했습니다. 한마디로 그는 백성들을 멸망으로 인도하는 악한 자였습니다.

셋째로 하나님의 징벌을 받았습니다.
하나님께서는 거짓 선지자 스마야를 그대로 방치하지 않으시고 징계하셨습니다. 먼저 그는 하나님께서 선지자로 세우지 않으셨음에도 불구하고 자칭 선지자가 되어 거짓 예언을 하고 패역한 말을 했으므로 그를 따르는 사람이 하나도 없을 것이라고 했습니다. 또한 그는 하나님께서 백성들에게 행하시는 선한 일을 하나도 보지 못할 것이라고 했습니다(렘 29:29-32). 즉 그의 평생에 하나님이 내리시는 복을 보지 못할 것이며 그의 혈통 즉 자손도 끊어질 것이라고 했습니다.

사랑하는 성도 여러분!
우리는 언제나 하나님의 말씀을 잘 들어야 합니다. 또한 이유 여하를 막론하고 남을 힘들게 하지 맙시다. 그리고 무슨 일이 있어도 하나님의 사랑과 은혜 안에 거하는 복된 삶을 사시기 바랍니다.

3. 탐욕의 선지자 스마야

첫째로 산발랏의 일당이 음모를 꾸몄습니다.
느헤미야는 바벨론에서 태어나 그 곳에서 성장한 자로서 바사 왕 아닥사스다 1세의 신임을 받아 수산궁에서 왕의 술을 담당한 관원이었습니다. 그런데 그는 고국에 있는 백성들이 환난을 당하고 있으며 예루살렘 성은 허물어지고 성문들은 다 불탔다는 소식을 듣고 수일 동안 울면서 금식하며 기도했습니다. 그리하여 아닥사스다 왕의 허락을 받아 귀국하여 허물어진 성을 재건하기 시작했습니다. 이제 성벽공사는 거의 완성했고 아직 성문의 문짝은 달지 못한 상태였습니다(느 6:1). 그동안 대내적으로 많은 어려움이 있었지만 모두 다 이겨냈습니다. 그런데 이번에는 외적인 어려운 일이 발생했습니다. 그것은 바로 산발랏의 일당의 살해음모였습니다. 왜냐하면 산발랏과 도비야는 유다의 부패한 지도층과 관계를 갖고 많은 이권에 개입해왔습니다. 그런데 느헤미야로 인해 그 기득권에 큰 위협을 느끼고 느헤미야를 제거하려고 한 것이었습니다. 산발랏의 일당은 느헤미야에게 오노 평지의 한 촌에서 만나자고 제의했습니다(느 6:2). 그러나 느헤미야는 그들의 음모를 알고 계속 거절하여 화를 면했습니다(느 6:3,4).

둘째로 뇌물을 받고 느헤미야를 유혹했습니다.
산발랏 일당은 느헤미야를 제거하려는 음모가 실패하자 유대인들에게 신망을 받고 있는 종교 지도자인 스마야 선지자에게 뇌물을 주어 느헤미야를 함정에 빠뜨리기 위해 거짓 예언을 하게 했습니다(느 6:10-13). 뇌물을 받은 스마야가 자신을 경건한 지도자로 보이기 위해 자기 처소에서 두문불출하면서 느헤미야를 유인합니다. 그것은 느헤미야로 하여금 제사장 외에는 들어갈 수 없는 성소로 들어오게 함으로 그가 율법을 어기도록 만들려는 것이었습니다. 그러나 느헤미야는 산발랏 일당으로부터 뇌물을 받고 성소에 같이 숨자고 하는 스마야의 악한 제안을 지혜롭게 물리쳤습니다. 스마야는 돈을 받고 성전을 더럽히려 한 참으로 악한 인간이었습니다.

셋째로 탐욕의 스마야는 실패했습니다.
산발랏 일당으로부터 뇌물을 받은 스마야 선지자의 거짓 예언과 제안은 백일하에 드러났습니다. 때문에 그는 얼마의 뇌물로 인해 유다 백성들의 존경과 신뢰를 완전히 잃어버렸습니다. 바로 이것이 뇌물을 좋아하는 인간들의 결국입니다. 그러나 느헤미야는 무너졌던 예루살렘 성벽을 수많은 방해공작에도 불구하고 52일이라는 짧은 기간에 완공했습니다(느 6:15). 바로 하나님의 사랑과 믿음의 승리였습니다.

사랑하는 성도 여러분!
우리 모두 사탄의 유혹을 예수님의 이름으로 자신 있게 물리칩시다. 또한 정함이 없는 세상 것에 마음 빼앗기지 맙시다. 그리고 끝까지 믿음을 지킴으로 완전한 승리를 이루시기 바랍니다.

 # 스불론

[신 33:18,19]

> 스불론에 대하여는 일렀으되 스불론이여 너는 밖으로 나감을 기뻐하라 잇사갈이여 너는 장막에 있음을 즐거워하라 그들이 백성들을 불러 산에 이르게 하고 거기에서 의로운 제사를 드릴 것이며 바다의 풍부한 것과 모래에 감추어진 보배를 흡수하리로다

> 스불론은 야곱이 레아를 통해서 얻은 열 번째 아들이요 레아에게는 막내인 여섯 번째 아들이었습니다. 그는 레아가 라헬과 다툼 중에서 잉태되었습니다. 때문에 레아는 하나님께서 자기에게 좋은 선물을 주셨고 이로 인해 야곱이 자기와 함께 살면서 사랑해 줄 것이라는 생각으로 그의 이름을 '거하다, 거하기를 원하다'라는 의미를 가진 스불론이라고 지어주었습니다.

1. 스불론 지파를 이룸

첫째로 심히 번성했습니다.

스불론 지파는 스불론의 아들들인 세렛, 엘론, 알르엘의 후손들로 이루어졌습니다. 스불론 지파는 하나님의 은혜로 크게 번성하여 이스라엘의 12지파 가운데서도 네 번째로 많은 인구를 가진 큰 지파로 번성했습니다. 그러므로 우리들도 반드시 생육하고 번성하여 하나님께 영광 돌려야 합니다.

둘째로 부요를 이루었습니다.

스불론 지파는 야곱이 예언한 대로 사통팔달의 요지를 분배받았습니다. 야곱은 "스불론은 해변에 거주하리니"(창 49:13上)라고 했습니다. 그러나 실제

적으로는 해변과는 조금 거리가 먼 갈릴리 호수와 지중해 사이에 있는 내륙 지방의 땅을 기업으로 받았습니다. 그들이 기업으로 받은 땅은 12개의 성읍과 촌락(수 19:15, 16)이었는데 동서를 잇는 무역의 요충지였습니다. 때문에 그들은 지중해 연안의 항구도시인 시돈에 빈번하게 왕래하여 상거래를 했습니다. 그런 의미에서 야곱이 "스불론은 해변에 거주하리니 그 곳은 배 매는 해변이라 그의 경계가 시돈까지리로다"(창 49:13)라는 말씀이 이루어진 것입니다. 또한 "그들이 백성들을 불러 산에 이르게 하고 거기에서 의로운 제사를 드릴 것이며 바다의 풍부한 것과 모래에 감추어진 보배를 흡수하리로다"(신 33:19)는 말씀과 같이 그들은 왕성한 상업활동으로 부요한 삶을 살았습니다. 그러므로 우리들도 나 자신이 어떠한 상황에 처하든지 간에 최대공약수를 찾아 열심히 살아야 합니다.

셋째로 광야 이동시 중요한 역할을 했습니다.

출애굽한 이스라엘은 광야에서 성막을 한가운데로 하고 둘레에 배치되어 주둔했고, 이동시에는 법궤를 제일 앞에 모시고 3개 지파씩 4개 대열로 정렬하여 이동했습니다. 그 때에 스불론 지파는 동쪽에 위치한 3개 지파 가운데 하나였습니다. 성경에 보면 동쪽은 하나님이 임재 하시는 방향으로 여겨서 성막의 정문도 언제나 동쪽으로 향하고 있었습니다. 이것은 바로 이스라엘에서의 스불론 지파의 위치와 역할이 아주 중요했음을 보여주고 있는 것입니다. 그들은 언제나 선발대 역할을 했으며 맡겨진 사명을 잘 감당했습니다. 우리들도 언제나 남보다 더 앞서가면서 맡은 바 사명을 잘 감당해야겠습니다. 그리하여 하나님께서 인정하시는 충성된 삶을 살아야겠습니다.

사랑하는 성도 여러분!

우리들도 하나님의 창조 목적에 따라 생육하고 번성하는 삶을 살아야 합니다. 또한 주어진 환경 속에서 최대공약수를 찾아 열심히 삽시다. 그리고 맡은 바 사명을 충성되어 감당함으로 언제나 앞서가는 복된 자들이 되시기 바랍니다.

2. 열심 있는 신앙

첫째로 에발산을 지정 받았습니다.

모세는 언약의 백성인 이스라엘이 가나안 땅에 들어간 후 그 곳 세겜 땅 북쪽에 있는 그리심산과 에발산에서 반드시 이행하여야 할 '축복과 저주의 의식'에 대해 명령했습니다(신 27:11-13). 이 명령은 이스라엘 열두 지파가 그리심산과 에발산에 각각 6지파씩 양편으로 갈라서서 축복과 저주에 대하여 보다 생생하게 교훈하기 위해서였습니다. 이 두 산은 가나안의 중심부에 있는 산으로서 높이가 비슷했으며 서로 마주보고 있었습니다. 그러나 이 두 산의 상황은 전혀 달랐습니다. 그리심산은 남쪽에 위치한 산으로서 항상 햇빛이 들고 물이 풍부하여 산림이 울창했습니다. 그러나 에발산은 북쪽에 있는 산으로서 햇빛도 들지 않고 물이 없어 수목이 거의 없는 황폐한 바위산이었습니다. 때문에 언제나 그리심산은 축복의 상징으로 취급되었고 에발산은 저주의 상징으로 취급되었습니다. 이 말씀은 여호수아 때에 그대로 실현되었습니다(수 8:30-35). 그런데 스불론 지파는 에발산을 지정 받았습니다. 에발산에 서도록 지정받은 지파는 르우벤과 스불론 외에는 모두가 다 두 첩을 통해서 얻은 지파였습니다. 그러나 스불론은 전혀 불평하지 않고 감사했습니다. 그렇습니다. 우리는 언제, 어디서나 하나님이 주신 환경에 대해 기뻐하고 감사해야 합니다(신 33:18,19). 그래야 적극적인 삶을 살 수 있습니다.

둘째로 예배에 열심이었습니다.

스불론 지파는 잇사갈 지파와 함께 하나님 앞에 의로운 제사를 드렸습니다(신 33:19). 예배는 나 자신의 몸과 마음, 시간과 물질 등 전체를 드리는 것입니다. 때문에 하나님께서는 우리들이 드리는 예배를 기뻐하시고 영광을 받으시며 이 예배를 통해서 만나주시고 우리의 소원을 응답해 주십니다. 그러므로 우리는 영과 진리로 최선을 다해 드려야 합니다(요 4:23,24). 우리 모두 예배의 성공자가 됩시다.

셋째로 복음전파에 열심이었습니다.

스불론 지파는 일찍부터 사통팔달의 교통요지에서 살면서 주변의 많은 이방인들과 접촉하게 되었습니다. 바로 스불론 지파가 가나안에 들어가서 "백성들을 불러 산에 이르게 하고 거기에서 의로운 제사를 드릴 것이며 바다의 풍부한 것과 모래에 감추어진 보배를 흡수하리로다"(신 33:19)라고 예언한 것처럼 그들은 자신들만 하나님 앞에 의로운 제사를 드린 것이 아니라 주변의 이방인들을 불러모아 제사드릴 것이라는 모세의 예언과 같이, 그들은 가나안에 정착하여 주변의 이방인들에게 성실하게 복음을 전파했습니다. 그러므로 우리들도 스불론 지파와 같이 언제, 어디서나, 어떠한 상황에서도 최선을 다해 복음을 전파해야 합니다. 이것이 우리들이 받은 선교사명입니다(마 28:18-19).

사랑하는 성도 여러분!

우리 모두는 이유 여하를 막론하고 하나님께서 주신 환경에 대해 기뻐하고 감사합시다. 또한 거룩하신 하나님 앞에 최선을 다해 성숙한 예배를 드립시다. 그리고 죄와 허물로 인해 지옥불로 향하는 불신영혼들을 구원하기 위해 열심히 전도하여 하늘의 별처럼 빛나시기 바랍니다.

3. 충성된 지파

첫째로 드보라를 도와 시스라와 싸웠습니다.

하나님께서는 이스라엘이 하나님을 배신하고 우상을 섬기면서 범죄함으로 그들을 징계하셔서 하솔 왕 야빈의 압제 하에서 20년 동안이나 심한 고통을 당하게 하셨습니다(삿 4:1-3). 때문에 이스라엘 백성들은 하나님 앞에 부르짖어 회개하면서 구원해주실 것을 기도했습니다(삿 4:3). 이에 하나님께서는 이스라엘을 구원하시고자 여선지자 드보라를 세우셨습니다(삿 4:4-6). 이에 드보라는 바락을 세워 야빈의 군대 장관인 시스라와 싸워 완전한 승리를 거두었습니다(삿 4:6-16). 그런데 스불론은 당시의 전쟁에서 죽음을 무릅쓰고 아주 헌신적으로 드보라를 도왔습니다(삿 4:10, 5:18). 마찬가지로 우리들도 스불론과 같이 하나님의 일에는 죽음을 무릅쓰고 생명을 아끼지 않는 헌신과 결단이 필요합니다. 그래야 하나님의 사랑과 은혜 안에서 크게 쓰임 받을 수 있습니다.

둘째로 기드온을 도와 미디안과 싸웠습니다.

이스라엘은 하나님의 부르심을 받은 드보라의 활약으로 하솔 왕 야빈의 압제 하에서 구원받아 40년 동안 태평성대를 이루었습니다. 그런데 이스라엘이 또다시 범죄함으로 인해 미디안의 압제 하에서 7년 동안이나 고통을 당하게 되었습니다. 그로 인해 백성들은 대부분이 토굴을 파고 생활했으며 극심한 식량난도 겪었습니다(삿 6:1-5). 그리하여 견디다 못한 이스라엘이 하나님께 구원해 주실 것을 호소했습니다(삿 6:6,7). 이에 이스라엘의 기도를 들으신 하나님께서는 그들을 구원하시기 위해 기드온을 사사로 세우시고 미디안을 치도록 하셨습니다. 이에 드보라 선지자를 도와 하솔의 군대장관 시스라와 싸워 이스라엘을 해방시켰던 스불론은 이제 기드온의 초청을 받고 기꺼

이 함께하여 미디안과 싸웠습니다(삿 6:34,35). 그리하여 기드온으로 하여금 완전히 승리케 했습니다(삿 7:1-15). 스불론은 이스라엘 민족이 위기에 처했을 때마다 적극적으로 개입하여 구원하는 데에 크게 쓰임을 받았습니다.

셋째로 다윗에게 충성했습니다.

사울왕의 넷째 아들인 이스보셋이 아버지와 세 형들이 길보아 전투에서 전사하게 되자 마하나임에서 아브넬 장군의 옹립으로 왕위에 즉위했습니다(삼하 2:8, 9). 이때에 다윗도 헤브론에서 왕좌에 올랐습니다(삼하 2:11). 당시에는 사실 두 왕이 존재하고 있었습니다. 이스라엘의 전통에 의하면 이스보셋이 사울왕의 뒤를 이어 왕이 된 것은 당연한 일이었습니다. 그러나 하나님께서는 사울 왕가를 버리시고 다윗 왕가를 택하셨습니다. 이때에 스불론 지파는 하나님의 뜻을 따라 사울 왕가를 택하지 않고 다윗에게 충성했습니다(대상 12:33-40). 그리하여 그들은 다윗의 왕위를 굳게 하는 데에 크게 공헌하였습니다. 그러므로 우리들도 언제나 두 마음을 품지 말고 오직 한마음으로 하나님의 뜻을 따라 최선을 다해 충성해야 합니다.

사랑하는 성도 여러분!

우리들도 가치 있는 삶을 사는 사람이 됩시다. 또한 언제나 약한 자를 돕는 사람을 삽시다. 그리고 일생 동안 변함없이 하나님의 일에 충성하는 삶을 사시기 바랍니다.

 # 시드기야

[왕하 24:18-20]

시드기야가 왕이 될 때에 나이가 이십일 세라 예루살렘에서 십일 년간 다스리니라 그의 어머니의 이름은 하무달이요 립나인 예레미야의 딸이더라 그가 여호야김의 모든 행위를 따라 여호와 보시기에 악을 행한지라 여호와께서 예루살렘과 유다를 진노하심이 그들을 그 앞에서 쫓아내실 때까지 이르렀더라 시드기야가 바벨론 왕을 배반하니라

> 이 세상은 빛과 어둠, 선과 악, 의와 불의가 같이 공존하고 있습니다. 그러므로 내가 어떠한 것의 영향을 받느냐는 것은 대단히 중요합니다. 그런데 시드기야는 악한 자의 영향을 받아 하나님의 말씀을 거역하고 선지자의 말을 무시함으로 인해 여호와 앞에 악을 행하다가 나라를 빼앗기고 백성들을 잃었으며 자신은 비참한 인생의 종말을 맞았습니다. 그러므로 하나님의 자녀들인 우리들은 언제나 빛의 자녀들로서 밝고 아름답게 살아야겠습니다.

1. 시드기야의 범죄

첫째로 여호와 보시기에 악을 행했습니다.

바벨론의 느부갓네살왕은 여호야김왕 때에 제1차로 유다를 침공하였으며 제2차로 침공하여 여호야긴왕을 포로로 잡아가고 그를 대신하여 요시야의 아들로서 21세인 맛다니야를 유다의 20대 왕으로 세웠습니다. 그리고 그의 이름을 시드기야로 개명해 주었습니다(왕하 24:17). 그러나 그는 느브갓네살왕에 의해 섭정을 당하는 허수아비 왕이었습니다. 그런데 문제는 이 시드기야가 여호와 보시기에 악을 행했습니다. 그는 앞선 악한 왕들인 므낫세, 여호

야김, 여호야긴처럼 하나님의 뜻을 어기고 반 바벨론 정책과 친 애굽정책을 폈습니다. 또한 우상을 섬기고 주술과 사술을 허용함으로 여호와 앞에 악을 행했습니다(왕하 24:19). 그렇습니다. 하나님의 뜻을 무시하고 우상을 섬기며 이 세상의 것에 마음이 빼앗기는 것은 모두가 다 여호와 보시기에 악을 행하는 것입니다. 그러므로 우리들은 오직 주님만 믿고 그분만 사랑하며 그분의 뜻대로만 살아야 합니다.

둘째로 선지자의 말을 무시했습니다.

하나님께서는 예레미야 선지자에게 "…너는 가서 유다의 시드기야 왕에게 아뢰어 이르기를 여호와의 말씀에 보라 내가 이 성을 바벨론 왕의 손에 넘기리니 그가 이 성을 불사를 것이라 네가 그의 손에서 벗어나지 못하고 반드시 사로잡혀 그의 손에 넘겨져서 네 눈은 바벨론 왕의 눈을 볼 것이며 그의 입은 네 입을 마주 대하여 말할 것이요 너는 바벨론으로 가리라"(렘 34:2,3)고 말씀하셨습니다. 이때는 이미 예루살렘 성이 바벨론 군대에 의해 완전히 포위된 상태였습니다(렘 34:1). 예레미야는 이 모든 말씀을 예루살렘에서 유다 왕 시드기야에게 그대로 전했습니다(렘 34:6). 그리고 유다는 하나님의 뜻을 따라 애굽을 의지하지 말고 바벨론에게 복종해야 한다고 전했습니다. 그러나 시드기야는 예레미야 선지자가 전하는 말을 우습게 여기고 무시했습니다. 뿐만 아니라 선지자인 예레미야를 깔보고 조롱했으며 때려서 감옥에 가두기까지 했습니다(렘 37:11-15). 참으로 악한 자였습니다.

셋째로 회개하지 않았습니다.

당시 유다가 처한 환경은 풍전등화와 같은 참으로 위급한 상황이었습니다. 그래서 시드기야가 예레미야 선지자에게 기도해 줄 것을 요청한 것입니다. 이에 예레미야는 시드기야와 예루살렘 거민, 유다 왕가에 대해 하나님께서 주신 말씀으로 회개할 것을 권고했습니다(렘 21:1-14; 34:2-6). 그러나 시드기야는 끝까지 회개하지 않았습니다. 그것은 바로 자기 자신이 유다가 당면한 급박한 문제를 해결할 수 있다고 착각했기 때문입니다. 또한 그는 예레미야 선지자의 말보다는 바벨론의 포로들이 곧 풀려 날 것이라는 거짓 선지자들의 말을 더 믿었습니다. 그리고 애굽을 의지하고 주변의 여러 나라를 예루살렘으로 끌어들여 반 바벨론 동맹을 맺기까지 했습니다. 그러나 그것은 바로 하나님 뜻을 어기고 느부갓네살왕을 배반한 것이었습니다.

사랑하는 성도 여러분!
하나님의 자녀들인 우리들은 이유여하를 막론하고 악을 행해서는 안 됩니다. 또한 하나님의 말씀에 철저하게 순종해야 합니다. 그리고 언제나 지은 죄는 곧바로 회개하고 용서를 받아야 합니다.

2. 유다의 멸망

첫째로 바벨론의 공격을 받았습니다.
바벨론의 느부갓네살왕은 유다 왕국을 여호야김과 여호야긴, 시드기야 때까지 모두 세 번씩이나 공격했습니다. 그것은 바로 세 왕들이 모두다 여호와 앞에 악을 행했기 때문이었습니다. 그들은 모두가 다 유다 왕들 중에서도 가장 악한 왕인 므낫세왕의 영향을 가장 많이 받은 왕들이었습니다. 므낫세는 그의 부친 히스기야가 헐어버린 산당을 다시 세우고 바알을 위하여 단을 쌓았으며 아세라 목상을 만들고 일월성신을 섬겼습니다(왕하 21:2-6). 때문에 이에 므낫세 때에 하나님께서 심판하시기로 확정하셨습니다. 그런데 므낫세의 뒤를 이은 왕들이 계속해서 므낫세를 본받아 악을 행했습니다. 먼저 유다의 18대 왕인 여호야김이 백성의 강제 노무로 화려한 건축을 강행했습니다

(왕하 23:24-24:7). 뿐만 아니라 예레미야가 기록한 예언의 말씀을 태워버렸고 선지자들까지 죽였습니다. 그때에 바로 바벨론의 느부갓네살왕이 유다를 1차로 침략하고 정복했습니다. 또한 여호야김이 죽고 그의 아들 여호야긴이 18세 때에 유다의 19대 왕으로 즉위하여 석 달 동안 치리하였으나 여호와 보시기에 악을 행하므로 하나님께서 바벨론의 느부갓네살을 들어 2차로 침략하여 왕과 지도자들과 전문 일꾼들을 다 사로잡아갔습니다(왕하 24:8-17). 그리고 유다의 20대 왕인 시드기야 역시 여호와 보시기에 악을 행하여 즉위 11년에 바벨론의 3차 공격을 받아 멸망했습니다.

둘째로 유다 땅과 성 전체가 초토화되었습니다.
당시의 바벨론 왕 느부갓네살은 예루살렘 성을 정복하고 유다를 자신의 손아귀에 넣기 위해 강경정책을 썼습니다. 그래서 1, 2차 정복 때와는 달리 유다 땅과 예루살렘 성 전체를 완전히 초토화시켜 버렸습니다(렘 39:8). 또한 유다 백성들의 재물과 성전의 기물들까지도 모두 다 약탈해 갔습니다.

셋째로 유다 왕족자체를 끊어버렸습니다.
느부갓네살은 유다 왕조를 완전히 끊어 버리기 위해 유다의 왕과 그의 가족은 물론 지도자들과 물론 반대자들까지도 모두다 몰살시켰습니다(렘 39:4-7). 또한 기술자들이나 이용할 가치가 있는 자들은 모두 사로잡아갔습니다. 그리고 힘없는 빈민자들만 남겨두었습니다(렘 39:10). 한마디로 유다는 철저하게 멸망당했습니다. 그렇습니다. 이것은 바로 하나님의 말씀에 불순종하고 악을 행하는 자들의 결국인 것입니다.

사랑하는 성도 여러분!
우리는 하나님의 자녀들입니다. 그러므로 언제나 선에 속한 자가 되어야 합니다. 또한 그 어떠한 이유로도 하나님의 징계의 대상이 되는 불행한 자들이 되지 맙시다. 그리고 우리들 때문에 우리의 가정과 교회가 자자손손이 복을 받을 수 있도록 하는 복된 삶을 사시기 바랍니다.

3. 불행한 종말

첫째로 포로로 잡혀가 심문을 받았습니다.

바벨론 왕 느부갓네살의 공격을 받은 시드기야는 유다의 군사들과 함께 아라바로 도망하다가 바벨론 군대에게 붙잡혀 느부갓네살왕에게 심문을 받았습니다(렘 39:4,5). 이것은 바로 에스겔 선자자의 예언이 성취된 것이었습니다(겔 12:13). 여기에서 시드기야가 느부갓네살왕의 심문을 받았다는 것은 바벨론의 법에 따라 재판을 받았다는 것입니다. 바벨론의 느부갓네살왕은 시드기야를 유다의 분봉 왕으로 세웠습니다. 이 분봉 왕은 영토를 4분해서 그 중에 하나를 다스리는 왕을 말합니다. 다시 말하면 느부갓네살 왕이 시드기야를 분봉 왕으로 세워 유다를 다스리게 한 것입니다. 그러므로 시드기야는 철저하게 느부갓네살왕에게 순종했어야 했습니다. 그러나 그는 느부갓네살왕을 배신하고 친애굽 정책을 폈기 때문에 잡혀가 재판을 받은 것입니다. 그렇습니다. 하나님의 심판의 손길에서 벗어날 수 있는 인간은 하나도 없습니다.

둘째로 두 눈이 뽑혔습니다.

느부갓네살왕은 시드기야가 자신을 배신한 응징으로 시드기야의 목전에서 그 아들들과 신하들을 살해했습니다(렘 39:6). 시드기야가 이런 광경을 직접 목도했다는 것은 자신이 죽는 것보다 더 치욕스러웠을 것입니다. 이와 같은 조치는 당시의 정복자들이 피정복국의 반란을 사전에 막기 위해 늘 행해

왔던 조치였습니다. 그런데 느부갓네살의 시드기야에 대한 형벌은 여기서 끝나지 않았습니다. 느부갓네살은 시드기야로 하여금 자신의 아들들과 신하들이 죽는 모습을 친히 목도하게 한 다음 그의 두 눈을 다 뽑았습니다. 그리고 그는 쇠사슬에 묶여 바벨론으로 끌려갔습니다(렘 39:7). 이것은 바로 선지자들을 통해 이미 예언된 것이었습니다. 하나님의 종인 에스겔 선지자가 "왕이 도망하지만(겔 12:12) 그물에 걸리듯 잡힐 것(겔 12:13)이고 그 땅을 보지 못할 것이라"(겔 12:13)는 예언을 했는데 그 예언이 그대로 이루어진 것이었습니다. 그렇습니다. 하나님의 말씀은 반드시 이루어집니다.

셋째로 죽어 매장되었습니다.

시드기야는 선지자의 예언대로 비참한 모습으로 바벨론의 포로로 잡혀가서 그 곳에서 세상을 떠났습니다. 하나님께서 예레미야 선지자를 통해서 그에게 "...네가 칼에 죽지 아니하고 평안히 죽을 것이며 사람이 너보다 먼저 있은 네 조상들 곧, 선왕들에게 분향하던 것 같이 네게 분향하며 너를 위하여 애통하기를 슬프다 주여 하리니 이는 내가 말하였음이니라 여호와의 말씀이니라"(렘 34:4-5)고 말씀대로 이루어졌습니다.

사랑하는 성도 여러분!

우리는 이유 여하를 막론하고 사탄과 이 세상의 포로가 되는 일이 없어야 합니다. 또한 절대로 죄의 결과로 인해 불행해지는 일도 없어야겠습니다. 그리고 시종이 여일하게 인생을 잘 살아가야겠습니다.

 # 시므온

[창 49:5-7]

시므온과 레위는 형제요 그들의 칼은 폭력의 도구로다 내 혼아 그들의 모의에 상관하지 말지어다 내 영광아 그들의 집회에 참여하지 말지어다 그들이 그들의 분노대로 사람을 죽이고 그들의 혈기대로 소의 발목 힘줄을 끊었음이로다 그 노여움이 혹독하니 저주를 받을 것이요 분기가 맹렬하니 저주를 받을 것이라 내가 그들을 야곱 중에서 나누며 이스라엘 중에서 흩으리로다

시므온이란 이름은 '들으심, 응답'이라는 의미를 가지고 있습니다. 이것은 바로 하나님께서 남편 야곱을 동생 라헬에게 빼앗긴 레아의 기도를 들으시고 응답하셨다는 데서 유래가 되었다고 합니다. 성경에는 시므온이란 이름의 동명이인이 5명이 있습니다. 오늘 이 시간에는 야곱의 둘째 아들로서 레아에게서 얻은 시므온을 통해서 하나님께서 주시는 은혜를 받고자 합니다.

1. 시므온의 분노

첫째로 디나가 세겜에게 욕을 당했습니다.

야곱은 벧엘까지 돌아가려던 예정 행로를 바꾸어 세겜에 머무르게 되었습니다. 야곱이 레아에게서 난 딸 디나(창 30:21)가 강간당하는 안타까운 일이 발생했습니다. 그녀는 원래 구경하기를 좋아했습니다. 젊고 발랄한 그녀는 세상에 대한 호기심이 많았습니다. 그녀는 어느 날 화려한 동방의 옷을 입은 여성들에 대한 호기심을 가지고 구경하기 위해 집을 나갔다가 하몰의 아들이요 추장인 세겜의 눈에 띄었고 그에게 붙잡혀서 끌려가 강간을 당했습니다(창 34:1,2). 여기에서 우리가 생각해야 될 것은 세겜의 잘못된 행동도 문제

지만 디나 역시 그 땅의 사람들이 사악한 자들이라는 사실을 이미 알고 있으면서도 그 어떠한 대비책도 없이 위험한 밖으로 구경을 나갔다는 것이 문제입니다. 또한 야곱 역시 순간의 잘못된 선택이 가정을 고통스럽게 했다는 사실도 기억해야 합니다. 그렇습니다. 우리 성도들은 언제나 부패한 이 세상을 멀리해야 자신을 잘 지키고 관리할 수 있습니다.

둘째로 세겜이 디나와의 결혼을 원습니다.

디나를 깊이 사랑하는 세겜은 그녀를 위로했고 자신의 아버지 하몰에게 그녀와 결혼할 수 있게 해달라고 간청했습니다(창 34:3,4). 왜냐하면 당시 팔레스타인의 결혼관습은 결혼당사자와는 관계없이 양측 부모들의 의사로만 결정했기 때문입니다. 그래서 세겜의 아비 하몰이 야곱에게 와서 자기 아들 세겜과 디나가 결혼할 수 있도록 하자고 간절히 요청했습니다(창 34:6). 또한 그는 이 소식을 듣고 분노하는 야곱의 아들들에게도 자기 아들 세겜과 디나가 결혼하게 되면 그 대가로 그 땅에서 함께 살면서 기업을 얻게 하겠다고 했습니다(창 34:10). 그리고 세겜도 디나와 결혼만 시켜주면 "...너희가 내게 말하는 것은 내가... 주리라"(창 34:11,12)고 큰 대가를 약속했습니다. 아마도 그는 디나와의 결혼을 위해 많은 것을 희생할 각오가 되어 있었던 것 같습니다. 그렇습니다. 사랑은 이 세상의 그 무엇보다 귀중합니다.

셋째로 세겜 성 남자들의 할례를 요구했습니다.

하몰과 세겜의 결혼제안을 받은 야곱의 아들들은 "...우리는 그리하지 못하겠노라 할례받지 아니한 사람에게 우리 누이를 줄 수 없노니 이는 우리의 수치가 됨이니라 그런즉 ...만일 너희 중 남자가 다 할례를 받고 우리같이 되면 우리 딸을 너희에게 주며 너희 딸을 우리가 데려오며 너희와 함께 거주하여 한 민족이 되려니와 너희가 만일 우리 말을 듣지 아니하고 할례를 받지 아니하면 우리는 곧 우리 딸을 데리고 가리라"(창 34:14-17)고 했습니다. 그러나 야곱의 아들들의 이러한 제안은 그들을 속이기 위한 전략이었습니다. 다시 말하면 세겜 성의 모든 남자들이 할례의식을 행하여 활동이 부자유스러운 틈을 타서 그들을 멸하기 위한 악한 전략이었습니다. 하나님의 자녀들인 우리 성도들은 그 어떤 이유에서도 남을 해치기 위한 악한 계획을 해서는 절대로 안 됩니다.

사랑하는 성도 여러분!
그 어떤 이유로도 세상의 유혹에 넘어가지 맙시다. 또한 세상 연락에 취하여 망신당하는 일이 없도록 합시다. 그리고 일평생 동안 하나님의 이름을 망령되이 일컫는 죄를 범하는 일이 없어야겠습니다.

2. 시므온의 범죄

첫째로 할례를 복수수단으로 악용했습니다.
할례는 하나님께서 아브라함과 맺으신 언약입니다. 구약시대의 할례는 구별된 하나님의 백성임을 의미하는 증표였습니다(창 17:9-14). 신약시대에 있어서의 할례를 대신하는 것은 세례입니다. 다시 말하면 구약시대에 아브라함에게 약속되었던 축복과 구원을 믿음으로 받아들이는 자들에게는 할례가 믿음의 증표였습니다. 마찬가지로 오늘날에는 예수 그리스도를 구주로 믿고 고백하는 자들에게는 세례가 믿음의 증표가 됩니다. 그런데 이러한 거룩한 규례를 야곱의 아들들은 자신들의 분노에 의해 세겜 성 사람들에게 복수하고자하는 데에 악용했습니다. 이것은 바로 여호와의 이름을 망령되이 사용하는 무서운 범죄행위였습니다(출 20:7). 그러므로 우리들의 생애에 있어서는 이유여하를 막론하고 여호와의 이름을 망령되이 악용하는 불행한 일이 절대로 없어야 합니다.

둘째로 세겜 성 남자들을 모두 다 죽였습니다.

하몰과 세겜은 고을 사람들에게 "이 사람들은 우리와 친목하고 이 땅은 넓어 그들을 용납할 만하니 그들이 여기서 거주하며 매매하게 하고 우리가 그들의 딸들을 아내로 데려오고 우리 딸들도 그들에게 주자 그러나 우리 중의 모든 남자가 그들이 할례를 받음같이 할례를 받아야 그 사람들이 우리와 함께 거주하여 한 민족 되기를 허락할 것이라 그러면 그들의 가축과 재산과 그들의 모든 짐승이 우리의 소유가 되지 않겠느냐 다만 그들의 말대로 하자 그러면 그들이 우리와 함께 거주하리라"(창 34:21-23)고 설득시켜 세겜 성의 모든 남자들이 다 할례를 받았습니다(창 34:24). 그런데 야곱의 아들들은 세겜 성의 남자들이 할례를 받고 3일 되던 날에 시므온과 레위가 주동이 되어 곧바로 세겜 성을 공격하여 하몰과 세겜은 물론 모든 남자들을 다 죽이고 디나를 데려왔습니다(창 34:25-26). 왜 하필이면 3일 되던 날에 공격했을까요? 그것은 바로 할례받고 3일째 되는 날이 염증이 가장 심하며 그로 인한 고열 때문에 고생을 가장 많이 하기 때문이었습니다. 그래서 할례를 받고 3일째 되는 날을 '위기의 날'이라고 했습니다.

셋째로 세겜 성을 초토화시켰습니다.

시므온과 레위를 중심한 야곱의 아들들은 세겜 성의 "양과 소와 나귀와 그 성읍에 있는 것과 들에 있는 것과 그들의 모든 재물을 빼앗으며 그들의 자녀와 아내들을 사로잡고 집 속의 물건을 다 노략"(창 34:28,29)질 해갔습니다. 뿐만 아니라 세겜 성을 모두다 불태워버렸습니다. 그리고 세겜 사람들이 병거로 사용할 만한 말이나 농사일에 사용될 만한 가축들까지도 모두다 발목의 힘줄을 끊어 버렸습니다(창 49:5,6). 참으로 상상할 수 없는 무서운 보복의 행위였습니다.

사랑하는 성도 여러분!
거룩하신 여호와의 이름을 망령되이 일컫거나 부정되게 사용하지 맙시다. 또한 그 어떤 이유로도 남의 생명을 해치는 악한 일을 하지 맙시다. 그리고 이 세상의 사람들에게 그 어떠한 모양으로도 상처나 손해를 끼치는 일이 없어야겠습니다.

3. 시므온 지파의 결국

첫째로 이스라엘 중에 흩어졌습니다.
야곱이 늙어 임종의 때가 이르자 자신의 열 두 아들들을 불러놓고 그들의 앞날에 대해 예언했습니다(창 49:1,2). 그 때에 야곱은 디나의 사건으로 인해 세겜 성 남자들을 다 죽이고 약탈한 일에 앞장선 시므온과 레위에게 "시므온과 레위는 형제요 그들의 칼은 폭력의 도구로다 내 혼아 그들의 모의에 상관하지 말지어다 내 영광아 그들의 집회에 참여하지 말지어다 그들이 그들의 분노대로 사람을 죽이고 그들의 혈기대로 소의 발목 힘줄을 끊었음이로다 그 노여움이 혹독하니 저주를 받을 것이요 분기가 맹렬하니 저주를 받을 것이라 내가 그들을 야곱 중에서 나누며 이스라엘 중에서 흩으리로다"(창 49:5-7)라고 예언했습니다. 이 예언대로 시므온 지파의 수는 40년 전에는 이스라엘 지파 중에서 세 번째로 큰 지파였으나 히스기야 왕 때에는 이스라엘 영토에 뿔뿔이 흩어져 살게되었습니다. 바로 야곱의 예언이 이루어진 것이었습니다(수 21:1,40). 그들이 쇠약하게 된 것은 바로 그들의 잔악성과 우상숭배의 죄로 인해 징계의 채찍을 받았기 때문이었습니다.

둘째로 축복에서 제외되었습니다.

모세는 출애굽 후에 요단 동편에서 열 두 지파를 향해 명하기를 "너희가 요단을 건넌 후에 시므온과 레위와 유다와 잇사갈과 요셉과 베냐민은 백성을 축복하기 위해 그리심산에서고 르우벤과 갓과 아셀과 스불론과 단과 납달리는 저주하기 위하여 에발산에 서고"(신 27:12, 13)라고 했습니다. 이것은 바로 시므온 족속이 하나님으로부터 축복의 기회를 받은 것이었습니다. 그러나 그들이 끝까지 회개치 않음으로 인해 결국은 그러한 축복에서 제외되었습니다.

셋째로 유다 지파에 동화되었습니다.

시므온 지파는 가나안 정복 후에 독자적인 땅을 분배받지 못했습니다. 그리고 대신 유다 지파의 영토가운데서 일부를 할당받아 살게 되었습니다(수 19:1,2). 이것은 바로 시므온 지파가 이스라엘의 열두 지파 가운데서도 가장 신실한 지파인 유다 지파와 함께 올바른 믿음생활을 본받으라는 하나님의 크신 배려였습니다. 그러나 그들이 하나님의 부르심에 응답하지 않았기 때문에 나중에는 그들의 존재조차도 찾아볼 수 없을 정도로 유다 지파에 완전히 동화되어 버렸습니다.

사랑하는 성도 여러분!

우리 모두는 그 어떠한 경우에도 하나님의 징계에 의해 흩어지는 불행한 일이 없어야 합니다. 또한 이유 여하를 막론하고 반드시 축복을 받아야 합니다. 그리고 주신 사명 잘 감당함으로 열 고을을 차지하는 복된 자들이 되시기 바랍니다.

 # 시므이

[삼하 16:5-8]

다윗 왕이 바후림에 이르매 거기서 사울의 친족 한 사람이 나오니 게라의 아들이요 이름은 시므이라 그가 나오면서 계속하여 저주하고 또 다윗과 다윗 왕의 모든 신하들을 향하여 돌을 던지니 그 때에 모든 백성과 용사들은 다 왕의 좌우에 있었더라 시므이가 저주하는 가운데 이와 같이 말하니라 피를 흘린 자여 사악한 자여 가거라 가거라 사울의 족속의 모든 피를 여호와께서 네게로 돌리셨도다 그를 이어서 네가 왕이 되었으나 여호와께서 나라를 네 아들 압살롬의 손에 넘기셨도다 보라 너는 피를 흘린 자이므로 화를 자초하였느니라 하는지라

시므이는 '여호와는 명성이 높으시다, 유명하시다'라는 뜻을 가지고 있습니다. 이 이름은 히브리인들에게는 대단히 인기 있는 이름이었습니다. 성경에는 이 시므이란 이름을 가진 자가 무려 19명이나 있습니다. 그러나 오늘 이 시간에는 베냐민 지파로서 게라의 아들인 시므이에 대해 말씀을 전하겠습니다. 그는 사울에 대한 충성심이 강하여 다윗을 사울에 대한 반역자로 여기고 그를 혹독한 말로 저주했던 악한 사람이었습니다.

1. 범죄 행위

첫째로 다윗이 왕 됨을 싫어했습니다.

시므이는 베냐민 지파요, 사울의 집 족속인 게라의 아들이었습니다. 그는 자신의 가문에 대해서 대단한 자부심을 가지고 있었습니다. 때문에 사울왕에 대한 애정 또한 남달랐습니다. 그런데 문제는 바로 그의 편협한 지파주의가 아주 나쁜 결과를 가져왔다는 것입니다. 그는 유다 지파인 다윗이 자신의

지파인 사울왕의 뒤를 이어 이스라엘의 왕이 된 것을 시기하고 못마땅해 했습니다. 때문에 그는 하나님의 뜻을 알지 못했습니다. 하나님께서 다윗에게 기름부으셔서 이스라엘의 왕으로 세우셨음에도 불구하고 그를 미워하는 어리석은 생각을 가지고 있었습니다. 그러므로 우리 성도들은 그 어떤 경우에도 편협된 혈연주의나 지역주의에 빠지는 어리석은 삶을 살지 말고 오직 하나님의 뜻을 찾고 그분의 뜻대로 살아가야 합니다.

둘째로 다윗을 원수로 여겼습니다.
그동안 자신의 지파인 사울이 왕이 된 것에 대해 자부심을 가지고 있었던 그는 다윗이 사울 왕가를 몰락시키고 왕이 되었다고 착각하고 그를 살인자로 여기고 원수처럼 대했습니다(삼하 16:7). 때문에 그는 그동안 사울이 다윗을 죽이기 위해 찾아다녔다고 생각했던 것입니다. 그러나 사울 왕가가 몰락한 것은 사울이 하나님을 무시하고 범죄했기 때문이었습니다. 그러므로 다윗은 아무런 죄도 없이 사울왕의 질투를 받고 쫓겨다닌 억울한 피해자였습니다. 그럼에도 불구하고 시므이는 다윗에 대해서는 전혀 알지도 못하면서 그를 살인자로 생각하고 원수로 여기는 무서운 죄를 범했습니다. 그러므로 우리들은 나 자신이나 우리 지파나 내 고향 사람이 아니면 안 된다는 어리석은 생각은 버려야 합니다.

셋째로 다윗을 저주했습니다.
하나님께서는 다윗에게 기름을 부으시고 이스라엘의 왕으로 삼으셨습니다(삼하 5:3, 4). 그러나 다윗이 압살롬의 난을 피해 예루살렘을 떠나게 되었습니다. 그 때에 자기 지파 이기주의 사상에 빠져 영적으로 어두워진 시므이는 다윗과 다윗왕의 모든 신복을 향하여 돌을 던지면서 "...피를 흘린 자여 사악한 자여 가거라 가거라 사울의 족속의 모든 피를 여호와께서 네게로 돌리셨도다 그를 이어서 네가 왕이 되었으나 여호와께서 나라를 네 아들 압살롬의 손에 넘기셨도다 보라 너는 피를 흘린 자이므로 화를 자초하였느니라"(삼하 16:7, 8)고 악담하며 저주했습니다. 이에 대해 스루야의 아들 아비새가 다윗왕께 "...이 죽은 개가 어찌 내 주 왕을 저주하리이까 청하건대 내가 건너가서 그의 머리를 베게 하소서"(삼하 16:9)라고 요청했습니다. 그러나 다윗은 "...그가 저주하는 것은 여호와께서 그에게 다윗을 저주하라 하심이니 네가 어찌 그리하였느냐 할 자가 누구겠느냐 하고 또 다윗이 아비새와 모든 신하들에게 이르되 내 몸에서 난 아들도 내 생명을 해하려 하거든 하물며 이 베냐민 사람이랴 여호와께서 저에게 명령하신 것이니 그가 저주하게 버려두라(삼하 16:10,11)고 했습니다. 하나님의 자녀인 우리들은 그 어떤 이유에서든지 다른 사람을 저주하는 일이 없어야 합니다.

사랑하는 성도 여러분!
우리들은 다른 사람이 잘 되는 것을 기뻐하고 축하해 줄 수 있는 믿음의 사람들이 되어야겠습니다. 또한 나 자신의 편협된 생각으로 남을 억울하게 하는 일이 없어야 합니다. 그리고 모든 사람을 축복하는 넉넉한 삶을 사시기 바랍니다.

2. 비겁한 행위

첫째로 다윗을 영접했습니다.
다윗의 군대가 압살롬의 군대를 무찌르고 승리하였으며 압살롬도 그 때에 전사했습니다(삼하 18:7-15). 때문에 다윗은 다시 환궁 길에 올라 요단에 이르렀습니다(삼하 19:11-15). 압살롬의 반역으로 다윗이 도피할 때에는 다윗에게 살인자라고 저주하면서 돌을 던졌던 시므이가 급히 유다 사람들과 함께 왕을 맞으러 나와서 다윗왕 앞에 엎드렸습니다(삼하 19:16-18). 베냐민 지파로서 유다 지파인 다윗을 비난하고 저주하던 그가 유다 지파 사람들과 함께 다윗을 맞이하러 나온 것은 자기 목숨을 부지하기 위한 참으로 기회주의적인 비굴한 행위였습니다.

둘째로 용서를 빌었습니다.
유다 지파 사람들과 함께 환궁하는 다윗왕 앞에 엎드린 시므이는 "내 주여 원하건대 내게 죄를 돌리지 마옵소서 내 주 왕께서 예루살렘에서 나오시던 날에 종의 패역한 일을 기억하지 마시오며 왕의 마음에 두지 마옵소서 왕의 종 내가 범죄한 줄 아옵기에 오늘 요셉의 온 족속 중 내가 먼저 내려와서 내 주 왕을 영접하나이다"(삼하 19:19-20)라고 용서를 빌었습니다. 다시 말하면 그는 다윗에게 자신이 저주했던 일을 기억하지 말라고 했습니다. 바로 조건 없는 용서를 구한 것이었습니다. 그래서 자신이 요셉의 온 족속 중 먼저 내려와서 다윗왕의 환궁을 영접했다고 했습니다. 그러므로 죄인인 우리들이 구원받는 길은 하나님 앞에 나와서 시므이처럼 무조건 잘못을 회개하고 용서를 받아야합니다. 성경은 "자기의 죄를 숨기는 자는 형통하지 못하나 죄를 자복하고 버리는 자는 불쌍히 여김을 받으리라"(잠 28:13)고 하셨습니다. 그것이 바로 죄 많은 우리 인간들이 이 세상을 살아가는 비결입니다.

셋째로 다윗이 시므이를 해치지 않았습니다.
시므이가 다윗에게 용서를 빌 때에 스루야의 아들 아비새는 "…시므이가 여호와의 기름 부으신 자를 저주하였으니 그로 말미암아 죽어야 마땅하지 아니하니이까"(삼하 19:21)라고 다윗에게 말했습니다. 그러나 다윗은 "스루야의 아들들아 내가 너희와 무슨 상관이 있기에 너희가 오늘 나의 원수가 되느냐 오늘 어찌하여 이스라엘 가운데에서 사람을 죽이겠느냐 내가 오늘 이스라엘의 왕이 된 것을 내가 알지 못하리요 하고 왕이 시므이에게 이르되 네가 죽지 아니하리라…"(삼하 19:22, 23)고 맹세했습니다. 다윗은 우리가 본받을 만한 참으로 훌륭한 왕이었습니다. 우리들도 다윗처럼 이렇게 넉넉한 마음으로 살아야겠습니다. 만약에 시므이가 자신의 죄를 고백하지 않고 변명했다고 하면 다윗왕의 용서를 받지 못했을 것입니다.

사랑하는 성도 여러분!
우리들은 그 어떤 일이 있어도 기회를 노리고 시류에 편승하는 비굴한 삶을 살지 맙시다. 또한 하나님 앞에서나 사람에게 있어서 잘못한 것이 있으면 곧바로 회개하고 사과하는 진실하고 겸손한 삶을 삽시다. 그리고 우리들도 다윗처럼 모든 것을 이해하고 용서하는 넉넉한 삶을 살아야겠습니다.

3. 그의 종말

첫째로 다윗이 솔로몬에게 유언했습니다.
다윗이 자신의 죽을 날이 임박하자 솔로몬을 불러놓고 유언했습니다. 그는 요압과 시므이에 대해 유언하기를 요압은 자신이 반역한 압살롬을 죽이지 말라고 명령했음에도 불구하고 그 명령을 어기고 죽였다고 했습니다(삼하 18:5-15). 그러므로 요압에 대해 "네 지혜대로 행하여 그의 백발이 평안히 스올에 내려가지 못하게 하라"(왕상 2:6)고 했습니다. 이것은 바로 다윗 자신이 요압에 대해서 그 동안 힘들었음을 나타낸 것입니다. 또한 시므이에 대해서는 자신이 압살롬의 반역을 피해 왕궁을 떠나갈 때에 다윗을 저주하면서 돌을 던지고 "…피 흘린 자여 사악한 자여 가거라 가거라"(삼하 16:7)고 독한 말로 저주했다고 했습니다. 그러므로 "그를 무죄한 자로 여기지 말지어다 너는 지혜 있는 사람이므로 그에게 행할 일을 알지니 그의 백발이 피 가운데 스올에 내려가게 하라"(왕상 2:9)고 했습니다. 다시 말하면 다윗은 말을 듣지 않고 자기 마음대로 한 요압이나 자신을 저주한 시므이를 감당할 수 있었지만 솔로몬은 감당하기가 힘들 것이라고 생각되어 저들을 죽이라고 한 것입니다.

둘째로 솔로몬이 시므이의 주거를 제한했습니다.
솔로몬은 다윗의 유언에 따라 시므이의 죄악을 징벌하기 위해 시므이에게 "...너는 예루살렘에서 너를 위하여 집을 짓고 거기서 살고 어디든지 나가지 말라...네가 나가서 기드론 시내를 건너는 날에는 반드시 죽임을 당하리니..."(왕상 2:36, 37)라고 주거 제한을 명했습니다. 이에 시므이도 좋게 여기고 그렇게 하겠다고 했습니다(왕상 2:38). 이와 같은 솔로몬의 결정은 시므이의 영향력을 차단하기 위한 아주 지혜로운 것이었습니다.

셋째로 시므이가 처형당했습니다.
부친의 유언을 따라 시므이를 제거하기 위해 주거 제한 명령을 내린 솔로몬은 시므이의 행동을 늘 예의 주시하고 있었습니다. 그런데 그가 자신의 두 종이 도망하여 가드에 있다는 소식을 듣고 그들을 찾기 위해 가드에 갔다왔습니다. 그것은 바로 솔로몬왕의 주거 제한 명령을 어긴 것이었습니다. 이 사실을 보고 받은 솔로몬은 시므이를 처형시켰습니다(왕상 2:42-46). 때문에 솔로몬의 왕권은 더욱 견고해졌습니다.

사랑하는 성도 여러분!
우리들도 다음 세대를 위한 새로운 계획을 세워야 합니다. 또한 언제나 매사를 지혜롭게 처리해야 합니다. 그리고 우리들의 삶의 현장에서 악의 세력을 철저히 배격해야 합니다.

 # 시 혼

[신 2:26-37]

내가 그데못 광야에서 헤스본 왕 시혼에게 사자를 보내어 평화의 말로 이르기를 나를 네 땅으로 통과하게 하라 내가 큰길로만 행하고 좌로나 우로나 치우치지 아니하리라 너는 돈을 받고 양식을 팔아 내게 먹게 하고 돈을 받고 물을 주어 내가 마시게 하라 나는 걸어서 지날 뿐인즉 세일에 거주하는 에서 자손과 아르에 거주하는 모압 사람이 내게 행한 것 같이 하라 그리하면 내가 요단을 건너서 우리 하나님 여호와께서 우리에게 주시는 땅에 이르리라 하였으나 헤스본 왕 시혼이 우리가 통과하기를 허락하지 아니하였으니 이는 네 하나님 여호와께서 그를 네 손에 넘기시려고 그의 성품을 완강하게 하셨고 그의 마음을 완고하게 하셨음이 오늘날과 같으니라 그 때에 여호와께서 내게 이르시되 내가 이제 시혼과 그의 땅을 네게 넘기노니 너는 이제부터 그의 땅을 차지하여 기업으로 삼으라 하시더니 시혼이 그의 모든 백성을 거느리고 나와서 우리를 대적하여 야하스에서 싸울 때에 우리 하나님 여호와께서 그를 우리에게 넘기시매 우리가 그와 그의 아들들과 그의 모든 백성을 쳤고 그 때에 우리가 그의 모든 성읍을 점령하고 그의 각 성읍을 그 남녀와 유아와 함께 하나도 남기지 아니하고 진멸하였고 다만 그 가축과 성읍에서 탈취한 것은 우리의 소유로 삼았으며 우리 하나님 여호와께서 그 모든 땅을 우리에게 넘겨주심으로 아르논 골짜기 가장자리에 있는 아로엘과 골짜기 가운데에 있는 성읍으로부터 길르앗까지 우리가 모든 높은 성읍을 점령하지 못한 것이 하나도 없었으나 오직 암몬 족속의 땅 얍복 강 가와 산지에 있는 성읍들과 우리 하나님 여호와께서 우리가 가기를 금하신 모든 곳은 네가 가까이 하지 못하였느니라

시혼은 이스라엘 백성이 가나안을 정복할 당시 아모리 사람의 왕으로서 모압의 전 왕을 치고 영토를 크게 확장하기도 했습니다. 그러나 그의 마음이 완악하여 이스라엘의 정중한 통과요청을 거절하고 공격까지 하여 결국은 이스라엘 군에게 크게 패하고 진멸 당한 비극의 주인공이 되었습니다.

1. 이스라엘의 요청을 거절했습니다.

첫째로 이스라엘이 아모리를 통과해야 했습니다.

이스라엘은 하나님께서 아브라함에게 약속하셨던 젖과 꿀이 흐르는 땅인 가나안을 향해 계속 진군하다가 아모리와 모압 그리고 암몬 족속의 변경인 아르(알, 아르논이라고도 함)에 도착하게 되었습니다. 그래서 이스라엘은 형제국인 암몬에게 지경의 통과를 요청했습니다. 그러나 암몬이 그들의 지경으로 이스라엘을 통과하지 못하게 했습니다. 다시 말하면 이스라엘이 암몬 지경을 통과하려고 하면 그들과 전쟁을 할 수밖에 없는 처지였습니다. 때문에 하나님께서는 암몬이 아브라함의 조카인 롯의 후손(창 19:36-38)이라는 이유로 그들을 괴롭게 하지말고 다투지도 말라고 하셨습니다(신 2:9-19). 다시 말하면 형제국인 그들과 화목하게 지내라고 분부하신 것입니다. 그러므로 이스라엘은 반드시 아모리 지역을 통과해야 했습니다. 그것은 바로 하나님의 뜻이었습니다. 그런데 이스라엘은 아모리와 부딪치기 바로 전에도 아말렉과 가나안 족속을 공격하여 실패한 경험이 있었습니다. 왜냐하면 그들이 하나님의 명령에 의하지 않고 자기 마음대로 그들을 공격했기 때문이었습니다. 그러므로 우리들은 언제나 하나님의 명령대로만 살아야 합니다. 또한 그 어떤 이유로도 다른 사람들을 괴롭히지 말고 언제나 화목하게 살아야 합니다(롬 12:18).

둘째로 이스라엘이 통과를 청원했습니다.

아모리의 변경인 아르에 도착한 이스라엘은 아모리 왕 시혼에게 사신을 보내어 "우리에게 당신의 땅을 지나가게 하소서 우리가 밭에든지 포도원에든지 들어가지 아니하며 우물물도 마시지 아니하고 당신의 지경에서 다 나가기까지 왕의 큰길로만 지나가리이다"(민 21:22)라고 평화로이 통과하게 해 줄 것을 요청했습니다. 이스라엘의 이와 같은 제의는 바로 하나님의 뜻이었습니다. 하나님께서는 언제나 전쟁에 있어서 까지도 가능한 한 피흘리는 잔인한 일들을 삼가도록 하셨습니다. 비록 하나님께서 섭리하시는 전쟁이라고 할지라도 대적했던 자들이 화친 제의를 받아들이고 스스로 항복할 경우에는 조공을 받고 서로 평화를 누리도록 하셨습니다. 이것은 바로 우리 하나님께서는 공의를 실현해 가시면서도 언제나 사랑을 나타내신다는 사실을 보여주시고 있는 것입니다. 그러므로 우리들도 언제, 어디서나 모든 사람들에게 평화를 시도해야 합니다.

셋째로 이스라엘의 요청을 거절했습니다.
이스라엘이 시혼에게 사신을 보내어 평화로운 통과를 정중하게 요청했음에도 불구하고 그는 이스라엘을 믿지 못하고 아주 냉정하게 거절했습니다(삿 11:20; 민 21:23; 신 2:30). 그것은 바로 하나님께서 시혼의 마음을 강퍅하게 하셨기 때문이었습니다. 다시 말하면 하나님의 말씀을 듣지 않는 강퍅한 자의 마음과 행위를 그대로 방임하심으로서 당신의 뜻을 실현하시는 데 도구로 사용하신다는 것입니다. 여기에서 우리가 한 가지 주의해야 할 것은 하나님께서 선한 사람의 마음을 강퍅하게 하신다는 말씀이 아니라는 것입니다. 그러므로 우리 성도들은 그 어떤 일이 있어도 인간 막대기나 채찍으로 부정되게 사용되는 불행한 일이 없어야겠습니다(삼하 7:14). 우리 모두는 평생토록 하나님의 자녀답게 살아야 합니다.

사랑하는 성도 여러분!
우리 모두 길이요, 진리요, 생명이신 주님만 따라갑시다. 또한 이유 여하를 막론하고 평화를 추구하는 삶을 삽시다. 그리고 언제나 하나님께서 귀하게 사용하시는 일꾼으로 살아가시기 바랍니다.

2. 이스라엘을 대적했습니다.

첫째로 이스라엘을 공격했습니다.

이스라엘의 정중한 통과요청을 거절한 아모리 왕 시혼은 이스라엘에 대해 적개심을 품고 백성들을 동원하여 이스라엘을 공격했습니다(민 21:23). 시혼이 이스라엘을 공격하고 하나님께서 세우신 지도자인 모세를 공격한 것은 바로 하나님을 공격한 것이었습니다. 다시 말하면 아모리 왕 시혼은 하나님 앞에 무서운 죄악을 저지른 것이었습니다. 그러므로 우리들은 그 어떤 이유로도 성도들을 괴롭히며 힘들게 하는 불행한 일이 없어야겠습니다. 오직 사람을 살리고 일으켜 세우는 일에만 힘써야 합니다. 그리고 언제, 어디서나 모든 사람들에게 아름다운 영향력을 끼치는 멋진 삶을 살도록 노력해야 합니다.

둘째로 헤스본 정복을 명령하셨습니다.

이스라엘은 전날 가데스에서 모세가 그토록 말렸음에도 불구하고 하나님의 허락도 없이 무분별하게 행동하여 아말렉과 가나안 족속을 공격했습니다. 그러나 하나님께서 그들과 함께 하시지 않았기 때문에 이스라엘은 대패했습니다(민 14:39-45). 그런데 하나님께서 모세에게 "…내가 이제 시혼과 그의 땅을 네게 넘기노니 너는 이제부터 그의 땅을 차지하여 기업으로 삼으라"(신 2:31)고 하셨습니다. 이 말씀은 이스라엘 백성들이 전쟁에 실패한 후 이제는 처음으로 아모리 족속의 수도인 헤스본 공격을 명령하신 것이었습니다. 다시 말하면 이스라엘이 출애굽한지 약 38년 만에 처음으로 하나님께서 그 동안의 불신앙을 용서하시고 이제부터는 이스라엘과 함께 하심으로 승리하도록 하시겠다는 약속으로서 큰 축복이었습니다. 그렇습니다. 우리 성도들은 언제나 하나님의 뜻을 따라 그분이 명령하신 대로만 살아야 합니다. 바로 거기에 진정한 승리와 축복이 있습니다.

셋째로 이스라엘이 아모리를 공격했습니다.

아모리 족속은 가나안 땅의 원조상들이었습니다(창 10:15,16). 그러므로 모세가 아모리 왕 시혼과 그 백성들을 쳐서 이긴 것은 가나안 부족 중에서 가장 강한 족속들과 싸워 이긴 것이었습니다. 이스라엘은 헤스본을 정복하고 아모리 족은 하나도 남김이 없이 모두 다 진멸했습니다(민 21:35; 신 2:34). 고대 전쟁에서는 승리한 자가 패배한 종족을 완전히 다 진멸 했습니다. 왜냐하면 살아남아 있는 자들이 다시 봉기하여 반란을 일으킬 가능성이 있기 때문에 사전에 그 후한을 완전히 없애기 위해서였습니다. 그래서 전쟁을 일으킬 수 있는 남자들은 다 진멸시키고 여자는 가정 일을 돌보는 노예나 첩으로 삼아 자신들의 나라 사람으로 동화시켜버렸습니다.

사랑하는 성도 여러분!
우리 모두는 그 어떤 일이 있어도 남을 괴롭히지 맙시다. 또한 절대로 타락된 나 자신의 기분이나 감정대로 살지 말고 하나님의 말씀대로만 삽시다. 그리고 사탄을 물리치고 세상을 정복하는 승리의 삶을 사시기 바랍니다.

3. 진멸 당한 원인이 있습니다.

첫째로 하나님을 대적했기 때문이었습니다.
아모리의 시혼이 가나안을 향한 선민 이스라엘의 진행을 방해한 것은 바로 하나님을 대적하는 행위였습니다. 하나님께서는 이스라엘 백성들이 당신께서 세우신 모세를 비방했을 때에도 하나님을 비방했다고 하셨으며(민 12:7-8), 사울이 예수님의 제자들을 핍박했을 때에 예수님을 핍박했다고 하셨습니다(행 22:7). 그러므로 우리들은 그 어떤 이유로도 하나님의 교회나 주님의 일꾼, 그리고 성도들에 대해 힘들게 하거나 방해하고 핍박하는 일들이 없어야 합니다. 왜냐하면 그 모두가 다 하나님을 대적하는 것이기 때문입니다. 우리들은 오직 주님의 일에 최선을 다해 충성해야 합니다.

둘째로 마음이 강퍅했기 때문이었습니다.

마음이 강퍅한 자는 복음을 받아들이지 않습니다. 그러므로 멸망할 수밖에 없습니다. 바로가 마음이 강퍅했기 때문에 모세를 통해 선포되어지는 하나님의 말씀을 받아들이지 않았습니다(출 4:21). 시드기야도 마음이 강퍅하였기 때문에 예레미야가 여호와의 말씀을 일러주었어도 여호와께로 돌아오지 않았습니다(대하 36:11-13). 느부갓네살도 마음이 강퍅하여 다니엘과 함께 하시는 하나님을 믿지 않고 교만을 떨다가 비참한 존재로 전락했습니다(단 5:20). 이스라엘 백성들도 마음이 강퍅하여 하나님의 말씀을 거역하다가 광야에서 모두다 죽었습니다(히 3:8-7). 시혼도 결국은 마음이 강퍅했기 때문에 하나님의 뜻을 받아들이지 못하고 이스라엘의 통과를 거역하다가 멸망당했습니다.

셋째로 선을 악으로 갚았기 때문이었습니다.

이스라엘은 전능하신 하나님께서 함께 하셨기 때문에 그 어떤 것도 두려울 것이 없었습니다. 그러나 이스라엘은 신사적으로 아모리를 통과할 수 있도록 선처해 달라고 요청했습니다(신 2:27). 이스라엘은 자신들이 아모리를 통과할 때에 그 어떠한 누도 끼치지 않겠다고 다짐했습니다(신 2:28-29). 그러나 시혼은 그들을 불신했으며(신 2:30), 오히려 백성들을 동원하여 공격했고 그것도 부족해서 바산 왕 옥과 함께 동맹을 이루어 공격했습니다. 그렇습니다. 언제나 선을 악으로 갚는 자는 반드시 멸망할 수밖에 없습니다.

사랑하는 성도 여러분!

우리 모두는 그 어떤 일이 있어도 하나님을 대적하는 어리석은 일을 하지 맙시다. 또한 하나님의 뜻을 거부하고 사람을 답답하게 하며 힘들게 하는 강퍅한 심령을 완전히 깨뜨려야겠습니다. 그리고 이유 여하를 막론하고 모든 사람들에게 선을 행하는 신실한 믿음의 삶을 사시기 바랍니다.

구약인물 설교 (I)

- 초판인쇄 | 2016년 12월 28일

- 지 은 이 | 김요셉
- 발 행 인 | 김요셉
- 발 행 처 | 도서출판 선교횃불 (ccm2u)
  전화:02-2203-2739 팩스:02-2203-2738
- 등 록 일 | 1999년 9월 21일 제54호
- 등 록 처 | 서울 송파구 백제고분로27길 12 (삼전동)
- 이 메 일 | ccm2you@gmail.com
- 홈페이지 | www.ccm2u.com

- 파본은 교환해 드립니다.
- 이 출판물은 저작권법의 보호를 받는 저작물이므로
  무단전재와 무단복제를 금합니다.